国家社科基金一般项目“清代学术思潮的嬗变与小说评点研究”
（10BZW059）的结项成果

西华师范大学学科建设专项基金资助出版

清代学术思潮与小说评点

蒋玉斌 著

人民出版社

目　录

绪　论

一、问题的提出

评点是中国古代文学富有民族特色的一种批评形式。对于诗文而言，它是一种重要批评形式；对于小说而言，它则是主体批评形式。诗文的主体批评形式是“话”，“话”这种批评形式比评点要成熟得早，但小说评点者为何不以“话”而以“评点”作为主体批评形式呢？谭帆先生从“话”与“评点”各自的自身特点两方面阐释了其原因：“‘话’这一批评形式在宋以来逐步形成了自身的批评个性和形式特征，而这种特性与中国小说尤其是通俗小说的文体特性并不相吻合”①，“宋以来盛行的‘话’这一形式并不适合通俗小说，而同样兴盛于宋代且亦非常风行的‘评点’形式则在批评旨趣和传播形式上与通俗小说颇相契合”②。可以说，正是小说的通俗性选择了“评点”这一批评形式。

作为文学批评的小说评点，一般认为，肇始于南宋刘辰翁的《世说新语》评点，定型于明代万历年间，繁盛于明末清初，清中叶及清后期则被视为小说评点的延续与尾声。孙琴安先生认为中国评点文学的全盛期是在明代，其实主要是针对诗文评点而言的，而明代的小说评点则是处于崛起时期，孙氏自己也说：“自李贽评点了《水浒传》，开始了对小说等通俗文学的重视以后，不仅使中国通俗小说的创作空前繁荣，全面走向社会和市民，而且使中国小说的评点也空前崛起，出现了一个前所未有的繁盛局面，同时也

① 谭帆：《中国小说评点研究》，华东师范大学出版社 2001 年版，第 4 页。

② 谭帆：《中国小说评点研究》，华东师范大学出版社 2001 年版，第 7 页。

涌现出了一大批小说方面的评点专家。”①不过，就整个明代的小说评点本而言，商业性突出的以书坊主为主体的小说评点居于主导地位。如万历二十二年（1594年）刊出的《水浒志传评林》，全称《京本增补校正全像忠义水浒志传评林》，题有“后学仰止余宗下云登父评校”“书林文台余象斗子高父补梓”；万历三十四年（1606年）刊出的《列朝前编十二朝传》，署有“三台山人仰止余象斗编集”，书中评语较多。还有大量署名“钟伯敬先生”“陈继儒”“李卓吾先生”“玉茗堂”等著名文人的小说评点本，实为书坊主借名人的名声为其小说张目而已，追求广告效应的目的十分明显。如万历年间刊出的《全汉志传》，其初刻本题有“汉史臣蔡邕伯喈汇编，明潭阳三台馆元素订梓，钟伯敬先生评”文字；明末的《南北两宋志传》，评点本题《新刻玉茗堂批点绣像南北宋传》，有眉批，实为书坊主熊大木所撰。更有甚者，书坊主仅仅借著名文人之评点来打广告，而实际上连伪造之评语也懒得写。如万历四十四年（1616年）刊出的《云合奇踪》，题有“稽山徐渭文长甫编，玉茗堂批点”，正文中实无评点，乃书坊主借名促销；万历年间刊出的《片璧列国志》，题有“李卓吾先生评阅”，实为书坊主伪托，且文中连一句评语也没有。由此可见伪评对读者的欺骗之甚。崛起的明代之小说评点直接影响了整个清代的小说评点。至于清代，才真正迎来了小说评点的全面繁荣。就数量而言，清代的小说评点本远远多于明代，据谭帆的《小说评点编年叙录》统计，总收220余种，而明代仅有60种左右，清代约有160种，约占73%；就质量而言，虽然明代经过李贽、金圣叹等人的努力，使小说评点的评点模式定型、成熟起来，但小说理论的深化却有赖于清代小说评点家的努力，如关于小说文体、小说功能、小说创作方法等方面的认识，成就比较高的小说评点大家也多于明代，如评点《三国演义》的毛氏父子②，评点《金瓶梅》的张竹坡，评点《红楼梦》的脂砚斋，评点《聊斋志异》的冯镇峦、但明伦，等等。正

① 孙琴安：《中国评点文学史》，上海社会科学出版社1999年版，第114页。

② 学界一般认为毛批本《三国志演义》由毛氏父子共批，毛纶死后，由毛宗岗主持付梓。陈洪对此作过辨析，参阅陈洪：《中国小说理论史》（修订本），天津教育出版社2005年版，第194—195页。故本书将小说正文中的评点文字署名为毛氏父子，而将小说正文前的《读三国志法》《凡例》等署名为毛宗岗。

如石麟对清代前中期小说评点的评价："清代前中期的小说批评在中国小说批评史上是一个颇为重要而又特殊的阶段"，"是一个传统小说批评的大总结阶段"①。就评点角度而言，清代的小说评点更为多样化。有重小说文法评点的，如毛氏父子；有重人物考证评点的，如评点《儒林外史》的天目山樵；有重情感体验评点的，如脂砚斋；有重思想启蒙评点的，如评点《水浒传》的燕南尚生；等等。就社会影响而言，清代的小说评点大于明代。如康熙十八年(1679年)醉耕堂刊行毛氏父子评点的《四大奇书第一种三国演义》，从而使醉耕堂刊本成为最为流行的本子，康熙年间刊行的张竹坡评点的《第一奇书金瓶梅》，也成为最为盛行的《金瓶梅》版本。

有清一代之学术，堪称中国学术的繁盛期，成就斐然。梁启超认为清代文学极其衰弱，除了纳兰性德、张惠言等的词，《桃花扇》《长生殿》《红楼梦》等戏曲小说之外，其余皆不足观，唯对清代学术评价极高，说其"在中国学术史上，价值极大"②，钱仲联亦认为"清代是我国学术史上的一个高峰"③。在整个清代，各种学术思潮呈现出复杂的嬗变趋势，且又有多种学术思潮的并存现象，可谓异彩纷呈，如经世致用之学、理学、考据学、西学。在这众多的学术思潮中，无疑，经世致用乃是清学有别于前代学术思潮最为突出的特征，也可视之为清代学术的本质所在，钱仲联说："清学自有它的真精神、总要求，一言以蔽之，就是'经世致用'。"④在清代浓郁的学术氛围中，涌现了大批学术大师，从清初的顾炎武、黄宗羲、王夫之，到戴震，再到清末的梁启超、章炳麟，连绵不断。繁盛的清代学术影响深远，几乎影响到清代的整个文化领域，遍及经学、小学、史学、金石学、方志学、文学等。单就文学所受到的影响而言就非常深，如清初廖燕所创作的《明太祖论》《狂简论》等短文，笔锋犀利，猛烈抨击当时的社会弊病，已完全不同于明末张岱等人所写的富有闲情逸致的短文，他在《明太祖论》中说："故吾以为明太祖以制义取士，与秦焚书之术无异，特明巧而秦拙耳。其欲愚天下之

① 石麟：《清代前中期小说批评刍议》，《明清小说研究》2001年第4期。

② 梁启超：《清代学术概论》，上海古籍出版社1998年版，第102页。

③ 钱仲联：《序》，赵永纪主编：《清代学术辞典》，学苑出版社2005年版，第1页。

④ 钱仲联：《序》，赵永纪主编：《清代学术辞典》，学苑出版社2005年版，第2页。

心则一也。”①显然，廖燕之文受到了经世致用之学的影响。再如清代才学小说十分盛行，代表作有《野叟曝言》《蟫史》《燕山外史》《镜花缘》，这些作品中纳入了大量的经学、音韵学、谶纬学等学术内容，鲁迅评价《镜花缘》说：“盖以为学术之汇流，文艺之列肆，然亦以《万宝全书》为邻比矣。”②才学小说大量出现于清代，正是清代繁盛学术使然。

那么，清代学术思潮与小说评点有没有关系呢？答案是肯定的。清代是一个学者社会，小说评点者又都生活于这一文化氛围之中，清代学术的思维方式与治学方式必然影响到小说评点者，从而影响小说评点，所以说，在清代学术繁盛背景下诞生的小说评点必然受到清代学术思潮的深刻影响。如但明伦在评点《聊斋志异》的时候，总是喜欢附述与所评小说相类的故事，在不经意中体现了评点者“孤证不立定说”的思维方式，这正是考据学影响所致。再如蔡元放评点《东周列国志》，基本不从小说艺术方面评点，而是多做小说“信史”的评点，强调小说的真实性原则，认为历史演义小说的最大功能是将历史通俗化。蔡元放评点小说的观念及其特点，也正是清代“征实”的学术风气影响所致。

二、清代之小说评点研究现状

本书是关于清代学术思潮与小说评点之间关系的研究，其实质是对清代的小说评点作进一步深入研究，因此本书研究现状的重点即是清代的小说评点研究现状，再兼及清代学术思潮与小说评点关系的研究现状。对于古代小说评点研究，在 20 世纪 80 年代之前，几乎无人关注，如影响颇大的郭绍虞著的《中国文学批评史》，在论述明清文论时，重点论述了明清两代的诗论与文论，而对小说理论却只字未提，至于清代的小说评点更是阙如。真正对小说评点的关注，始于 20 世纪 80 年代。较早的是叶朗《中国小说美

① （清）廖燕：《明太祖论》，《二十七松堂文集》，屠友祥校注，上海远东出版社 1999 年版，第 13 页。

② 鲁迅：《中国小说史略》，人民文学出版社 1973 年版，第 223 页。

学》，重点论述了李贽、金圣叹、毛宗岗、张竹坡、脂砚斋等评点家的小说评点成就。还有黄霖、万君宝《古代小说评点漫话》，这本小册子主要是专家面对中学生而写的，采用漫谈这种生动的形式，用通俗的语言介绍了古代小说评点的成就，如刘辰翁、李贽、叶昼、冯梦龙、金圣叹、毛氏父子、张竹坡、脂砚斋、王希廉、张新之、姚燮、陈其泰、哈斯宝、闲斋老人等评点家的小说理论。自此，古代小说评点研究便逐渐受到了学者的关注，成为古代文学研究的内容之一，也成了文学理论研究的一个重点，在古代小说研究领域更是成长为一个新的学术增长点。前辈时贤对清代的小说评点也是青眼有加，给予了高度关注，并取得了很大成绩。其成绩主要表现在以下几个方面：

其一，清代之小说评点本的收集与整理。

文献是研究的基础。目前清代的小说评点本主要有两类：影印本与整理排印本。

影印本主要有两种：《古本小说集成》（上海古籍出版社）与《古本小说丛刊》（中华书局）。《古本小说集成》从 1990 年起，分 5 辑出版。一至四辑，每辑 100 种 160 册，第五辑 28 种 53 册。全套 428 种，共计 693 册，用大 32 开本影印，布面精装。这部丛书是一部大型中国古本小说丛书，收录了宋元明清有代表性的白话小说，兼及重要的文言小说，囊括了历史演义、英雄传奇、世情、神魔等各类小说的精华，全面反映了我国古代小说的发展脉络与时代特色。其中亦收录了大量重要的清代之小说评点本，如康熙年间《女仙外史》100 回（第 2 辑第 49—53 册），系钓璜轩原刊本，该书收有作者吕熊的《自叙》与《自跋》、叶南田《跋语》等序跋，卷首有杨念亭《评论》7 则，刘廷玑《在园品题》20 则，全书评点者极多，计有 67 人，堪称古代小说评点者之最。除此，还有乾隆年间《新说西游记》100 回（第 1 辑第 111—116 册），系其有堂本；《脂砚斋重评石头记》（第 2 辑第 66—70 册），系抄本；等等。《古本小说丛刊》从 1987 年起，分 41 辑出版，全套 200 册，大 32 开本影印，硬面装帧。该丛书是一部大型通俗文学丛书，数量虽不及《古本小说集成》，但以选择古代小说中罕见的珍本、善本、孤本为主，版本价值突出。顾青高度评价了其价值："收录了相当一批海内外仅存的孤本"，"《古本小说丛刊》收录的本子虽然不是孤本，但国内早已失传，仅在海外的几家图书馆中保存了有限的几部”,“有些书国内虽然有藏本,但《古本小说丛刊》所收录者与国内藏本相比,或为原刊本,或刊刻较早,或篇帙更全,或虽有残缺、但可与国内藏本互补有无”,“《古本小说丛刊》还收录了一些与一般通俗小说相比较为特殊的作品,以说明中国古典小说的复杂性”①。其中亦包括很多清代的小说评点本,如康熙十二年(1673 年)的《生花梦》4 卷 12 回(第 1 辑),本衙藏版原刊本,系清初的写刻本,藏于美国哈佛大学,前有青门逸史所写的《序》并附有评点。除此,还有《才美巧相逢宛如约》4 卷 16 回(第 1 辑),系醉月山居刊本,藏于北京图书馆,附有惜花主人评语;康熙年间的《情梦柝》4 卷 20 回(第 12 辑),华文堂刊本,藏于日本东京大学,附有西山灌菊散人评语;等等。除了这两套大型丛书外,另有部分单行的影印本,如《脂砚斋甲戌抄阅再评石头记》(上海古籍出版社 1985 年版)等。当然,肯定还有一些散佚在各地图书馆及民间的清代的小说评点本,这需要进一步勾稽、整理。

清代的重要小说评点本基本上都得以整理出版,整理排印本数量较多。主要有张友鹤辑校《聊斋志异》(会评会注会校本)、陈曦钟等辑校《水浒传》(会评本)、李汉秋辑校《儒林外史》(会校会评本)、杨钟贤校点《女仙外史》(评点本)、陈曦钟等辑校《三国演义》(会评本)、路工等校点《续西游记》(贞复居士评点本)、冯其庸主编《脂砚斋重评石头记》(汇校本)、王汝梅等校点《张竹坡批评第一奇书金瓶梅》、项纯义等校点《西游记》(张书绅评点本)、迟崇起校《花月痕》(栖霞居士评点本)等。其中,有些整理排印本还不断地再版,如《聊斋志异》(会评会注会校本)、《儒林外史》(会校会评本)。总体来看,这些评点本具有如下特点:一、集中于名著。如“四大奇书”“四大名著”、作为文言小说代表的《聊斋志异》等。这些评点本的整理出版并不仅仅面向研究者,也是面向一般读者的,因为这些评点可以引导读者阅读,帮助读者理解作品。而作为普通读者,绝大多数文化程度不是很高,他们最熟悉的小说肯定是那些普及率很高的名著,很少阅读二三流小说的。二、多为汇评本,突出资料性。各汇评本尽量收录所见评本中的评点,

① 顾青:《评〈古本小说丛刊〉》,《文学评论》1991 年第 1 期。

以期全面呈现某部小说的评点情况。如《儒林外史》(会校会评本)就几乎收录了当时所见的所有评点,如卧闲草堂本评语(卧评)、黄小田评语(黄评)、齐省堂增订本评语(齐评)、天目山樵评语(天一评、天二评)、潘祖荫评语、华约渔评语、石史评语、平步青评语,计9家,第三版时,又增加了新发现的则仙评语,共计10家,可谓相当全面。至于说评语的观点、评点者真伪等问题,并不在汇评本考虑的范畴之内。如《三国演义》(会评本)在《例言》中明确说明:"本书辑录各本评语,目的在于提供资料,对于评语的观点以及评点者的真伪问题,未予置评,请读者在使用本书时加以必要的鉴别。"①三、集中出现于20世纪80年代。20世纪80年代正是中国文学研究转型的时期,逐渐摆脱主要从政治意识形态角度研究文学的单一性倾向,开始从艺术、美学、历史等方面研究文学,呈现出多元化的研究盛况,尤其是文学的审美性得到了研究者的重视。而古代小说中的评点,虽说有些封建糟粕,但其揭示了古代小说的创作规律、艺术技巧、风格特征等,具有很高的审美性,这正好契合了当时文学研究的转型。吴小如在为《三国演义》(会评本)写《题记》时指出了这一点:"过去几十年间,我们对小说戏曲的评点文字注意得不够。近年来情况变了,研究这方面问题的同志多起来了,并把这类评语提到美学高度,给以足够的重视和较高的评价,这无疑是正确的。"②但他也指出在研究中需要注意的问题,如不能过分相信评语、不能断章取义等。在文学研究转型的背景下,评点逐渐被研究者所重视,研究者也逐渐认识到了评点的重要价值。王汝梅等校点的《张竹坡批评第一奇书金瓶梅》在《出版说明》中就特别强调了张竹坡评点本的思想价值和艺术价值:

张竹坡继承了已往小说评点家的传统,所作评论比较全面系统。他明确肯定《金瓶梅》的积极社会意义,宣称它是一部"世情书",而不是所谓"淫书",远在清初,此论点极其可贵。他以此为纲,对书中某些

① 陈曦钟等:《例言》,陈曦钟等辑校:《三国演义》(会评本),北京大学出版社1986年版。

② 吴小如:《〈三国演义〉会评本题记》,陈曦钟等辑校:《三国演义》(会评本),北京大学出版社1986年版。

> 情节思想意义的揭示中肯而深刻;所作大量艺术分析,可供小说创作和评论借鉴。①

更为可贵的是,齐鲁书社还意识到了小说评点的传播价值。如《出版说明》中说:"《金瓶梅》刊行三百六十多年来所产生的深远社会影响,与张竹坡评点本的问世密不可分。"②

清代的小说评点影印本,为清代的小说评点研究提供了较为原始的文本基础。而小说评点整理排印本,则为清代的小说评点研究提供了评语丰富的文本基础,使用起来更为直接、方便。这些清代的小说评点本,为深入研究清代的小说评点提供了可靠、全面的文献基础,也为文学理论研究提供了更多的材料。

其二,清代之小说评点的文学理论研究。

小说理论是文学理论的重要组成部分,小说评点又是小说理论最主要的载体。在相当长一段时间内,小说评点研究仅仅是作为小说理论的载体而依附于文学理论研究的,缺乏小说评点研究的独立性,清代的小说评点研究也是如此。由于"小说"这种文体从文化品位上讲是"小道",从文体形式上讲是"丛残小语",从形成过程上讲是"街谈巷语,道听途说者之所造",其地位是相当低的,小说理论自然不被重视。20世纪80年代之前,小说理论甚至都依附不上文学理论。早期的几本重要文学理论专著很少涉及小说理论,更遑论清代的小说评点了。如黄海章《中国文学批评简史》、郭绍虞《中国文学批评史》、罗根泽《中国文学批评史》都不包括小说理论,朱东润《中国文学批评史大纲》只略微涉及了金圣叹的小说理论,周勋初《中国文学批评小史》也只简单地论述了李贽、金圣叹以及梁启超的小说理论。这些文学理论专著对小说理论的忽视,不能不说是一种遗憾。

---

① 齐鲁书社:《出版说明》,王汝梅等校点:《张竹坡批评第一奇书金瓶梅》,齐鲁书社1987年版。

② 齐鲁书社:《出版说明》,王汝梅等校点:《张竹坡批评第一奇书金瓶梅》,齐鲁书社1987年版。

随着文学批评史研究的深入，研究者逐渐意识到小说理论是文学理论不可或缺的重要组成部分，于是，清代的小说评点作为小说理论而得到了文学批评史、文学理论史、小说理论史研究者的关注，成为文学理论的重要内容。王运熙、顾易生主编《中国文学批评史》（下册），黄保真、蔡钟翔、成复旺《中国文学理论史》，王先霈、周伟民《明清小说理论批评史》，陈谦豫《中国小说理论批评史》，张少康、刘三富《中国文学理论发展史》，邬国平、王镇远《清代文学批评史》，王运熙、顾易生主编《中国文学批评通史》（其清代卷即邬国平、王镇远所撰《清代文学批评史》），王汝梅、张羽《中国小说理论史》，陈洪《中国小说理论史》，方正耀《中国古典小说理论史》等文学理论专著均阐述了清代的小说评点所蕴含的小说理论，对毛氏父子、张竹坡、冯镇峦、但明伦、脂砚斋、闲斋老人等小说评点大家的小说理论进行了总结，主要集中于创作主旨、典型形象塑造、小说文法、小说情理、虚实关系等小说理论问题。如邬国平、王镇远在论述脂砚斋评点时就总结出了脂砚斋关于《红楼梦》主旨的深入探讨，他们认为，脂评探讨了《红楼梦》多方面的主旨，其中最重要的有两点："其一是写到仕途、朝廷的一些黑暗腐败，但又不是一部谤政之书"，"其二小说'本旨'是写'闺友闺情'"，脂评还"将'空'、'梦'观看作是《红楼梦》的根本旨趣"。① 在这些专著中，王运熙、顾易生主编《中国文学批评史》以资料全面、丰富见长，既重点论述重要的清代的小说评点家，也兼及其他评点家。如论述《红楼梦》评点中重点论述脂评的成就，同时也论述了王希廉、张新之、姚燮、哈斯宝等评点家的小说理论，内容完整、翔实，可以让读者宏观把握清代的小说评点的理论成就。陈洪《中国小说理论史》更强调对小说理论的阐发，他在《重印自序》中明言："本书的着眼之处主要在'理论'二字，所描述的，是有关小说这种文体的'理论'之史，包括理论的发生发展、理论的形态，理论与创作的关联等等。"②所以，他在论述清代的小说评点时，更注重小说理论的发展过程及其理论概括。如论述毛氏父子评点中，小标题就是"毛纶父子的继承与创新"，先论述了毛

---

① 邬国平、王镇远：《清代文学批评史》，上海古籍出版社1995年版，第834—836页。

② 陈洪：《重印自序》，陈洪：《中国小说理论史》，天津教育出版社2005年版，第1页。

氏父子对金圣叹的模仿与扬弃，接着总结毛氏父子的“实录”小说观、情节结构理论、“逆翻、取势”说、“三绝”之说、“宾主”之说、“衬托”之说、“叙法变换”之说等小说理论。还有值得一提的是方正耀《中国古典小说理论史》，该书具有小说理论的自觉意识，它打破了常见的以评点家为序，逐个评述小说评点家的小说理论成就的结构，代之以小说理论作为章节的结构，如清代小说理论的各章分别为“小说观的分歧”“世情说的贡献”“典型论的产生”“文法和语言艺术”，小说理论的主体自觉性十分鲜明。郭豫适肯定了这种结构方式，他说：

> 作为一部小说批评的通史，本书各编的安排当然也需要以历史发展先后为序，抓住小说理论批评史上相对集中的一些理论问题、理论环节，注意新出现的理论、新的提法和见解，阐述中国小说批评各个时期主要的理论成就和贡献，以及这些理论观点在发展过程中的继承、对立、融合的关系，希望借此能够梳理出中国古代小说批评萌芽、发展、突破、转变的基本线索。①

应该说，这种尝试是值得肯定的。

这些文学理论著作总结了清代的小说评点中所蕴含的重要小说理论，为进一步研究清代的小说评点提供了重要帮助。不过，从文学理论角度研究清代的小说评点也时常受到文学理论本身的局限。如20世纪80年代盛行的现实主义与浪漫主义的文学理论也渗透于清代的小说评点研究之中，甚至出现了“古代现实主义”“古代浪漫主义”的奇怪之语。王运熙、顾易生在论述闲斋老人评点的贡献时说：“卧闲草堂本的序文及回评的主要贡献，还在于丰富和深化了我国古代现实主义的文学理论。”②张少康、刘三富在论述《聊斋志异》评点中亦有类似之语：“清人在对《聊斋志异》的评论中，特

① 郭豫适：《关于中国古代小说理论批评特点问题（代序）》，方正耀：《中国古典小说理论史》，华东师范大学出版社2005年版，第10页。

② 王运熙、顾易生主编：《中国文学批评史》（下册），上海古籍出版社1985年版，第403页。

别指出了这种浪漫主义小说艺术表现方法上的特征。”①以现实主义、浪漫主义研究文学理论的方法，早在20世纪80年代初就遭到了学者的质疑。如黄保真对现实主义的质疑：“为什么现实主义文学潮流和现实主义文学理论只能出现在近代的欧洲，而不能出现于古代的中国呢？这是由于中国古代文学同欧洲文学发展的道路不同，文学理论的体系不同。”②并从“文学是生活的反映”“文学不是一种孤立的社会现象”“就文学的体裁和形式而言，中国古代文学与欧洲文学也有很大的不同”“中国古代的文学理论、欧洲的文学理论，是两种不同的理论体系”四个方面进行了阐述。他还指出，“现实主义”广泛运用于文学理论研究，直接带来了两个不良后果：“造成了理论上的极度混乱”和“发展了形而上学的批评方法”，这种“在古代文学理论的研究中生搬‘现实主义’的结果，还产生了另一种偏向。即不适当地肯定了一些宣扬封建政教的糟粕，不合理地抛弃了一些总结艺术规律的精华”③。由此可见，将现实主义与浪漫主义的文学理论运用于清代的小说评点研究，显然是不恰当的。

其三，清代之小说评点的本体研究。

清代的小说评点研究从附属于文学理论研究转向小说评点自身的本体研究，经历了一个较长的时间。早在20世纪80年代，叶朗的《中国小说美学》就试图从小说美学的角度突破小说评点依附文学理论的研究模式，他以重要的小说评点家为线索，评述了李贽、叶昼、冯梦龙、金圣叹、毛宗岗、张竹坡、脂砚斋、梁启超等人的小说美学，清代的几位评点大家位列其中。名为“小说美学”，实为小说评点的大家研究，其实质是肯定了小说评点的成就与价值，正如郭瑞的评价：“在阐扬中国小说评点的特色，实事求是地评价大有争议或不为一般人知的小说评点家，贯彻批判继承、古为今用的方针

① 张少康、刘三富：《中国文学理论批评发展史》（下），北京大学出版社1995年版，第367—368页。

② 黄保真：《中国古代文学和文学理论研究中的现实主义问题质疑》，载《文学论集》第3辑，中国人民大学出版社1980年版，第90页。

③ 黄保真：《中国古代文学和文学理论研究中的现实主义问题质疑（之二）》，载《古典文学理论研究丛刊》第4辑，上海古籍出版社1981年版，第58—65页。

等方面，该书也都取得了一定的成绩。”①但叶朗欲使小说评点研究摆脱文学理论研究的依附性的研究目的并未完全达到。如其对“中国小说美学”概念的界定：“中国小说美学，是古代美学思想家对于中国古典小说的艺术成就、艺术经验的理论概括。它既反映了中国古典小说的艺术高度和艺术独创性，也反映了中国古典美学的理论深度和理论独创性。”②很显然，其内涵仍然主要是指中国古代的小说理论，该书的内容方面也主要论述小说的虚实关系、典型人物、人物个性化、社会功能等小说理论。叶朗在小说评点的本体研究方面虽不太成功，但作了有益的尝试。第一次明确以“评点”本体意识呈世的专著当是《古代小说评介丛书》中的一本小册子，即黄霖、万君宝的《古代小说评点漫话》，该书通俗易懂，融学术性、知识性、趣味性于一体，介绍了金圣叹、毛氏父子、张竹坡、脂砚斋等评点大家的小说评点成就。该书虽然理论深度不足，但却起到了小说评点本体研究的筚路蓝缕之功。从此，小说评点的本体研究得到了学界的重视，也取得了丰硕成果，其中亦包括清代之小说评点研究。归纳起来，总有四端：

一为小说评点史研究。孙琴安《中国评点文学史》论述了从唐代到清代的中国文学评点的发展历程，其中涉及的小说评点史方面，重点论述了“评点文学的群星璀璨期”的评点大师毛宗岗、李渔，在“评点文学的转变期”中，重点论述了张竹坡及三大小说评点的热点：《聊斋志异》评点、《儒林外史》评点、《红楼梦》评点。虽然“评点文学”的提法遭到了学界的质疑，如谭帆说：“所谓‘评点文学’实际只是‘带有评点的文学作品’，包括诗词、散文、戏曲、小说等众多文体。这不能说是一种‘文学形态’，而是文学传播中的‘特殊文本形态’。”③谭帆所论是有道理的，但孙琴安从“史”的角度描述文学评点的发展，还是独具学术价值的。其学术价值对清代的小说评点研究而言就在于，将清代的小说评点置于整个文学评点的历史进程之中来考察，可以清晰看出清代的小说评点在文学评点的历史坐标中处于什么样的

① 郭瑞：《对中国古典小说理论的开掘——评叶朗的〈中国小说美学〉》，《读书》1984年第6期。

② 叶朗：《中国小说美学》，北京大学出版社1982年版，第20页。

③ 谭帆：《中国小说评点研究》，华东师范大学出版社2001年版，第5页。

地位，还可以比较清代的小说评点与同时代的诗文评点、戏曲评点之间的异同及联系。其实，《中国小说美学》《古代小说评点漫话》也隐含着小说评点史的发展历程。

二为小说评点的综合融通研究。在这方面研究着力最大、最有突破性的成果是谭帆《中国小说评点研究》。该书将古代小说评点视为一种独特的文化现象，从小说评点的历史演变、形态特征、基本类型、价值系统等方面对小说评点进行了高度的理论概括和提升，彻底突破了小说评点的文学理论研究的藩篱。作者自言其研究的一个主要着力点就是："从对评点家及其评点著作的个体研究逐步推向综合融通研究，在古代思想文化和文学背景上探究小说评点的生成机制、形态特色和价值体系。"①应该说，他的这一研究目的达到了，正如董小玉所评价的："它打破了传统小说评点研究多着眼于个案研究的做法，将中国古代小说评点作为一个完整的课题进行整体性研究，推动了我国小说评点研究的深入。"②该书下编为《小说评点编年叙录》，对明清两代的220余种小说评点本作了编年，其叙录的主要内容有：题署、版本、作者、评者、评点形态、评点主要内容、评点之价值和影响，具有小说评点的文学理论研究与本体研究双重的史料价值，这也为进一步深入研究清代的小说评点提供了明晰的线索和扎实的文献基础。林岗《明清之际小说评点学之研究》则主要以明清之际的小说评点为研究对象，从整体上论述了小说评点在"叙事文结构的美学观念""叙事文理的章法""语言修辞的文笔意趣""深具文化意蕴的批评形式"等方面的成就，并提出了"以明清之际小说评点学为标志的文论史上的第二次'文学自觉'"的重要观点："它（指明清之际的小说评点）的主要贡献是对新兴文体作出的批评反应，提炼、建立适合分析新文体的批评范畴，如结构、文理章法、反讽修辞、寓意等。综合其批评的收获，明清评点学当之无愧是古典文论上第二次'文学自觉'。"③林岗虽然是针对明清之际的小说评点而论的，但其研究思路对研究清代的小说评点富有启迪意义。而石麟《中国古代小说评点派研究》则

① 谭帆：《中国小说评点研究》，华东师范大学出版社2001年版，第16页。
② 董小玉：《中国古代小说评点研究的拓展》，《文艺研究》2001年第6期。
③ 林岗：《明清之际小说评点学之研究》，北京大学出版社1999年版，第104页。

将小说评点视为一个文学批评流派来研究，他认为小说评点派形成于明末清初，衰落于清代末年，历时两百多年，可分为“形成期”“延续期”“衰落期”①，从整体上论述了古代小说评点的功能、人物、结构、语言、辩证思维等，对清代的小说评点研究来说具有借鉴意义。董玉洪的博士论文《中国文言小说评点研究》②选择了文言小说评点作整体性研究，对文言小说评点的类别、发展、功能、价值、局限等进行了论述，其中第三章对文言小说评点的最高峰——《聊斋志异》评点作了较为深入的研究，其下编《中国古代文言小说评点本编年叙录》依据公私书目清理出古代文言小说评点本 100 多部，逐一简介其存佚、评点者、内容和价值等，并摘录了部分较有价值的评语，其史料价值明显，是对谭帆《小说评点编年叙录》只偏重收录通俗小说评点本的补充，这对研究清代的文言小说评点同样提供了重要的线索和文献基础。

三为小说评点的范畴、概念研究。西方小说理论一直以来都是中国古代小说研究的主流话语，面对古代小说研究的这种尴尬局面，一些学者开始在中国古代文论中寻找属于我们民族自身的小说话语系统。由于中国小说的批评话语本身并不系统，而是散见于序跋、评语、随笔等之中，缺乏严密的逻辑性，于是，经常出现于小说批评中的一些“词语”受到了关注，这些特殊“词语”也得到了理论提升，这正是小说评点中的范畴、概念研究的学理依据。着力于文学范畴研究的是汪涌豪的《范畴论》、詹福瑞的《中古文学理论范畴》。詹福瑞探讨了中古时期的“诗缘情”“神思”“比兴”等文学范畴，无涉小说范畴。汪涌豪的研究更为全面、系统。他认为古代文论中的范畴已是日趋深刻、日趋成熟的古代文学理论，总结道：“文学范畴在意蕴上的由浮泛到深刻，在形式上的由单一到复合，实际昭示着古人对文学本位及创作规律的认识日趋全面深刻，理论建设和学派开创意识日趋成熟。”③在小说范畴内，他重点分析了“幻”“避犯”“白描”三个小说范畴，对其源流、内涵进行了论述，提升了其理论高度。如对“避犯”内涵的阐述：“顾名思义，

① 石麟：《中国古代小说评点派研究》，中国社会科学出版社 2011 年版，第 9—12 页。

② 董玉洪：《中国文言小说评点研究》，华东师范大学博士学位论文，2005 年。

③ 汪涌豪：《范畴论》，复旦大学出版社 1999 年版，第 18 页。

‘避犯’是指竭力避免雷同或有意制造叠合。前者在迥异中见才致，为人习知；后者则在同中见巧，同中出新，其精微之义，尤为论者所重视。”[①]该书虽然涉及小说范畴很少，但对小说评点的范畴研究起到了启发作用。比较系统地研究小说评点范畴的是陈心浩的博士论文《明清小说评点范畴研究》，他将小说范畴分为“小说的人物描写”“小说的叙事情节”“小说的艺术魅力”“小说艺术的极诣”四个板块，选出了具有代表性的“画”“纪传”“声口”“间架”“笔”“幻”“真”“奇”“韵”“诗”“妙”等11个范畴，对其溯源、考评，分析这些范畴在明清小说评点中的具体运用，以及这些范畴对构建具有中国特色的小说叙事理论的作用，并归纳出了明清小说评点范畴的特点：“明晰性和模糊性的双重特点”“‘互文性’的特点”“鲜明的文体性的特点”[②]。该论文涉及了毛宗岗、张竹坡、脂砚斋等重要的清代评点家的小说评点，从文学范畴的角度进一步深化了清代的小说评点研究。张世君《明清小说评点叙事概念研究》则从小说叙事角度探讨了小说评点中重要的叙事概念，如“间架概念”“一线穿概念”“脱卸概念”“戏曲概念”“书法概念”“山水画概念”“字法概念”“句法概念”“章法概念”等，厘清了明清小说评点的各类重要叙事概念，并将提炼的叙事概念还原到小说文本中去检验其理论运用的可行性，深入探讨这些叙事概念所体现出的小说创作规律。其研究目的在于突出小说评点具有一套不同于西方的自成体系的叙事理论，正如作者自己所强调的观点：“明清小说评点有一套与明清小说评点理论相适应的叙事概念；明清小说评点叙事概念具有时间性和空间性特性，独具中国文化特色。”[③]作者达到了自己的研究目的，凸显了小说评点中所隐含的不同于西方叙事理论的“独具中国文化特色”的小说叙事话语系统。她所运用的评点材料中也有大量的清代的小说评点，如毛氏父子、张竹坡、脂砚斋等人的小说评点，这进一步开拓了清代之小说评点的研究思路。

四为小说评点的个案研究。清代的小说评点本身成就卓著，这为开展清代之小说评点的个案专题研究提供了可行性。关于清代之小说评点的个

---

① 汪涌豪：《范畴论》，复旦大学出版社1999年版，第396页。

② 陈心浩：《明清小说评点范畴研究》，河北大学博士学位论文，2010年。

③ 张世君：《明清小说评点叙事概念研究》，中国社会科学出版社2007年版，第4页。

案专题研究可以分为两部分：专书评点研究与专人评点研究。

先看专书评点研究。专书评点研究主要集中于经典小说，如《红楼梦》《聊斋志异》《儒林外史》等，其中成就最大的是《红楼梦》评点研究。早在20世纪80年代，《红楼梦》的脂评（非脂砚斋一人所评）就受到了学界的重视。郭豫适《红楼研究小史稿》第二章“脂砚斋的评论”介绍了脂评的文本、作者、基本内容等情况，更重要的是论述了脂评的重要意义：“脂评可以帮助我们从一些侧面了解曹雪芹的身世、生活、思想和性格，了解《红楼梦》创作的一些情况”，“脂评可以帮助我们了解《红楼梦》八十回以后的一些情节和内容”①，同时还指出了脂评的局限性及其糟粕。第五章“评点派的代表作”，重点论述了王雪香、张新之、姚燮、哈斯宝在《红楼梦》评点方面所取得的成就。系统研究脂评的是孙逊的《红楼梦脂评初探》，该书详细介绍了脂本、脂评、评者，尤为突出的是深入分析了脂评的价值，如“暗示了小说隐去的政治斗争‘真事’”“透露了小说写封建家族衰亡史的讯息”“提供了小说作者及其家世生平的有关线索”等。郭豫适、孙逊的脂评研究均打上了时代烙印，如孙逊对胡适“自传说”的批评：“《红楼梦》的最早评论者脂砚斋等人不愧为作者的‘知己’，他们写下的一些很有见地的批语，有力地证明了胡适唯心论的谬误。”②全面、系统研究《红楼梦》评点的是刘继保的《红楼梦评点研究》。该书上编对《红楼梦》评点作综合研究，对《红楼梦》评点的定位、分期、版本形态、批评功能、阅读模式、诠释方法、理论价值等进行了充分的论述，下编对王希廉、张新之、姚燮、陈其泰、王伯沆等十五家《红楼梦》评点分别作了深入的阐述，尤为可贵的是使用了一些难见的评点材料，如张子梁、云罗山人、话石主人、蝶芗仙史的评点。该书是关于《红楼梦》评点研究的一部力作。《聊斋志异》专书评点研究虽无专著，但也取得了一定成绩。盛伟《清代诸家批点〈聊斋志异〉述评》较早从整体上评述了王士祯、王东序、冯镇峦、王芑孙、方舒岩、何守奇、但明伦等人的评点，并指出了清人评点《聊斋志异》的独特优势：“清代诸评家，评点《聊斋志异》，有它不可取代

① 郭豫适：《红楼研究小史稿》，上海文艺出版社1980年版，第30—35页。

② 孙逊：《红楼梦脂评初探》，上海古籍出版社1981年版，第247页。

的优势，无论从政治氛围，或者人事心态上，都是比较贴近当时作者的创作心理的。”①黄洽《自出手眼，别开天地——清人〈聊斋志异〉评点述说》②则从“为《聊斋》正名，极力肯定小说的价值和地位”“对小说思想价值的揭示”“对小说创作特色的分析”三个方面论述了清人评点《聊斋志异》的成绩。《儒林外史》专书评点研究同样取得了一些成就。蔡国梁《从清人的评点看〈儒林外史〉的用笔》③总结了清人《儒林外史》评点在主题思想、人物描写、景物点染、谋篇布局等四个方面的成绩。谭帆《论〈儒林外史〉评点的源流与价值》④考订了《儒林外史》评点的源流，深入分析了《儒林外史》评点的文本价值、理论价值及传播价值。运丽君《从清人评点看〈儒林外史〉谋篇的艺术特点》⑤从清人评点中概括出《儒林外史》谋篇的四个艺术特点：精严性、抒情写意性、对比性、重述性。其他的专书评点研究较少，比较重要的有向芃《〈女仙外史〉评点探微》⑥，该文认为《女仙外史》获得了以江西为中心的东南地区汉族官僚和文化名流的竞相评点，这个现象既是康熙朝文人交游酬答的真实写照，也反映了评点者在题材动因和文学旨趣上的同声相应、同气相求以及情感上的共鸣。

次看专人评点研究。专人评点研究，主要集中于张竹坡、毛氏父子、冯镇峦、但明伦等清代评点大家。取得重大研究成果的是张竹坡评点研究。刘晓军《二十世纪张竹坡评点〈金瓶梅〉研究述评》⑦从张竹坡的生平事略、张竹坡评本、张竹坡的小说思想与小说理论、张竹坡在中国古代小说理论史上的地位等方面对张竹坡评点的研究成果进行了概括。至于说张竹坡评点本身的研究，较早的是王汝梅和吴敢。王汝梅首先充分肯定张竹坡在小说理论上的贡献，他说：“张竹坡对《金瓶梅》作了全面的研究分析，写下了十

① 盛伟：《清代诸家批点〈聊斋志异〉述评》，《南开大学学报》1997年第1期。

② 黄洽：《自出手眼，别开天地——清人〈聊斋志异〉评点述说》，《鲁东大学学报》（哲学社会科学版）2007年第1期。

③ 蔡国梁：《从清人的评点看〈儒林外史〉的用笔》，《上海师范大学学报》（哲学社会科学版）1984年第1期。

④ 谭帆：《论〈儒林外史〉评点的源流与价值》，《社会科学战线》1996年第6期。

⑤ 运丽君：《从清人评点看〈儒林外史〉谋篇的艺术特点》，《阴山学刊》2007年第6期。

⑥ 向芃：《〈女仙外史〉评点探微》，《明清小说研究》2010年第4期。

⑦ 刘晓军：《二十世纪张竹坡评点〈金瓶梅〉研究述评》，《中国文学研究》2005年第4期。

几万言的总评、读法和回评等评论，肯定了《金瓶梅》的写实成就，第一次给《金瓶梅》这部巨著以高度的评价，对《金瓶梅》的现实主义倾向、人物形象塑造、艺术结构等作了具体分析，明确提示了现实主义真实观，丰富了典型性格论，继李贽、叶昼、冯梦龙、金圣叹、毛宗岗之后，在小说批评史上作出了新贡献。"①吴敢则对张竹坡评点作了概述，详细分析了其中最有价值的几个方面："系统提出'第一奇书非淫书论'，给《金瓶梅》以合法的社会地位，使其得以广泛流传"，"指出《金瓶梅》'独罪财色'，是泄愤之作，具体肯定了这部小说的思想性、倾向性"，"紧紧把握住《金瓶梅》的美学风貌，以'市井文字'概括其艺术特色，从小说史的角度，充分肯定了这部小说在中国文学史中的地位"，"全面细微地点拨《金瓶梅》的章法技法，形成系统的《金瓶梅》艺术论，其中不少论述，今天仍有借鉴意义"，等等。最后总结道：（张竹坡的《金瓶梅》论）"完备了古代小说评点的结构体系，对古代小说理论增添了一系列新的创造，开发了近代小说理论的先声"②。从此，张竹坡评点得到了学界的重视，其研究也逐渐开阔、深入。或从写实角度研究的，如罗德荣《张竹坡写实理论的美学贡献》③；或从典型角度研究的，如陈果安《张竹坡对典型理论的贡献》④；或从情理角度研究的，如崔晓西《张竹坡在〈金瓶梅〉评点中的"情理"范畴及其在小说批评史上的地位》⑤；或从评点动机角度研究的，如赵民《张竹坡"泄愤说"初探》；或从审丑角度研究的，如陈果安《东方丑学：张竹坡审丑理论初探》⑥；或从叙事角度研究的，如王平《评张竹坡的叙事理论》⑦。毛氏父子评点研究也取得了很大成绩。较为深入研究的是刘敬圻、沈伯俊、王汝梅等人。刘敬圻在《〈三国演义〉嘉靖本和毛本

---

① 王汝梅：《张竹坡在小说理论上的贡献》，载《明清小说论丛》第3辑，春风文艺出版社1985年版，第134—135页。

② 吴敢：《张竹坡与〈金瓶梅〉》，百花文艺出版社1987年版，第61—76页。

③ 罗德荣：《张竹坡写实理论的美学贡献》，《天津社会科学》1995年第6期。

④ 陈果安：《张竹坡对典型理论的贡献》，《南华大学学报》（社会科学版）2000年第1期。

⑤ 崔晓西：《张竹坡在〈金瓶梅〉评点中的"情理"范畴及其在小说批评史上的地位》，《浙江师大学报》（社会科学版）1996年第3期。

⑥ 陈果安：《东方丑学：张竹坡审丑理论初探》，《中国文学研究》2000年第2期。

⑦ 王平：《评张竹坡的叙事理论》，《社会科学辑刊》2002年第4期。

校读札记》①一文中总结了毛本的贡献主要表现在人物的性格描写、文辞润色、诗词处理、回目处理等方面，指出毛本更进一步强化了“尊刘贬曹”的思想倾向。沈伯俊《论毛本〈三国演义〉》②更为细致地梳理了毛本对嘉靖本的评改，主要有六个方面：“修订文辞”“修改情节”“整顿回目”“削除论赞”“改换诗文”“重作批评”，并总结了毛氏父子在历史小说领域所提出的重要小说理论。王汝梅《金圣叹·毛宗岗·张竹坡》一书中论述了毛本“尊刘抑曹”的思想倾向、实录与虚构、人物形象、结构与技法等问题，对毛本的研究比较全面、系统。研究毛宗岗评点的第一本专著当为李正学的《毛宗岗小说批评研究》，该书分“本质论”“结构论”“人物论”“叙事论”“文法论”来分析毛宗岗的小说批评思想，还概括了毛宗岗评点的批评风格和批评思想。其他重要论文有：从评点动机角度研究的，如熊笃《关于毛宗岗对〈三国演义〉的批改》③；从艺术价值角度研究的，如杜贵晨《毛宗岗对中国古代小说理论的贡献——兼论中国古代小说理论的真正形成》④；从小说结构角度研究的，周伟民《毛宗岗论〈三国演义〉的结构和情节》⑤；从人物塑造角度研究的，周书文《毛宗岗论〈三国演义〉人物性格塑造的辩证精神》⑥；等等。除了张竹坡、毛宗岗评点研究外，比较深入的清人专人评点的研究主要集中于冯镇峦、但明伦，代表性的论文有：陈洪《〈聊斋〉评论的双璧——冯镇峦、但明伦评点衡估》⑦、张稔穰《冯镇峦〈聊斋志异〉评点的理论建树》⑧、赵馥

① 刘敬圻：《〈三国演义〉嘉靖本和毛本校读札记》，《求是学刊》1981年第1—2期。

② 沈伯俊：《论毛本〈三国演义〉》，《海南大学学报》（社会科学版）1991年第3期。

③ 熊笃：《关于毛宗岗对〈三国演义〉的批改》，《重庆师范大学学报》（哲学社会科学版）1983年第1期。

④ 杜贵晨：《毛宗岗对中国古代小说理论的贡献——兼论中国古代小说理论的真正形成》，《殷都学刊》1986年第3期。

⑤ 周伟民：《毛宗岗论〈三国演义〉的结构和情节》，《华中师范大学学报》（哲学社会科学版）1987年第2期。

⑥ 周书文：《毛宗岗论〈三国演义〉人物性格塑造的辩证精神》，载《三国演义学刊（一）》，四川省社会科学院出版社1985年版。

⑦ 陈洪：《〈聊斋〉评论的双璧——冯镇峦、但明伦评点衡估》，《蒲松龄研究》1994年第4期。

⑧ 张稔穰：《冯镇峦〈聊斋志异〉评点的理论建树》，《蒲松龄研究》2007年第3期。

《但明伦小说鉴赏体系之研究》①。其他还有王希廉、张新之、哈斯宝、黄小田、天目山樵、文龙等专人评点研究,这里就不一一详述了。

其四,清代的小说评点与学术思潮之关系的研究。

无论从文学理论角度还是从小说评点本体角度对清代之小说评点的研究,都取得了重要成就,但值得注意的是,二者均较为忽略清代的小说评点与文化背景之关系的研究。前贤虽对此有所涉及,但不够全面、系统、深入。任何一种文化现象都是时代的产物,都会深深地打上当时的时代烙印,尤其是当时文化背景的烙印,清代的小说评点也不例外。如果不能从清代的文化背景来深入阐释清代的小说评点的兴盛、特色、思维模式、审美倾向,无疑,这是清代的小说评点研究的一种缺失,也无法进一步深入研究。可喜的是,已有学者开始注意到清代的小说评点与文化背景之间的关系了。如清代的小说评点与小说文体观之间的关系,谭帆在谈到古代小说理论批评研究的"缺失"时就论述了二者之间的重要关系,他说:"以评点为主体研究对象,往往忽略了与小说发展实际密切相关的其他小说理论思想的阐发。最为突出的是古代小说理论批评研究中'文体理论'研究的薄弱,比如'传奇体'、'话本体'和'章回体'等都有各自的理论思想,包括各自的文体观念、创作范畴和技巧法则,梳理和研究这些思想或法则,一方面是小说理论批评研究的重要任务,同时也会对小说史研究产生重要影响。"②再如清代的小说评点与小说禁毁的关系。小说禁毁既是一种政治制度,也是一种文化制度,它是统治阶级在特定的历史时期对文化事业的一种干预,带有强制性的特点。清代的小说禁毁尤为严厉,从中央到地方都颁布了很多严厉的法令来禁毁小说。这种法令在清代各朝文献中随处可见,仅举两例说明,中央法令记载:

雍正二年又奏准,凡坊肆市卖一应淫词小说,在内交与都察院等衙

① 赵馥:《但明伦小说鉴赏体系之研究》,《辽宁大学学报》(哲学社会科学版)1995年第3期。

② 谭帆:《漫谈古代小说理论批评研究之"缺失"》,《文学遗产》2006年第1期。

门，转行所属官弁严禁，务搜版书，尽行销毁；有仍行造作刻印者，系官革职，军民杖一百，流三千里；市卖者杖一百，徒三年，买看者杖一百；该管官弁，不行查出，按次数分别议处；仍不许借端出首讹诈。①

地方法令记载：

江苏按察使司按察使裕，为严禁淫书淫画以正风俗事。照得淫词小说，坏人心术，是以例载造作刻印者，杖一百，流三千里；市卖租赁者杖一百，徒三年；买看者，杖一百；仍不准借端出首讹诈各等语，淫画亦应比照问拟。定例何等森严，庶民应知畏惧。②

如此严厉的小说禁毁必将深深影响清代的小说评点，如清代的小说评点尤重教化、怡情功能的宣扬，这正是尽量避免被禁的表现。邬国平、王镇远论述了清代的小说批评（主要是小说评点）与小说禁毁之间的关系：

清代小说批评正是在冲破封建高压政策，克服传统偏见，纠正各种错误解说过程中不断完善成熟起来。批评家为小说争地位，反复论证小说的教民化俗、怡情悦性作业，即使是某些旧调重弹，在禁毁小说的严厉程度超过以往各朝的清代前中期也有其特殊的进步作用和意义。③

还有清代主流文化观念也会对小说评点产生影响的。集中体现清代主流文化观念的无疑是《四库全书》。吴承学专门探讨了《四库全书》与评点学之间的关系，他认为《四库全书》对评点学基本上是批评的：

① （清）延煦等纂：《台规》卷25，王利器辑录：《元明清三代禁毁小说戏曲史料》（增订本），上海古籍出版社1981年版，第32页。

② （清）余治：《得一录》卷11之1，王利器辑录：《元明清三代禁毁小说戏曲史料》（增订本），上海古籍出版社1981年版，第32页。

③ 邬国平、王镇远：《清代文学批评史》，上海古籍出版社1995年版，第796页。

> 四库馆臣对于评点学的批评，大体上缺少令人信服的学理性的分析，更多的是一些不容争辩的判断与模式化、格套化的批判。严格说来，这里表达的不是理论，而是一种观念与立场。这种学理分析的缺乏，固然与《总目》的撰写体例有关，但更深层的原因是四库馆臣把这种批评视为无须辨析、理所当然的常识或共识。这种鄙视评点的非理论化的学术立场，恰恰在文学与文化上具有独特而复杂的内涵。①

但同时认为《四库全书》对评点的态度又是"暧昧"的："在具体书籍的评点上，四库馆臣站在偏向批评的立场，但他们又从未在基本理论上完全地、公开地否定评点之学。对于众多评点著作的蔑视，并不等同于对评点之学的整体否定。对此，我们应该注意到这样的事实——从清代最高统治者到四库馆臣以及一些激烈反对评点之学的批评家自身并没有完全抛弃评点这一形式。"②不过，王书才认为《四库全书》对评点学的褒贬，并非"缺少令人信服的学理性的分析"，而是在其"进行褒贬的判断语句背后都有着严谨系统的学术观念支撑，诸如主张学术风格的雅醇，强调遵守文献四部分类的悠久传统，要求尊重古书原文勿加篡改，均体现着一以贯之的学术理念"③。吴承学、王书才虽然探讨的是以《四库全书》为代表的主流文化对诗文评点的态度，但这种态度势必影响到清代的小说评点。而清代主流文化对当时的小说评点又有哪些具体影响呢？这是一个值得深思的问题。

在清代的文化背景中，学术思潮的盛行是非常重要的文化现象。清代是学术风气盛为浓厚的一个时期，有清一代之学术，成就斐然，贯穿清代始终，对整个文化领域的影响极为广泛而深远，在此学术背景之下诞生的小说评点也必然受到学术思潮的影响。对这一重要问题，仅有少数学者有所关注。如理学对小说评点的影响，郧国平、王镇远在评价毛氏父子、张竹坡的小说评点时说：

---

① 吴承学：《中国古代文体学研究》，人民出版社 2011 年版，第 428 页。

② 吴承学：《中国古代文体学研究》，人民出版社 2011 年版，第 431 页。（其观点在《〈四库全书〉与评点之学》一文中先行发表，参见《文学评论》2007 年第 1 期。）

③ 王书才：《〈四库全书总目〉与评点学关系新论》，《宁夏社会科学》2009 年第 5 期。

入清以后，文艺思潮趋转正统化的倾向更加突出，这在小说批评中也有反映。毛氏父子评《三国演义》坚持蜀汉正统论，“尊刘抑曹”，这在清初或许寄托着某些怀明意识，主要则是与理学家历史观相一致的正统思想的反映。张竹坡评《金瓶梅》是一部“道书”“性理之谈”（《金瓶梅》第一百回回评），虽含有庇翼该书不遭禁绝的心愿，其理论本身则是理学向文学批评渗透的表现。①

再如考据学对小说评点的影响，刘继保认为《红楼梦》评点受到了乾嘉学派的深刻影响：

道光时期及其以后的《红楼梦》评点在某种意义上也是借鉴了乾嘉学派的考据、纠谬之风，又借鉴姚鼐的“义理、考据、辞章”的治学方法，以文本为中心，以细读为基础，对《红楼梦》这种容量浩繁、辞旨隐微的作品进行具有学术价值的评点。②

姜胜认为张文虎（即天目山樵）亦受到了考据学的影响：“张文虎在为《儒林外史》写的识语、评语里，熔评论、考据于一炉，做了大量考证源流的工作，使其评点带有较浓的考据色彩。”③

还有西学对小说评点的影响。晚清时期，异域文化不断输入中国，文化领域内掀起了救国新民的启蒙思潮，在此背景下，小说评点呈现出新的面貌。贺根民论述了西学对小说评点及传统文学的深远影响，他说：

小说评点、序跋和小说笔记等方式构成的小说传统批评大厦，在国门洞开的近代，不断受到异域文化的冲击。19世纪末蜂拥而入的包括翻译小说在内的异域文明，捎带了近代西方的哲学和文学理论，传统文

① 邬国平、王镇远：《清代文学批评史》，上海古籍出版社1995年版，第797页。
② 刘继保：《红楼梦评点研究》，北京图书馆出版社2007年版，第32页。
③ 姜胜：《论张文虎〈儒林外史〉评点的朴学倾向》，《滁州学院学报》2010年第3期。

学参照陌生的"他者",检讨和重塑自我的文学精神。①

除了以理学、考据学、西学等单一学术思潮考察清代的小说评点外,也有从整个清代学术思潮来探讨小说评点的研究。蒋玉斌《〈聊斋志异〉评点与清代学风——以冯评、但评为中心》探讨了经世致用、考据、崇尚古文等学风对《聊斋志异》评点影响的具体表现,并指出:"在清代学风的文化背景之下来观照《聊斋志异》评点,有利于我们更加深入地把握《聊斋志异》评点的理论价值,并进一步探讨小说评点(尤其是文言小说评点)在理论史上的独特地位。毋庸讳言,这也有利于我们准确而深入地理解饱含蒲松龄'孤愤'之情的《聊斋志异》的深刻内涵。"②该文引起了小说评点研究领域的关注,如杨广敏、张学艳评价道:"文章视野宽广,阐释精深,论述详密,考证谨严,达到了很高的学术水平,是不可多得的佳作"③。

很显然,清代学术思潮与小说评点之关系的研究虽然取得了一些成绩,但还处于起步阶段,研究中存在着明显的不足,显得较为单一、零散、浅层,研究中存在的许多问题有待于深入探讨,所以,对其进行全面、系统、深入的研究是必要的,这也是目前清代之小说评点研究中亟须解决的一个重要课题。

三、本书的研究价值

首先,从学术思潮这个新维度观照清代之小说评点,系统、深入探讨清代之小说评点所受到的学术思潮的深远影响。有清一代学术之大盛,其流派众多,领域宽广,内涵丰富,学问精深,在中国学术史上达到了一个新高度。清代的每一种学术思潮都对清代文化产生了甚为深远的影响。如考据学对清代文学中的骈文就影响颇大,马积高指出其影响有两个方面:"一是

① 贺根民:《中国小说观念的近代化过程》,齐鲁书社2010年版,第282页。

② 蒋玉斌:《〈聊斋志异〉评点与清代学风——以冯评、但评为中心》,《宁夏大学学报》(人文社会科学版)2007年第3期。

③ 杨广敏、张学艳:《近三十年〈聊斋志异〉评点研究综述》,《蒲松龄研究》2009年第4期。

骈文本与博学相联系,考据学的兴起,正与之相应,因而助长其发展,并为其特点的形成起了一定的作用。二是骈文本与理学无缘,清代考据学兴起后所形成的汉、宋之争和汉学家的高张其帜,更促使骈文家与理学分离,故清代较少的道学的酸腐气。"①当然,清代兴盛的小说评点也同样深受学术思潮的巨大影响。可惜,目前学术界对这一重要文化现象的关注与研究还远远不够,根本谈不上全面、系统,这方面的专著更是付之阙如。所以,本书旨在较为全面、系统、深入地探讨在清代学术思潮繁盛背景下,经世致用之学、理学、考据学、西学等各种学术思潮与小说评点之关系,探讨它们的学术思维与治学方法对小说评点的具体影响。

其次,突破前贤限于文学批评理论和小说评点本体的小说评点研究,进一步深化清代的小说评点研究。无论是从文学批评理论角度还是小说评点本体角度对清代之小说评点的研究,均取得了很大的成就,但这些研究主要是小说评点的内部研究,而对清代之小说评点的外围研究较少关涉。不过,小说评点的外围研究已开始引起了部分学者的关注了。如谭帆指出目前古代小说理论批评研究存在着三个方面的"缺失":"在研究思路上,小说理论批评研究过于强化其'独立性'而淡化了与小说史之间的有机联系","在研究对象上,小说理论批评研究以'观念形态'为主,'操作'层面的小说批评研究比较薄弱","在对小说批评主体形式的定位上,过于突出其'理论文本'的属性,而忽略了小说批评主体形式所特有的文本阐释性"②。在这三个"缺失"中,有很多问题正是小说理论批评中的外围问题,如小说的禁毁、改定、选本、书目、传播等。谭帆虽是针对小说理论批评而言的,但对于小说评点研究也是同样适用的。可见,加强小说评点的外围研究,正是目前小说评点研究突破的方向。本课题从清代学术思潮的维度研究清代的小说评点,正是旨在突破目前小说评点研究的瓶颈,进一步拓展小说评点的研究视阈,这将有力促进古代小说评点研究的发展。

最后,以清代的学术思潮为中心,旁及政治、历史、教育、宗教等,更全面

① 马积高:《清代学术思潮的变迁与文学》,湖南出版社1996年版,第110页。

② 谭帆:《漫谈古代小说理论批评研究之"缺失"》,《文学遗产》2006年第1期。

地探讨清代学术思潮与小说评点之间的复杂关系。学术思潮从来都不是单纯的文化现象，它与政治、历史、教育、宗教等内容紧密地交织在一起。如魏晋南北朝盛行的玄学思潮，其盛行既与国家长期分裂、政权更迭频繁、战乱纷争的政治环境有关，也与士人对生命短促的感悟、主体意识的觉醒、思想极为自由的“清谈”之风有关，还与佛道二教的兴盛有关。又如清代考据思潮的兴起。梁启超和钱穆都认为与政治关系最为紧密，认为是由于“清代的思想钳制和镇压，造成士人对现实的淡漠和对古典的关注”①所带来的结果。而葛兆光则提出了另外一种解释，认为与士人的话语权有关，他说：“真正造成清代学术思想失语状态的，除了政治对异端的钳制，还在于皇权对于真理的垄断，‘治统’对于‘道统’的彻底兼并，以及这种道德制高点和合理性基础被权力占据之后，所造成的士人对于真理诠释权力和对于社会指导权力的丧失。”②葛兆光的解释关注了士人独立的文人精神，他们看重对真理诠释和干预社会的权力。当这种权力在正常秩序中一旦丧失，他们必然以另外一种途径表现出来，考据学便是清代文人所选择的这样一种途径。由此可见，学术思潮本身就具有复杂性。因此，以清代学术思潮为中心，再旁及政治、历史、教育、宗教等方面的内容，才能真正做到更全面、更准确、更深入地阐释清代学术思潮与小说评点之间的复杂关系。

由此看来，选取清代学术思潮这个新维度观照清代之小说评点，探讨清代之小说评点所受到的学术思潮的深远影响，不仅具有学理上的必要性与可行性，也有着相当程度的创新性。

① 葛兆光：《中国思想史》第2卷，复旦大学出版社1986年版，第399页。

② 葛兆光：《中国思想史》第2卷，复旦大学出版社1986年版，第400页。

第一章　清代的小说评点与学术思潮综论

第一节　“评点”释义及其评点之基本形式与特征

评点作为中国古代文学的一种重要批评方式，在中国古代源远流长。要研究清代的小说评点与清代学术思潮之间的复杂关系，首先必须厘清“评点”的相关问题，如评点的本义、基本形式、基本特征、起源等。

一、“评点”之义

先说“评”。“评”的本义就是议论的意思。《广雅》释之曰：“订、评、图、谋、虑，议也。”①《汉语大词典》解释“评”：“评论；评定。《后汉书·许劭传》：劭与靖俱有高名，好共核论乡党人物，每月辄更其品题，故汝南俗有‘月旦评’焉。”②这里的“评”是指对某事物或人物进行优劣高下的评论，如“嵘品古今诗为评，言其优劣”③。其义与“品”较为接近，《说文》释“品”曰：“品，众庶也。从三口。凡品之属皆从品。”④二者的区别在于：“评”偏重于个体的评议，而“品”则偏重于众口的评议。

再说“点”。《说文》释“点”曰：“点，小黑也，从点占声。”⑤段玉裁注曰：“今俗所谓点涴也。或作玷。”⑥由此可知，“点”的本义是指留在某种事物

---

① （清）王念孙：《广雅疏证》卷4上，钟宇讯点校，中华书局1983年版，第118页。

② 罗竹风主编：《汉语大词典》第11卷，汉语大词典出版社1993年版，第98页。

③ （唐）李延寿：《南史》卷72，中华书局1975年版，第1779页。

④ （汉）许慎：《说文解字》，中华书局1963年版，第48页。

⑤ （汉）许慎：《说文解字》，中华书局1963年版，第211页。

⑥ （清）段玉裁：《说文解字注》，上海古籍出版社1981年版，第488页。

上的小黑点，非特意留下的标识。与“点”对应的是“、”，《说文》又释“、”曰：“‘、’有所绝止，而识之也。凡‘、’之属皆从‘、’。”①段玉裁进一步明确其用法：“按此于六书为指事。凡物有分别，事有可不，意所存主，心识其处者皆是。非专谓读书止，辄乙其处也。”②“、”则是特意在某种事物上留下的标识，但并非是指读书时留下的。后来才主要用于读书时特意留下的表示某种含义的标识。如黄侃认为“、”就是句读的符号，他说：(、)“假借为读，所谓句读之读也，凡一言之停逷者用之。”③再如《尔雅·释器》解释“点”曰：“灭谓之点。”④郭璞注云：“以笔灭字为点，今犹然。”⑤显然，“点”为“灭字”之义是由黑引申出来的，意为涂黑之义。与古人读书时所用的“、”作用相当的还有“レ”。段玉裁对“レ”注曰：“钩识者，用钩表识其处也。褚先生补《滑稽传》：‘东方朔上书，凡用三千奏牍。人主从上方读之，止，辄乙其处，二月乃尽。’此非‘甲乙’字，乃正‘レ’字也。今人读书有所钩勒即此。”⑥钩勒也就是读书时特意留下的标识。通过梳理“点”的含义演变可知，“评点”之“点”是评点者在文本上特意留下的标识，或用于断句，或用于作某种意义的涂黑，或用于表示文句的重要、精彩等，即为圈点。

最后说“评点”。“评点”这种批评形式虽说很早就有了，但直接将“评点”二字作为一个词来使用的时间却较晚。较早直接使用“评点”二字的是元末明初杨维桢为《刘彦昺集》所写的序言：

彦昺于予有通家之契焉，信乎其家学之有渊源也，故为题其篇首。予爱其诗，兼诸体制各殊，特为评点，庶不负其用心之苦，使知诗者览焉。⑦

① (汉)许慎：《说文解字》，中华书局1963年版，第105页。

② (清)段玉裁：《说文解字注》，上海古籍出版社1981年版，第214页。

③ 黄侃：《文心雕龙札记》，吴方点校，中国人民大学出版社2004年版，第125页。

④ (清)阮元校刻：《尔雅注疏》，《十三经注疏》，中华书局1980年版，第2600页。

⑤ (清)阮元校刻：《尔雅注疏》，《十三经注疏》，中华书局1980年版，第2600页。

⑥ (清)段玉裁：《说文解字注》，上海古籍出版社1981年版，第633页。

⑦ (明)杨维桢：《刘彦昺集原序》，(明)刘彦昺：《刘彦昺集》，景印文渊阁《四库全书》第1229册，中国台湾商务印书馆1986年版，第717页。

关于“评点”一词的阐释,目前主要有四种:第一种认为,评点有狭义与广义之分,狭义的评点专指有批有点的形式,广义的评点则基本等同于评论。如朱世英等的观点:“评点有广义和狭义之分,狭义的评点专指批点结合的形式,离开作品的评论不在其内。广义的评点是开放的概念,凡是对作家作品的评论都可以纳入评点学的范畴”,“常用语有‘批’、‘评’之分,‘批’也是‘评’,但在形式上必须与被批作品结合,离开原作则无从批,而‘评’在形式上是可以脱离原作的”①。第二种认为,评点是一种特殊的作品形态。如孙琴安解释“评点文学”说:“评点文学是一种由批评和文学作品组合而成又同时并存的特殊现象,具有批评和文学的双重含义。它既是一种批评方式,同时又是一种文学形式;既是一种与文学形式密切相关、结合在一起的文学批评形式,同时又是一种含有批评成分、与批评形式连为一体的文学形式。……评点文学是一种兼有文学批评和文学作品双重属性的特殊文学形态”②。第三种认为,“评”是评议,“点”是“一语点破”。如白盾说:“所谓‘评点’,指‘一语点破’的意思,有如老杜的‘读书破万卷’之‘破’,又如禅宗的‘悟破’之‘破’。中国的诗论、文论,向来有以‘禅’论诗,以‘禅’论文的说法,崇尚‘妙悟’,即一经指点立即悟破。如禅语所说‘一棒喝破,如灌醐醍’。评点的‘点’,正是指这个经‘指点’而‘悟破’的意思,也是将这种论禅之法,借用到小说领域里来”③。第四种认为,“评”是指语言文字方面的评论,“点”是指圈、点、抹等符号。如孙逊对小说中的“评点”所下的定义:

> 这里所谓“评点”,“评”即指评论,指评者就小说的思想内容和艺术描写书写评语,发表自己的看法见地;“点”则指圈点,它是古人阅读欣赏时的一种习惯:凡遇有在他认为是妙笔神文、精湛独到之处,便在旁边加上圈点,以示这是应该细细体味的地方。④

---

① 朱世英等:《中国散文学通论》,安徽教育出版社 1995 年版,第 708—709 页。

② 孙琴安:《中国评点文学史》,上海社会科学院出版社 1999 年版,第 1—2 页。

③ 白盾:《说中国小说评点样式》,湖北省《水浒》研究会编:《中国古代小说理论研究》,华中工学院出版社 1985 年版,第 96 页。

④ 孙逊:《中国小说批评的独特方式——古典小说评点略述》,《文史知识》1986 年第 2 期。

谭帆则对文学中的“评点”作了更为细致的界定：

> 评点是中国古代文学批评的一种重要形式，与“话”、“品”等一起共同构成古代文学批评的形式体系。这种批评形式有其独特性，其中最为重要的是批评文字与所评作品融为一体，故只有与作品连为一体的批评才称之为评点，其形式包括序跋、读法、眉批、旁批、夹批、总批和圈点。①

综观这四种观点，第一种观点忽视了评点与其他评论的区别，没有突出评点的特殊性；第二种观点认为的“评点”并非作品形态，而是文本形态；第三种则有望文生义之嫌，缺乏文献依据；第四种观点既有文献依据，也符合中国文学评点的实际状况，故为大多数学者所接受。本书所论评点之义及其范畴的界定即采用第四种观点。

不过，“评点”一词在古代并不常用，更多的是使用“批点”“批评”。据《四库全书》检索统计，“评点”仅使用 2 处，而“批点”则有 9 处、“批评”则多达 44 处。如使用“批点”：

> （《大学本文》）是书取《大学》、《中庸》本文及朱子《章句》原《序》，各为批点，大意欲因文法以阐书理。然圣经虽文字之祖，而不可以后人篇法、句法求之。世传苏洵评《孟子》，谢枋得评《檀弓》，皆出于明人刊本。其源流授受，莫得而明，大抵皆后人伪撰。②

又如使用“批评”：

> 予于是手掇韩公愈、柳公宗元、欧阳公修、苏公洵、轼、辙、曾公巩、王公安石之文而稍为批评之，以为操觚者之券，题之曰《八大家文钞》。③

① 谭帆：《中国小说评点研究》，华东师范大学出版社 2001 年版，第 6 页。

② （清）永瑢等：《四库全书总目》卷 37，中华书局 1965 年版，第 317 页。

③ （明）茅坤：《唐宋八大家文钞原序》，《唐宋八大家文钞》，景印文渊阁《四库全书》第 1383 册，中国台湾商务印书馆 1986 年版，第 14 页。

除“评点”“批点”“批评”之外，具有“评点”含义的词还有“评”“批”“评林”“评释”“评品”“评定”“评订”“评次”“点评”“评阅”“点阅”“品题”“批校”“评选”“论赞”等词。这些词在意义方面与“评点”虽略有差异，但在使用中基本上是自由的，有些词差不多可以与“评点”通用，并无太明显的界限。因此，这些词所涉及的内容也属于评点的范畴。

二、评点之基本方式

从现存文献及评点文本来看，古代的评点基本上采用以下三种方式：色彩评点、符号评点、文字评点。

1. 色彩评点

古人很早就用色彩作为读书的特殊标识，表示阅读者对文本的理解。早在三国时期的董遇就用色彩来标注经书，用以阐释经书之义。《三国志》卷十三注引《魏略》云：

> 初，遇善治《老子》，为《老子》作训注。又善《左氏传》，更为作朱墨别异。人有从学者，遇不肯教，而云“必当先读百遍”。言“读书百遍而义自见”。从学者云：“苦渴无日。”遇言“当以三余”。或问三余之意，遇言“冬者岁之余，夜者日之余，阴雨者时之余也。”由是诸生少从遇学，无传其朱墨者。①

比较简略的色彩评点主要就运用红黑二色，如元人程端礼《读书分年日程》卷二谈到“勉斋批点四书例”之“点抹例”：“红中抹——纲、凡例；红旁抹——警语、要语；红点——字义、字眼；黑抹——考订、制度；黑点——补不足。”②而宋代王鲁斋所写的《凡例》云：“朱抹者，纲领大旨；朱点者，要语

① （晋）陈寿：《三国志》卷13，（宋）裴松之注，中华书局1959年版，第420页。

② （元）程端礼：《程氏家塾读书分年日程》卷2，《丛书集成初编》第0059册，中华书局1985年版，第25—26页。

警语也；墨抹者，考订制度；墨点者，事之始末及言外意也。”①比较复杂的色彩评点大多运用四五种色彩以上，如程端礼《读书分年日程》卷二《批点韩文凡例》所谈到的色彩评点：

> 大段意尽——黑画截；大段内小段——红画截；小段内细节目，及换易句法——黄半画截；论所举所行事实，及来书之目，及所以作此篇之故，每篇首末常式——黑侧抹；所论援引他书，及考证，及举制度，及举前代国名——青侧抹；所论纲要，及再举纲要，及或问体问目，及提问之语，及断制之策——黄侧抹；义理精微之论——黄中抹；凡人姓名初见者——红中抹；缴上文，结上文，紧切全句，或发明于事实之下，或先发明事之所以然于事实之上者——红侧圈；转换呼应字，及用力字，及缴结句，内虽已用红侧圈，而字合此例者，每字——黄侧圈；假借字，先考始音，随四声——红圈；有韵之韵——黑侧圈；造句奇妙者——红侧点；补文义不足，反复提论德行，及推说虚叙，总述其所以然——黑侧点；譬喻——青侧点；要字为骨，初见者——黄正大圈；要字为骨，再见者——黄正大圈。②

上面这种评点方法被称为“广叠山法”，运用了十分复杂的色彩。

运用何种色彩表达何种意义有没有一个统一的标准呢？早起的色彩运用肯定没有统一标准的，具有阅读者自身的个性阅读，但后来随着这种评点方式的推广，为了便于大家的交流，便有了相对统一的标准，如红抹一般表示纲领、大旨，黑抹一般表示考订、制度。比较例外的是朱熹用色彩来表示每一次读书时不同的感受：“某二十年前得《上蔡语录》观之，初用银朱画出合处；及再观，则不同矣，乃用粉笔；三观，则又用墨笔。数过之后，则全与元

① （清）钱泰吉：《曝书杂记》卷中，《丛书集成初编》第0057册，中华书局1985年版，第56页。

② （元）程端礼：《程氏家塾读书分年日程》卷2，《丛书集成初编》第0059册，中华书局1985年版，第31—33页。

看时不同矣。"①

2. 符号评点

作为评点的符号是评点者在品评文章时特意留下的，带有某种特殊意义。从目前文献来看，作为评点的符号可以大致分为两类：

一类是与色彩紧密配合使用的符号，主要有截、抹、圈、点。"截"，是指节段，主要用于标明段落；"抹"，是涂抹之意，指线，主要用于句子，如纲领、警语、要语、精妙之语、考订等；"圈"，是指作的圆圈符号，主要用于关键字或词，如呼应字、用力字、假借字、韵脚字、连接词等；"点"，是指"、"号，主要用于句读，也可用于句子或词，如妙句、补义之句、比喻句、关键字。关于截、抹、圈、点的用法，徐师曾在《文体明辨序说》有明确的记载，如其所引的"宋真德秀批点法"："点：句读小点（语绝为句，句心为读）；菁华小点（谓其言之藻丽者，字之新奇者）；字眼圈点（谓以一二字为纲领，如刘更生《对事》中之'和字是也'）。抹：主意、要语。撇：转换。截：节段（如贾生'可为流涕者一'之类）。"②又如其所引"大明唐顺之批点法"："长圈：精华；短圈：字眼；长点：精华；短点：字眼；长虚抹：敝；短虚抹：故事；抹：处置；撇：转调；截：分段。"③

需要说明的是，这些符号用法虽然相对比较固定，但也有通用的情况，如警语、要语，既可以用"抹"，也可以用"点"；关键字眼，既可以用"圈"，也可以用"点"。所以，一般评点者在运用这些符号评点时常常要加以说明，如夏履先为明末刻本《禅真逸史》所写的《凡例》中云：

> 史中圈点，岂曰饰观，特为阐奥。其关目照应，血脉联络，过接印证，典核要害之处，则用"、"。或清新俊逸，秀雅透露，菁华奇幻，摹写有趣之处，则用"○"。或明醒警拔，恰适条妥，有致动人处则用"、"。至于品题揭旁通之妙，批评总月旦之精，乃理窟抽灵，非寻常剿袭。④

---

① （宋）朱熹：《朱子语类》卷104，王星贤点校，中华书局1986年版，第2614页。

② （明）徐师曾：《文体明辨序说》，人民文学出版社1962年版，第96页。

③ （明）徐师曾：《文体明辨序说》，人民文学出版社1962年版，第97页。

④ （明）夏履先：《禅真逸史·凡例》，载丁锡根编著：《中国历代小说序跋集》，人民文学出版社1996年版，第1533页。

另一类则是与色彩无甚相关的符号，常用的评点符号有连叉、三角、直线、撇、捺等，这些符号主要来自于古代的标点符号。汉字书面语的标点符号起源很早，早在甲骨文中就开始运用，甲骨文中有竖线号、横线号、曲线号、折线号数种。据管锡华统计："先秦文献共见到用号八种，横线号、钩识号、二短横号、一短横号、近点近横号、朱色填实方框号、黑方号、圆点号。用法有分辞、分章，断开句子、短语，标示重文和篇章之名。最早见到了号的分工。"①发展到魏晋至唐五代时期，标点符号已多达 18 种。据管锡华统计这一时期的标点符号："就这些可以见到的材料来看，所用之号约有十八种，句号、圆点号、双圈号、圈点号、顿号、方框号、方围号、卜字号、竖线号、直角号、三角号、圆钩号、乙字号、斜线号、短横号、节字号、尖角号、二短横号。"②李正宇根据敦煌莫高窟藏经洞出土古代文书统计了其中所使用的标点符号，最常见的就多达有 21 种，形体多达 100 多形。21 种标点符号有：句逗号、顿号、重文号、省代号、倒乙号、废字号、删除号、敬空号、篇名号、章节号、层次号、标题号、间隔号、绝止号、移位号、破折号、勘验号、勾销号、签押号、指节押、图解号。③ 可见，在 5—11 世纪，我国的标点符号就十分丰富了。评点所用的符号也主要源自于这些标点符号，借用于评点之中的标点符号有空心顿号、线号、书名号、直角号等。如宋刘辰翁评点本《集千家批点杜工部诗集》常使用圈号和线号，明容与堂本《李卓吾批评水浒传》第八回"好似张飞敌吕布"下加粗竖线。从某种意义上来讲，除了写书者、刻书者所用的标点符号外，其余所有阅读者所用的标点符号均可视为评点符号。

需要指出的是，圈号、点号、线号等符号，既有加以色彩来表示某种意义的，也有不用色彩而用其变体符号来表示某种意义的，如圈号中的双圈、套圈、连圈、长圈、短圈，线号中的双线、加粗线等。

3. 文字评点

毋庸置疑，文字评点是最重要的一种评点方式，是评点的主流。

在文本上留下评点文字，与古人的读书法密切相关。如韩愈认为读书

---

① 管锡华：《古代标点符号发展史论纲》，《古汉语研究》1997 年第 2 期。

② 管锡华：《古代标点符号发展史论纲》，《古汉语研究》1997 年第 2 期。

③ 李正宇：《敦煌古代的标点符号》，《寻根》2010 年第 3 期。

要做到“提要”“钩玄”，对书中的关键之处和精华部分，要反复涵咏。他说：“记事者必提其要，纂言者必钩其玄。”①要“提要”“钩玄”，必须先要找出来，还必须把自己的阅读感受记录下来，才能在反复涵咏中不断提高，才能有新的收获。朱熹强调读书要“精思”，他说：“读了又思，思了又读，自然有意。若读而不思，又不知其意味；思而不读，纵使晓得，终是卼臲不安。一似倩得人来守屋相似，不是自家人，终不属自家使唤。若读得熟，而又思得精，自然心与理一，永远不忘。”②朱熹强调读书时要深思，并将思考所得记在心上。当然了，也有古人将读书的思考所得记在文本上的，这些便是文字评点。如《朱子语类》说：

某曾见大东莱（吕居仁）之兄，他于《六经》《三传》皆通，亲手点注，并用小圈点。《注》所不足者，并将《疏》楷书，用朱点。无点画草。某只见他《礼记》如此，他经皆如此。③

再如《四库全书总目提要》之旧本题宋谢枋得《批点檀弓》提要：

书中圈点甚密，而评则但标章法、句法等字，似孙鑛等评书之法，不类宋人体例。疑因枋得有《文章轨范》，依托为之。④

可见，古人读书时，不仅留下了很多圈点，也有很多注、评等文字评点。

文字评点还与古代书籍独特的文本形式有关。古籍文本形式有写本、刻本、稿本、拓本等，其中以刻本为主。古代书籍的刊刻一般采用大字，上下留有较宽的空白，左右留下的空白次之，行间距、字间距都较宽，客观上也为文字评点留下了较好的空间。大字刊刻，小字作评、作注，区别起来十分便

① （唐）韩愈：《进学解》，马其昶校注：《韩昌黎文集校注》，马茂元整理，上海古籍出版社1986年版，第45页。

② （宋）黎靖德编：《朱子语类》卷10，王星贤点校，中华书局1986年版，第170页。

③ （宋）黎靖德编：《朱子语类》卷10，王星贤点校，中华书局1986年版，第175页。

④ （清）永瑢等：《四库全书总目》卷24，中华书局1965年版，第192页。

利，较宽的空白也便于评点者写眉批、侧批、行批等，古籍这种刊刻形式为文字评点提供了文本载体的支撑。写本、稿本、拓本的形式虽与刻本有异，但同样存在着可供文字评点的较大空间。

文字评点受章句之学影响甚大，形成了相对较为固定的评点模式。宋吕祖谦《古文关键总论·看文字法》可视为对文字评点的总结：

> 学文须熟看韩、柳、欧、苏，先见文字体式，然后遍考古人用意下句处。苏文当用其意，若用其文，恐易厌人，盖近世多读故也；第一看大概主张；第二看文势规模；第三看纲目关键：如何是主意首尾相应，如何是一篇铺叙次第，如何是抑扬开合处；第四看警策句法：如何是一篇警策，如何是下句下字有力处，如何是起头换头佳处，如何是缴结有力处，如何是融化屈折、剪截有力，如何是实体贴题目处。①

这种文字评点模式对后世的文学评点影响甚大，如叶朗所总结的小说评点的体例："开头有个《序》。序之后有《读法》，带点总纲性质，有那么几条，十几条，甚至一百多条，然后在每一回的回前或回后有总评，就整个这一回抓出几个问题来加以议论，在每一回当中，又有眉批、夹批或旁批，对小说的具体描写进行分析和评论。此外，评点者还在一些他认为最重要或最精彩的句子旁边加上圈点，以便引起读者的注意。"②叶朗所谈的小说评点体例是比较完整而成熟的小说评点形式，如金圣叹、毛氏父子、张竹坡等人的评点，并不适合大多数的小说评点，显然，这种体例受到了"古文"评点的影响。还有后世评点家特别热衷的"文法"评点，也与"古文"评点关系甚密。随举一例："作文有前暗后明之法，先不说出，至后方露，此与伏笔相似不同，左氏多此种，聊斋亦往往用之。"③

---

① （宋）吕祖谦：《古文关键》，《丛书集成初编》第1821册，中华书局1985年版，第1—2页。

② 叶朗：《中国小说美学》，北京大学出版社1982年版，第13页。

③ （清）冯镇峦：《读聊斋杂说》，张友鹤辑校：《聊斋志异》（三会本），上海古籍出版社1986年版，第14页。

古代的评点并不受人们重视，被称为“小结裹”。如钱锺书《管锥编》中谈到“评点”时记载：“方回《瀛奎律髓》卷一〇姚合《春游》批语谓：‘诗家有大判断，有小结裹’；评点、批改侧重成章之词句，而忽略造艺之本原，常以‘小结裹’为务。苟将云书中所论者，过录于机文各篇之眉或尾，称赏处示以朱围子，删削处示以墨勒帛，则俨然诗文评点之最古者矣。”①“大判断”是指“载道”“言志”“美刺”“褒贬”等，“小结裹”是指判断作品优劣、指出文法、点明妙语警言等。由于评点的不被重视，刊刻者在刊刻作品时往往将截、抹、圈、点等符号评点尽行删去，只留下文字评点。如《四库全书总目》为吕祖谦《古文关键》所写的“提要”称：

> 此本为明嘉靖中所刊，前有郑凤翔《序》。又别一本所刻，旁有钩抹之处，而评论则同。考陈振孙谓其标抹注释，以教初学。则原本实有标抹，此本盖刊版之时，不知宋人读书于要处多以笔抹，不似今人之圈点，以为无用而删之矣。②

所以，从现存文献来研究评点，文字评点则是最基础、最重要的材料，而附有色彩评点、符号评点的评点材料很少，只能起到一些辅助作用了。

三、评点之基本特征

1. 附文性

评点是依附于文本的，与所评作品是融为一体的，它自身不具备文本的独立性。色彩评点、符号评点必须依赖于文本，离开文本的色彩与符号是毫无意义的。色彩评点、符号评点的依附性是很明显的，所有关于这两类评点的说明都是建立在文本基础上的，如清乾隆年间《妆钿铲传》中的《圈点辨异》关于色彩、符号的说明：

① 钱锺书：《管锥编》，中华书局1979年版，第1215页。
② （清）永瑢等：《四库全书总目》卷187，中华书局1965年版，第1698页。

> 凡传中用红连点、红连圈者，或因意加之，或因法加之，或因词加之，皆非漫然；凡传中旁边用红点者，则系一句，中间用红点者，或系一顿，或系一读，皆非漫然；凡传中用黑圈圈者，皆系地名，用黑尖圈者，皆系人名，皆非漫然；凡传中妆钿铲三字，皆红圈套黑圈，以其为题也，皆非漫然。①

评点的主流是文字评点，它同样是依附于文本的，主要有序跋、读法、引子、凡例、弁言、例言、杂说、题辞、总评、回评、眉批、夹批、行批等，形式多样，内容复杂，蕴含了大量古代的文学理论，尤其是小说理论。评点不包括脱离文本的笔记、随笔、杂记等关于文学的评论。当然，脱离了原文本而寄生于笔记之中的文学评论也是很重要的，具有重要的文学理论价值，如宋代洪迈《容斋随笔》、罗烨《醉翁谈录》、元代陶宗仪《南村辍耕录》、明代沈德符《万历野获编》、顾起元《客座赘语》、叶盛《水东日记》、清代俞樾《春在堂随笔》、谢鸿申《东池草堂尺牍》、方玉润《星烈日记》等。这些笔记虽脱离了文本，但其对文本的评价却是极有借鉴意义的，某些观点也是很有见地的。如俞樾比较了《聊斋志异》与《聊斋志异》续书后，得出了《聊斋志异》的文笔之美居于后来的续书作品之上的结论："然《聊斋》藻缋，不失为古艳，后之继《聊斋》而作者，则俗艳而已，甚或庸恶不堪入目，犹自诩为步武聊斋，何留仙之不幸也！"②可见，依附于文本的评点与脱离于文本的笔记是可以互证的。

文字评点的附文性主要来源于古代儒家经典的注释体例。经学是古代的显学，因而儒家经典的注释是很成熟的，也是自成体系的。顾炎武总结了古代经书的注释体例："先儒释经之书，或曰传，或曰笺，或曰解，或曰学，今通谓之注。《书》则孔安国传，《诗》则毛苌传，郑玄笺，《周礼》、《仪礼》、《礼记》则郑玄注，《公羊》则何休学，《孟子》则赵歧注，皆汉人。《易》则王弼

① 江苏省社会科学院明清小说研究中心编：《中国通俗小说总目提要》，中国文联出版社1990年版，第523页。

② （清）俞樾：《春在堂随笔》卷8，沈云龙主编：《近代中国史料丛刊》第42辑，文海出版社1973年版，第329—330页。

注，魏人。《系辞》，韩康伯注，晋人。《论语》则何晏集解，魏人。《左氏》则杜预注，《尔雅》则郭璞注，《穀梁》则范宁集解，皆晋人。《孝经》则唐明皇御注。其后儒辨释之书，名曰正义，今通谓之疏。"①儒家经典注疏的成熟体例，直接影响到了文学评点中的总评、评注、眉批、行批、旁批等方式，可以说，文学评点的主要体例正是在经学注疏的基础上发展起来的。如吕祖谦《古文关键》详细评点了所选文章的命意、布局、字法、句法、笔法等，正是受到了经学注疏的影响。不仅散文评点如此，小说评点体例同样也深受经学注疏影响。正如谭帆所言："注释对后世评点形式的影响主要在体例上，尤其是注文与正文的融为一体是后世小说评点的直接之源。这一形式最早来源于经注，'经注一体'的格局是评点附丽于文本的直接之源。"②

2. 个体性

评点的体例至宋代已臻成熟，但其评点内容却是极具个体性的。早期的评点本身就是一种读书札记，是评点者自记自留自看的，并没有要给别人看的意思。后来评点的性质与评点者的用意发生了变化，比较偏重于给人看、给人解了，但在评点内容方面也无一定的标准，更无一定的理论作指导，仍具相当的个体性，即使像谢枋得《文章轨范》这样用以专门指导写作的评点之书，在评点内容方面也多依心得而作，随文而发出感慨。如谢枋得评点韩愈《与于襄阳书》："韩公作文，专占地步，如人要在高处立，要在平处行，要在阔处坐。下之人负其能不肯谄其上，不害为君子；上之人负其位不肯顾其下，不免为小人。高材多戚戚之穷，则是君子而安贫贱；盛位无赫赫之光，则是庸人而苟富贵。韩公之所以自处者，可谓高矣！"③谢枋得这段议论正是阅读到韩愈《与于襄阳书》时发出的感慨。

评点者在进行文学评点时往往带有很强的个人情感，这种个人情感必然深深影响到对作品的评价，进而更加强化了文学评点的个体性。评点者

---

① （清）顾炎武著，（清）黄汝成集释：《十三经注疏》，《日知录集释》，上海古籍出版社1985年版，第1369页。

② 谭帆：《中国小说评点研究》，华东师范大学出版社2001年版，第8页。

③ （宋）谢枋得：《文章轨范》卷1，中州古籍出版社（依1936年北新书局本影印）1991年版，第2页。

在评点时，一方面将自己融入作品，把别人的文章当成自己的文章来批阅，深深体会文中所蕴含的深厚情感。如张竹坡在《〈金瓶梅〉读法》中说：“看《金瓶》，将来当他的文章看。犹须被他瞒过；必把他当自己的文章读，方不被他瞒过。”“将他当自己的文章读，是矣。然又不如将他当自己才去经营的文章。我先将心与之曲折算出，夫而后谓之不能瞒我，方是不能瞒我也。”①正因为如此，张竹坡才能深切地感受到作者兰陵笑笑生的情感，尤其是作者怀才不遇的苦闷：“盖作者比于世，亦有大不得已之事。如史公之下蚕食，孙子之刖双足，乃一腔愤懑而作此书。言身已辱矣，唯存此牢骚不平之言于世，以为后有知心，当悲我之辱身屈志，而负才沦落于污泥也。”②另一方面，评点者又将自己的生活际遇的感受以及情感经历渗入评点之中，借评点抒发自己心中之块垒。如张竹坡明确表示：“我虽未有所作，而我所以持往作书之法，不尽备于是乎！我自做我之《金瓶梅》，我何暇与人批《金瓶》也哉！”③又如脂砚斋评点“一把辛酸泪”道：“能解者方有辛酸之泪，哭成此书。壬午除夕，书未成，芹为泪尽而逝。余尝哭芹，泪亦待尽。每意觅青埂峰再问石兄，余不遇癞头和尚，何怅怅！”④脂砚斋评点《红楼梦》所饱含的强烈情感，几乎也是倾尽了脂砚斋全面的热情，唯有如此，才能真正理解曹雪芹创作《红楼梦》的“辛酸之泪”，才能真正称得上曹雪芹的知己。

评点的个体差异性是很大的，有时甚至是截然不同的见解。同样是评点《聊斋志异》，有人大加赞赏，如冯镇峦评点道：“是书当以读史记之法读之。史记气盛，聊斋气幽。从夜火篝灯入，从白日青天出。排山倒海，一笔数行；福地洞天，别开世界。亦幽亦盛。”⑤也有人大加贬责，如盛时彦在为

① （清）张竹坡：《批评第一奇书〈金瓶梅〉读法》，王汝梅等校点：《张竹坡批评第一奇书金瓶梅》，齐鲁书社1987年版，第37页。

② （清）张竹坡：《金瓶梅》（第7回回评），王汝梅等校点：《张竹坡批评第一奇书金瓶梅》，齐鲁书社1987年版，第115页。

③ （清）张竹坡：《竹坡闲话》，王汝梅等校点：《张竹坡批评第一奇书金瓶梅》，齐鲁书社1987年版，第11页。

④ （清）脂砚斋：《脂砚斋甲戌抄阅再评石头记》（第1回眉批），上海古籍出版社1985年版，第10页。

⑤ （清）冯镇峦：《读聊斋杂说》，张友鹤辑校：《聊斋志异》（三会本），上海古籍出版社1986年版，第18页。

《阅微草堂笔记》写的《跋》中引纪昀之语："《聊斋志异》盛行一时，然才子之笔，非著书者之笔也。……今一书而兼二体，所未解也。小说既述见闻，既属叙事，不比戏场关目，随意装点。……今燕昵之词、媟狎之态，细微曲折，摹绘如生。使出自言，似无此理；使出作者代言，则何从而闻见之？又所未解也。"①同样是评点《水浒传》中的宋江，李贽大力颂扬宋江的"忠义"："谓水浒之众，皆大力大贤有忠有义之人可也。然未有忠义如宋公明者也。今观一百单八人者，同功同过，同死同生，其忠义之心，犹之乎宋公明也。独宋公明者身居水浒之中，心在朝廷之上，一意招安，专图报国，卒至于犯大难，成大功，服毒自缢，同死而不辞，则忠义之烈也！"②而金圣叹则几乎全面否定了宋江："或问于圣叹曰：'鲁达何如人也？'曰：'阔人也。''宋江何如人也？'曰：'狭人也。'曰：'林冲何如人也？'曰：'毒人也。''宋江何如人也？'曰：'甘人也。'曰：'杨志何如人也？'曰：'正人也。''宋江何如人也？'曰：'驳人也。'曰：'柴进何如人也？'曰：'良人也。''宋江何如人也？'曰：'歹人也。'曰：'阮小七何如人也？'曰：'快人也。''宋江何如人也？'曰：'厌人也。'曰：'李逵何如人也？'曰：'真人也。''宋江何如人也？'曰：'假人也。'曰：'吴用何如人也？'曰：'捷人也。''宋江何如人也？'曰：'呆人也。'曰：'花荣何如人也？'曰：'雅人也。''宋江何如人也？'曰：'俗人也。'曰：'卢俊义何如人也？'曰：'大人也。''宋江何如人也？'曰：'小人也。'曰：'石秀何如人也？''警人也。''宋江何如人也？'曰：'钝人也。'然则水浒之一百六人，殆莫不胜于宋江。"③评点的个体差异性与时代风尚、个人经历、喜好与思想观等密切相关。

3. 指导性

评点的产生，最初仅仅是读者读书心得的一种记录和标识，并非用以教授他人读书或写作，只有当其从阅读方式转变为批评方式时，才具有了指导性。正如吴承学所言："宋代之前，传统的文学批评讲究对于批评对象知人

① （清）盛时彦：《盛跋》，（清）纪昀：《阅微草堂笔记》，上海古籍出版社 1980 年版，第 472 页。

② （明）李贽：《焚书》，中华书局 1975 年版，第 109 页。

③ （明末清初）金圣叹：《水浒传》（第 25 回回评），陈曦钟等辑校：《水浒传》（会评本），北京大学出版社 1981 年版，第 485—486 页。

论世，追源溯流，其批评则重在对批评对象作总体审美把握的品第，而很少对文本进行具体入微的批评。而评点之学恰是转向对文本的语言分析和形式的批评，其特点在于为人指点创作的具体途径，从‘作文之用心’的角度来进行批评，对于作品的用词、造句、修辞、构思和结构上的抑扬、开阖、奇正、起伏等方面的艺术技巧进行评点。它是一种综合性、实用性最强的批评方式，除了文学批评、鉴赏之外，它对于古代修辞学、写作学等的发展都起了很大的作用。”①吴氏所论的评点的“实用性”，便是指评点的指导性了。

评点的指导性首先表现在指导如何读书方面。《礼记·学礼》上有“离经辨志”之说，郑玄注曰：“离经，断句绝也。辨志，谓别其心意所趣乡也。”②孔颖达疏曰：“离经，谓离析经理，使章句断绝也。辨志，谓辨其志意趣乡，习学何经矣。”③可见，断句分章，理解文章大意，均为了读书之用。清代黄以周更明言注家之评是为了初学者便于理解文章之用意，他说：“今诸经章句，注家标识，大半已明，若初学读《史记》《汉书》，用离经辨志法，令之点句画段，标明大旨，一展视之，便知其用意之浅深，洵良法也。”④评点对读书的指导，在小说评点方面表现更为明显。如张竹坡评点《金瓶梅》时特别提醒读者不要将其当作淫书看，而要理解小说中之寓意，体会作者张扬孝悌之苦心：“不意世之看者，不知淫者之韦弦，反以为行乐之符节，所以目为淫书，不知淫者自见其淫耳。但目今旧板，现在金陵印刷，原本四处流行买卖。予小子悯作者之苦心，新同志之耳目，批此一书，其‘寓意说’内，将其一部奸夫淫妇，悉批作草木幻影；一部淫词艳语，悉批作起伏奇文。至于以‘悌’字起，‘孝’字结，一片天命民彝，殷然慨恻，又以玉楼、杏庵照出作者学问经纶，使人一览无复有前此之《金瓶》矣。”⑤

---

① 吴承学：《评点之兴——文学评点的形成和南宋的诗文评点》，《文学评论》1995 年第 1 期。

② （清）阮元校刻：《礼记正义》，《十三经注疏》，中华书局 1980 年版，第 1521 页。

③ （清）阮元校刻：《礼记正义》，《十三经注疏》，中华书局 1980 年版，第 1521 页。

④ （清）黄以周：《离经辨志说》，《群经说》卷 3，《续修四库全书》第 178 册，上海古籍出版社 2002 年版，第 623 页。

⑤ （清）张竹坡：《第一奇书非淫书论》，王汝梅等校点：《张竹坡批评第一奇书金瓶梅》，齐鲁书社 1987 年版，第 20 页。

评点的指导性还表现在指导如何写作方面。评点至于宋代，发展已经比较成熟，作为宋代评点成熟标志的吕祖谦《古文关键》、谢枋得《文章轨范》、楼昉《崇文古诀》等书均有指导初学者写作之用，是应当时场屋应试之需而编辑、评点的。陈振孙评《古文关键》道："吕祖谦所取韩、柳、欧、苏、曾诸家文标抹注释，以教初学。"①《四库全书总目》之《古文关键》提要亦言："取韩愈、柳宗元、欧阳修、曾巩、苏洵、苏轼、张耒之文，凡六十余篇，各标举其命意布局之处，示学者以门径，故谓之'关键'。卷首冠以总论看文、作文之法，考《宋史·艺文志》载是书作二十卷，今卷首所载看诸家文法，凡王安石、苏辙、李廌、秦观、晁补之，诸人俱在论列，而其文无一篇录入。"②王守仁在《重刊文章轨范序》中指出了《文章轨范》在指导科举之文方面的重要作用："宋谢枋得氏取古文之有资于场屋者，自汉迄宋，凡六十有九篇，标揭其篇章句字之法，名之曰《文章轨范》。盖古文之奥不止于是，是独为举业者设耳。"③《四库全书总目》之《崇文古诀》提要同样提到了该书对写作的指导："世所传诵，唯吕祖谦《古文关键》、谢枋得《文章轨范》及昉此书而已。而此书篇目较备，繁简得中，尤有裨于学者，盖昉受业于吕祖谦，故因其师说，推阐加密，正未可以文皆习见而忽之矣。"④评点中对写作的指导倾向甚至渗透到了后来的小说评点之中，小说评点者也往往希望从小说中找出写作科举之文的文法来，以此证明对于"子弟"来讲，小说并非闲书，而是有益于举业的。如金圣叹说："《水浒传》到底只是小说，子弟极要看，及至看了时，却凭空使他胸中添了若干文法。人家子弟只是胸中有了这些文法，他便《国策》《史记》等书都肯不释手看，《水浒传》有功于子弟不少。"⑤张竹坡在评点中也谈到《金瓶梅》对"子弟"的写作方面的指导，他说："《金

① （宋）陈振孙：《直斋书录解题》卷15，徐小蛮等点校，上海古籍出版社1987年版，第451页。

② （清）永瑢等：《四库全书总目》卷187，中华书局1965年版，第1698页。

③ （明）王守仁：《重刊文章轨范序》，《王阳明全集》卷22，上海古籍出版社2011年版，第964页。

④ （清）永瑢等：《四库全书总目》卷187，中华书局1965年版，第1699页。

⑤ （明末清初）金圣叹：《读第五才子书法》，陈曦钟等辑校：《水浒传》（会评本），北京大学出版社1981年版，第22页。

瓶梅》一书,于作文之法无所不备,一时亦难细说,当各于本回前著明之。"①"读《金瓶》,当看其手闲事忙处。子弟会得,便许作繁衍文字也。读《金瓶》,当看其穿插处。子弟会得,便许他作花团锦簇、五色眯人的文字也。"②

有些文人并不认可评点对写作具有指导作用。如章学诚说:"至于纂类摘比之书,标识评点之册,本为文之末务,不可揭以告人,只可用以自志,父不得而与子,师不能以传弟,盖恐以古人无穷之书,而拘于一时有限之心手也。"③章氏认为,评点只能用以"自志",而不能指导他人,如以评点为指导,反而受评点"有限之心手"的束缚。章氏之所以否定评点的指导作用,原因有二:其一,他认为评点本身未必把握了文章之根本:"至于不得已而摘记为书,标识为类,是乃一时心之所会,未必出于其书之本然。"④其二,他认为文章本身是文无定法的,意至则文至亦,如果以评点中的文法来指导写作,则是有意为文,让文章落入窠臼之中了。但是,应该肯定的是,评点对于参加科举的士子来说,确实也起到了相当重要的作用。

还有一个比较重要的问题需要说明,那就是评点的渊源问题。评点究竟起于何时?根据对"评点"内涵理解的不同,目前主要有三种观点:其一,起于梁代,如章学诚云:"评点之书,其源亦始钟氏《诗品》、刘氏《文心》。然彼则有评无点,且自出心裁,发挥道妙。又且离诗与文,而别自为书,信哉其能成一家言矣。"⑤曾国藩亦持此说。此说将《诗品》《文心雕龙》等完全脱离文本的评论视为评点,泛化了评点之内涵,将评点等同于评论,实无法突出评点的特殊性。其二,起于唐代,如袁枚云:"古人文无圈点,方望溪先生

---

① (清)张竹坡:《批评第一奇书〈金瓶梅〉读法》,王汝梅等校点:《张竹坡批评第一奇书金瓶梅》,齐鲁书社 1987 年版,第 41 页。

② (清)张竹坡:《批评第一奇书〈金瓶梅〉读法》,王汝梅等校点:《张竹坡批评第一奇书金瓶梅》,齐鲁书社 1987 年版,第 43 页。

③ (清)章学诚:《文史通义》,刘公纯标点,北京古籍出版社 1956 年版,第 63 页。

④ (清)章学诚:《文史通义》,刘公纯标点,北京古籍出版社 1956 年版,第 63 页。

⑤ (清)章学诚:《宗刘》,《校雠通义》卷 1,《丛书集成初编》第 0071 册,中华书局 1985 年版,第 6 页。

以为有之则筋节处易于省览。按唐人刘守愚《文冢铭》云有朱墨围者，疑即圈点之滥觞。姑从之。”①其三，起于南宋，如吴瑞草云：“诗文之有圈点，始于南宋之季而盛于元。”②四库馆臣亦持此论。第二、第三种观点仅就圈点而言，未涉及文字评点，并不全面。张伯伟结合评点的基本内涵考察，得出重要结论：真正之评点当始于南宋。他说：“评点之意，包括‘评’和‘点’两端，又与所评的文本联系在一起，宋人合而为一，遂成为一种文学批评的样式。”③张伯伟的观点是切合评点之基本内涵的，也符合评点发展的实际情况，南宋吕祖谦《古文关键》、谢枋得《文章轨范》、方回《瀛奎律髓》等作品确实堪称典型而又成熟的评点之作，代表了评点作为一种批评样式的真正形成。张伯伟还进一步详细而全面地考察了评点的渊源，他认为评点之源有四：一为古人章句之学；二为古代的文章之评；三为科举；四为禅宗的评唱。最后他总结道：“章句提供了符号和格式的借鉴，前人论文的演变决定了评点的重心，科举激发了评点的产生，评唱树立了写作的样板。”④张伯伟对评点的渊源探讨得非常深入，故一般无需再花力气考究。但笔者不太苟同其渊源之四，即“评唱树立了写作的样板”这个观点。因为从评点者角度看，古代的评点者确有不少人受到了禅宗影响，在评点中运用禅宗术语，如金圣叹所用的“因缘”、毛氏父子所用的“妙”等，但绝非大多数评点者都对禅宗熟悉；从评点文本来看，禅宗讲究不立文字，讲究“妙悟”，但一些评点文本中的文字评点却极为详尽，篇幅极长，评唱中多使用韵文，而评点中极少使用韵文。所以说“评唱树立了写作的样板”这个结论未免有些牵强。

---

① (清)袁枚：《古文凡例》，王英志主编：《袁枚全集》第2册，江苏古籍出版社1993年版，第4页。

② (清)吴瑞草：《重刻律髓记言》，《瀛奎律髓》，清康熙五十二年(1713年)吴之振刻本。

③ 张伯伟：《评点溯源》，章培恒、王靖宇主编：《中国文学评点研究论集》，上海古籍出版社2002年版，第2页。

④ 张伯伟：《评点溯源》，章培恒、王靖宇主编：《中国文学评点研究论集》，上海古籍出版社2002年版，第47页。

第二节 清代:中国小说评点的高峰

从古代小说评点的发展史来看,南宋刘辰翁的《世说新语》评点肇其始,开启了古代小说评点的先河,直到晚清时期小说专题论文的兴起,小说评点才最终衰落,绵延长达六百多年。而关于小说评点长达六百余年发展的分期问题,学者却论及不多。孙琴安就整个中国文学评点作了一个分期,他分为五个时期:唐代:中国评点文学的形成期;宋元:中国评点文学的发展期;明代:中国评点文学的全盛期;明末清初:评点文学的群星璀璨期;清代:评点文学的转变期。其中,唐代无小说评点论述,宋元论述了刘辰翁《世说新语》评点,明代论述了无名氏的《金瓶梅》评点,明末清初论述了金圣叹、毛宗岗、李渔的小说评点,清代集中论述了三大小说评点热点:《聊斋志异》评点、《儒林外史》评点、《红楼梦》评点。显然,这个分期不能直接借用为小说评点的分期。谭帆仔细考察了小说评点的实际情况,专门对古代小说评点作了分期,大致划分为四个时期:"明万历年间,这是小说评点的萌生阶段;明末清初,这是小说评点最为繁盛的阶段;清中叶以后,小说评点之'热'有所降温,然仍平稳发展;晚清为小说评点之余波,在评点内涵上则呈'转型'之态势。"①谭帆并未将《世说新语》评点纳入古代小说评点的发展阶段来考察,笔者认为原因有二:一是《世说新语》评点本身比较简略,往往言简意赅地评点作品,甚至仅有几字,且偏重于语言方面的评点。如袁彦伯之语:"江山辽落,居然有万里之势。"刘辰翁评点道:"黯然销魂,真是注情语耳,未在能言。"②由此评点可见,刘辰翁的小说评点并无明确的小说文体意识,受诗文评点影响较大。二是刘氏开启小说评点之后,小说评点并未发展起来,直到明万历年间小说评点才真正定型、发展起来,其间已相隔了三百年左右的时间,刘氏的小说评点与万历以后的小说评点间隔时间太长,缺

① 谭帆:《中国小说评点研究》,华东师范大学出版社2001年版,第14页。

② (宋)刘辰翁:《世说新语》(眉批),黄霖、韩同文选注:《中国历代小说论著选》上册,江西人民出版社1982年版,第71页。

乏发展的连贯性，当然，也与这个期间的小说本身成就不高有着密切关系。在小说评点的分期问题上，人们习惯于把“明末清初”作为一个特定的时期来看待，这样看待的依据何在呢？其主要原因在于“四大奇书”最有成就、最有影响的评点本产生于这一时期，《李卓吾先生批评西游记》产生于明泰昌、天启年间，《第五才子书施耐庵水浒传》（即金评本《水浒传》）产生于明崇祯十四年（1641 年），《四大奇书第一种》（即毛评本《三国志演义》）产生于清康熙十八年（1679 年），《皋鹤堂批评第一奇书金瓶梅》（即张评本《金瓶梅》）产生于清康熙三十四年（1695 年），人们不愿意将“四大奇书”分开，故统称明末清初，主要包括天启、崇祯、顺治、康熙四朝。林岗在研究小说评点学时特定选择了“明末清初”这一特定时期，他就是以浦安迪在“四大奇书”版本演化年代的基础上所提出的“16 世纪文人小说”这个重要观点为依据，将其小说评点学研究扩展到明清之际的。将“明末清初”视为小说评点的特定时期，其优点在于可以集中研究“四大奇书”及其评点本。但其缺点也是显而易见的，“晚明”与“清初”毕竟是两个不同的历史时期，其政治文化语境是不相同的，这必将影响到小说评点。比如晚明讲学之风盛行，又受到个性思想张扬的思潮影响，文人多表现出追求个性、向往自由、颂扬真情的狂狷精神。金圣叹在评点《水浒传》中褒扬李逵、武松、鲁智深等人，正是因为这些人是具有自由精神的真性情人物，与金圣叹本人的文人品格和晚明的文化思潮是相一致的，这也证明了晚明的文化思潮影响了金圣叹的小说评点。再比如清初，清代从一开始就对小说戏曲实行了禁毁政策，尤其严禁“诲淫”“诲盗”之作，顺治、康熙朝亦如此，所以小说评点者首要的任务是为小说正名，以免被列入禁书。张竹坡专作一篇《第一奇书非淫书论》为《金瓶梅》正名，以充足理由证明《金瓶梅》并非“淫书”，这不能不说是张竹坡在清初严厉的小说戏曲禁毁政策面前为《金瓶梅》免遭禁毁而作的一次巨大努力，虽然这种努力最终并未产生多大的实际影响力，《金瓶梅》还是多次被列入了政府的禁毁书单之中，但却在小说评点史上留下了一篇奇文，也为《金瓶梅》的传播及经典化起到了重要作用。在实际研究中，将“明末清初”视为一个特定时期也存在着明显的不合理处。如林岗在其专著《明清之际小说评点学之研究》中，特意详述了晚明背景下的文人文化，而对清初的文化背景却并未专门论述，这已显示了晚明、清初是有相当区别的，并不能放在一起论述，其小说评点也应该是有区别的。林岗还得出了“小说评点学是晚明文人文化的产物”这个结论，而在其后的论述中又提到清初的小说评点，这不能不说是相互牴牾的。因此，在考察小说评点发展的分期问题上，笔者倾向于将“明末”“清初”这个阶段分开论述为宜，将“明末”归于小说评点的明代阶段，将“清初”归于小说评点的清代阶段。如果将“明末清初”分开，而将清代视为小说评点的一个重要发展阶段来考察，那么，清代可以说是中国小说评点发展的高峰阶段。这主要表现在以下三个方面。

一、评点之风的盛行

自刘辰翁《世说新语》评点肇始小说评点之后，小说评点并未发展起来，而是沉寂了近三百年，直到明嘉靖元年(1522 年)《三国志通俗演义》刊行，小说评点才逐渐得到重视。该刊本题有“晋平阳侯陈寿史传”“后学罗本贯中编次”字样，书中之评点有弘治甲寅(1494 年)蒋大器的《三国志通俗演义序》、嘉靖壬午(1522 年)张尚德的《三国志通俗演义引》和少量的双行夹注。该书注释较多，主要是注明历史典故和注音释义的，有一些简短的评论。可见，该书评点主要是针对文化程度不太高的一般读者的，还属于注本性质的评点。从注本性质向评本性质过渡的评点本当属万历十九年(1591 年)周曰校刊行的《三国志通俗演义》，该书全名《新刊校正出像古本大字音释三国志传通俗演义》，题有“晋平阳侯陈寿史传”“后学罗本贯中编次”“明书林周曰校刊行”字样。该刊本最重要的是在封面上方有周曰校的《识语》，谓“是书也刻已数种，悉皆伪舛。辄购求古本，敦请名士，按鉴参考，再三雠校，俾字读有圈点，难字有音注，地里有释义，典故有考证，缺略有增补，节目有全像”①。该书在校正方面作了五项重要工作：圈点、音注、释义、考证、增补，其目的仍然是面对文化程度不高的一般读者的。比较成熟

① 孙楷第：《中国通俗小说书目》，人民文学出版社 1982 年版，第 36 页。

的评点本当属万历三十八年(1610年)的《李卓吾先生批评忠义水浒传》。该刊本有署名"温陵李卓吾李贽撰"的《忠义水浒传叙》和署名"小沙弥怀林谨述"的《批评水浒传述语》,另有无署名的《梁山泊一百单八人优劣》《水浒传一百回文字优劣》《又论水浒传文字》,正文中有眉批、旁批、回末总评。该刊本有两种评本:"容与堂本"和"袁无涯本"。李卓吾的《水浒传》评点具有深刻的理论批评价值,再加上李贽本人的巨大社会影响,遂使小说地位得到了较大提高,也使小说评点得到了广大读者的认同,尤其是文人的认同。最为成熟的评点本是崇祯十四年(1641年)刊行的金圣叹评点的《第五才子书施耐庵水浒传》。该刊本有《序》《宋史纲》《读第五才子书法》以及大量的总批、眉批、夹批等。金圣叹提出了大量的富有创意的理论观点,总结了小说的创作手法,而且其评点的体例也最为完备,对后世的小说评点产生了深远影响。小说评点发展至明崇祯年间,其评点模式与评点形态已基本固定,沿着明代所开创的小说评点路子,迎来了清代小说评点的高峰。如孙琴安所言:"也正因为有了明末小说评点的崛起,才使中国的评点文学开始了一个新的历程,打开了一个新的局面,也显得更加生气勃勃,健康有利。"①

清代小说评点盛行的明显表现在于清代的小说评点本数量多,而且同一部小说的刊本中评点本所占比例很高。我们对比一下明清两代的小说刊本就明白了。先从明清两代的小说评点本数量来看,清代的小说评点本远远多于明代的小说评点本。据谭帆《小说评点编年叙录》统计,明代的小说评点本约60种,而清代的小说评点本达156种之多。谭帆所收录的小说评点本虽然是从嘉靖元年(1522年)算起的,但基本上可以视为明代的小说评点本,因为嘉靖元年(1522年)之前的明代小说很少,除了《三国演义》《水浒传》《隋唐两朝志传》《残唐五代史演义传》《三遂平妖传》《剪灯新话》等少数作品外,几乎没有其他作品问世,更不要说小说评点本了。即使像成书较早而艺术水平又相当高的《三国志通俗演义》《水浒传》,其真正的附有评点的刊刻本流传,也在嘉靖元年(1522年)之后,《三国志通俗演义》的最早

① 孙琴安:《中国评点文学史》,上海社会科学院出版社1999年版,第116页。

刊本系嘉靖元年(1522年)刊刻的,所以又称“嘉靖本”,今存最早的较为完整的百回本《水浒传》是天都外臣(即汪道昆)作序的《忠义水浒传》,刊行于更晚的万历十七年(1589年)。再从版本较多的小说名著评点本在刊本中所占比例来看,清代的小说评点本所占比例明显高于明代小说评点本的比例。据孙楷第《中国通俗小说书目》统计,明代的《三国演义》刊本总计21种,而有评注的评点本(仅有序跋的刊本暂不计,因为很多刊本的序跋都是沿用以前刊本的)有11种,计有《三国志通俗演义》嘉靖本、《三国志通俗演义》周曰校本、《三国志通俗演义》郑以桢本、《三国志传》双峰堂刊本、《三国志传评林》余象斗本、《钟伯敬先生批评三国志》明刊本、《李卓吾先生评三国志》天德堂刊本、《三国志》雄飞馆合刻《英雄谱》本、《李卓吾先生批评三国志》建阳吴观明刊本、《李卓吾先生批评三国志真本》宝翰楼刊本、《李卓吾先生批评三国志》,所占比例为52%左右。而清代的《三国演义》刊本虽不如明代版本多,但所占比例却高得多,清代的《三国演义》版本总计7种,而评点本有5种,计有《李卓吾批三国志传》烟水散人编次本、《李卓吾先生批评三国志》绿荫堂本、《李卓吾先生批评三国志》藜光楼、楠槐堂刊本、《李笠翁批阅三国志》两衡堂刊本、《毛宗岗评三国志演义》康熙刊本,所占比例为71%左右,其中,《毛宗岗评三国志演义》还成为流传最广的《三国演义》版本。《西游记》《金瓶梅》亦大致如此,《西游记》的清代刊本除《西游记》《四游全传》本外,全是评点本;《金瓶梅》的清代刊本几乎仅有《张竹坡评金瓶梅》乾隆丁卯(1747年)刊本、光绪五年(1879年)《金瓶梅》文龙评本两种。《水浒传》的评点本成就最高的是在明代,如《金人瑞删定水浒传》贯华堂大字本,但在所有版本中所占的比例却不如清代,清代所见版本亦多为评点本,如《醉畊堂刊王仕云评论五才子水浒传》顺治丁酉(1657年)醉畊堂刊本。由此可见,清代的小说刊行者更愿意刊行小说评点本,因为评点本更受小说读者的欢迎,这大大地促进了小说评点之风的盛行。

清代的小说评点之盛行还表现在小说合评本的大量出现。“合评本”具有两方面的含义,一是将比较有影响的不同评点者对同一部作品的评点汇集成一本评点本;二是将某一评点大家对不同作品的评点汇集成一本评点本。无论哪一种,对评点都是有所选择的,即选择那些有较大影响的评点者的评点来刊刻合评本。评点合刻本在明代就已出现不少,不同评点者的合评本有孙鑛、钟惺的《孙钟二先生评六子全书》、吴吴山三位夫人评点的《吴吴山三妇合评牡丹亭还魂记》等,同一评点名家的会评本有孙鑛的《孙月峰批点合刻九种全书》《孙月峰三子评》、钟惺的《诸子文归》、陈仁锡的《续文苑英华》《诸子奇赏前集》《子品金函》、冯梦龙的《四书指月》、陈继儒的《五子隽》《古今粹言》等,明代的合刻本集中在散文方面,尤以诸子散文为多,而小说的合评本则几乎没有。不过,明代出现了三部重要的小说"评林"本:万历二十二年(1594 年)的《水浒志传评林》双峰堂刊本、万历三十四年(1606 年)的《列国志传评林》三台馆余象斗重刊本、万历年间的《三国志传评林》余象斗刊本。《水浒志传评林》之评点多出自书林之手,商业目的明确,《列国志传评林》虽曰"评林",题有"李卓吾评点"字样,实为托名李卓吾的余象斗一人之评点,《三国志传评林》亦为余象斗评点。从实际情况来看,这三部所谓的"评林"本,是不能称之为合评本的。至于清代,小说合评本则出现较多。影响较大的合评本主要是名著的合评本。如光绪年间的《增评补图石头记》上海广百宋斋铅印本,合刻王希廉、姚燮两家评点,该合评本有圈点、重点、重圈、行间评、眉批,回末有王希廉与姚燮的评语;光绪十五年(1889 年)的《增评补像全图金玉缘》上海同文书局石印本,合刻王希廉、张新之、姚燮及当时的《红楼梦》数家评点,一般称《红楼梦》三家评点,影响颇大;光绪十七年(1891 年)《聊斋志异》合阳喻氏刊本,三色套印,喻焜合刻王士祯、冯镇峦、何守奇、但明伦四家评点,影响亦很大。合评本的优势在两个方面表现十分明显:一是可以汇集当时评点之精华,体现评点的最高水平。如《增评补像全图金玉缘》可谓汇集了当时《红楼梦》评点的精华,谭帆对此作了高度评价:

> (《增评补像全图金玉缘》)作为一部会评本,此书有选择地撷取了当时《红楼梦》评点中颇有影响的诸家论点,如张新之、姚燮、王希廉三家评本在当时极为风行,业已在社会上产生较大反响,而涂瀛之评论,诸联之论赞也是颇富价值的《红楼梦》评论文字,故可以说,该书之会评已然对当时的《红楼梦》评论作了一次全景性的展示,为读者阅读

《红楼梦》提供了较大便利，也对《红楼梦》的刊行产生了很大影响，可视为在《红楼梦》刊行史上，继脂评以后第二次集中的讨论，汇集了当时《红楼梦》评点派的主要成就，对后来的《红楼梦》评论产生了一定的影响。①

二是因为各家评点的汇集，可以让读者更全面、更深入地理解原作。喻焜在《序》中就阐述了其刊行四家评时增加冯镇峦评点的目的：

聊斋评本，前有王渔洋、何体正两家，及云湖但氏新评出，披隙导窍，当头棒喝，读者无不頫首皈依，几于家有其书矣。然窃观聊斋笔墨渊古，寄托遥深，其毫颠神妙，实有取不尽而恢弥广者。仁见仁，智见智，随其识趣，笔力所至，引而伸之，应不乏奇观层出，传作者苦心，开读者了悟，在慧业文人，锦绣才子，固乐为领异标新于无穷已。②

的确如此，对于原作的理解总是仁者见仁，智者见智的，只有汇集多家评点，才能让读者更准确地把握作品。合评本还大大促进了小说的传播，据说《增评补像全图金玉缘》在当时就风行于海内。所以说，清代的小说评点合刻本不仅是清代的小说评点之风盛行的产物，反过来，它也证明了清代的小说评点之风的盛行。

二、小说理论完备而成熟

明代小说的题材已十分广泛，后世古代小说的绝大部分题材差不多都有了。神魔小说有《西游记》《封神演义》《三宝太监西洋记通俗演义》《飞剑记》《南游记》《北游记》《东游记》《南海观音传》《达摩出身传灯传》《唐

① 谭帆：《中国小说评点研究》，华东师范大学出版社 2001 年版，第 310 页。

② （清）喻焜：《喻序》，张友鹤辑校：《聊斋志异》（三会本），上海古籍出版社 1986 年版，第 20 页。

钟馗全传》等；历史演义小说有《新列国志》《西汉演义》《唐书志传》《全汉志传》《全像按鉴演义东西汉志传》等；英雄传奇小说有《英烈传》《隋史遗文》《于少保萃忠全传》等；世情小说有《金瓶梅》《玉娇李》等；时事小说有《辽海丹忠录》《镇海春秋》《梼杌闲评》《魏忠贤斥奸书》等；市井小说有《清平山堂话本》、"三言"、"二拍"、《石点头》、《西湖二集》等；公案小说有《包龙图判百家公案》《龙图公案》《海刚峰先生居官公案传》等；才子佳人小说有《鼓掌绝尘》等；艳情小说有《宜春香质》《浪史》《如意君传》《绣榻野史》《痴婆子传》等。在此基础上，也形成了一些重要的小说理论。如绿天馆主人（即冯梦龙）阐述的小说教化功能，他说：

> 大抵唐人选言，入于文心；宋人通俗，谐于里耳。天下之文心少而里耳多，则小说之资于选言者少，而资于通俗者多。试令说话人当场描写，可喜可愕，可悲可涕，可歌可舞；再欲捉刀，再欲下拜，再欲决脰，再欲捐金；怯者勇，淫者贞，薄者敦，顽钝者汗下。虽小诵《孝经》、《论语》，其感人未必如是之捷且深也。①

虽然如此，但小说理论的完备却在清代。清代小说在题材方面更为广泛，与明代小说相比，增加了讽刺小说、才学小说、谴责小说等几大类小说，从而在这几大类小说方面形成了相应比较成熟的小说理论。如卧闲草堂本评点《儒林外史》时对讽刺艺术作了很全面的概括，尤其指出讽刺艺术的最高境界在于通过对人物的平实描写来达到讽刺的深度，让读者在作者自然而然的描写中感受到讽刺艺术的效果。如卧评第六回回评：

> 此篇是放笔写严大老官之可恶，然行文有次第，有先后，如源泉盈科，放乎四海，虽支分派别，而脉络分明；非犹俗笔稗官，凡写一可恶之人，便欲打、欲骂、欲杀、欲割，唯恐人不恶之，而究竟所记之事皆在情理

---

① （明）绿天馆主人：《古今小说叙》，冯梦龙编：《古今小说》，人民文学出版社 1958 年版，第 1—2 页。

之外，并不能行之于当世者。此古人所谓“画鬼怪易，画人物难”，世间唯最平实而为万目所共见者，为最难得其神似也。①

中国古代小说一直以来都有展示才华的倾向，故因其“博物”被历代学者所重视，但才学小说的真正形成却在清代。鲁迅称之为“以小说见才学者”，说《野叟曝言》是“以小说为庋学问文章之具”②。张蕊青更是将才学小说视为古代小说的最后一个品类，并概括了其特点：“才学小说是中国古代最后一个出现的小说品类，其代表作有《蟫史》、《镜花缘》、《野叟曝言》、《燕山外史》等。这类小说大多问世于乾隆后期和嘉庆年间，出现在清代最伟大的三部小说名著之后，其作者或将学术和考据纳入小说之中，或极力讲究小说的形式美、语言美，在小说中大量运用华词丽藻。因此，逞才炫学是才学小说共同具有的最显著特征。”③才学小说理论的成熟也在清代，如王韬对才学小说的“博学”这个基本特征的阐述：

《镜花缘》一书，虽为小说家流，而兼才人、学人之能事者也。人或有诋其食古不化者，要不足病。观其学问之渊博，考据之精详，搜罗之富有，于声韵、训诂、历算、舆图诸书，无不涉历一周，时流露于笔墨间。阅者勿以说部观，作异书观亦无不可。④

最早阐述谴责小说理论的同样是在清代。如忧患余生论述了谴责小说的基本特征之一就是暴露社会的黑暗，他说：

嗟嗟！神禹铸鼎，魑魅夜哭；温峤燃犀，魍魉避影。中国官场久为

① （清）卧闲草堂：《儒林外史》（第6回回评），李汉秋辑校：《儒林外史》（汇校汇评本），上海古籍出版社2010年版，第88页。

② 鲁迅：《中国小说史略》，人民文学出版社1973年版，第211页。

③ 张蕊青：《才学小说炫学方式及其文化根源》，《苏州大学学报》（哲学社会科学版）2002年第4期。

④ （清）王韬：《镜花缘图像叙》，丁锡根编著：《中国历代小说序跋集》，人民文学出版社1996年版，第1445页。

全球各国不齿于人类，而若辈穷奇浑沌，跳舞拍张，方且谓行莫予泥，令莫予违，一若睥睨自得也者。①

正式提出"谴责小说"这个名字的是鲁迅，他概括了谴责小说的基本特征："光绪庚子（一九〇〇）后，谴责小说之出特盛。……其在小说，则揭发伏藏，显其弊恶，而于时政，严加纠弹，或更扩充，并及风俗。虽命意在于匡世，似与讽刺小说同伦，而辞气浮露，笔无藏锋，甚且过甚其辞，以合时人嗜好，则其度量技术之相去亦远矣，故别谓之谴责小说。"②

明代小说评点所包含的小说理论已取得了非常突出的成就，如金圣叹在明末对《水浒传》的评点，充分论述了"因文生事"、"因缘生法"、典型性格、小说技法等小说理论，但从整体上看，清代小说理论与明代小说理论相比，更为深入一些。以历史演义小说中的"虚实论"为例。明代小说理论比较偏重于"信史"一路，庸愚子在《三国志通俗演义序》中说："若东原罗贯中，以平阳陈寿《传》，考诸国史，自汉灵帝中平元年，终于晋太康元年之事，留心损益，目之曰《三国志通俗演义》。文不甚深，言不甚俗，事纪其实，亦庶几乎史，盖欲读诵者，人人得而知之，若《诗》所谓里巷歌谣之义也。"③在这里，庸愚子强调的是，"考诸国史"是历史演义小说创作的基础。当然，也有"贵幻"的历史演义小说理论，吉衣主人（即袁于令）说："向为《隋史遗文》……什之七皆史所为备者，已足纸贵一时。顾中有慷慨足惊里耳，而不必谐于情；奇幻足快俗人，而不必根于理；袭传闻之陋，过于诬人；创妖艳之色，过于凭己；悉为更易，可仍则仍，可削则削，宜增者大为增之。盖本意原以补史之遗，原不必与史背驰也。窃以润色附史之文，删削同史之缺，亦存其作者之初念也。相成岂以相病哉？"④而清代的历史演义小说理论则提出

① （清）忧患余生：《官场现形记叙》，丁锡根编著：《中国历代小说序跋集》，人民文学出版社 1996 年版，第 1716 页。

② 鲁迅：《中国小说史略》，人民文学出版社 1973 年版，第 252 页。

③ （明）庸愚子：《三国志通俗演义序》，丁锡根编著：《中国历代小说序跋集》，人民文学出版社 1996 年版，第 887 页。

④ （明）吉衣主人：《隋史遗文序》，刘世德等主编：《古本小说丛刊·隋史遗文》，第 9 辑，第 2 册，中华书局 1990 年版，第 514—519 页。

了“虚实相生”的创作原则，既不偏重“信史”，也不偏重“贵幻”。如金丰在《说岳全传序》中说：

> 从来创说者，不宜尽出于虚，而亦不必尽出于实。苟事事皆虚，则过于诞妄，而无以服考古之心；事事皆实，则失于平庸，而无以动一时之听。①

吴趼人亦强调：

> 作小说难，作历史小说尤难，作历史小说而欲不失历史之真相尤难。作历史小说不失其真相，而欲其有趣味，尤难之又难。其叙事处或稍有参差先后者，取顺笔势，不得已也。或略加附会，以为点染，亦不得已也。②

虽然蔡元放仍然特别强调历史演义小说的“信史”，但总起来看，清代还是将历史演义小说的“虚实论”向前推进了一大步。再以才子佳人理论为例。清代的才子佳人小说理论比起明代来讲，更是深入、系统。明代才子佳人小说理论受个性思潮影响，特别突出才子佳人小说中的“真情”。如临海逸叟说：“主人取将竣之帙于手中，一展卷皆天地间花柳也。花红柳绿，飘拂牵游，即老成端重之儒，无不快睹而欣焉。乃知老成端重，其貌尤假；风花雪月，其情最真也。”③清代的小说评点者对才子佳人小说的认识则更进了一步，他们认识到了才子佳人小说不但具有浓厚的理想色彩，而且在才子佳人小说近乎完美的爱情婚姻中隐含着现实的失落，并借助虚幻的描写来达到心理的平衡与满足。如天花藏主人说：

---

① （清）金丰：《说岳全传序》，丁锡根编著：《中国历代小说序跋集》，人民文学出版社1996年版，第987页。

② （清）我佛山人：《两晋演义》（第1回回评），《月月小说》第1年第1号，1906年。

③ （明）临海逸叟：《鼓掌绝尘叙》，丁锡根编著：《中国历代小说序跋集》，人民文学出版社1996年版，第803页。

顾时命不伦，即间掷金声，时裁五色，而过者若罔闻罔见。淹忽老矣！欲人致其身，而既不能，既自短其气，而又不忍，计无所之，不得已而借乌有先生以发泄其黄粱事业。有时色香援引，儿女相怜；有时针芥关投，友朋爱敬；有时影动龙蛇，而大臣变色；有时气冲牛斗，而天子改容。凡纸上之可喜可惊，皆胸中之欲歌欲哭。①

为什么清代的小说评点在小说理论方面相对于明代小说评点来说能够更加完备、深入、成熟呢？笔者认为，小说评点文人化因素的加强是其主要原因。明代小说评点者中，书坊主占据了主流地位，其中影响最大的是双峰堂（三台馆）的余象斗和忠正堂的熊大木。余象斗评点、刊刻的小说主要有《三国志传》《水浒志传评林》《列国前编十二朝传》《列国志传评林》《三国志传评林》《皇明诸司公案传》《北方真武玄天上帝出身志传》（一名《北游记》）、《五显灵官大帝华光天王传》（一名《南游记》）等。余象斗的刻书在当时影响极大，叶德辉评价："明季余氏建版犹盛行，是其世业流传甚久。"②熊大木主要评点、刊刻历史演义小说和英雄传奇小说，其代表性小说有《南北两宋志传》《全汉志传》《唐书志传通俗演义》《大宋中兴通俗演义》等。在熊大木的努力之下，通俗小说得到较大发展，学界甚至称之为"熊大木现象"，不过在此现象中也产生了大量平庸之作。另外，还有周曰校、余邵鱼等。那些托名李卓吾、陈继儒、钟伯敬、徐渭、汤显祖等名人评点而实际多为书坊主自评的小说就更多了，如托名李卓吾的《绣榻野史》、托名陈继儒的《春秋列国志传》、托名钟伯敬的《全汉志传》、托名徐渭的《云合奇踪》、托名汤显祖的《艳异编》等。当然，明代也有出色的文人评点，如李贽、叶昼、金圣叹等，取得的成就也很高，但在小说评点的数量中所占比例却并不高。至于清代，小说评点的文人化因素大大加强了。仅从评点者的身份来看，清代的小说评点者绝大多数为文人。以清代评点很热的《聊斋志异》评点为例，王士祯是《聊斋志异》最早的评点者，之后的评点者还有王金范、王升、

① （清）天花藏主人：《平山冷燕序》，（清）荻岸散人：《平山冷燕》，《古本小说集成》，上海古籍出版社影印本1992年版，第12—15页。

② 叶德辉：《书林清话》，中华书局1957年版，第42页。

陈廷机、王东序、王芑孙、冯镇峦、但明伦、何守奇、段雝、胡泉、冯喜赓、刘瀛珍、方舒岩、狄平子，再加上稿本无名氏甲评、稿本无名氏乙评，总共17家之多，其中除了无名氏不清楚之外，其余15家都是文人评点。再以时间较长的康熙年间的小说评点本为例，据《小说评点编年叙录》统计，总共31部评点本小说，其中重要的评点者有汪象旭、毛氏父子、李笠翁、陈忱、刘廷玑、张竹坡、褚人获等，这些人都是以文人身份评点小说的，还有一些评点者身份不太清楚，从评语来推断，身份为书坊主的极少。由此可以得出结论：清代的小说评点的文人化因素极强，正是这种文人因素，大大提升了清代的小说评点的理论深度。但另一方面，文人化的加强又减弱了评点的商业导向性，这对小说的传播与普及产生了负面影响。

三、小说评点大家频出

在中国小说评点史上，毋庸置疑，金圣叹是一位很重要的评点大师，其于崇祯十四年（1641年）对《水浒传》的评点成为小说评点最重要的代表作之一。金批《水浒》对清代的小说评点影响极大，尤其是在评点体例、评点方法方面。邱炜萲认为，中国的小说评点派自金圣叹始才真正形成，他说："前乎圣叹者，不能压其才，后乎圣叹者，不能掩其美。批小说之文原不自圣叹创，批小说之派，却自圣叹开也。"①清代的小说评点在评点文字中时常提到金圣叹，如王望如说："吴门金圣叹反而正之，列以'第五才子'，为其文章妙天下也，其作者示戒之苦心，犹未阐扬殆尽。"②书商们更是直接标以"圣叹外书"字样，以此招徕读者，用以促销自己刊刻的小说。

金圣叹虽堪称小说评点派之始，影响也颇为巨大，但小说评点大家频出的时代却是在清代。清代历时近三百年，期间涌现了许多评点大家，几乎贯穿整个清代始终。清代文学的分期一般认为有初、中、晚之分，初期大致指

① 邱炜萲：《菽园赘谈》，《客云庐小说话》卷1，阿英编：《晚清文学丛钞》（小说戏曲研究卷），中华书局1960年版，第391页。

② （清）王望如：《五才子水浒序》，陈曦钟等辑校：《水浒传》（会评本），北京大学出版社1981年版，第35页。

顺治、康熙、雍正年间，中期指乾隆至道光二十年（1840年），晚期则指鸦片战争之后至清朝灭亡，晚期的文学一般认为已属近代文学的范畴。借助清代文学的分期，下面分述各个时期的小说评点大家。

清代初期小说评点大家的代表是毛氏父子、张竹坡。毛氏父子主要评点了《四大奇书第一种》，即毛批本《三国志演义》。依据醉畊堂本封面题字来看，该评点本涉及了毛声山、毛宗岗、金圣叹、杭永年四个人，经过陈翔华、黄霖、陈洪等学者的考证，学界一般认定金圣叹属伪托，主要以毛氏父子的评点与修改为主。毛氏父子在小说理论方面的贡献最突出的有两点：一是关于历史演义小说的"虚实论"。毛氏父子注重"据实指陈"，所叙之事皆有所考。毛宗岗在比较《三国演义》与《西游记》时说："读《三国》胜读《西游记》。《西游》捏造妖魔之事。诞而不经，不若《三国》实叙帝王之事，真而可考也。"①又在比较《三国演义》与《水浒传》时说："读《三国》胜读《水浒传》。《水浒》文字之真，虽较胜《西游》之幻，然无中生有，任意起灭，其匠心不难，终不若《三国》叙一定之事，无容改易，而卒能匠心之为难也。"②不过，对于符合艺术审美标准的虚构，毛氏父子还是十分赞赏的。如关云长千里走单骑明显是虚构的，但却描写得摇曳多姿，毛氏父子评道：

> 关公斩蔡阳在后卷，而此卷先有蔡阳欲赶关公一段文字：廖化归关公尚隔十数卷，而此卷先有廖化救二夫人一段文字，皆所谓隔年下种者也。至于关公行色匆匆，途中所历，忽然遇一少年，忽然遇一老人，忽然遇一强盗，忽然遇一和尚，点缀生波，殊不寂寞。天然有此妙事，助成此等妙文。若但过一关杀一将，五处关隘一味杀去，有何意趣？③

可见，毛氏父子的"虚实论"是就艺术审美价值而论的。二是其"妙文

① （清）毛宗岗：《读三国志法》，陈曦钟等辑校：《三国演义》（会评本），北京大学出版社1986年版，第18页。

② （清）毛宗岗：《读三国志法》，陈曦钟等辑校：《三国演义》（会评本），北京大学出版社1986年版，第19页。

③ （清）毛氏父子：《三国演义》（第27回回评），陈曦钟等辑校：《三国演义》（会评本），北京大学出版社1986年版，第329页。

论”。毛宗岗称《三国演义》为天然一段妙文,他在《读三国志法》中说:“古事所传,天然有此等波澜,天然有此等层折,以成绝世妙文,然则读《三国》一书,诚胜读稗官万万耳。”①虽然三国故事本身波澜曲折,但仍缺不了作者的独具匠心,毛宗岗指出主要有“追本穷源之妙”“巧收幻结之妙”“以宾衬主之妙”等。

张竹坡以《金瓶梅》崇祯本为底本,对《金瓶梅》略加改动,调整个别回目,改动少量字句,评点《金瓶梅》,撰成《皋鹤堂批评第一奇书金瓶梅》。张竹坡在小说理论方面最突出的主要有:一是“寓意”小说观。探寻寓意,是张竹坡重要的小说观念,他认为,一部曲曲折折之小说,绝非作者讲述一段故事那么简单,而是隐含着作者所要表达的深意。他提出:

> 稗官者,寓言也。其假捏一人,幻造一事,虽为风影之谈,亦必依山点石,借海扬波。故《金瓶》一部,有名人物,不下百数,为之寻端竟委,大半皆属寓言。庶因物有名,托名摭事,以成此一百回曲曲折折之书。②
>
> 甚矣!夫作书者必大不得于时势,方作寓言以垂世。今止言一家,不及天下国家,何以见怨之深,而不能忘哉!故此回历叙运艮峰之赏,无谓诸奸臣之贪位慕禄,以一发胸中之恨也。……用笔如此,早瞒过千古看官。我今日观之,乃知是一部《群芳谱》之寓言耳。③

张竹坡以此观念解读《金瓶梅》,仔细探寻了小说中的春梅、李瓶儿、潘金莲、吴月娘、李娇儿、孟玉楼等人物命名的寓意。的确如此,古代小说是蕴含深意的,后来的《聊斋志异》《儒林外史》等亦如此。深入探寻小说的寓意,无疑可以更进一步理解小说的内涵以及作者的良苦用心。但过分探寻小说寓意,又会陷入主观臆测、牵强附会的误区,后来的一些索隐派即如此。

---

① (清)毛宗岗:《读三国志法》,陈曦钟等辑校:《三国演义》(会评本),北京大学出版社1986年版,第7页。

② (清)张竹坡:《〈金瓶梅〉寓意说》,王汝梅等校点:《张竹坡批评第一奇书金瓶梅》,齐鲁书社1987年版,第13页。

③ (清)张竹坡:《金瓶梅》(第70回回评),王汝梅等校点:《张竹坡批评第一奇书金瓶梅》,齐鲁书社1987年版,第1069页。

二是关于“世情”的理论阐述。张竹坡并未直接提出与“世情”相关的理论，但在其小说理论中已有所阐述，这对鲁迅、郑振铎等人提出“人情小说”理论、写实主义理论是有影响的。《金瓶梅》作为第一部以家庭生活为主要题材的小说，眼光向下，关注世俗生活，着重描写日常生活，是一部具有里程碑意义的作品。张竹坡在评点《金瓶梅》时阐述了这种世俗生活的如实描写。如评点西门家里世俗而真实的生活：

> 其各尽人情，莫不各得天道。即千古算来，天之祸淫福善，颠倒权奸处，确乎如此。读之，似有一人亲曾执笔，在清河县前，西门家里，大大小小，前前后后，碟儿碗儿，一一记之，似真有其事，不敢谓为操笔伸纸做出来的。吾故曰：得天道也。①

除了毛氏父子、张竹坡外，清代初期的重要评点者还有天花藏主人、汪象旭、褚人获、李渔等。

清代中期小说评点大家的代表是脂砚斋、卧闲草堂。《红楼梦》脂评的评点者除了脂砚斋外，还有畸笏叟、棠村、松斋、梅溪等人，以脂砚斋、畸笏叟为最重要，后来统称脂砚斋评点。带有脂评的版本是早期《红楼梦》抄本，共有 11 种，重要的有三种：“甲戌本”“己卯本”“庚辰本”，其余为“有正本”（又称“戚序本”）、“南图本”“蒙府本”“梦稿本”“梦觉本”“舒序本”“郑藏本”“列宁格勒本”。脂评除了在探寻《红楼梦》作者、《红楼梦》创作过程以及修订方面提供了重要史料之外，在小说理论方面亦有建树，尤其是在人物的个性化描写以及性格的复杂化方面的论述，大大突破了前期小说评点中关于人物描写的理论。如林黛玉打趣史湘云的咬舌毛病时，脂砚斋评点道：

> 可笑近之野史中，满纸羞花闭月，莺啼燕语，除不知真正美人方有一陋处，如太真之肥，飞燕之瘦，西子之病，若施于别个不美矣。今以咬

① （清）张竹坡：《批评第一奇书〈金瓶梅〉读法》，王汝梅等校点：《张竹坡批评第一奇书金瓶梅》，齐鲁书社 1987 年版，第 43 页。

> 舌二字加以湘云，是何大法手眼，敢用此二字哉！不独见陋，且更觉轻俏娇媚，俨然一娇憨湘云立于书上，掩卷合目思之，其“爱”“厄”娇音，如入耳内。然后将满纸莺啼燕语之字样，填粪窖可也。①

脂砚斋关于“美人之陋处”的认识，既肯定了人物的个性特征，同时又突出了人物的真实性。

卧闲草堂评点的《儒林外史》，一般简称“卧评本”，是《儒林外史》评点中的唯一祖本，影响很大。“卧评”不但大大促进了《儒林外史》的传播，而且在小说理论方面亦有较大的突破，尤其是对讽刺艺术的总结，达到了前所未有的高度。我国古代的讽刺理论历来都是不够发达的，“卧评”可以说是我国讽刺艺术的一个里程碑。如他提出的如实描写的“是非自见”的讽刺艺术，具有很高的理论水准。“是非自见”之论见于第四回回评：

> 张静斋劝堆牛肉一段，偏偏说出刘老先生一则故事，席间宾主三人侃侃而谈，毫无愧怍，阅者不问而知此三人为极不通之品。此是作者绘风绘水手段，所谓直书其事，不加断语，其是非自见也。②

陈洪把“卧评”的这种讽刺手法概括为“‘是非自见’的讽刺理论”，并对之进行了阐释：“作者不直接露面评论，也不显示出自己的态度，而在客观、冷静的叙述中，使讽刺对象自身出现矛盾、破绽，产生讽刺的效果。……他之所以提倡含而不露的讽刺艺术，是看到了讽刺须有余味的道理。”③

除了脂砚斋、卧闲草堂外，清代中期的重要评点者还有冯镇峦、张新之、蔡元放、刘一明、王希廉等。

清代晚期小说评点大家的代表是天目山樵、吴趼人。天目山樵，即张文

---

① （清）脂砚斋：《红楼梦》（第20回夹批），《脂砚斋重评石头记》（己卯本），《古本小说集成》，上海古籍出版社影印本1993年版，第418页。

② （清）卧闲草堂：《儒林外史》（第4回回评），李汉秋辑校：《儒林外史》（汇校汇评本），上海古籍出版社2010年版，第60页。

③ 陈洪：《中国小说理论史》，天津教育出版社2005年版，第254—255页。

虎，又号华谷里民。他对《儒林外史》特别喜爱，常常阅读，深有体会。他以“卧评本”为底本，约始于同治十二年（1873 年）评点《儒林外史》，历时十余年，于光绪三年（1877 年）基本完成。张评《儒林外史》在当时的上海地区反响很大，被很多文人传抄、过录，广泛地传播了《儒林外史》。由于天目山樵曾经从事过训诂、古书校勘、历法、乐律研究等工作，所以，与“卧评”相比，天目山樵评点更偏重于本事溯源和文字考辨，具有浓厚的考据色彩。如第七回范进说查不到苏轼的文章时，天目山樵则在评点中解释查不到苏轼文章的文献原因：“若说苏东坡或者曾闻人说过。盖当时《古文观止》未出，故不及今人之博。”①平步青则进一步补充文献：“苏轼一条，本《书影》汪道昆事。”②又如第三十回中杜慎卿道：“苇兄，这话可谓不知我了。我太祖高皇帝云：‘我若不是妇人生，天下妇人都杀尽！’妇人那有一个好的？小弟性情，是和妇人隔着三间屋就闻见他的臭气。”天目山樵在此考证“闻见妇人臭气”这个典故的源头：

《南史》：梁·萧督恶见妇人，相去数步，遥闻其臭。慎卿乃又过之。③

天目山樵还特别注重文字考辨。略举两例：

“作合”作“示梦”，“收场”下多“颇”字，“天榜之示”作“天作之合”。④

“邹老”后多“亦”字。⑤

① （清）天目山樵：《儒林外史》（第 7 回夹批），李汉秋辑校：《儒林外史》（汇校汇评本），上海古籍出版社 2010 年版，第 93 页。

② （清）平步青：《儒林外史》（第 7 回夹批），李汉秋辑校：《儒林外史》（汇校汇评本），上海古籍出版社 2010 年版，第 93 页。

③ （清）天目山樵：《儒林外史》（第 30 回夹批），李汉秋辑校：《儒林外史》（汇校汇评本），上海古籍出版社 2010 年版，第 369 页。

④ （清）天目山樵：《儒林外史》（第 7 回回评），李汉秋辑校：《儒林外史》（汇校汇评本），上海古籍出版社 2010 年版，第 102 页。

⑤ （清）天目山樵：《儒林外史》（第 9 回夹批），李汉秋辑校：《儒林外史》（汇校汇评本），上海古籍出版社 2010 年版，第 119 页。

天目山樵的文字考辨带有古籍校勘的特色，这使得《儒林外史》在行文上更为严谨。天目山樵的评点在整个小说评点史上都是很有特色的，占有一席之地。

吴趼人是晚清小说评点的一位大家，其评点甚丰，散见于所著小说的自评及一些序跋中，如《二十年目睹之怪现状》评点、《发财秘诀》评点、《两晋演义》评点及《历史小说总序》《最近社会龌龊史·自叙》等。其小说评点的突出贡献有二：一是进一步发展了历史小说理论。他除了与蔡元放一样主张历史小说的真实性外，还特别强调了历史小说的趣味性及"借古鉴今"的社会功能。他认为历史小说的重要特征之一在于趣味性：

> 盖小说家言，兴味浓厚，易于引人入胜也。是故等是魏、蜀、吴故事，而陈寿《三国志》读之者寡，至如《三国演义》，则自士夫迄于舆台，盖靡不手一篇者矣。①

他在自创的历史小说评点中也指出趣味的重要性：

> 云云，是以此为乱政之始也。故演义亦特书之，而故点染其辞，以为趣味。②

他认为历史小说不仅要有趣味性，还应具有"借古鉴今"的社会功能。友人曾勉励吴趼人创作历史小说要"借古鉴今"，吴趼人欣然接受并以此自励，并把"借古鉴今"写进《两晋演义序》中，借友人之言表达自己的历史小说观点：

> 旋得吾友蒋子紫侪来函，勗我曰：撰历史小说者，当以发明正史事实为宗旨，以借古鉴今为诱导，不可过涉虚诞，与正史相刺谬，尤不可张

---

① （清）吴趼人：《历史小说总序》，《月月小说》第1年第1号，1906年。

② （清）我佛山人：《两晋演义》（第2回回评），《月月小说》第1年第1号，1906年。

冠李戴，以别朝之事实，牵率羼入，遗误阅者云云。末一语，盖蒋子以余所撰《痛史》而发也。余之撰《痛史》，因别有所感故尔尔，即微蒋子勉言，余且不复为，今而后尤当服膺斯言矣。操笔之始，因记之以自勉。①

二是借评点猛烈抨击现实社会。吴趼人的小说本身主要就是针对社会现实的各种丑恶现象而作的，如《二十年目睹之怪现状》《最近社会龌龊史》等，文笔犀利，抨击现实中的"怪现象"猛烈之至，令人震撼。即使是历史小说，也借历史抨击丑恶之现实，如《痛史》。阿英评价《痛史》："这真的是吴趼人对于宋代当时人物的愤慨么？是在宋代的一些卖国汉奸以外，兼咒诅那些清朝的汉奸的。是对鸦片战争到八国联军几十年事件愤慨的总发泄、总暴露。"②吴趼人的小说评点延续了其小说创作主旨，批判了各种社会的"怪现状"。如抨击官员在洋人面前的软弱与献媚：

中国有一种人，其对于外人，无一处不自取其辱，而累及一群，言之殊堪切齿。如此回之军门大人者，盖比比然也。所最奇者，愈是大人先生，愈多此种丑态，此则令人不解者矣！③

又如对当时女子丑态的抨击：

下半回无端写区丙妻子，种种丑态，非得已也。以笔法论，所以反照第一回其妻子云云一段，使之相映成色。以命意论，实痛夫女子社会中，实有此情景，特为之摹绘传神，使他日女子社会进化时睹之，犹可见前人之面目也。读者得毋怪笔端尖利，有隙即乘，无孔不钻乎！④

---

① （清）我佛山人：《两晋演义序》，《月月小说》第1年第1号，1906年。

② 阿英：《晚清小说史》，人民文学出版社1980年版，第151—152页。

③ （清）吴趼人：《二十年目睹之怪现状》（第55回评语），魏绍昌编：《吴趼人研究资料》，上海古籍出版社1980年版，第63页。

④ （清）吴趼人：《发财秘诀》（第2回评语），魏绍昌编：《吴趼人研究资料》，上海古籍出版社1980年版，第172页。

吴趼人在小说评点中对社会"怪现状"的猛烈抨击,其意在改良社会,促进社会的进步。

除了天目山樵、吴趼人外,清代晚期的重要评点者还有陈其泰、哈斯宝、黄小田、文龙、但明伦、燕南尚生等。

清代频出的小说评点大家及其他评点者关于小说的评点,对于中国古代小说本身的发展而言,起到了非常重要的积极作用。

清代的小说评点促使很多小说文本走向定型化,成为某一系列小说中的定本,使小说广为流传。如隋唐系列小说共有《唐书志传通俗演义》《隋唐两朝志传》《小秦王词话》《隋炀帝艳史》《隋史遗文》《隋唐演义》等多部小说,但直到清代褚人获评点、修改的《隋唐演义》出现,隋唐故事才定型。褚人获主要以《隋炀帝艳史》和《隋史遗文》为基础,再参阅《隋唐两朝志传》《逸史》等书,缀成《隋唐演义》,褚人获自言其创作过程:

> 昔箨庵袁先生曾示予所藏《逸史》,载隋炀帝、朱贵儿,唐明皇、杨玉环再世姻缘事,殊新异可喜,因与商酌编入本传,以为一部之始终关目,合之《遗文》、《艳史》,而始广其事,极之穷幽仙证,而已竟其局。其间阙略者补之,零星者删之,更采当时奇趣雅韵之事点染之,汇成一集,颇改旧观。①

的确如作者所言的"颇改旧观",该书描写细致、故事生动、行文流畅,塑造的李世民、秦琼、程咬金、单雄信等人物形象十分鲜明,从而成为隋唐系列中最为流行的历史演义小说。其影响也很大,之后的隋唐故事作品基本出自于《隋唐演义》,如专写瓦岗寨好汉的《说唐演义全传》。再如列国系列小说共有《列国志传》《新列国志》《列国志辑要》《东周列国志》等多部小说,但也是清代蔡元放以《新列国志》为基础评点、修改的《东周列国志》出来之后,列国故事才定型,蔡元放之《东周列国志》亦成为最为通行的本子。他在《东周列国志序》中说:

① (清)褚人获:《序》,(清)褚人获:《隋唐演义》,上海古籍出版社 1981 年版,第 1126 页。

> 寅卯之岁，予家居多暇，稍为评骘，条其得失而抉其隐微，虽未必尽合于当日之指，而依理论断是非既颇不谬于圣人，而亦不致贻嗤于博识之士，聊以豁读者之心目，于史学或亦不无小裨焉。故既为评之，而复序之如此。①

可见，蔡元放评点《东周列国志》的目的在于揭示小说"隐微"的儒家之义和开启读者理解历史之"心目"，这正是《东周列国志》之所以通行的重要原因。当然，除此之外，还有蔡元放对原作的文字润色。

在清代的小说评点影响下所形成的小说定本，不少成为了古代小说中的经典之作。英国著名人文学者阿德勒 1992 年提出了选定名著的六条标准：一、内容能长久地吸引读者。不是流行一时的畅销书，而是经久不衰的畅销书。二、面向大众，通俗易懂，而不是面向少数专家学者，局限的文艺沙龙。三、永远不落后于时代，它决不会因为政治风云的变化而失去观照时代的价值和意义。四、隽永深刻，有时一页上的内容多于许多成本宏论的思想内容。五、有独到的见解，能言前人所未言。六、探讨人生长期没有解决的问题，在某个领域里有突破性进展。② 因为经典必定是名著，所以这六条名著选择标准，实际上也可以视为经典的鉴定标准。按此标准，在中国古代小说中，能够称得上经典作品的主要有《三国演义》《水浒传》《西游记》《金瓶梅》《聊斋志异》《红楼梦》《儒林外史》等。这些小说并非一诞生就自然而然地成为经典，而是有一个逐渐被读者阅读、传播、接受、批评的过程，经历过无数读者的阅读和历史长河的大浪淘沙之后才成为经典的。在这个经典化的过程中，除了这些小说本身在思想和艺术上达到了相当高的水准外，评点者尤其是评点大家的评点也起到了至关重要的作用，成为经典化的重要推手。毛本《三国演义》出来之后，逐渐取代其他各种版本成为市场认可的流行定本，罗贯中原作《三国志通俗演义》反而少见。《三国演义》"在长期的广泛流传过程中，毛本《三国演义》多次刊刻，书名也屡有变化，主要有

---

① （清）蔡元放：《序》，（明）冯梦龙改编，（清）蔡元放修订：《东周列国志》，上海古籍出版社 2012 年版，第 2 页。

② 转引自蓝棣之：《现代文学经典：症候式分析》，清华大学出版社 1998 年版，第 223 页。

《四大奇书第一种》《第一才子书》《贯华堂第一才子书》《绣像金批第一才子书》《三国志演义》《三国演义》等”①。后人厌憎白脸奸相曹操，喜欢刘、关、张等人物，无不与毛氏父子的评点与改写所表达出来的爱憎倾向和思想观念有关。所以，沈伯俊先生得出结论：“自清初以来的三百余年中，亿万民众传阅、讲说和熟悉的，并非罗贯中的原作，而是《毛宗岗评改本三国演义》。”②张竹坡评点的《金瓶梅》也同样成为《金梅瓶》最为流行的定本。《金瓶梅》初以钞本流传，后又有万历年间刊刻的《金瓶梅词话》，崇祯年间的《新刻绣像批评原本金瓶梅》和《新刻绣像批评金瓶梅》，然而，张评《金瓶梅》却最为流行，即使是在屡遭禁毁的情况下，张评《金瓶梅》也仍然不断被刊刻，康熙四十七年（1708 年）刊刻的满文译本《金瓶梅》，也是从张评本翻译的。刘辉先生指出：“张竹坡评本在康熙年末虽已‘传者甚少’，原版又被付之一炬，但此后二百年间，在《金瓶梅》屡遭禁毁、其他几种版本流传日稀的情况下，陆续出现了各种张评本的翻刻本，包括所谓《古本金瓶梅》，其实仍是张评本删改而成。”③可以这样说，正是毛氏父子、张竹坡的评点，让《三国演义》《金瓶梅》长期处于人们的阅读视野之中，最终成为蜚声海内外的小说经典。《西游记》《聊斋志异》《红楼梦》《儒林外史》这些小说经典的形成，也同样离不开汪象旭、冯镇峦、但明伦、脂砚斋、卧闲草堂、天目山樵等著名评点家的评点，他们正是这些小说经典化过程中的重要推动力。

还有一个重要问题需要补充论述，那就是：清代之所以成为中国古代小说评点的高峰期，其基础在于清代小说本身的发达。张俊称：“清朝从建立到衰亡，是中国封建社会逐渐解体的一个转折时期，也是我国古典小说发展的一个光辉总结时期。”④清代小说的“光辉”主要体现在三个方面：

其一，小说种类丰富。以题材分类来看，明代的小说种类已比较丰富了，主要有神魔小说、历史演义小说、英雄传奇小说、世情小说、时事小说、市井小说、公案小说、才子佳人小说、艳情小说等。到了清代，小说种类则更加

① 沈伯俊：《三国演义新探》，四川人民出版社 2002 年版，第 74 页。

② 沈伯俊：《三国演义新探》，四川人民出版社 2002 年版，第 71 页。

③ 刘辉：《金瓶梅成书与版本研究》，辽宁人民出版社 1986 年版，第 121 页。

④ 张俊：《清代小说史》，浙江古籍出版社 1997 年版，第 1 页。

丰富。鲁迅总结道:“清代底小说之种类及其变化,比明朝比较的多,但因为时间关系,我现在只可分作四派来说一个大概。这四派便是:一、拟古派;二、讽刺派;三、人情派;四、侠义派。”①仍以题材分类来看,清代相比明代来讲,增加的小说种类主要有:讽刺小说,如《儒林外史》等;才学小说,如《野叟曝言》《镜花缘》等;狭邪小说,如《品花宝鉴》《花月痕》《青楼梦》《海上花列传》等;侠义小说,如《儿女英雄传》《三侠五义》等;谴责小说,如《官场现形记》《二十年目睹之怪现状》《老残游记》《孽海花》等。

其二,白话小说与文言小说齐头并进。中国古代小说发展至清代,白话小说与文言小说各自达到了艺术上的最巅峰。《红楼梦》为古代白话小说的巅峰之作。鲁迅高度评价了《红楼梦》的价值:“至于说到《红楼梦》的价值,可是在中国的小说中实在是不可多得的。其要点在敢于如实描写,并无讳饰,和从前的小说叙好人完全是好,坏人完全是坏的,大不相同,所以其中所叙的人物,都是真的人物。总之自有《红楼梦》出来以后,传统的思想和写法都打破了。”②《红楼梦》还蕴含着很深的文化内涵,周汝昌、周伏苓先生称《红楼梦》为“文化小说”,指出了其文化特征:“在《红楼梦》中,雪芹以他的彩笔和椽笔,使我们历历如绘、栩栩如生地看到了我们中华人如何生活,如何穿衣吃饭,如何言笑逢迎,如何礼数相接,如何思想感发,如何举止行为。他们的喜悦,他们的悲伤,他们的情趣,他们的遭逢,他们的命运,他们的荷担,他们的头脑,他们的心灵……你可以一一地从《红楼梦》中,雪芹笔下,寻到最好的最真的最美的写照!”③除《红楼梦》外,《儒林外史》亦极出色,为我国古代最有成就的儒林小说、讽刺小说。《聊斋志异》为古代文言小说的巅峰之作。《聊斋志异》也曾遭到一些文人的批评,最强烈者为纪昀,他十分不满《聊斋志异》的写作方法,以“未解”之语批评《聊斋志异》“一书而兼二体”,“随意装点”故事,“细微曲折,慕绘如生”地描写“燕昵之

① 鲁迅:《中国小说的历史的变迁》,《中国小说史略》,人民文学出版社 1973 年版,第 301 页。

② 鲁迅:《中国小说的历史的变迁》,《中国小说史略》,人民文学出版社 1973 年版,第 306—307 页。

③ 周汝昌、周伏苓:《红楼梦与中华文化》,工人出版社 1989 年版,第 15 页。

词，媟狎之态"，"作者代言"①。甚至到了民国时期，在大力提倡白话文的文化背景下，《聊斋志异》作为文言小说则被极度贬低，如胡适讥其"取材太滥，见识鄙陋"②，周作人将《聊斋志异》归入"非人的文学"之"妖怪书类"③。而鲁迅则独具慧眼，他从描写艺术、写作手法和人物塑造方面高度评价了《聊斋志异》的成就：

> （《聊斋志异》）描写委曲，叙次井然，用传奇法，而以志怪，变幻之状，如在目前；又或易调改弦，别叙畸人异行，出于幻域，顿入人间；偶述琐闻，亦多简洁，故读者耳目，为之一新。……
>
> 《聊斋志异》独于详尽之外，示以平常，使花妖狐魅，多具人情，和易可亲，忘为异类，而又偶见鹘突，知复非人。④

鲁迅之论确定了《聊斋志异》在文学史上的重要地位，也奠定了《聊斋志异》作为文学经典的基础。除《聊斋志异》外，纪昀《阅微草堂笔记》亦是一部文言小说的杰作。沈伯俊先生甚至认为《阅微草堂笔记》可以与《聊斋志异》双峰并峙，他说："《聊斋》并不是文言小说的绝响，在这部伟大作品之后还有一部杰作，那就是纪昀的《阅微草堂笔记》。"⑤

其三，文人独创型小说居于主流。古代小说按照编创方式大致可以分为世代累积型小说（如《西游记》）、文人独创型小说（如《红楼梦》）、文人改写型小说（如《隋唐演义》），从小说史的角度考察，明代小说以世代累积型小说为主流，清代则以文人独创型小说为主流。"四大奇书"是明代小说的代表，也是"世代累积型"小说的典范之作。不过，《金瓶梅》的编创方式学

---

① （清）盛时彦：《盛跋》，（清）纪昀：《阅微草堂笔记》，上海古籍出版社1980年版，第472页。

② 胡适：《胡适文存一集·再寄陈独秀答钱玄同》，季羡林主编：《胡适全集》第1卷，安徽教育出版社2003年版，第35页。

③ 周作人：《人的文学》，《新青年》第5卷第6号，1918年。

④ 鲁迅：《中国小说史略》，人民文学出版社1973年版，第179页。

⑤ 沈伯俊：《追踪晋宋，颉颃〈聊斋〉——论〈阅微草堂笔记〉》，《明清小说研究》第4辑，中国文联出版公司1986年版，第384页。

术界一直存有争议，冯沅君、徐朔方等认为《金瓶梅》是一部世代累积型长篇小说，石昌渝、黄霖等认为《金瓶梅》是一部文人独创的长篇小说，而霍现俊则认为《金瓶梅》属于一部“准文人小说”①，霍现俊的观点更为合理，因为《金瓶梅》的确显示了从世代累积型小说向文人独创型小说过渡的痕迹。清代最有成就的小说几乎都是文人独创型小说，如《红楼梦》《聊斋志异》《儒林外史》《镜花缘》等，这些作品都是作者独立选材，独立构思，精心创作的，在小说中融入了作者对生活的体验与感悟，作者的主体意识强烈，像《红楼梦》《聊斋志异》等小说可以说是作者的“血泪”之作，浸染了作者在现实生活中所感受到的凄凉、无奈、辛酸。曹雪芹诗曰“满纸荒唐言，一把辛酸泪！都云作者痴，谁解其中味？”（《红楼梦》第一回）和蒲松龄独白“独是子夜荧荧，灯昏欲蕊；萧斋瑟瑟，案冷疑冰。集腋为裘，妄续幽冥之录；浮白载笔，仅成孤愤之书：寄托如此，亦足悲矣！嗟呼！惊霜寒雀，抱树无温；吊月秋虫，偎栏自热。知我者，其在青林黑塞间乎！”（《聊斋自志》）这些饱含作者浓烈情感的话语让我们感受到了作为下层文人的深深的孤独及对现实的无奈。唯有文人，而且是一代名才的文人才能写出如此怆然之语，千古幽情至此，曹氏自言“荒唐”“作者痴”，蒲氏自比“寒雀”“秋虫”，寄情“青林黑塞”，怎不令人掬泪而悼之！

小说评点于清代达到高峰，其所取得的成就不仅大大丰富了古代的小说理论，而且在小说经典化过程中起到了至关重要的助推力作用，最终让小说由传统的边缘文体走向了文学的中心地位。在小说成为文学中心之后，人们越来越重视小说研究。至于晚清，为了更深入地研究小说，比评点更为系统的一种小说批评方式诞生了，那就是伴随报刊产生了“论文”“丛话”等专题性论文，小说评点也就开始逐渐淡出历史舞台。但是，不管怎么说，清代的小说评点都为中国的小说理论史和小说发展史作出了卓越贡献。

---

① 霍现俊：《金瓶梅：一部准文人小说》，《天津外国语学院学报》1999 年第 3 期。

第三节 清代:中国学术思潮的繁盛

先看“学术”二字之含义。“学”,《说文》释之:“斆,觉悟也,从教冂,冂,尚蒙也。臼声。学,篆文斆省。”①段玉裁注曰:“斆觉叠韵。《学记》曰:‘学然后知不足’,知不足然后能自反也。按知不足所谓觉悟也。《记》又曰:‘教然后知困’,知困然后能自强也,故曰教学相长也。”②“学”即学习之义,与“教”相对,指学习自己所不知道的知识,可引申为讲学、学识、学问、学说等含义。“术”,《说文》释之:“术,邑中道也,从行术声。”③段玉裁注曰:“邑,国也,引申为技术。”④“术”,本义为“邑中”之道路,从这条道路走可以到达一定的目的地,所以,“术”仅为某种手段,而非目的,可以引申为技术、技艺、方法、办法、技巧等。“学术”二字连用较早见于《礼记》:“德也者,得于身也。故曰:古之学术道者,将以得身也。是故圣人务焉。”⑤郑玄注:“术,犹艺也。得身者,谓成己令名,免于刑罚也。言学术道,则此说宾贤能之礼。”⑥孔颖达疏:“古之学术道者,将以得身也者,术者,艺也,言古之人学此才艺之道也。将以得身也,谓使身得成也。此谓宾贤之人有术道。”⑦此处的“学术”指学习与才艺,可以引申为学说、技艺、道理、方法等。关于“学术”概念的界定,陈其泰、李廷勇的观点较为准确。他们界定的“学术”概念为:

> 学术在传统意义上是指学说和方法,在现代意义上是指人文社会科学领域内诸多知识系统和方法系统,以及自然科学领域中科学学说

① (汉)许慎:《说文解字》,中华书局1963年版,第69页。
② (清)段玉裁:《说文解字注》,上海古籍出版社1981年版,第127页。
③ (汉)许慎:《说文解字》,中华书局1963年版,第44页。
④ (清)段玉裁:《说文解字注》,上海古籍出版社1981年版,第78页。
⑤ (清)阮元校刻:《礼记正义》,《十三经注疏》,中华书局1980年版,第1683页。
⑥ (清)阮元校刻:《礼记正义》,《十三经注疏》,中华书局1980年版,第1683页。
⑦ (清)阮元校刻:《礼记正义》,《十三经注疏》,中华书局1980年版,第1683页。

和方法论。①

按此理解，作为一门“学术”，在学理上至少应该具有以下几个特点：一是系统性。一门学术本身内部是自成体系的一个统一体，有其自身的理论体系。二是内涵的深厚性。要形成一门学问，必有一个逐渐形成的过程，其包含的内涵也必须深厚，有可供挖掘的空间，任何昙花一现的或者肤浅的知识都不能称之为“XX 学”的。三是实践性。任何一门学问都不是纯理论性的，都是针对现实问题而产生的，形成专门学问后也是为现实服务的。如“阴阳五行学说”是古代阴阳家在解释自然与社会时所形成的一种学术，这种学术被后来的统治阶级用来为大一统的封建社会服务，现实的目的性是很明确的。中国学术讲究“为生民立命，为万世开太平”，学术与现实是融合在一起的，其实践性、目的性是非常明显的。

再看“思潮”之含义。现代意义上的思潮是指某一时期在社会上流行的思想倾向。较早详细阐述“思潮”的是梁启超，他命之为“时代思潮”。他说：

凡文化发展之国，其国民于一时期中，因环境之变迁，与夫心理之感召，不期而思想之进路，同趋于一方向，于是相与呼应汹涌，如潮然。始焉其势甚微，几莫之觉；浸假而涨——涨——涨，而达于满度；过时焉则落，以渐至于衰熄。凡“思”非皆能成“潮”，能成“潮”者，则其“思”必有相当之价值，而又适合于其时代之要求者也。②

梁启超又说：

凡“时代思潮”，无不由“继续的群众运动”而成。所谓运动者，非必有意识、有计划、有组织，不能分为谁主动，谁被动。其参加运动之人

① 陈其泰、李廷勇：《中国学术通史》（清代卷），人民出版社 2004 年版，第 5 页。

② 梁启超：《清代学术概论》，上海古籍出版社 1998 年版，第 1 页。

> 员，每各不相谋，各不相知。其从事运动时所任之职役，各各不同，所采之手段亦互异。于同一运动之下，往往分无数小支派，甚且相嫉视相排击。虽然，其中必有一种或数种之共同观念焉，同根据之为思想之出发点。此种观念之势力，初时本甚微弱，愈运动则愈扩大，久之则成为一种权威。此观念者，在其时代中，俨然现“宗教之色彩”。一部分人，以宣传捍卫为己任，常以极纯洁之牺牲的精神赴之。及其权威渐立，则在社会上成为一种公共之好尚，忘其所以然，而共以此为嗜，若此者，今之译语，谓之“流行”，古之成语，则曰“风气”。风气者，一时的信仰也。人鲜敢婴之，亦不乐婴之。其性质几比宗教矣。一思潮播为风气，则其成熟之时也。①

梁启超的论述可谓详尽，概括起来，“思潮”主要具有四大特点：价值高；时代性强；群众性强，即参与者众多；影响大，即成为某一时期的权威。吴成曾把“社会思潮”定义为“引导社会发展方向的大众思维运动”②。同样之理，“学术思潮”可以定义为：引导学术发展方向的大众思维运动。梁启超按照他的标准严格考量自先秦至清的学术，在他的眼里，能够称得上“学术思潮”者，仅有汉代的经学、隋唐的佛学、宋明的理学、清代的考证学。梁启超对“思潮”标准的界定，基本上是可行的，但过于严格，如要求思潮能够成为某一时期的权威，事实上，很多思潮在当时并非权威思潮，清代的理学就是如此。以梁启超所概括的前面三个特点来考察清代学术，可以称得上学术思潮的主要有经世致用之学、理学、考据学、西学等学术思潮，清代可谓中国学术思潮的繁盛。笔者从以下三方面来论述清代学术思潮的繁盛。

一、各种学术思潮异彩纷呈

纵观有清一代之学术，成就斐然，可堪称中国学术史上的鼎盛期，钱仲

---

① 梁启超：《清代学术概论》，上海古籍出版社1998年版，第1—2页。

② 吴成：《社会思潮研究》，河南人民出版社2007年版，第4页。

联认为，“清代是我国学术史上的一个高峰”①。自清末以来，学术界一直重视清代学术的研究，甚至称之为“清学”，独标一帜于中国学术。由于清代学术本身的鼎盛，再加上清代社会的多次重大变革，各种学术思潮亦出现了异彩纷呈的繁盛局面。清代繁盛之学术思潮略览如下：

经世致用之学术思潮。经世致用之学盛行于清初。晚明王学极其兴盛，“束书不观，游谈无根”之风在学者中蔚为风气。这种风气导致了学者们对社会现实的漠视，一些由明入清的学者甚至认为，晚明的这种虚妄之学正是明朝覆灭的根本原因。于是，一些清初学者为了反拨晚明的空谈之风，便力主“经世致用”，其中最突出的便是顾炎武、黄宗羲、王夫之。如顾炎武力倡“经世致用”，学者的为学、著书都应该有利于当世之务、有利于救世。他说：

> 君子之为学，以明道也，以救世也。徒以诗文而已，所谓“雕虫篆刻”，亦何益哉！某自五十以后，笃志经史，其于音学深有所得。今为《五书》以续三百篇以来久绝之传，而别著《日知录》上篇经术，中篇治道，下篇博闻共三十余卷。有王者起，将以见诸行事，以跻斯世于治古之隆，而未敢为今人道也。②

顾炎武还专门编撰《天下郡国利病书》，研究各地经济情况和风土民俗的变化，体现了其“救世”的实践行为。稍后的颜元、李塨更是提倡“践行”，颜元甚至用“经世”来概括自己的学术品格。其经世致用的范围更广，包括礼、乐、兵、农等方面，其核心是“礼”。至于鸦片战争前后，国势危急，经世致用的现实要求更为迫切，其宗旨指向救国、救民，一部分推行西学的知识分子主张借西方先进的科学技术和思想观念以自强，代表人物为龚自珍、魏源、康有为、黄遵宪等。经世致用之学是清代学术思潮的主流之一，被钱仲联誉为清学的“真精神”“总要求”。“经世致用”本身也是儒家自始至终都

---

① 钱仲联：《序》，赵永纪主编：《清代学术辞典》，学苑出版社 2005 年版，第 1 页。

② （清）顾炎武：《与人书》，《顾亭林诗文集》，中华书局 1959 年版，第 98 页。

具有的精神，体现了儒家有体有用的特色，正如余英时所指出的：

> 儒学之用绝不专在少数知识分子“成德”和“成学”一方面，其最终目的是要“措之天下，润泽斯民”。这便是所谓“经世”和“经世致用”。①

理学之学术思潮。理学起于北宋时期，代表人物有周敦颐、程颢、程颐、张载，至南宋而集大成，代表人物为朱熹。南宋后期、元代、明初均被定为官学，到了明代中叶，随着王学的崛起及其广泛传播，程朱理学虽仍为官学，但已退居次要地位。理学发展至清代，学界一般认为，清代学术的主流是考据学，即“汉学”，理学已经衰落了。就清代学术总体而言，此论不差。但具体考察清代学术，理学仍然是一种影响力颇大的学术思潮。正如马积高所言：“所谓理学的停滞、衰落，实际上只是理论上的停滞、僵化，其基本理论在社会上乃至学术思想上的影响，仍然是比较强大的。”②清代理学作为学术思潮的影响力表现在：一、官方统治思想。理学在清代仍为官方的学术思想，尤在康熙朝为盛，康熙帝本人也喜谈性理之书。当然，康熙帝并非要去研究理学的思想内涵，他所关注的是用理学的思想去做一个“身体力行”的人，说到底就是要做一个遵守理学伦理的人，尤其强调对皇帝的忠诚。如康熙帝谈到李光地、汤斌、熊赐履等道学名臣各不相合时，曾指责理学名臣汤斌说话不一：“使果系道学之人，唯当以忠诚为本，岂有在人主之前作一等语，退后又别作一等语者乎？”③科举制更是以理学为宗。清代科举制基本上沿用明代旧制，但在制度方面更加完备，思想上也控制得更加严格。《清史稿·选举志》记载：“有清以科举为抡才大典，虽初制多沿明旧，而慎重科名，严防弊窦，立法之周，得人之盛，远轶前代。”④理学作为官方学术，又是科举考试的内容，必将对清代学术产生重要影响。二、对理学思想进行总

① 余英时：《文史传统与文化重建》，生活·读书·新知三联书店2004年版，第212页。

② 马积高：《清代学术思想的变迁与文学》，湖南出版社1996年版，第77页。

③ 《圣祖仁皇帝实录》卷163，《清实录》第5册，中华书局1986年版，第4649页。

④ 赵尔巽等：《清史稿》卷180，中华书局1977年版，第3149页。

结。清代是一个学术大总结的时代,理学亦不例外。孙奇逢于康熙五年(1666年)撰成的《理学宗传》,对北宋至明代的理学进行了一次总结。他在《寄张蓬轩》的信中说:

> 某幼而读书,谨守程、朱之训,然于陆、王亦甚喜之。三十年来,辑有《宗传》一编。识大识小莫不有,孔子之道,小德之川流也。及领指示,觉人繁派淆,殊非传宗之旨,故止存周、张、二程、邵、朱、陆、薛、王、罗、顾十一子,标曰《传宗录》。①

孙奇逢主要选取了周敦颐、张载、程颢、程颐、邵雍、朱熹、陆九渊、薛瑄、王守仁、罗洪先、顾宪成等十一位理学大师来评述,其中既有程朱理学一系,也有陆王心学一系。为反驳江藩《国朝汉学师承记》,方东树于嘉庆年间撰成《汉学商兑》,扬宋抑汉,摘录顾炎武、阎若璩、毛奇龄、万斯同等诸家学说而驳之。方东树在反驳汉学的同时,也对理学作了一定程度的总结。三、以理学为核心形成了"宋学"。理学在清代也被称为宋学,但理学与宋学毕竟还是两个不同的概念。史革新在谈到清代理学与宋学含义时作了区分,他说:"所说的理学,包含了程朱理学和陆王心学;所说的宋学,是清代汉学家作为与汉学相对应的宋学,非广义之谓。"②史革新的这种区分是符合清代学术实际情况的。与专事训诂考证的汉学相对应,以理学为核心内容的"宋学"概念被清代学者广泛使用,如《四库全书总目》中说:自汉至清,"要其归宿,则不过汉学、宋学两家,互为胜负"③。清代对理学发展和传播作出重大贡献的主要有吕留良、姚鼐、曾国藩等人。

考据学之学术思潮。清代考据学亦称"乾嘉考据学""朴学",用得最多的是"汉学"。梁启超最重考据学,将之视为清代唯一的学术思潮。清代考据学在清初就已显示出了不菲的实绩,如顾炎武、阎若璩等人的著述。顾炎

① (清)孙奇逢:《寄张蓬轩》,《夏峰先生集》卷2,朱茂汉点校,中华书局2004年版,第61页。

② 史革新:《清代理学史》上卷,广东教育出版社2007年版,第6页。

③ (清)永瑢等:《经部总叙》,《四库全书总目》卷1,中华书局1965年版,第1页。

武力主经世致用,倡导务实学风,这与考据学重视实证的治学方法是一致的。顾炎武强调"博学于文",广泛涉猎经学、音韵小学、金石学等,所撰之《九经误字》《石经考》《音学五书》《韵补正》等书,均为考据之作。不过,顾炎武作考据最终的目的还是经世致用。汪中充分肯定了清初考据学:

君治经宗汉学,谓国朝诸儒崛起,接二千余年沉沦之绪,通儒如顾宁人、阎百诗、梅定九、胡朏明、惠定宇、戴东原,皆继往开来者。亭林始开其端;《河》、《洛》图书,至胡氏而绌;中西推步,至梅氏而精;力攻《古文》者,阎氏也;专治汉《易》者,惠氏也;及东原出而集大成焉。①

考据学发展至乾嘉时期,达到鼎盛,在学界形成一股强大的宗汉风气。梁启超形容当时考据学之盛行:

乾、嘉之考证学,几乎独占学界势力,虽以素崇宋学之清室帝王,尚且从风而靡,其它更不必说了。所以稍为时髦一点的阔官乃至富商大贾,都要"附庸风雅",跟着这些大学者学几句考证的内行话。②

乾嘉汉学的鼎盛还体现在学术流派的形成。虽然乾嘉汉学内部并无明确的派别区分,但从学术倾向与学术特征来看,还是形成了明显的学术派别。主要有两大派别:一是以信古为标志的吴派,以苏州人惠栋为代表;二是以求实为特征的皖派,以徽州人戴震为代表。此外还有以焦循、汪中为代表的扬州学派,以全祖望、章学诚为代表的浙东学派。乾嘉之后,考据学虽整体上有所衰落,但仍然取得了不小的成就,作为殿军的考据学者主要有孙诒让、俞樾、章炳麟等。如梁启超高度评价了章炳麟的考据学成就:"其治小学,以音韵为骨干,谓文字先有声然后有形,字之创造及其孳乳,皆以音衍。所著《文始》及《国故论衡》中论文字音韵诸篇,其精义多乾嘉诸老所未

① (清)江藩纂,漆永祥笺释:《汉学师承记笺释》,上海古籍出版社 2006 年版,第 719—720 页。

② 梁启超:《中国近三百年学术史》,东方出版社 1996 年版,第 29 页。

发明。应用正统派之研究法,而廓大其内容延辟其新径,实炳麟一大成功也。"①

西学之学术思潮。自明代中晚期始,西洋传教士进入中国,西学随之传入,并逐渐渗透到中国文化之中。万历十年(1582 年),意大利传教士利玛窦带着西方科学技术来华传教,便揭开了西学传入中国的序幕。当时主要是在自然科学领域,取得的成就主要有利玛窦与徐光启合译的《几何原理》前六卷、德国传教士汤若望编译的《崇祯历书》等。清初,康熙帝对自然科学采取比较开明的政策,促进了西方科技在中国的传播。对自然科学作出重要贡献的有黄宗羲、王锡阐等人,其中成就最高者为梅文鼎,梁启超赞梅文鼎曰:"我国科学最昌明者,唯天文算法,至清而尤盛。凡治经者多兼通之。其开山之祖,则宣城梅文鼎也。"②鸦片战争之后,西方列强的坚船利炮打开了中国闭关自守的大门,西方文化涌入中国已成为不可抗拒之潮流。为了抵制列强,强国图存,一部分有志之士开始放眼世界,如林则徐、魏源、徐继畬、王韬等,林则徐主持编译的《四洲志》、魏源编纂的《海国图志》及徐继畬撰的《瀛环志略》,第一次把中国之外的世界展现在国人面前,王韬还撰有《普法战纪》《法志》《俄志》《美志》等世界史著作,让国人了解外国。其中,以《海国图志》意义最为重大,陈其泰、李廷勇评价道:"《海国图志》冲破了旧的精神枷锁和顽固派的压力,第一次把世界的真实面貌摆在中国人民面前,开创了解外国、对外交往的风气,并明确提出了'师夷长技'的要求,成为近代中国向西方寻求真理、走向世界的起点。"③真正把"师夷长技"落在实处的则是洋务派,如李鸿章、张之洞、左宗棠等人,他们建兵工厂、修铁路、开办新学堂、建立近代化海军等。自然科学,尤其是西方的先进技术在近代中国得到了重视。光绪二十一年(1895 年),甲午战争失败,举国震动,一些知识分子从战争的失败中意识到单凭自然科学是不足以强国的,面对民族危机,他们开始探索新的人文科学体系,严复、谭嗣同为其中的

① 梁启超:《清代学术概论》,上海古籍出版社 1998 年版,第 95 页。

② 梁启超:《清代学术概论》,上海古籍出版社 1998 年版,第 23 页。

③ 陈其泰、李廷勇:《中国学术通史》(清代卷),人民出版社 2004 年版,第 502—503 页。

重要代表。严复翻译了很多西方著作，最著名的为英国博物学家赫胥黎的《天演论》，介绍、宣传了“进化论”思想。严复还宣扬自由、平等、民主等近代思想，如他对自由的宣扬：

> 彼西人之言曰：唯天生民，各具赋界，得自由者乃为全受。故人人各得自由，国国各得自由，第务令毋相侵损而已。侵人自由者，斯为逆天理，贼人道。其杀人伤人及盗蚀人财物，皆侵人自由之极致也。故侵人自由，虽国君不能，而其刑禁章条，要皆为此设耳。①

谭嗣同的学术思想集中于《仁学》。他重新阐释了古代“仁”的思想，把古代的“仁”改造成资产阶级反对封建专制的一个重要概念，特别强调“平等”“自由”等民主思想，如他在阐释朋友之间的伦理关系时说：“一曰‘平等’；二曰‘自由’；三曰‘节宣唯意’。总括其意，曰不失自主之权而已矣。”②清代西学之学术思潮，于晚清最为突出，开启了民智，加快了中国文化近代化的进程。

从宏观上综观清代学术思潮，呈现出以下三大特点：

其一，嬗变性。清代学术思潮的发展与社会变革联系十分紧密，而清代又是一个有着多次重大社会变革的时代，其学术思潮随着社会变革而嬗变的特征比较明显，每一次学术思潮的盛行都具有自己的学术风格。明清之际，满族入主中原，对深受儒家文化熏陶的传统文人产生了巨大的冲击力，顾炎武、黄宗羲、王夫之等明朝遗民认为明亡的原因在于晚明的空疏学风，从而提倡经世致用之学风，掀起了经世致用的学术思潮。康熙时代，康熙帝平定三藩、统一台湾之后，清朝的统治基本稳定，经济也得到了较大的发展，再加上康熙帝本人崇尚理学，在文化政策上推行理学，如科举考试的内容限定在“四书”“五经”之内，康熙朝还编纂了大量理学之书，如《四书大全》《御纂性理精义》《御纂朱子全书》等，一时理学大兴，延及雍正朝。《清儒学

---

① （清）严复：《论世变之亟》，王栻主编：《严复集》，中华书局 1986 年版，第 3 页。

② （清）谭嗣同：《仁学》，蔡尚思等编：《谭嗣同全集》（增订本），中华书局 1981 年版，第 350 页。

案》记载:“康熙朝,儒学大兴,左右圣祖者,孝感、安溪后先相继,皆恪奉程、朱,而深究天人,研求经义性理,旁及历算乐律音韵。”①至于乾嘉时期,清初统治更为稳固,同时在政治上实行大一统,更加加强了文化控制,再加上政府提倡考据之学,以及中国学术文化本身的积累与发展,考据学蔚为大观,成为清代学术的主流,成就了大批考据学大家,如惠栋、戴震、焦循、阮元等人,为中国学术的发展作出了重要贡献。道咸以降,中国国门被西方列强打开,西方文化涌入,面对民族存亡和西方文化,中国的知识分子掀起了西学的学术思潮。西学的核心主要在于重视自然科学和学习先进的技术,宣扬自由、平等、民主等近代观念。关于清代学术思潮的嬗变性,王国维用了一句最简洁的话来概括,他说:“国初之学大,乾嘉之学精,而道咸以来之学新。”②王国维用“大”“精”“新”三个字概括了清代学术思潮的嬗变,可谓精当。清代学术思潮的嬗变性,还体现在清代学术明显的阶段性特征,如陈祖武将清代学术分为三个阶段:“第一阶段为清初学术,上起顺治元年,下迄康熙六十一年”;“第二阶段为清中叶学术,上起雍正元年,下迄道光十九年”;“第三阶段为晚清学术,上起道光二十年,下迄宣统三年”。③

其二,并存性。笔者所指学术思潮的“并存性”,并非是指多种学术思潮平行发展,而是指某种学术思潮为主流,其他学术思潮也得到了相当程度的发展。如清初时期,经世致用的学术思潮为学术思潮的主流,取得了许多重要学术成果,引领当时的学术潮流。与此同时,在统治阶级的支持之下,占据意识形态领域权威的理学也得到了相当大的发展,对理学作出较大贡献的有汤斌、耿介、李光地等人,还编著了大量理学书籍,保存了古代优秀文化。另外,由于康熙的开明,西方的自然科学知识在清初也得到了传播。再如道咸以降,以西学为学术思潮之主流,但同时魏源、康有为、谭嗣同、黄遵宪又发展了顾炎武等人的经世致用之学,“中学为体,西学为用”,他们主张

---

① (清)徐世昌等编纂:《安溪学案》,《清儒学案》卷40,沈芝盈等点校,中华书局2008年版,第1531页。

② 王国维:《沈乙庵先生七十寿序》,《观堂集林》卷19《缀林一》,谢维扬等主编:《王国维全集》第8卷,浙江教育出版社、广东教育出版社2010年版,第618页。

③ 陈祖武:《漫谈清代学术》,《光明日报》2005年2月22日。

学习、传播、运用西学来达到救国、自强的经世目的。晚清理学成就也较大，成就最高者为曾国藩，他被誉为“一代儒宗”。张昭军概括曾国藩的理学思想有五：“绍述程、朱，以义理为本”；“一宗宋儒，不废汉学”；“辞章之学亦所以发挥义理者也”；“义理与经济初无两术之可分”；“义理、考据与经济，则一秉乎礼”。①

其三，交融性。学术本身是开放的、包容的，囿于门户之见而自我封闭的学术只能走向死亡。清代学术思潮的交融性尤为突出，成为整个清代学术思潮的一大特色。经世致用之学与考据学的交融，如力倡经世致用的顾炎武，也撰有《音学五书》《石经考》《韵补正》等考据学著作，洪亮吉、江藩还称他为朴学的首倡者，不过，顾氏的考据学是为经世致用服务的。理学与经世致用之学的交融，如作为理学名臣的汤斌也主张经世致用的，认为为文必有益于天下，他说：“窃谓学者为文，必内本于道德，而外足以经世，始不徒为空言，可以法今而传后。否则词采绚烂，如春花柔脆，随风飘扬，转眼萧索，何足贵也。”②道光以后，理学与经世致用之学联系更为紧密，发展成理学经世思潮。张昭军指出了这种学术思潮的新特点：“道光朝以后，原曾被人讥笑为空疏无用的理学，却因以新的特点而有复起之势。这种新的特点之一，即唐鉴、倭仁、吴廷栋、曾国藩、何桂珍等理学家均不同程度地注意把理学与经世致用相结合，从而形成了一股不大不小的理学经世思潮。其中，曾国藩的理学经世倾向最为明显。他明确提出把经济之学纳入理学范畴，并见诸事功，成为理学经世思想的集大成者”③。西学与经世致用之学的交融，晚清时期，西学与经世致用紧密结合，很多以西学为主的学术著作，同时又发展了经世致用之学，如龚自珍的《平均》《壬癸之际胎观》《乙丙之际塾议》、魏源的《海国图志》《皇朝经世文编》、廖平的《今古学考》《经学五变记》、康有为的《孔子改制考》《大同书》、黄遵宪的《论学笺》等。影响最大的学术思潮交融是考据学与理学的交融。汉学与宋学之争，是清代学术思

① 张昭军：《清代理学史》下卷，广东教育出版社 2007 年版，第 156—178 页。

② （清）汤斌：《黄庭表集序》，《汤潜庵集》卷上，《丛书集成初编》第 2474 册，中华书局 1985 年版，第 28 页。

③ 张昭军：《清代理学史》下卷，广东教育出版社 2007 年版，第 171 页。

潮论争最激烈的焦点，最典型的是江藩的《国朝汉学师承记》，大力扬汉抑宋，而后方东树作《汉学商兑》，以攻汉学，扬宋抑汉。汉宋之争皆因门户之见，相互攻击，《四库全书总目》指出了当时汉宋之争的状况：

> （自汉至清），要其归宿，则不过汉学、宋学两家，互为胜负。夫汉学具有根柢，讲学者以浅陋轻之，不足服汉儒也。宋学具有精微，读书者以空疏薄之，亦不足服宋儒也。①

尽管汉宋之争很激烈，但二者却又是紧密交融的。清初，汉学刚刚兴起时，都是以宋学为基础的，二者是相互交融的，皮锡瑞指出："国初，汉学方萌芽，皆以宋学为根柢，不分门户，各取所长，是为汉、宋皆采之学。"②事实上，清代很多学术大家都是汉宋兼通的，如汉学大家戴震精通考据学，同时在其《经考》《孟子字义疏证》等著作中又大量阐释"义理"；再如汉学大家阮元，在其《论语论仁论》《孟子论仁论》《性命古训》等著作中探寻"义理"。很多学者本身提出的学术主张都是汉宋兼采的，姚鼐提倡合义理、考据、辞章为一事，翁方纲亦主张"考订之事必以义理为主"。③

二、在学术思潮背景下产生的学术成果十分丰硕

在异彩纷呈的清代学术思潮之中，产生了众多精深的重要学术著作，可谓十分丰硕。这些学术著作既是对中国传统学术的总结，又受到了近代西方学术的影响，其涉及面之广，内涵之丰富，阐释之精深，为前代所未有。张舜徽曾以非常严厉的眼光评价清代学术："确是硕学高识，卓然有以自立者，不过二三十家；真正可永传不朽的书，不过十数家。"④张氏当然不是否

① （清）永瑢等：《经部总叙》，《四库全书总目》卷1，中华书局1965年版，第1页。

② （清）皮锡瑞：《经学复盛时代》，《经学历史》，周予同注释，中华书局1959年版，第341页。

③ （清）翁方纲：《考订论中之一》，《复初斋文集》卷7，沈云龙主编：《近代中国史料丛刊》第43辑，文海出版社1966年版，第309页。

④ 张舜徽：《讱庵学术讲论集》，华中师范大学出版社2008年版，第65页。

定清代学术成果的丰硕,而是提醒读者即使同是清代学术的名著,仍有高下深浅之分。为此,笔者也只在具有各种学术思潮特征的清代学术成果中,选择最能代表清代学术成就的很少一部分著作予以评述,以此可窥清代学术之繁盛。

1. 顾炎武《日知录》

今传《日知录》共 32 卷,顾炎武生前刻《日知录》8 卷,后其弟子潘耒所刻收集其遗稿,刻《日知录》32 卷行世,现存的最早刻本为康熙三十四年(1695 年)的潘氏遂初堂刻本。书名取自《论语·子张》中子夏之言:"日知其所亡,月无忘其所能,可谓好学也已矣。"①《日知录》共有一千余条,每条都有一小标题,虽未标明大类,但基本依内容编次。按顾氏自言"别著《日知录》上篇经术,中篇治道,下篇博闻共三十余卷"②,可分经术、治道、博闻三大类,《四库全书总目》对《日知录》作了详细的分类:

> 书中不分门目,而编次先后则略以类从。大抵前七卷皆论经义,八卷至十二卷皆论政事,十三卷论世风,十四卷、十五卷论礼制,十六卷、十七卷皆论科举,十八卷至二十一卷皆论艺文,二十二卷至二十四卷杂论名义,二十五卷论古事真妄,二十六卷论史法,二十七卷论注书,二十八卷论杂事,二十九卷论兵及外国事,三十卷论天象术数,三十一卷论地理,三十二卷为杂考证。③

可见,《日知录》所涉内容十分广博,主要有政治、经济、教育、文学、历史、地理等。《日知录》集中体现了顾炎武的主要学术思想:一是经世致用思想。顾炎武曾自叙其撰述并刊刻《日知录》之目的就在于经世:

> 盖天下之理无穷,而君子之志于道也,不成章不达,故昔日之得不足以为矜,后日之成不容以自限。若其所欲明学术,正人心,拨乱世,以

① (清)阮元校刻:《论语注疏》,《十三经注疏》,中华书局 1980 年版,第 2531 页。
② (清)顾炎武:《与人书》,《顾亭林诗文集》,中华书局 1959 年版,第 98 页。
③ (清)永瑢等:《四库全书总目》卷 119,中华书局 1965 年版,第 1029 页。

兴太平之事，则有不尽于是刻者，须绝笔之后，藏之名山，以待抚世宰物者之求。①

二是倡导务实学风。潘耒为《日知录》所作的《原序》中言：

《日知录》则其稽古有得，随时札记，久而类次成书者。凡经义、史学、官方、吏治、艺文之属，一一疏通其源流，考正其谬误。②

顾炎武写作《日知录》的态度非常严谨，并不轻易写作，他在初刻本《日知录》的《自序》中说："炎武所著《日知录》，因友人多欲钞写，患不能给，遂于上章阉茂之岁刻此八卷。历今六七年，老而益进，始悔向日学之不博，见之不卓，其中疏漏往往而有，而其书已行于世，不可掩。渐次增改，得二十余卷，欲更刻之，而犹未敢自以为定，故先以旧本质之同志。"③

《日知录》以其卓越的学术成就彪炳于中国学术史，对整个清代学术也产生了深远影响。如其札记之体对清代学术之体例影响颇大，钱大昕《十驾斋养新录》、王念孙《读书杂志》、王引之《经义述闻》、陈澧《东塾读书记》等，实多仿自《日知录》。

2. 阎若璩《尚书古文疏证》④

《尚书古文疏证》8卷，重要版本有乾隆眷西堂刻本、嘉庆天津吴氏刻本及同治钱塘汪氏补刻本。《尚书》原有今文、古文之分。西汉初年，伏生传《尚书》29篇，用汉代流行的隶书写成，是谓《今文尚书》。汉武帝末年，于孔宅中发现古体蝌蚪文写于竹简上的散乱的《尚书》，经孔安国校读、整理

① （清）顾炎武著，（清）黄汝成集释：《先生初刻日知录自序》，《日知录集释》，上海古籍出版社1985年版，第27页。

② （清）潘耒：《原序》，（清）顾炎武著，（清）黄汝成集释：《日知录集释》，上海古籍出版社1985年版，第25页。

③ （清）顾炎武著，（清）黄汝成集释：《先生初刻日知录自序》，《日知录集释》，上海古籍出版社1985年版，第27页。

④ 《尚书古文疏证》，学人多称《古文尚书疏证》，盖因习语"古文尚书"与《四库全书总目》影响之故。经曹海东《阎若璩〈尚书古文疏证〉名称之误》（《古籍整理研究学刊》1989年第1期）一文考证，其原名实为《尚书古文疏证》，今从之。

成书,是谓《古文尚书》。但未列于学官,故仅在私人间流传。此事见载于《汉书·艺文志》。至魏晋年间,《古文尚书》已不见传本。东晋时,豫章内史梅赜突献《古文尚书》,并有孔安国注文,比《今文尚书》多出25篇①,是谓《古文尚书》。唐朝,陆德明据此撰《经典释文》,孔颖达据此撰《五经正义》,自此,今古文《尚书》相混为一,流传于世,成为儒家经典。时至两宋,学界掀起疑经之风,吴棫、朱熹怀疑《古文尚书》之真伪,元初吴澄、明代罗敦等继续延伸吴棫、朱熹之说。至于清代,阎若璩在前人研究基础上,进一步贯通经史,广搜证据,以30余年之功撰成《尚书古文疏证》8卷,列为128条(其中阙佚者29条)。阎若璩以确凿的文献资料和严密的逻辑论证,从《古文尚书》本身的篇数、篇名、字句、文体语言、著述体例、地理、官制、礼制、历法、音韵、训诂等多个方面进行考证,揭示出书中诸多作伪之迹,论定《古文尚书》乃"晚出于魏晋间之书,盖不古不今,非伏非孔,而欲别为一家之学者也"②,无可辩驳地证明了《古文尚书》实系伪书,孔安国传亦系伪作。自此而后,《古文尚书》之伪成为定案,解决了长期以来困扰学界的一段公案。

区区20余篇书的辨伪,为何能成为清代学术的代表作之一,或者说其重大意义究竟在哪里呢?其一,为考据学提供了具有通则性质的研究方法。内证,如以《古文尚书》与《今文尚书》的文体语言相证;旁证,如以《论语》《孟子》《墨子》等先秦典籍所载《古文尚书》佚文对证,据史志书目对证。其考证之精当,仅举一例可观:"余尝思得一法,今或未能遽废古文,当分今文、古文为二类,令天下习读是经者先读今文二十八篇是何多佶屈聱牙,次读古文二十五篇是何尽文从字顺。又二十八篇之文虽同一古,而中间体制种种各殊。二十五篇之文虽名为四代,作者不一,而前

① 梅赜所献《古文尚书》多出之25篇为:《大禹谟》《五子之歌》《胤征》《仲虺之诰》《汤诰》《伊训》《太甲上》《太甲中》《太甲下》《咸有一德》《说命上》《说命中》《说命下》《泰誓上》《泰誓中》《泰誓下》《武成》《旅獒》《微子之命》《蔡仲之命》《周官》《君陈》《毕命》《君牙》《冏命》。

② (清)阎若璩:《尚书古文疏证》卷2,黄怀信等校点,上海古籍出版社2010年版,第91页。

后体制不甚远。”①江藩评价阎若璩：“平生长于考证，反复穷究，必得其解乃已。”②《四库全书总目》亦称其“反复厘剔，以袪千古之大疑，考证之学，则固未之或先矣”③。可以说，《尚书古文疏证》大大推动了清代汉学的发展。其二，解放了清代学术的思想。这是《尚书古文疏证》最大的意义所在。《古文尚书》一千多年以来，一直奉为儒家经典而被学习，具有神圣不可侵犯的地位。但被阎若璩力证为伪书之后，《古文尚书》的经典地位从文献根柢上被动摇了，推而广之，“六经”的神圣地位被撼动，这不能不说是学术界的一大地震。梁启超高度评价了《尚书古文疏证》的学术解放意义：

> 中国人向来对几部经书，完全在盲目信仰的状态之下。自《古文尚书疏证》出来，才知道这几件“传家宝”里头，也有些靠不住，非研究一研究不可。研究之路一开，便相引于无穷。自此以后，今文和古文的相对研究，六经和诸子的相对研究，乃至中国经典和外国经典相对研究，经典和“野人之语”的相对研究，都一层一层的开拓出来了。所以百诗的《古文尚书疏证》，不能不认为近三百年学术解放之第一功臣。④

3.戴震《孟子字义疏证》

《孟子字义疏证》3卷，重要版本有乾隆微波榭丛书本、乾隆经韵楼本。主要阐述了八个问题：理15条、天道4条、性9条、才3条、道4条、仁义礼智2条、诚2条、权5条，这些条目都是针对宋儒在这些问题上的不同观点而发的。戴震主要以“理”为中心阐述自己的思想，全篇开宗明义即释“理”：

> 理者，察之而几微必区以别之名也，是故谓之分理；在物之质，曰肌

---

① （清）阎若璩：《尚书古文疏证》卷8，黄怀信等校点，上海古籍出版社2010年版，第611—612页。

② （清）江藩纂，漆永祥笺释：《汉学师承记笺释》，上海古籍出版社2006年版，第73页。

③ （清）永瑢等：《四库全书总目》卷12，中华书局1965年版，第102页。

④ 梁启超：《中国近三百年学术史》，东方出版社1996年版，第86页。

理，曰腠理，曰文理；得其分则有条而不紊，谓之条理。①

其核心问题有三：一、“理”与“气”。戴震认为，“道”是指物质的运动、变化，“理”为“气”变化过程中的调理，“气”为万物本源，“理”或“道”都是离不开“气”的。二、“理”与“事”。戴震认为，“理”是事物中的公理，是客观事物规律性的反映，他说：“天地、人物、事为，不闻无可言之理者也，《诗》曰：‘有物有则’是也。物者，指其实体实事之名；则者，称其纯粹中正之名。实体实事，罔非自然，而归于必然，天地、人物、事为之理得矣。”②三、“理”与“欲”。这是最重要的问题。针对朱熹的“存天理，灭人欲”的观点，戴震认为，“欲”是客观存在的，“理”依附于“欲”而存在，他说：“天下必无舍养生之道而得存者，凡事为皆有于欲，无欲则无为矣；有欲而后有为，有为而归于至当不可易之谓理；无欲无为又焉有理！”③戴震认为，理学的危害有二：一是以理杀人，一是以言害道。如他论述“以理杀人”：

尊者以理责卑，长者以理责幼，贵者以理责贱，虽失，谓之顺；卑者、幼者、贱者以理争之、虽得、谓之逆。于是下之人不能以天下之同情、天下所同欲达之于上；上以理责其下；而在下之罪；人人不胜指数。人死于法，犹有怜之者；死于理，其谁怜之？④

不过，戴震主张“欲”也要有所节制，如无节制，必将人欲横流，所以又说：

---

① （清）戴震：《孟子字义疏证》，《戴震集》，汤志钧校点，上海古籍出版社1980年版，第265页。

② （清）戴震：《孟子字义疏证》，《戴震集》，汤志钧校点，上海古籍出版社1980年版，第278页。

③ （清）戴震：《孟子字义疏证》，《戴震集》，汤志钧校点，上海古籍出版社1980年版，第328页。

④ （清）戴震：《孟子字义疏证》，《戴震集》，汤志钧校点，上海古籍出版社1980年版，第275页。

命者，限制之名，如命之东则不得而西，言性之欲之不可无节也。节而不过，则依乎天理；非以天理为正、人欲为邪也。天理者，节其欲而不穷人欲也。是故欲不可穷，非不可有；有而节之，使无过情，无不及情，可谓之非天理乎！①

戴震治学方法为以文字、音韵、典章等考证入手来阐释经典大意，义理为其目的。他在《古经解钩沉序》中说："经之至者，道也；所以明道者，其词也；所以成词者，未有能外小学文字者也。由文字以通乎语言，由语言以通乎古圣贤之心志，譬之适堂坛之必循其阶，而不可以躐等。"②戴震还主张义理、文章、考据三者结合，以此深入阐明义理。段玉裁曾记载戴震之言："称先生者，皆谓考核超于前古。始，玉裁闻先生之绪论矣，其言曰：'有义理之学，有文章之学，有考核之学。义理者，文章考核之源也，熟乎义理，而后能考核，能文章。'"③戴震以考证通义理的治学之法，对后世影响甚大，凌廷堪之《复礼论》、阮元之《论语论仁论》《孟子论仁论》《性命古训》等，均是沿着戴氏的之学之路前行的。

4. 章学诚《文史通义》

《文史通义》9 卷，内篇 6 卷，外篇 3 卷，内篇为《易教》《书教》《诗教》《礼教》《经解》《原道》《文德》等论文，外篇为序、跋、书信、杂感等文章。重要版本有王宗炎勘定的华绂本、刘承干依据王宗炎所编之目加以补订刊行的刘承干本，后来流传的刘氏嘉业堂刊刻的《章氏遗书》本及刘承干本。其书内容较为驳杂，各篇体例也不统一，在编排上并无完整体系，多为专题议论，以史为主，兼及经学、文学，但这并不妨碍章氏理论本身的深度。

章学诚为乾嘉时代之独特学者，其学术观点与当时学术潮流大异。章氏学术思想十分深厚，《文史通义》则最集中地体现章氏学术思想的精华，

① （清）戴震：《孟子字义疏证》，《戴震集》，汤志钧校点，上海古籍出版社 1980 年版，第 276 页。

② （清）戴震：《古经解钩沉序》，《戴震集》，汤志钧校点，上海古籍出版社 1980 年版，第 192 页。

③ （清）段玉裁：《戴东原集序》，《戴震集》，汤志钧校点，上海古籍出版社 1980 年版，第 451—452 页。

笔者选择《文史通义》中影响最大的两点论之。其一,“六经皆史”说。《文史通义》开宗明义即说:

> 《六经》皆史也。古人不着书;古人未尝离事而言理,《六经》皆先王之政典也。①

后又在书中其他篇章中一再论述“六经皆史”“六经皆器”“六经皆先王之政典”等。“六经皆史”说的意义绝不仅仅是关于“六经”的认识那么简单,而是一种学术观念的转变。其意义首先在于把“经”的地位降了下来,与“史”平等了,经书不再是处于神圣的被人顶礼膜拜的地位,而是与“史”一样,成为可以研究的对象了;其次在于开拓了史料的领域,既然《六经》都可以作为史料来看待,以此推之,那些地位比《六经》低得多的材料更可以纳进史料的范畴了。张舜徽总结了章氏所指出了六个方面的史料来源:古代经传、州郡方志、金石图谱、诗文歌谣、官府簿牍、家谱传状。② 正因为章学诚扩大了史料来源,原来忽视的史料得到了重视,如方志,方志历来被列入地理类,章学诚认为,“方志”亦乃“史体”,章氏系统阐述了方志的性质、内容、体例等重要问题,并将其主张贯彻于具体编修方志的工作中,其编撰的《湖北通志》便是体现章氏方志理论的一部成功之作,所以,梁启超说:“‘方志学’之成立,实自实斋始也。”③其二,提出“史义”“史德”之说。唐代刘知几提出了良史所必备的三个条件:“史才须有三长,世无其人,故史才少也。三长:谓才也,学也,识也。”④在此基础上,章学诚提出良史还应具备“史义”“史德”。何谓“史义”? 即著史之宗旨,指作者的历史观及历史理论等,章氏尤为强调这一点,他说:“史所贵者义也,而所具者事也,所凭者文也。”⑤何谓“史德”? 即“着书者之心术”,主张作史者要尊重历史事

---

① (清)章学诚:《文史通义》,刘公纯标点,北京古籍出版社1956年版,第1页。
② 张舜徽:《清儒学记》,华中师范大学出版社2005年版,第175—178页。
③ 梁启超:《中国近三百年学术史》,东方出版社1996年版,第369页。
④ (后晋)刘昫等:《旧唐书》卷102,中华书局1975年版,第3173页。
⑤ (清)章学诚:《文史通义》,刘公纯标点,北京古籍出版社1956年版,第144页。

实,做到对历史人物善恶褒贬的评价要客观公正。他说:“能具史识者,必知史德;德者何?谓著书者之心术也。夫秽史者所以自秽,谤书者所以自谤,素行为人所羞,文辞何足取重!”①章氏提出的“史义”“史德”将我国古代史学优秀的“实录”品格发展到一个新的阶段,促进了史学理论的发展。

《文史通义》成书于汉学最为盛行的乾嘉时期,其首要意义便在于对考据流弊的批评。当时汉学极盛,其考据学之末流已发展到为考据而考据的地位,全然不顾经世、明道。章学诚逆当时学风时俗,大力针砭考据学的弊病,倡导学术经世以挽救学风流弊。如章氏对为考据而考据学术现象的批评:“以学问为铜,以文章为釜,而要知炊黍芼羹之用,所谓道也。风尚所趋,但知聚铜,不解铸釜;其下焉者,则沙砾粪土,亦曰聚之而已。”②但章氏并非否定考据,他认为有意义的考据也是必不可少的。他说:“考索之家,亦不易易,大而《礼》辨郊社,细若《雅》注虫鱼,是亦专门之业,不可忽也。阮氏《车考》,足下以谓仅究一车之用,是又不然。治经而不究于名物度数,则义理腾空而经术因以卤莽,所系非浅鲜也。”③所以,他对宋学轻视考据的学风也进行了批评,他说:“儒者欲尊德性,而空言性理以为功,此宋学之所以见讥于大雅也。”④《文史通义》另一重要意义在于对近代学术的启迪作用。其启迪作用主要体现在《文史通义》在学术品格方面所具有的自觉的科学意识。这种自觉追求真知的科学意识并不被当时的学者所理解,章学诚甚至被当时的人们视为“怪物”“异类”,钱穆曾说:“实斋以讲学反时俗,并世学者至不知其学业是何门路。”⑤但章学诚对自己的学术是充满信心的,他预言:“百年之后,有能许《通义》文辞与老杜歌诗同其沉郁,是仆身后之桓谭也。”⑥事实上也如此,至20世纪初,传统学术开始向近代学术转型的时候,《文史通义》的开拓意义便逐渐显现。梁启超评价《文史通义》:

---

① (清)章学诚:《文史通义》,刘公纯标点,北京古籍出版社1956年版,第144页。
② (清)章学诚:《文史通义》,刘公纯标点,北京古籍出版社1956年版,第298页。
③ (清)章学诚:《文史通义》,刘公纯标点,北京古籍出版社1956年版,第309页。
④ (清)章学诚:《文史通义》,刘公纯标点,北京古籍出版社1956年版,第52页。
⑤ 钱穆:《中国近三百年学术史》,商务印书馆1997年版,第458页。
⑥ (清)章学诚:《文史通义》,刘公纯标点,北京古籍出版社1956年版,第366页。

“实为乾嘉后思想解放之源泉”①,“实为晚清学者开拓心胸,非直史家之杰而已”②,顾颉刚亦高度评价章学诚:“自从章实斋出,拿这种‘遮眼的鬼墙’(此吴谚,言鬼迷人,人觉处处有墙,其实无墙)(笔者按,指学术上迷信古人的风气)一概打破,说学问在自己,不在他人”,“这实在是科学的方法了”③。

5. 方东树《汉学商兑》

《汉学商兑》3 卷,重要版本有道光六年(1826 年)刻本、光绪十一年(1885 年)刻本、《西京清麓丛书续编》本、《槐庐丛书》本、《方植之全集》本等。嘉庆、道光年间,正值汉学大盛之时,嘉庆年间江藩撰《国朝汉学师承记》,所记汉学家正传 40 人,附撰 17 人,通过传记形式,比较完整地描述了清代汉学的发展、演变,推崇乾嘉学术,虽有门户之见,但影响极大,也受到了当时学者的高度评价,如阮元赞之:“读此可知汉世儒林家法之承授,国朝学者经学之渊源,大义微言,不乖不绝而二氏之说,亦不攻自破矣。”④江藩将汉学推向了一个高潮。江藩对汉学的维护,引起了宋学家的不满,方东树著《汉学商兑》以反驳江藩的《国朝汉学师承记》。全书体例,仿朱熹《杂学辨》之例,摘录清代主要汉学家撰述的观点,然后一一辩驳于后。其所摘录者,主要有毛奇龄之《辨道学》,万斯同之《儒林宗派》,朱彝尊之《道传录》以及顾炎武、阎若璩、茅星来等诸家之说。方东树首先在《序例》中指出汉学之弊:

> 近世有为汉学考证者,箸书以辟宋儒攻朱子为本,首以言心言性言理为厉禁。……历观诸家之书,所以标宗旨、峻门户、上援通贤、下致流俗,众口一舌,不出于训诂小学名物制度。弃本贵末,违戾低诬,于圣人

① 梁启超:《清代学术概论》,上海古籍出版社 1998 年版,第 69 页。

② 梁启超:《清代学术概论》,上海古籍出版社 1998 年版,第 70 页。

③ 顾颉刚:《中国近来学术思想的变迁观》(原载《中国哲学》第 11 辑,1984 年),洪治纲主编:《顾颉刚经典文存》,上海大学出版社 2003 年版,第 5 页。

④ (清)阮元:《国朝汉学师承记序》,(清)江藩纂,漆永祥笺释:《汉学师承记笺释》,上海古籍出版社 2006 年版,第 4 页。

躬行求仁、修齐治平之教，一切抹杀。名为治经，实足乱经；名为卫道，实则畔道。①

方东树集中从四个方面反驳汉学："义理不尽出于训诂——对汉学家治学方法的质疑"；"对汉学家'理'论的驳难"；"对汉学的泥古和株守之弊的批判"；"道统之辨——汉、宋之争的落脚点"。② 方东树对汉学的批评，的确是看出了汉学门径的。

方东树反驳汉学的言辞过于激烈，钱穆评之"肆口无忌"③，在理论上又过于维护程朱理学，故亦招致学界非议。但其价值却不容忽视，主要有二端：一是指出了汉学之弊。汉学发展到全盛之时，其弊端亦更加显露。方东树指出的汉学的"泥古"、考证的烦琐破碎等，确为汉学之突出弊病。方东树前后的章学诚、陈澧、姚鼐等人均认识到了汉学之弊，如姚鼐批评汉学家"专求古人名物、制度、训诂、书数，以博为量，以阚隙攻难为功，其甚者欲尽舍程、朱而宗汉之士。枝之猎而去其根，细之搜而遗其巨，夫宁非蔽与？"④方东树等人给汉学以重大冲击，打破了汉学一元垄断的局面。二是促进了汉宋之学的兼容。《汉学商兑》使汉宋之争更为激烈，但同时也使学者们更加清晰地认识到了汉学与宋学各自的优点与缺点，道咸时期便形成了取长补短的汉宋兼容的学术之路，如姚鼐说："天下学问之事，有义理、文章、考证三者之分，异趣而同为不可废。……凡执其所能为，而呲其所不为者，皆陋也，必兼收之乃足为善。"⑤就连攻击汉学最力的方东树本人也有一定的改变，他说："夫义理考证文章，本是一事，合之则一贯，离之由偏蔽。二者区分，由于后世小贤小德，不能兼备，事出无可

① （清）方东树：《汉学商兑序例》，《汉学商兑》，载王云五主编：《万有文库》第2集，上海商务印书馆1937年版，第1页。

② 张淑红：《〈汉学商兑〉与清中叶的汉、宋之争》，《南开学报》（哲学社会科学版）2004年第1期。

③ 钱穆：《中国近三百年学术史》，商务印书馆1997年版，第576页。

④ （清）姚鼐：《赚钱献之序》，《惜抱轩文集》卷7，《惜抱轩诗文集》，刘季高标点，上海古籍出版社1992年版，第111页。

⑤ （清）姚鼐：《复秦小岘书》，《惜抱轩文集》卷6，《惜抱轩诗文集》，刘季高标点，上海古籍出版社1992年版，第104—105页。

如何。”①《汉学商兑》促进了汉宋之学兼容的学术之路，这是方东树始料未及的。所以，梁启超高度评价《汉学商兑》：“方东树之《汉学商兑》，却为清代一极有价值之书。其书成于嘉庆间，正值正统派炙手可热之时，奋然与抗，亦一种革命事业也。”②

6. 谭嗣同《仁学》

《仁学》2 卷 50 篇，前有《自叙》及《仁学界说》27 条。书成于光绪二十二年（1896 年）、光绪二十三年（1897 年），此时正值中日甲午战争后中国进一步沦为半殖民地半封建社会的时期，内忧外患空前严重。谭嗣同是维新派，他清楚地看到了当时的民族危急，希望通过维新改良以挽救民族危亡，于是，他希望提出一种比较完整系统的世界观，作为变法维新运动的理论依据，《仁学》便是谭嗣同寻找变法维新的理论依据的产物。

《仁学》中变法维新的哲学理论依据就是“仁通学说”。谭嗣同借用古代“仁”的思想，对之作了新的阐释，认为“仁为天地万物之源，故唯心，故唯识”，“仁者寂然不动，感而遂通天下之故”，“不生不灭，仁之体”，“仁一而已；凡对待之词，皆当破之”③等，在谭嗣同看来，“仁”为万物之源，是永恒的“体”，但又处于变化之中，其实质是把“仁”提升到了哲学理论层面，认为“仁”是抽象化了的客观世界的总规律。“仁”的核心要义便是“通”，他说：“仁以通为第一义。以太也，电也，心力也，皆指出所以通之具。”④谭嗣同又阐述“通”包括四个方面的含义：“通有四义：中外通，多取其义于《春秋》，以太平世远近大小若一故也；上下通，男安内外通，多取其义于《易》，以阳下阴吉、阴下阳吝、泰否之类故也；人我通，多取其义于佛经，以‘无人相，无我相’故也。”⑤“通”的主

① （清）方东树：《汉学商兑》，卷中之下，载王云五主编：《万有文库》第 2 集，上海商务印书馆 1937 年版，第 121 页。

② 梁启超：《清代学术概论》，上海古籍出版社 1998 年版，第 69 页。

③ （清）谭嗣同：《仁学界说》，载蔡尚思等编：《谭嗣同全集》（增订本），中华书局 1981 年版，第 292 页。

④ （清）谭嗣同：《仁学界说》，载蔡尚思等编：《谭嗣同全集》（增订本），中华书局 1981 年版，第 291 页。

⑤ （清）谭嗣同：《仁学界说》，载蔡尚思等编：《谭嗣同全集》（增订本），中华书局 1981 年版，第 291 页。

要内容之一，是事物之间平等的沟通、联系、统一，“平等”为其核心，他说：“不生与不灭平等，则生与灭平等，生灭与不生不灭亦平等”，“生近于新，灭近于逝；新与逝平等，故过去与未来平等”①。

《仁学》中变法维新的政治理论依据就是“君主专制乃罗网”说。谭嗣同力倡变法维新，勇敢地发出“冲决罗网”的高亢呼声：“初当冲决利禄之网罗，次冲决俗学若考据、若词章之网罗，次冲决全球群学之网罗，次冲决君主之网罗，次冲决伦常之网罗，次冲决天之网罗，次冲决全球群教之网罗，终将冲决佛法之网罗。”②虽谭嗣同呼吁需要冲决的罗网很多，但涉及政治体制核心的则是“君主之罗网”，谭嗣同对君主专制的批评也极为严厉而深刻。如他对整个君主专制制度的猛烈抨击：“由是二千年来君臣一伦，尤为黑暗否塞，无复人理，沿及今兹，方愈剧矣。失彼君主犹是耳目手足，非有两头四目，而智力出于人人也，亦果何所恃以虐四万万之众哉？”③谭嗣同对君主专制的挑战与抨击，已具民主思想色彩。

谭嗣同思想来源比较复杂，既有传统儒学思想，又吸收大量西学思想，同时还受到了佛教的影响。他曾谈到为“仁学”所需的几种知识结构：“凡为仁学者，于佛书当通《华严》及心宗、相宗之书；于西书当通《新约》及算学、格致、社会学之书；于中国书当通《易》《春秋公羊传》《论语》《礼记》《孟子》《庄子》《墨子》《史记》，及陶渊明、周茂叔、张横渠、陆子静、王阳明、王船山、黄梨洲之书。”④这实际上也是谭嗣同自言自己思想的来源。其实，谭嗣同对儒学、西学、佛学并未完全融会贯通，其中出现了一些生硬的论述，甚至有自相矛盾的地方，但《仁学》的意义却不容忽视。《仁学》是明显吸收西学的学术之作，是对中国学术的一种新的尝试，促进了中国学术的近代化进

① （清）谭嗣同：《仁学界说》，载蔡尚思等编：《谭嗣同全集》（增订本），中华书局1981年版，第292页。

② （清）谭嗣同：《仁学·自叙》，载蔡尚思等编：《谭嗣同全集》（增订本），中华书局1981年版，第290页。

③ （清）谭嗣同：《仁学》，载蔡尚思等编：《谭嗣同全集》（增订本），中华书局1981年版，第337页。

④ （清）谭嗣同：《仁学界说》，载蔡尚思等编：《谭嗣同全集》（增订本），中华书局1981年版，第293页。

程，梁启超将谭嗣同比喻成晚清思想界的一颗“彗星”，原因即在此。

三、学术思潮的影响广泛而深远

清代学术思潮的异彩纷呈以及在此背景下产生的丰硕学术成果影响极其深远，领域也极为广泛，再加上清代又是一个学者社会，因此可以说，几乎影响到清代的整个文化领域，遍及经学、史学、文献学、文学、金石学等。从另一个角度看，清代学术思潮也是以经学、史学、文献学等专门学问为载体的，离开了这些专门学问，学术思潮就成了漂浮之物，无所依傍，二者关系是十分紧密的。下面分别以经学、史学、文献学、文学所受到的清代学术思潮影响为例来论述，以此观清代学术思潮广泛而深远的影响。

1. 清代学术思潮对经学的影响

自汉代起，对儒家经典的注疏、阐释等经学研究，一直是传统学术的重镇。至于清代，经学受学术思潮的影响，呈现出一些新的特征。

清代经学尤为强调其经世致用，此乃清代经世致用学术思潮影响所致。顾炎武力倡经世致用，治经也必须有用于“明道”“救世”，他说：“孔子之删述六经，即伊尹、太公救民于水火之心，而今之注虫鱼、命草木者，皆不足以语此也。故曰：‘载之空言，不如见诸行事。’…愚不揣，有见于此，故凡文之不关于六经之指、当世之务者，一切不为。”①并认为，经书本身也是有用的，它是一个充满智慧的宝库，他说：“人苟遍读五经，略通史鉴，天下之事，自可洞然，患在为声利所迷而不悟耳。”②顾炎武所讲的“博学于文”，其主要对象便是经书。顾氏还认为，经书是经世致用之学的本源，他在“经学即理学”观点的阐述中指出，宋以来的理学、禅学的来源都在于儒家经典，所以，他号召人们要“鄙俗学而求六经”，“尤务本源之所求”③。黄宗羲亦认为，《六经》为载道之书，所载之“道”就是经世致用之道，为“实治”“实行”之学。他说：“《六经》皆载道之书，而《礼》其节目也。当时举一礼必有一仪，

① （清）顾炎武：《与人书》，《顾亭林诗文集》，中华书局1959年版，第91页。

② （清）顾炎武：《与杨雪臣》，《顾亭林诗文集》，中华书局1959年版，第139页。

③ （清）顾炎武：《与周籀书书》，《顾亭林诗文集》，中华书局1959年版，第90页。

要皆官司所传,历世所行,人人得而知之,非圣人所独行者。大而类禋巡狩,皆为实治;小而进退揖让,皆为实行也。"①

清代经学研究中的辨伪、训诂、注疏十分盛行,这与考据学强调征实的学术思潮分不开。自阎若璩《尚书古文疏证》一出,《六经》的经典地位便被彻底动摇了,经书辨伪之风一时大盛。与阎若璩齐名的胡渭作《易图明辨》,专辨宋儒"河图""洛书"等种种虚妄之论,以翔实广博的证据驳斥了宋儒之说,指出宋儒之说并非来自伏羲、文王、周公、孔子等,而是与五代道士陈抟有着极深的渊源。梁启超指出胡渭辨伪之功:"他把这些图的娘家找出来,原来是华山道士陈抟弄的把戏,辗转传到邵雍。又把娘家的娘家寻根究底,原来是误读谶纬等书加以穿凿附会造出来的。于是大家都知道这些是旁门左道,和《易经》了无关系。"②姚际恒更是以辨伪著名于世,所著《古今伪书考》,列伪书70种,涉及《古文尚书》《易传》《诗经》等经书。姚际恒为何尤重辨伪呢?因为他认为,明辨古书为读书第一要义。他说:"造伪书者,古今代出其人,故伪书滋多于世。学者于此真伪莫辨而尚可谓之读书乎?是必取而明辨之,此读书第一义也。"③其他重要辨伪之作还有万斯大《周官辨非》、颜元《四书正误》、王夫之《四书考异》、王宗涑《考工记考辨》、翟灏《四书考异》等。清代训诂、注疏经书之风亦盛,清代学者也十分重视,如阮元说:"窃谓士人读书,当从经学始,经学当从注疏始。空疏之士,高明之徒,读注疏不终卷而思卧者,是不能潜心研索,终身不知有圣贤诸儒经传之学矣。至于注疏诸义,亦有是有非。我朝经学最盛,诸儒论之甚详,是又在好学深思、实事求是之士,由注疏而推求寻览之也。"④在此风气之下,经书的训诂、注疏取得了很大成就,重要之作有阎若璩《四书释地》、张尔岐《仪礼郑注句读》、陈启源《毛诗稽古编》、凌廷堪《礼经释例》、阮元《诗书古训》等。

---

① (清)黄宗羲:《学礼质疑序》,《南雷文定前集后三集》第1册,《丛书集成初编》,第2463册,中华书局1985年版,第10页。

② 梁启超:《中国近三百年学术史》,东方出版社1996年版,第88页。

③ (清)姚际恒:《古今伪书考》,《丛书集成初编》第0114册,中华书局1985年版,第1页。

④ (清)阮元:《重刻宋板注疏总目录》,阮元校刻:《十三经注疏》,中华书局1980年版,第2页。

西学也对清代经学产生了重要影响。明末清初，中国掀起了西学东渐的第一次浪潮，中国文化逐渐受到了西学影响，即使是最为传统的经学也在所难免。早在光绪三十一年（1905 年），邓实就在《古学复兴论》一文中说："戴震之徒，则非但涉猎其历数之学，且研究其心性，于彼教中之大义真理，默契冥会，时窃取之，以张汉学之帜，而与宋儒敌。今其所著之书可按也。"①此话之附注中则举例说："如《孟子字义疏证》中时有天主教之言。"②胡适在辅仁大学演讲"考据学方法的来历"时，作了更大胆的断言："中国大考据家祖师顾亭林之考证古音著作，有《音韵五书》，阎若璩之考证古文尚书，有《古文尚书疏证》，此种学问方法（考据方法）完全系受利玛窦来华影响。"③焦循受西学影响更为明显，他在《易通释》中，用西方数学上的演绎逻辑方法通释《易》，用数的比例求《易》的比例，阐发义理亦用演绎逻辑方法和符号化方法，构筑了一个新的易学理论体系。清代经学受西学影响是肯定的，但不宜如胡适之言过于夸大西学对经学的影响。

2. 清代学术思潮对史学的影响

清代史学以乾嘉时期的成就为最高，故受考据学影响也最深，其着力点主要在史籍文字的考校与史料的考证。被称为"乾隆考史三大家"的钱大昕、王鸣盛、赵翼分别著有史学名著《廿二史考异》《十七史商榷》《廿二史札记》，虽治史各具特色，但其共性是都使用了严密精审的考据方法。如钱大昕考校史籍文字十分精审，仅举钱氏考校《史记・乐书》中的"石声硁，硁以立别"一句的"硁""别"字为例：

> 《乐记》"硁"作"磬"，"别"作"辨"。案：《说文》，"硁"即"磬"之古文。《释名》："磬，罄也，声坚罄罄然。"《论语》："子击磬于卫，荷蒉言：'鄙哉，硁硁乎！'""硁硁"犹"罄罄"，谓罄声也。锺磬皆以声得名，郑康成注《乐记》，谓"磬"当为"罄"，盖误以罄为器名，不知罄即硁也。

① （清）邓实：《古学复兴论》，《国粹学报》第 1 年第 9 号，1905 年。

② （清）邓实：《古学复兴论》，《国粹学报》第 1 年第 9 号，1905 年。

③ 徐宗泽：《明清间耶稣会士译著提要》，中华书局 1989 年版，第 7—8 页。

“辨”、“别”声义皆同，古人往往通用。①

再如赵翼对史料的精审考证。顾炎武早指出《元史》中人物重复立传者比较多，如第八卷之“速不台”即第九卷之“雪不台”，十八卷之“完者都”即二十卷之“完者拔都”，三十七卷之“石抹也先”即三十九卷之“石抹阿辛”等。赵翼认为出现这种错误在于修史者的草率以及蒙古语译成汉语的音同字不同所致。在此基础上，赵翼进一步指出了其他史料中的一人两传的错误：

若《旧唐书》列传之七十二，既有杨朝晟，九十四又有杨朝晟；五十一既有王求礼，一百三十七又有王求礼。《宋史》列传之一百十六既有李熙靖，二百十二又有李熙靖。考其事迹，实系一人，并非偶同姓名者，是修史之草率。②

赵翼辨明了史料之实，避免了以讹传讹。赵翼在《小引》中说：“唯是家少藏书，不能繁征博采以资参订，闲有稗乘脞说，与正史歧互者，又不敢遽诧为得闲之奇。盖一代修史时，此等记载，无不搜入史局，其所弃而不取者，必有难以征信之处。今或反据以驳正史之讹，不免贻讥有识。”③可见，清代史学家对史籍文字的考校与史料的考订是对史学的一种自觉的学术追求。王鸣盛也明言这种学术追求，他说：“学问之道，求于虚不如求于实，议论褒贬，皆虚文耳。”④

在考据学学术思潮影响下，清代史学的考据之风盛行，出现了大量的“考异”“辨疑”“补正”之作。除了《廿二史考异》《十七史商榷》《廿二史札记》之外，重要作品还有梁玉绳之《史记志疑》《汉书人表考》、钱大昕之《汉

① （清）钱大昕：《廿二史考异》卷3，方诗铭、周殿杰校点，上海古籍出版社2004年版，第32页。

② （清）赵翼：《廿二史札记》卷24，中国书店1987年版，第320页。

③ （清）赵翼：《廿二史札记小引》，《廿二史札记》，中国书店1987年版，第3页。

④ （清）王鸣盛撰：《十七史商榷》序，商务印书馆1937年版，第1页。

书辨疑》《后汉书辨疑》、梁章鉅之《三国志旁证》、惠栋之《后汉书补注》、周寿昌之《汉书注校补》《后汉书注校正》、杭世骏之《三国志补注》等。除正史外，还波及其他古代别史杂史，如陈逢衡之《逸周书补注》，洪亮吉之《国语注疏》，顾广圻之《战国策札记》，郝懿行之《山海经笺疏》等。由于清代史学对考据的过于偏重，以至于梁启超认为不能称之为"史学"了，他说："凡此皆以经学考证之法，移以治史，只能谓之考证学，殆不可谓之史学。"①王记录、李艳还从正反两个方面评价了汉学（即考据学）对清代史学的影响："从积极的一面看，它影响到治史态度、研究方法以及历史编纂等史学客观性这一层面，培养了中国史学的求实精神和理性精神，创造了一套行之有效的考证辨析史料的方法，扭转了长期以来史学著作资料选择的主观性和论点的直觉性。从消极的一面讲，由于汉学过分强调考证辨伪为'实'，分析评论为'虚'，从而严重限制了史家宏观把握历史的能力，无法对历史进程、历史运动这一历史客观性问题做出系统解释。"②

虽然清代史学受考据学影响最大，但经世思想仍然较为突出。如在治史中强调史学的经世作用，注重探讨历史发展的规律，总结历朝历代兴亡治乱的教训，为治政者提供宝贵经验，并借历史经验以匡救时弊。赵翼阐明自己的著史宗旨之一就在于探索"古今风会之递变"的规律，寻找"治乱兴衰之故"，以期为治政者"可用"。他说：

> 此编多就正史纪传表志中，参互勘校，其有抵牾处，自见辄摘出以俟博雅君子订正焉。至古今风会之递变，政事之屡更，有关于治乱兴衰之故者，亦随所见附着之。自唯中岁归田，遭时承平，得优游林下，寝馈于文史以送老，书生之幸多矣，或以比顾亭林《日知录》，谓身虽不仕，而其言有可用者，则吾岂敢。③

① 梁启超：《清代学术概论》，上海古籍出版社1998年版，第54页。

② 王记录、李艳：《汉学、宋学与清代史学》，《山西师大学报》（社会科学版）2005年第1期。

③ （清）赵翼：《廿二史札记小引》，《廿二史札记》，中国书店1987年版，第3页。

赵翼将自己视为顾炎武之继承者，强调经世致用，在乾嘉朴学盛行的清代史学界，是值得特别肯定的。其代表作《廿二史札记》除有精审考证外，“尤其重视总结明代治乱盛衰的教训，对明史进行了深刻的历史反思，显示出鲜明的经世意识，这与同时代文人粉饰太平之作更大异其趣”①，梁启超亦赞《廿二史札记》可“观盛衰治乱之原”：“唯赵书于每代之后，常有多条胪列史中故实，用归纳法比较研究，以观盛衰治乱之原，故其特长也。”②

清代史学家在治史上还表现出了对民生的强烈关注。自金元之间黄河改道南行后，合汴、泗、淮后入海，灾害频繁。钱大昕在《十驾斋养新录》中就十分关心“河防”问题。他先分析了水灾发生之原因：“其两岸之堤，岁增月益，高于民田庐舍，且与城平矣。水之性就下，不使由地中，而使出地上，欲其无决溢之害，不亦难乎！”③指出“分流增堤”绝非治河之良策：“谓河不宜分，而增堤以御之，一朝溃溢，堤不能御，又縻国帑以塞之，侥幸成功，而官吏转受重赏，此国之巨蠹也。季驯之法，守之百五十年，而其效如此，谓之习知河务，吾不信也。”④并猛烈抨击了河防官吏侵吞治河费用的贪污行为，实在是祸国殃民之至：“今之官吏，其好利犹昔也。堤防日增，决溢屡告，竭海内之膏脂，饱若辈之囊橐，赏重罚轻，有损无益，其何能淑载胥及溺，深可虑也！”⑤除了在实际民生问题方面表现出强烈的关注之外，在对待史料的思想观念方面也体现出对民生问题的重视。王鸣盛曾批评李延寿往往删掉有关民生的议论，斥之为“无学浅陋儒”，他说：

《南史》既迁移其篇次，而于湖田议竟尽削去。羊玄保、羊希二议亦仅存什一。其论赞每袭取旧文，而于此篇之卓然者，反弃不用。《南史》意在以删削见长，乃所删者往往皆有关民生疾苦、国计利害。偶有增添，多谐谑猥琐，或鬼佛诞蔓。李延寿胸中本不知有经国养民远图，

① 陈其泰、李廷勇：《中国学术通史》（清代卷），人民出版社2004年版，第319页。

② 梁启超：《清代学术概论》，上海古籍出版社1998年版，第52页。

③ （清）钱大昕：《十驾斋养新录》卷18，杨勇军整理，上海书店2011年版，第360页。

④ （清）钱大昕：《十驾斋养新录》卷18，杨勇军整理，上海书店2011年版，第360页。

⑤ （清）钱大昕：《十驾斋养新录》卷18，杨勇军整理，上海书店2011年版，第361页。

故去取如此。①

3.清代学术思潮对文献学的影响

文献乃学术研究之根基。清代学人普遍重视文献,如王鸣盛评目录学的重要性:"目录之学,学中第一紧要事,必从此问涂,方能得其门而入。"②章学诚认为"校雠之义"在于"部次条别,将以辨章学术,考镜源流"③。清代文献学成就极高,在目录学、校勘学、辑佚学、版本学等方面均有重要创获。清代文献学之所以取得如此之高的成就,与清代学术思潮是密不可分的。

文献学与考据学联系最为紧密,所以受考据学之学术思潮影响最大。

影响之一:文献资料搜集力求广博、全面。清代最为大型、全面的文献搜集、整理当属《四库全书》及《四库全书总目》的编撰无疑。从《皇朝文献通考》卷二二四《经籍考》中关于《四库全书总目》的详细记载可知《四库全书》及《四库全书总目》的文献状况:

《钦定四库全书总目》二百卷,《简明目录》二十卷,乾隆四十七年奉敕编。臣等谨按前代著录之书,若《七略》、《七录》见于史志者部分,次第多为后人所驳正,盖其时立法未善,搜罗未广。又听臣下意为进退,鉴别不精故,无以定是非之准而汇古今之大全。我皇上典学稽古,嘉惠艺林。乾隆三十七年,诏求遗书,四方大吏悉心采录,江南、浙江好古之士,各以其藏书来献。旋因安徽学政朱筠言,《永乐大典》中多人间未见之本,命开四库全书馆于翰林院,遴选儒臣,详审编核。又设局于武英殿,专司缮录之事,凡经史子集条分得失,其善本则著录,其外间所稀觏者,则以聚珍板广厥流传,其余则附见存目。每校一书,进呈乙览,仰蒙御制,诗章敷言,建极式型,奕禩、衮钺同昭,馆臣得奉以编摩,次第甄录。四十六

① (清)王鸣盛:《十七史商榷》卷60,商务印书馆1937年版,第584页。

② (清)王鸣盛:《十七史商榷》卷1,商务印书馆1937年版,第1页。

③ (清)章学诚:《校雠通义》卷1,《丛书集成初编》第0071册,中华书局1985年版,第1页。

年，编定全书三万六千册。从古图书之备，未有盛于此者。复综各书提要，合为总目。又专辑著录各书，括其简要，为《简明目录》。①

后阮元又编《四库未收书目提要》，使清代的《四库全书》文献更为完备。必须指出的是，《四库全书》对文献的负面作用也甚大，在搜集书籍的同时被查禁的书籍将近三千余种，约相当于《四库全书》的四分之三，这可以说是一次文化专制下的图书厄运。其他专书的注释方面也追求版本的全面搜集，在版本全面的基础上再作注释。如刘宝楠《论语正义》，以北宋邢昺疏本为底本，参以黄侃疏本、陆德明《释文》本、古本、高丽本、足利本等，几乎囊括了当时所见的所有《论语》版本，校勘精审，应用版本也十分得当，所以，《论语正义》可堪称《论语》学之集大成者。

影响之二：尊重古本、旧本，只列异文，不随意更改。梁启超总结考据学特色之一为："选择证据，以古为尚。以汉唐证据难宋明，不以宋明证据难汉唐；据汉魏可以难唐，据汉可以难魏晋，据先秦西汉可以难东汉。以经证经，可以难一切传记。"②清代校勘学成就很高，以卢文弨、顾广圻为代表的对校派特别尊重古本、旧本，校勘时只注异同而不改本文。卢文弨主张："凡传旧书，一切行款俱当仍其本来，不得意为纷更。"③清末的孙诒让亦主张尊旧本，他说："大抵以旧刊精校为据依，而究其微旨，通其大例。精思博考，不参成见。其是正文字讹舛，或求之于本书，或旁证之它籍及援引之类书，而以声类通转为之钤键。"④这些主张无疑在校勘学上具有重要的指导意义。如卢文弨校勘的《仪礼注疏详校》，即以较早的《仪礼注疏》官本为主，参以宋李如圭《仪礼集释》、浦镗《仪礼正字》、金曰追《仪礼经注疏正讹》诸书，加以校补而成。卢文弨为校勘大家，他遵从自己拟定的校勘原

① 《经籍考》，《皇朝文献通考》卷 224，景印文渊阁《四库全书》第 637 册，中国台湾商务印书馆 1986 年版，第 277—278 页。

② 梁启超：《清代学术概论》，上海古籍出版社 1998 年版，第 47 页。

③ （清）卢文弨：《文献通考经籍》，《群书拾补》，《续修四库全书》第 1149 册，上海古籍出版社 2002 年版，第 335 页。

④ （清）孙诒让：《札迻》，《籀庼述林》卷 5，《续修四库全书》第 1164 册，上海古籍出版社 2002 年版，第 217 页。

则，一生勤奋，校书二百余种，重要校本主要有《荀子》《墨子》《逸周书》《颜氏家训》《春秋繁露》《经典释文》等，为后世提供了优秀的古籍读本。

清代文献学还受到了理学学术思潮的影响。清代目录学巨著《四库全书总目》的治学倾向就体现了正统的理学思想，收入《四库全书》的一个重要标准就是要有益于"劝惩"，《四库全书总目·凡例》中强调了这一点："人品学术之醇疵，国纪朝章之法戒，亦未尝不各昭彰瘅，用着劝惩。"①反过来，那些不符合理学思想的书，《四库全书》不收录，并主张应该销毁，如李贽的《藏书》。《藏书》公开反对理学，如他说："夫私者人之心也，人必有私而后其心乃见，若无私，则无心矣。……此自然之理，必至之符，非可以架空而臆说也。然则为无私之说者，皆画饼之谈。"②这种观点与理学思想显然格格不入，被正统的《四库全书总目》所排斥是必然的。《四库全书总目》卷五〇《别史类存目》批判《藏书》道：

> 贽书皆狂悖乖谬，非圣无法。唯此书排击孔子，别立褒贬，凡千古相传之善恶，无不颠倒易位，尤为罪不容诛。其书可毁，其名亦不足以污简牍。特以贽大言欺世，同时若焦竑诸人，几推之以为圣人。至今乡曲陋儒，震其虚名，犹有尊信不疑者。如置之不论，恐好异者转矜创获，贻害人心。故特存其目，以深暴其罪焉。③

4.清代学术思潮对文学的影响

清代文学为中国古代文学的最后一个阶段，达到了一个新的高度，各种文体都再度辉煌，取得了很高成就，形成了不同于前代的独特艺术魅力。当然，在清代这样一个学术氛围浓厚的文化语境之下，清代文学不可避免地受到了清代学术思潮的深远影响。下面仅就诗文为例略述学术思潮对清代文学的影响。

诗歌方面。如翁方纲提出的"肌理说"，深受理学与考据学之学术思潮

① （清）永瑢等：《凡例》，《四库全书总目》，中华书局 1965 年版，第 17—18 页。
② （明）李贽：《藏书》，中华书局 1959 年版，第 544 页。
③ （清）永瑢等：《四库全书总目》卷 50，中华书局 1965 年版，第 455 页。

的影响。先看翁方纲对“肌理”一词的界定：

言者，心之声也。文辞之于言，又其精者。诗之于文辞，又其谐之声律者。然则在心为志，发言为诗，一衷诸理而已。理者，民之秉也，物之则也，事境之归也，声音律度之矩也。是故渊泉时出，察诸文理焉；金玉声振，集诸条理焉；畅于四支，发于事业，美诸通理焉。义理之理，即文理之理，即肌理之理也。①

翁方纲所言的“肌理”，就其实质而言，偏重于“理”，包括文理、条理、通理等，这显然是受到了他所反对的戴震关于“理”的阐释的影响。翁方纲本人是理学的忠实信徒，他主张考订要为义理服务：“吾劝同志者深以考订为务，而考订必以义理为主。”②翁方纲又提出作诗应以“肌理”为标准：

士生今日，经籍之光盈溢于世宙，为学必以考证为准，为诗必以肌理为准。③

这等于是说“肌理”乃诗歌中的“考证”，实际上是主张将经术考据之学贯彻于诗歌创作中。可见，翁方纲倡言的“肌理”，既有理学为基础的“义理”，也有经术考据的学问，还有词章的“文理”，这与桐城派所提出的“义理、考据、辞章”同出一辙。翁方纲的诗学理论受到了理学与考据学之学术思潮影响，而其诗歌创作也同样如此。翁方纲存诗二千余首，有相当一部分诗歌是融理学、考据学于诗中，如《书空同集后十六首》中的两首：

三百篇皆孝与忠，扶阳家学本江公。纵然音节周诗似，自有承师自

① （清）翁方纲：《志言集序》，《复初斋文集》卷4，载沈云龙主编：《近代中国史料丛刊》第43辑，文海出版社1966年版，第210—211页。

② （清）翁方纲：《附录与程鱼门平钱戴二君议论旧草》，《复初斋文集》卷7，载沈云龙主编：《近代中国史料丛刊》第43辑，文海出版社1966年版，第327页。

③ （清）翁方纲：《志言集序》，《复初斋文集》卷4，载沈云龙主编：《近代中国史料丛刊》第43辑，文海出版社1966年版，第211—212页。

不同。

二陈本出江西派，格调何曾肯袭唐？杜句后来拈一二，滥觞未甚尚无妨。

史家文苑接儒林，上下分明鉴古今。一代词章配经术，不然何处觅元音。①

某些诗前的序、题注本身更是经史或金石的考据勘研文字，可视为学术文章，如《成化七年二铜爵歌》的题注：

瘦同买得铜爵二足，内款云：成化七年四月，吉日。知府黎永明教授黄纶，置予。考之是顺德府学祭器也。黎永明，字光亨，湖广京山人，景泰甲戌进士。其知顺德，有中贵恣横，挞之数十。郡治前清风楼，为永明建也，瘦同以其一见，贻属赋。②

《清史稿》中评价翁方纲的诗歌："所为诗，自诸经注疏，以及史传之考订、金石文字之爬梳，皆贯彻洋溢其中。论者谓能以学为诗。"③确为的论。

散文方面。桐城派古文正宗地位的确立，与理学、考据学之学术思潮的盛行都有着密不可分的关系。理学在清代为官学，清代科举制沿用明代的八股取士，考试范围限制在《四书》《五经》之内，强化理学思想。孟森在《清史讲义》中说："清沿前代用科举制，又沿明代以八股为科举取士之用。圣祖以身自向学，使天下承风。"④桐城派是信奉理学的，方苞还曾奉敕选录明清诸大家的时文，编成《钦定四书文》。同时，桐城派还特别重视考据，姚鼐在方苞"古文义法"说的基础上，进一步提出"义理""考据""辞章"三者合一的古文主张，这正是受到了当时兴盛的考据学的影响。郭绍虞详细解释

① (清)翁方纲:《秘阁集·书空同集后十六首》,《复初斋诗集》卷18,《续修四库全书》第1454册,上海古籍出版社2002年版,第512页。

② (清)翁方纲:《秘阁集·成化七年二铜爵歌》,《复初斋诗集》卷20,《续修四库全书》第1454册,上海古籍出版社2002年版,第536页。

③ 赵尔巽等:《清史稿》卷485,中华书局1977年版,第13395页。

④ 孟森:《清史讲义》,中华书局2006年版,第303页。

了桐城派兴盛的原因：

> 大抵望溪处于康雍“宋学”方盛之际，而倡导古文，故与宋学沟通，而欲文与道之合一，后来姚鼐处于乾嘉“汉学”方盛之际，而倡导古文，故复与汉学沟通，而欲考据与词章之合一。他们能迎合统治阶级的意图而为古文，又能配合当时知识分子所倡导的学风以为其古文，桐城文之所由成派，而桐城文派之所由风靡一时，当即以此。①

桐城派先驱为戴名世，代表人物为方苞、姚鼐、刘大櫆，他们师法曾巩、归有光，强化理学思想，注重考据，讲究文章要“有物”“有序”，讲究文辞雅正，最终确立了桐城派古文在清代散文史上的正宗地位。

清代各种学术思潮异彩纷呈，所取得的学术成果十分丰硕，并对整个清代文化产生了广泛而深远的影响。而与此同时，清代的小说评点也达到了高峰时期，小说评点之风十分盛行，小说理论逐渐完备、成熟起来，毛氏父子、张竹坡、脂砚斋、卧闲草堂、天目山樵、吴趼人等评点大家为中国小说评点史、中国小说理论史乃至中国文学批评史都添上了浓墨重彩的几笔。二者之间是否存在着必然联系呢？毋庸置疑，答案是肯定的。清代的小说评点诞生于清代学术思潮繁盛这个大的文化背景之下，必然受到各种学术思潮的影响，不同学术思潮的思维方式与治学方法必然影响到小说评点。清代学术思潮究竟如何影响小说评点的？这是一个值得深入探讨的课题。

① 郭绍虞：《中国文学批评史》，上海古籍出版社1979年版，第635—636页。

第二章 清代经世致用之学与小说评点

第一节 清代经世致用之学的嬗变

“经世”一词，在先秦文献典籍中很少使用，较早使用的是《庄子》。《庄子·齐物论》记载：“六合之外，圣人存而不论；六合之内，圣人论而不议。春秋经世先王之志，圣人议而不辩。”①郭庆藩引成玄英疏曰：“春秋者，时代也。经者，典诰也。先王者，三皇五帝也。志，记也。夫祖述轩顼，宪章尧舜，记录时代，以为典谟，轨辙苍生，流传人世。而圣人议论，利益当时，终不执是辩非，滞于陈迹。”②王先谦解释“春秋经世”曰：“春秋经世，谓有年时以经纬世事，非孔子所作《春秋》也。”③成玄英虽释“经”为典诰，但亦谈到典诰对苍生的教化、指导作用，流传人世并泽被后世，隐含有以典诰治国的含义。王先谦则直接将“经世”释为“经纬时事”。所以，此处的“经世”释为“经纬世事”更为恰当一些，即治理国家的意思，与“经济”“经世济民”等词义相近。况且，在后世的文献中，“经世”一词的含义多使用“经纬世事”之意。仅举两例说明：《后汉书》记载：“贪其暂安之执，信其驯服之情，计日用之权宜，忘经世之远略，岂夫识微者之为乎？”④《元史》记载：“戊辰，敕翰林国史院官同奎章阁学士采辑本朝典故，准唐、宋《会要》，著为《经世大典》。”⑤

---

① (清)郭庆藩撰：《庄子集释》，王孝鱼点校，中华书局1961年版，第83页。

② (清)郭庆藩撰：《庄子集释》，王孝鱼点校，中华书局1961年版，第85页。

③ (清)王先谦注：《庄子集解》，上海书店1987年版，第13页。

④ (南朝宋)范晔：《后汉书》卷87，中华书局1965年版，第2901页。

⑤ (明)宋濂等：《元史》卷33，中华书局1976年版，第740—741页。

"致用"一词,较早出现在《周易》中。《易·系辞上》曰:"备物致用,立成器以为天下利,莫大乎圣人。"①孔颖达为之作正义曰:"谓备天下之物,招致天下所用,建立成就天下之器,以为天下之利,唯圣人能然,故云莫大乎圣人也。"②由此可见,"致用"之本义为"尽其功用",主要是指具体器物的实用性。后来词义扩大,用以指将某种思想、某种学术运用于实践之中,如刘勰提出"通经"与"致用"联系起来:"唯文章之用,实经典枝条,五礼资之以成,六典因之致用,君臣所以炳焕,军国所以昭明,详其本源,莫非经典。"③至于清代,更是提出"通经"以"致用"的思想,如桂文灿说:"士不通经,不足致用;而训诂不明,不足以通经。"④文康的小说《儿女英雄传》中有一段关于通经、通史以至博览古今群书以致用的精彩描写:

> 他(即安公子)看了看,所谓外间这车马衣服亭台宴饮的繁盛,其风味也不过如此,便想到自己眼下虽然交过这个读书排场,说不得"士不通经,不能致用";但是通经而不能通史,也不过作一个"朝廷不甚爱惜之官";便是通经通史,博古而不知今,究竟也于时无补;要只这等合他云游下去,将来自己到了吃紧关头,难道就靠写两副单条对联作几句文章诗赋便好去应世不成?想到这里,自己便把家藏的那些《廿二史》《古名臣奏疏》以至本朝《开国方略》《大清会典》《律例统纂》《三礼汇通》,甚至漕运治河诸书,凡是眼睛里向来不曾经过的东西,都搬出来放在手内当作闲书随时浏览;偶然遇着个未曾经历无从索解的去处,他家又现供养着安老爷那等一位不要修馔的老先生可以请教。⑤(《儿女英雄传》第三十八回)

---

① (清)阮元校刻:《周易正义》,《十三经注疏》,中华书局1980年版,第82页。

② (清)阮元校刻:《周易正义》,《十三经注疏》,中华书局1980年版,第82页。

③ (南朝梁)刘勰著,范文澜注:《文心雕龙注》,人民文学出版社1958年版,第726页。

④ (清)桂文灿:《经学博采录》卷3,《续修四库全书》第179册,上海古籍出版社2002年版,第23页。

⑤ 为了行文的简洁,本书稿引用的明清小说作品中的原文均不作详注,只标明回数或卷数。其版本主要采用人民文学出版社、中华书局、上海古籍出版社等整理本与评点本,未整理的原著采用刘世德等主编的《古本小说丛刊》(中华书局影印)、安平秋等编的《古本小说集成》(上海古籍出版社影印)。

接下来讨论“经世致用”一词。“经世”与“致用”能否连用呢？有学者强烈反对将两个词合起来称“经世致用”，认为该词概念模糊，缺乏学术严谨，说：“‘经世’一词与现代汉语里的‘政治’、‘行政管理’近似，本身就包含着实践之‘用’，无须在其后面添加‘致用’一词。‘经世致用’、‘经世致用之学’、‘经世致用观念’、‘经世致用思想’、‘经世致用思潮’、‘经世致用学风’、‘经世实学思潮’等概念含混不清，不仅从词义来讲是不够严谨的，就是从用法来看也是不符合古人习惯的。”①笔者不敢苟同此观点，理由如下：从词的构成来看，两个意义相同或相近的词是可以并列使用的，形成并列式联合词组，用以强化该词的词义，如“纷纷攘攘”“粉身碎骨”“龙争虎斗”“生龙活虎”等，因此，“经世致用”连用并无词的构成方面的问题；从古人习惯来看，该学者认为“经世致用”一词最早的使用者是梁启超，其实不然，早在明代就有人开始使用“经世致用”一词了，如叶向高《纲鉴臆编序》中说：

> 独潜心学问于《五经》诸史，无不博，综其著为兹编，去蔓删繁，寻源摘要，论断本于儒。先品骘，参之独见。一开卷而上下数千年是非得失较若列眉，而卷仅若干册，仅十八，披之不烦，读之易竟，真史学之快捷方式，而经世致用者之准绳也。②

至于清代，“经世致用”一词已被孙奇逢、崔述等学者广泛使用，可见古人已习惯使用该词；从词的形成来看，“经世致用”一词在清代已广泛使用，已被学界所认同，成为一个约定俗成的学术词汇了。仅举清代使用“经世致用”一词的两例：

> 诵诗读书，所以经世致用，嘘古人已陈之迹，起今日方新之绪，方是有用之学。③

① 王宏斌：《关于“经世致用”思潮的几点质疑》，《史学月刊》2005年第7期。

② （明）叶向高：《纲鉴臆编序》，《苍霞余草》卷5，明万历刻本。

③ （清）孙奇逢：《诵诗三百章》，《四书近指》卷10，景印文渊阁《四库全书》第208册，中国台湾商务印书馆1986年版，第725页。

(李)塨天分本高,其学自成一家,以经世致用为主,亦具有根柢。[①]

可见,“经世致用”在清代已是一个使用广泛、约定俗成的学术名词了。词汇的形成本身就有约定俗成的因素,所以,“经世致用”这样一个约定俗成且使用广泛的词汇,后世也就没有必要再更换了。从明清人使用“经世致用”一词来看,可知“经世致用”的含义是指为学要关注社会现实,直面社会矛盾,并用所学来治理国家,帮助老百姓解决实际问题。顾炎武用了一句最精练的话来概括,那就是“文须有益于先下”。

经世致用之学贯穿于整个清代,是清代学术思潮的主流之一,被钱仲联称为“清学”的“真精神”“总要求”[②],可视之为清代学术的本质所在。根据经世致用之学在清代发展历程中所呈现的不同特征,可将清代经世致用之学的嬗变分为四个阶段:易代背景下的经世致用之学、偏重实用的经世致用之学、考据学盛行背景下的经世致用之学、受西学影响的经世致用之学。

一、易代背景下的经世致用之学

明清易代的历史巨变引发了清初思想界、学术界的一次大地震。清初知识分子面对明清易代所带来的巨大心灵苦痛,不得不反思明亡之原因,于是,空谈性理的晚明之学成为清初学术界抨击的焦点,学风返虚就实,关注现实社会,经世致用的学术思潮一时蔚为风尚。清初倡导经世致用的著名学者如顾炎武、黄宗羲、王夫之、孙奇逢、傅山等,都曾亲自参加过反清斗争,对“易代”带来的心灵震撼与伤痛感受尤深,他们的经世致用之学也必然深深地打上“易代”的烙印。这种烙印主要从三个方面表现出来:

其一,上承晚明经世致用之学风。明代中晚期,王阳明的心学及其左派——王学盛行,他们强调“心”是宇宙的本体,如王阳明认为:“心外无物,

① (清)永瑢等:《四库全书总目》卷184,中华书局1965年版,第1666页。

② 钱仲联:《序》,赵永纪主编:《清代学术辞典》,学苑出版社2005年版,第2页。

心外无事，心外无理，心外无义，心外无善。”①王阳明又说：“夫学贵得之心，求之于心而非也，虽其言之出于孔子，不敢以为是也，而况其未及孔子者乎？求之于心而是也，虽其言之出于庸常，不敢以为非也，而况其出于孔子者乎？”②这种以“己心”为中心的学说在晚明就遭到了一些学者的批评，如东林党人顾宪成批评心学的“无善无恶为心体”之说：

> 自古圣人教人，为善去恶而已，为善为其固有也，去恶去其本无也。本体如是，工夫如是，其致一而已矣。阳明岂不教人为善去恶乎？然既曰“无善无恶”，而又曰“为善去恶”，学者执其上一语，不得不忽下一语也。……罗念翁曰：“终日谈本体，不说工夫，才拈工夫，便以为外道，使阳明复生，亦当攒眉。”王塘翁曰：“心、意、知、物皆无善无恶，学者以虚见为实悟。必凭此语，如服鸩毒，无不杀人。”…且夫“四无”之说，主本体言也，阳明方曰是接上根人法，而识者至等之于鸩毒。“四有”之说，主工夫言也，阳明第曰是接中根以下人法，而昧者遂等之于外道。然则阳明再生，目击兹弊，将有摧心扼腕，不能一日安者，何但攒眉已乎！③

顾宪成这段话，正是批评王学末流的。钱穆说顾宪成之说批评王学最为有力：“唯当时王学末流，凭藉‘无善无恶为心体’之说，猖狂妄行，则泾阳之说，对症下药，实为有力。”④东林党人不仅批评王学的虚妄，也开始倡导朴实之学，如高攀龙说：“窃以为于今之世，不患本体不明，唯患工夫不密；不患理一处不合，唯患分殊处有差。”⑤所以，清初的经世致用之学中对王学

① （明）王阳明：《与王纯甫》，《王阳明全集》卷4，上海古籍出版社2011年版，第175页。

② （明）王阳明：《答罗整庵少宰书》，《王阳明全集》卷2，上海古籍出版社2011年版，第85页。

③ （明）高攀龙：《南京光禄寺少卿泾阳顾先生行状》，（明）陈龙正编：《高子遗书》卷11，景印文渊阁《四库全书》第1292册，中国台湾商务印书馆1986年版，第679—680页。

④ 钱穆：《中国近三百年学术史》，商务印书馆1997年版，第11页。

⑤ （明）高攀龙：《复钱渐庵一》，（明）陈龙正编：《高子遗书》卷8上，景印文渊阁《四库全书》第1292册，中国台湾商务印书馆1986年版，第488页。

的反思和趋实的学风实直接上承于晚明东林党人的经世致用思想，钱穆在论述清代近三百年学术史的时候尤其重视东林学术的先导作用，说“余观明清之际，学者流风余韵，犹往往沿东林”，称东林学者的学术思想“为近三百年学术思想作先导焉”①。这是很有见地的。

其二，在明亡的沉痛反思中提出经世致用。强大的明王朝在李自成的农民起义军打击之下，很快宣告灭亡。接着，清军入关，颠覆了李自成的农民政权，建立了满清政权。满族作为一个在文化上落后于汉族的少数民族，最终建立了统治全国的政权，这对当时学者产生了巨大的心理冲击。那些由明入清的学者经历“易代”的阵痛后，开始反思明亡的原因，总结明亡的教训。他们认为晚明蹈虚凿空的学风是导致明朝覆灭的根本原因。如顾炎武直接将明亡之原因归结于阳明心学的清谈：

> 刘、石乱华，本于清谈之流祸，人人知之，孰知今日之清谈，有甚于前代者。昔之清谈，谈老庄，今之清谈，谈孔孟，未得其精而已遗其粗，未究其本而先辞其末，不习六艺之文，不考百王之典，不综当代之务，举夫子论学论政之大端一切不问，而曰“一贯”，曰“无言”，以明心见性之空言代修己治人之实学，股肱惰而万事荒，爪牙亡而四国乱，神州荡覆，宗社丘墟。②

王夫之亦猛烈抨击王学末流之弊，指出其流祸导致国家沦丧：

> 近世王氏良知之说正若此，一以浮屠言语道断、心行路绝、迥脱根尘、不立知见为宗。……王氏之学，一传而为王畿，再传而为李贽，无忌惮之教立，而廉耻丧，盗贼兴，中国沦没，皆唯怠于明伦察物而求逸获，故君父可以不恤，肤发可以不顾。陆子静出而蒙古兴，其流祸一也。③

① 钱穆：《中国近三百年学术史》，商务印书馆1997年版，第9页。

② （清）顾炎武著，（清）黄汝成集释：《夫子之言性与天道》，《日知录集释》，上海古籍出版社1985年版，第538页。

③ （清）王夫之：《张子正蒙注》卷9，《船山全书》第12册，岳麓书社1996年版，第371页。

顾炎武、王夫之等特别愤慨于当时凿空之学风，将之视为明亡之根本原因，夸大其祸，且言辞激烈。

在明亡的反思中，清初的经世致用学者还认为社会各种体制的弊端也是导致明亡的重要原因，于是，他们大力批判各种体制弊端。如黄宗羲对封建君主制度的猛烈批判：

> 后之为人君者不然。以为天下利害之权皆出于我，我以天下之利尽归于己，以天下之害尽归于人，亦无不可。使天下之人不敢自私，不敢自利，以我之大私为天下之大公。始而惭焉，久而安焉，视天下为莫大之产业，传之子孙，受享无穷，汉高帝所谓"某业所就，孰与仲多"者，其逐利之情不觉溢之于辞矣。此无他，古者以天下为主，君为客，凡君之所毕世而经营者，为天下也。今也以君为主，天下为客，凡天下之无地而得安宁者，为君也。是以其未得之也，屠毒天下之肝脑，离散天下之子女，以博我一人之产业，曾不惨然！曰"我固为子孙创业也"。其既得之也，敲剥天下之骨髓，离散天下之子女，以奉我一人之淫乐，视为当然。曰"此我产业之花息也"。然则为天下之大害者，君而已矣。向使无君，人各得自私也，人各得自利也。呜呼！岂设君之道固如是乎！①

再如顾炎武批判时文、生员之弊病，强烈呼吁废除生员：

> 今以书坊所刻之义，谓之时文。舍圣人之经典，先儒之注疏与前代之史不读，而读其所谓时文。时文之出，每科一变，五尺童子能诵数十篇而小变其文，即可以取功名，而钝者至白首而不得遇。老成之士，既以有用之岁月，销磨于场屋之中，而少年捷得之者，又易视天下国家之事，以为人生之所以为功名者，唯此而已。故败坏天下之人材，而至于

① （清）黄宗羲：《原君》，《黄宗羲全集》（增订版）第1册，浙江古籍出版社2005年版，第2—3页。

士不成士，官不成官，兵不成兵，将不成将，夫然后寇贼奸宄得而乘之，敌国外侮得而胜之。苟以时文之功，用之于经史及当世之务，则必有聪明俊杰通达治体之士，起于其间矣。故曰：废天下之生员，而用世之材出也。①

清初学者在明亡的痛定思痛之后，提出了经世致用的学术主张。如顾炎武力倡经世致用，主张为文必须有益于世道，他说：

文之不可绝于天地间者，曰明道也，纪政事也，察民隐也，乐道人之善也。若此者。有益于天下。有益于将来。多一篇，多一篇之益矣。若夫怪力乱神之事，无稽之言，剿袭之说，谀佞之文，若此者有损于己，无益于人，多一篇，多一篇之损矣。②

林尹认为，顾炎武经世致用的学术思想与明亡有着密切关系，他说："炎武鉴于明末清谈之亡国，故其学术，莫不以经世致用为宗旨。"③其实，由明入清的倡导经世致用之学的学者莫不如是。

其三，尤重"当世""当务"。"务当世之务"，本是经世致用之学的重要特点，但经历了明清易代的倡导经世致用的学者尤为重视"当世""当务"，他们迫切需要找到解决现实问题的学术之路，同时也隐含了他们重新恢复汉族统治的心理愿望。顾炎武特别强调"当世之务"，如他主张为文必须相关"当世之务"：

孔子之删述六经，即伊尹、太公救民于水火之心，而今之注虫鱼、命草木者，皆不足以语此也。故曰："载之空言，不如见诸行事。"夫《春

① （清）顾炎武：《生员论》，《顾亭林诗文集》，中华书局1959年版，第23—24页。

② （清）顾炎武著，（清）黄汝成集释：《文须有益于天下》，《日知录集释》，上海古籍出版社1985年版，第1439页。

③ 林尹：《顾炎武的学术思想》，存萃学社编集：《顾炎武学术思想研究汇编》，大东图书公司1980年版，第29页。

秋》之作，言焉而已，而谓之行事者，天下后世用以治人之书，将欲谓之空言而不可也。愚不揣，有见于此，故凡文之不关于六经之指、当世之务者，一切不为。而既以明道救人，则于当今之所通患，而未尝专指其人者，亦遂不敢以辟也。①

顾炎武所倡导的"博学于文"，其博学的主要内容也是指相关"当务之急"的。他说：

以格物为多识于鸟兽草木之名，则末矣，知者，无不知也，当务之为急。听讼者与国人交之一事也。②

其他如黄宗羲、王夫之、李颙等清初学者均重"当世""当务"。如王夫之对"当世安危"的思考：

贫而安，犯而不校，子孙不累其心，避就不容其巧；当世之安危，生民之疾苦，心念之而不尝试与谋；文章誉望，听之后世而不亟于自旌；其止如山，其涵如水，通古今、参万变以自纯，则物所不得而辱矣。③

李颙亦在评《历代名臣奏议》时强调学者应多读"奏议"等"时务"之书，所学应能够"康济时艰"：

学人贵识时务，《奏议》皆识一时之务者也。当熟玩之，以为奏记之助。右自《衍义》以至《奏议》等书，皆适用之书也。噫！道不虚谈，学贵实效，学而不足以开物成务，康济时艰，真拥衾之妇女耳，亦可

① （清）顾炎武：《与人书》，《顾亭林诗文集》，中华书局1959年版，第91页。

② （清）顾炎武著，（清）黄汝成集释：《致知》，《日知录集释》，上海古籍出版社1985年版，第512页。

③ （清）王夫之：《读通鉴论》卷8，《船山全书》第10册，岳麓书社1996年版，第338页。

羞已!①

易代背景下的经世致用学者具有浓厚的遗民情结,他们的经世致用学术思想中寄寓着遗民的种种诉求,“或著述经世以‘待后王’,或‘以史经世’以‘引古筹今’,或学以经世以厌其文化关怀。在明遗民的这些诉求中,经世致用以‘待后王’是其核心元素,不惟著述如此,修史、为学莫不以‘待后王’为指归”②。

二、偏重实用的经世致用之学

随着清初社会的由乱而治,清朝的统治逐渐稳固,社会逐渐稳定,经济也逐渐恢复并发展起来,清朝开始步入了太平盛世,带有易代烙印的经世致用学者的“待后王”之幻梦最终破灭,经世致用之学于是有了新的发展,具有了新的“致用”内容。这种新发展主要体现在经世致用之学逐渐偏重“实用”,代表学者为颜元、李塨、王源、恽鹤生、程廷祚等人。

由明入清的学者在倡导经世致用的时候,就已开始重视实践、实用之学了。儒学大师李颙猛烈抨击了理学“空疏之习,无当实用”,便力主“躬行实践”。他说:

> 如志非石隐,便应将经世事宜,实实体究,务求有用;一旦见知于世,庶有以自效,使斯世见儒者作用,斯民被儒者膏泽,方不枉读书一场。只寻章摘句,以文字求知,章句之外,凡生民之休戚、兵赋之机宜、礼乐之修废、风化之淳漓,漠不关心,一登仕途,所学非所用,所用非所学,无惑乎国家不得收养士之效,生民不得蒙至治之泽也。③

① (清)李颙:《体用全学》,《二曲集》卷7,陈俊民点校,中华书局1996年版,第54页。

② 孔定芳:《清初的经世致用思潮与明遗民的诉求》,《人文杂志》2004年第5期。

③ (清)李颙:《四书反身录·论语下》,《二曲集》卷36,陈俊民点校,中华书局1996年版,第480页。

在李颙看来，学术应该有体有用，应关心切实有用的学问，如农政、水利、地理等。他自己就曾阅读过《农政全书》《水利全书》《地理险要》等，并倡导潜心研读之：

以上数种，咸经济所关，宜一一潜心。然读书易，变通难，赵括能读父书，究竟何补实际？神而明之，存乎其人，识时务者，在于俊杰。夫岂古板书生所能办乎？噫！①

李颙的著作被后人称作为“体用兼备之书”。顾炎武也同样非常重视实用之学，他遍游北方，考察其地山川风俗，百姓疾苦利病，萃平生之心力，写出《天下郡国利病书》。该书以讲郡国利病为贯穿全书的线索，重点辑录了兵防、赋税、水利三方面的内容，资料非常丰富、详尽，为治国提供了重要参考。全祖望高度评价了顾炎武《天下郡国利病书》对实用之学的重视：

（顾炎武）于书无所不窥，尤留心经世之学。……历览《二十一史》、《十三朝实录》、天下图经、前辈文编、说部，以至公移、邸抄之类，有关于民生之利害者，随录之，旁推互证，务质之今日所可行，而不为泥古之空言，曰《天下郡国利病书》。②

其他如《日知录》《肇域志》等顾氏著作均重实用之学。如潘耒在《日知录·原序》中所言：

先生非一世之人，此书非一世之书也。魏司马朗复井田之议，至易代而后行；元虞集京东水利之策，至异世而见用。立言不为一时，录中固已言之矣。异日有整顿民物之责者，读是书而憬然觉悟，采用其说，

① （清）李颙：《体用全学》，《二曲集》卷7，陈俊民点校，中华书局1996年版，第54页。

② （清）全祖望撰，朱铸禹汇校集注：《全祖望集汇校集注》，上海古籍出版社2000年版，第227页。

> 见诸施行，于世道人心实非小补。如第以考据之精详，文辞之博辨，叹服而称述焉，则非先生所以著此书之意也。①

李颙、顾炎武等易代学者所重视的实用之学，随着清王朝统治的稳固，到了稍后的颜元、李塨等学者那里，实用之学得到了进一步强化，乃至于梁启超甚至称这批学者的学说为“实践实用主义”。如他分析颜元提倡的“习”：“他所谓习，绝非温习书本之谓，乃是说凡学一件事都要用实地联系功夫。所以我叫他做‘实践主义’。他讲学问最重效率。”②这种强化最突出的表现主要有两点：

其一，实用之学的范围进一步扩大。如颜元力主习行实践，提倡学以致用，尤其重视“实学”“实用”“实事”。他说：

> 然粤稽孔、孟以前，天地所生以主此气机者，率皆实文、实行、实体、实用，卒为天地造实绩，而民以安，物以阜。虽不幸而君相之人竟为布衣，亦必终身尽力于文、行、体、用之实，断不敢以不尧、舜不禹、皋者苟且于一时虚浮之局，高谈袖手，而委此气数，置此民物，听此天地于不可知也；亦必终身穷究于文、行、体、用之实，断不敢以惑异端、背先哲者肆口于百喙争鸣之日，著书立言，而误此气数，坏此民物，负此天地于不可为也。③

颜元提倡“实用”，并将自己的理论贯彻于教学之中，他在漳南书院设教时，分设四斋，即文事、武备、经史、艺能，其授课范围显然涉及了更为广泛的实学内容。颜元曾用精简的22字来概括其“实学”的内容：

---

① （清）潘耒：《原序》，（清）顾炎武著，（清）黄汝成集释：《日知录集释》，上海古籍出版社1985年版，第26页。

② 梁启超：《中国近三百年学术史》，东方出版社1996年版，第131页。

③ （清）颜元：《存学编·上太仓陆桴亭先生书》，《颜元集》，王星贤等点校，中华书局1987年版，第47页。

如天不废予，将以七字富天下：垦荒、均田、兴水利；以六字强天下：人皆兵，官皆将；以九字安天下：举人材，正大经，兴礼乐。①

颜元还提出“三事六府”的实用之学，他说：“吾所谓三事、六府、六德、六行、六艺之学是也。是明明德之学也，即谓为变化气质之功，亦无不可。”②其弟子李塨进一步对“六府三事”作了更详尽的阐释：

六府三事，此万世亲民之至道也。言水，则凡沟洫漕挽，治河防海，水战藏冰，鹾榷诸事统之矣；言火，则凡焚山烧荒，火器火战，与夫禁火改火诸燮理之法统之矣；言金，则凡冶铸泉货，修兵讲武，大司马之法统之矣；言木，则凡冬官所职，虞人所掌，若后世茶榷抽分统之矣；言土，则凡体国经野，辨五土之性，治九州之宜，井田封建，山河城池诸地理之学统之矣；言谷，则凡后稷之所经营，田千秋、赵过之所补救，晁错、刘晏之所谋为，屯田贵粟实边足饷诸农政统之矣。至三事，则所以经纬乎六府者也。正德，正此金木水火土谷之德也；利用，利此金木水火土谷之用也；厚生，厚此金木水火土谷之生也。③

由李塨的阐释可以看出，颜元的“三事六府”包括水、火、金、木、土、谷六个方面，几乎涉及当世民生的全部实际问题，可见其经世致用之学的广泛。

其二，将实践推向极致。颜元、李塨等人将实践视为学问的第一要义，尤为强调。如颜元说：

我夫子承周末文胜之际，洞见道之不兴，不在文之不详而在实之不

① （清）李塨：《颜习斋先生年谱》卷下，《颜元集》，王星贤等点校，中华书局1987年版，第763页。

② （清）颜元：《存性编 · 性图》，《颜元集》，王星贤等点校，中华书局1987年版，第32页。

③ （清）李塨：《瘳忘编》，《李塨文集》，邓子平等点校，河北人民出版社2011年版，第99页。

修，奋笔删定繁文，存今所有经书，取足以明道，而学教专在六艺，务期实用。①

《四库全书总目》评价颜元、李塨"以务实相争"：

盖前明自万历以后，心学盛行，儒、禅淆杂，其曲谨者，又阔于事情，沿及国初，犹存商俗，故颜元及塨独力以务实相争，存其说以补诸儒之枵腹高谈，未为无益。②

至于晚清的戴望奋力辑成《颜氏学记》10卷，专力宣扬颜李之学，亦指出颜李之学唯在重"实"：

盖圣门弟子以兢业为本，唯在实学、实习、实用之天下，而后儒侈言性天，薄事功，故其视诸贤甚卑也。③

顾炎武的经世致用之学强调"博学于文"，而将实践推向极致的颜李之学则尤为反对读书，更反对著书。如颜元反对读书、著书，甚至把读书比成服砒霜：

仆亦吞砒人也！耗竭心思气力，深受其害，以致六十余岁终不能入尧、舜、周、孔之道。但于途次闻乡塾群读书声，便叹曰，"可惜许多气力"；但见人把笔作文字，便叹曰，"可惜许多心思"；但见场屋出入人群，便叹曰，"可惜许多人才"。故二十年前但见聪明有志人，便劝之多读；近来但见才器，便戒勿多读书，尤戒人观宋人《语录》、《性理》等，

① （清）颜元：《存学编・性理评》，《颜元集》，王星贤等点校，中华书局1987年版，第75页。

② （清）永瑢等：《四库全书总目》卷184，中华书局1965年版，第1666页。

③ （清）戴望：《习斋一・处士颜先生元》，《颜氏学记》卷1，刘公纯标点，中华书局1958年版，第4页。

曰:"当如淫声、恶色以远之。"……噫!试观千圣、百王,是读书人否?虽三代后整顿乾坤者,是读书人否?吾人急醒!①

颜元反对读书的理由就是读书不但无补于实用,而且反受其祸。他说:

书之病天下久矣,使生民被读书者之祸,读书者自受其祸。而世之名为大儒者,方且要"读尽天下书",方且要"每篇读三万遍,以为天下倡",历代君相方且以爵禄诱天下于章句浮文之中,此局非得大圣贤、大豪杰,不能破矣。②

李塨也同样反对读书、著书,冯辰引李塨之言:

纸上之阅历多,则世事之阅历少;笔墨之精神多,则经济之精神少。宋明之亡,此物此志也。望贤者勿溺。③

以读书著书为儒者,七百年来之大梦也。④

颜元、李塨所力倡的偏重实用的经世致用之学在当时影响甚大,他们提出的观点十分激进,言辞也非常激烈。颜元曾学程朱陆王之学,力行一段时间后,幡然醒悟,坚决否定宋明相传六百年的理学壁垒,几乎全部推倒,可见其否定精神之激进,在当世来讲,可以说是冒天下之大不韪。钱穆赞颜元独步一世的否定精神:

以言夫近三百年学术思想之大师,习斋要为巨擘矣。岂仅于三百

① (清)颜元:《朱子语类评》,《颜元集》,王星贤等点校,中华书局1987年版,第249页。

② (清)颜元:《颜习斋言行录》卷上,《颜元集》,王星贤等点校,中华书局1987年版,第655页。

③ (清)冯辰:《李恕谷先生年谱》卷2,冯辰、刘调赞:《李塨年谱》,中华书局1988年版,第36页。

④ (清)刘调赞:《李恕谷先生年谱》卷5,冯辰、刘调赞:《李塨年谱》,中华书局1988年版,第165页。

年！上之为宋、元、明，其言心性义理，习斋既一壁推倒；下之为有清一代，其言训诂考据，习斋亦一壁推倒。“开二千年不能开之口，下二千年不敢下之笔”（王昆绳语，见《居业堂集》卷八《与婿梁仙来书》），遥遥斯世“前不见古人，后不见来者，念天地之悠悠，独怆然而涕下”，可以为习斋咏矣。①

颜李经世致用之学对“实用”的偏重，必然过于重视实践，从而轻视理论知识。余英时批评颜李之学：“颜李的基本立足点是在‘用’，讲‘实用’一旦讲到极端便不免要流于轻视知识，尤其是理论知识。”②余英时尤其批评颜元的极端“实用”：

颜习斋是一个最极端的致用论者，而同时他又是一个最彻底的反智识主义者，他反对朱子的读书之教，态度最为激烈而坚决，上自汉唐笺注训诂，下至宋明理学讨论，他都以“无用”两个字来加以否定。③

颜李经世致用之学对“实用”的偏重，在一定程度上已经滑向了极端实用主义与反智识主义的泥潭，最终导致颜李之学归于消歇。

三、考据学盛行背景下的经世致用之学

偏重实用的经世致用之学由于其理论自身的缺陷最终导致其逐渐向考据学靠拢。偏重实用的经世致用之学由于过于重视实践而轻视读书，且主张偏激，言辞激烈，并不为当时士大夫所尚。张舜徽评价颜元的过激观点：“他不独反对读书著书，把‘空言相继，纸上加纸’的现象看成不应有的怪事；甚至将诗、文、书、画，诋为‘乾坤四蠹’，必尽去之而后快。这种议论主

① 钱穆：《中国近三百年学术史》，商务印书馆 1997 年版，第 198 页。
② 余英时：《论戴震与章学诚》，生活·读书·新知三联书店 2000 年版，第 339 页。
③ 余英时：《论戴震与章学诚》，生活·读书·新知三联书店 2000 年版，第 340 页。

张,流于过分偏激,更无法投合封建士大夫们的脾胃。”①偏重实用的颜李之学于是很快消歇,但导致这种结果的关键并不在其不为士大夫所尚,而在于其理论本身的缺陷。余英时认为,颜李之学消歇的主要因素有内外两个,外在因素是“颜李的经世致用必须和政治外缘结合才真正能发挥作用;而事实上,我们知道,这个外缘条件对颜李来说是根本不存在的”。内在因素是“颜李学派并不能跳出儒家的圈子,最后还是摆脱不掉儒家经典文献的纠缠,并且终于走向自己立场的反面,和智识主义汇了流”。② 并且余英时认为内在因素更为重要。余英时对颜李之学消歇因素的思考是很有理论深度的,指出了颜李之学理论本身所存在的根本性问题。事实上也如此,偏重实用的经世致用之学的进一步发展证明了这一点。意识到偏重实用的经世致用之学理论的根本缺陷,并向考据学靠拢,走向“智识主义”,进而反叛实用经世致用之学的恰好首先出现在颜李之学的内部。钱穆说:

> 然恕谷自称考古几过万卷,显背师门之旨。而恕谷之移情考古,则自南游始。③

颜元不喜交游,不太理会外界的学术状况,其理论的缺陷自然不易被人发现,也不易被己发现。其弟子李塨则不然,他四方交游,并结识了毛奇龄、阎若璩、万斯同、方苞等考据学大家。李塨自然受到了他们的影响,从而反观其自身偏重实用的经世致用之学。如阎若璩考证《古文尚书》为伪书,而颜元所倡的“三事六府”、李塨所倡的“六府三事”,正是出自《古文尚书·大禹谟》的,这促使李塨不得不思考考据学对于经世致用之学的意义。最终李塨移情考据,花了很大功夫写成《大学辨业》《周易传注》《春秋传注》《中庸传注》等带有考据色彩的著作,这正是李塨反思颜李之学的结果,同时也受到了当时新兴的考据学的影响。余英时谈到颜李之学的结局时说:“尽

① 张舜徽:《清儒学记》,华中师范大学出版社 2005 年版,第 87 页。

② 余英时:《论戴震与章学诚》,生活·读书·新知三联书店 2000 年版,第 341 页。

③ 钱穆:《中国近三百年学术史》,商务印书馆 1997 年版,第 228 页。

管颜李学派从激烈的反智识主义出发，但它仍不免一步一步地向智识主义转化，最后还是湮没在清代考据学的洪流里。"①从某种程度上说，偏重实用的颜李之学理论本身的缺陷正是导致经世致用之学与考据学合流的重要原因之一。

考据学自顾炎武、阎若璩、胡渭之后，发展至乾嘉则蔚为大观，达到全盛时期，几乎形成"家家许郑，人人贾马"的局面。当此时，考据学极为盛行，整个学界弥漫着浓厚的考据学风，在此氛围中，经世致用之学又将怎样发展呢？

一方面，一部分学者倡导经世致用之学以反驳考据学的弊病。考据学于乾嘉时臻于全盛，其本身的弊病也将更容易显露出来。当时的学者已意识到考据学的一些弊病，如考据学的考证烦琐、门户之见、把考据视为学问的全部等，进而认为考据学败坏人才。本身是考据学大家的沈垚就曾批评那些假考据学说："乾隆中叶后士人习气，考证于不必考之地，上下务为相蒙，学术衰而人才坏。"②处于乾嘉考据学风盛行下的章学诚对考据学之弊病认识很深，对考据学流弊的针砭最为有力。章学诚反驳考据学的重要武器便是经世致用之学，他再次力倡经世致用，以期能够改变当时考据学风的流弊。如他批评考据学"复古"之病："尊汉学，尚郑许，今之风尚如此，此乃学古，非即古学也，居然唾弃一切，若隐有所恃。"③针对考据学之流弊，他明确提出学术的根本目的不是"考据"，而是"经世"：

> 君子苟有志于学，则必求当代典章以切于人伦日用，必求官司掌故而通于经术精微，则学为实事而文非空言，所谓有体必有用也。不知当代而言好古，不通掌故而言经术，则鞶帨之文，射覆之学，虽极精能，其无当于实用也审矣。④

---

① 余英时：《论戴震与章学诚》，生活·读书·新知三联书店 2000 年版，第 342 页。

② （清）沈垚：《与孙愈愚》，《落帆楼文集》卷 8《外集二》，《丛书集成续编》第 135 册，上海书店 1994 年版，第 461 页。

③ （清）章学诚：《文史通义》，刘公纯标点，北京古籍出版社 1956 年版，第 122 页。

④ （清）章学诚：《文史通义》，刘公纯标点，北京古籍出版社 1956 年版，第 148—149 页。

章学诚所提倡的经世并非只重实用，而是倡导“学术经世”，即整个学术精神的经世作用。他说：

> 汉廷治河必使治《尚书》者，《尚书》岂为治河设哉？学术固期于经世也。文史之儒，以为《尚书》所载，经纬天地，今只用以治河，则是道大而我小之也，此则后世之士务求赅遍而不切实用之通病也。得一言而致用，愈于通万言而无用者矣。①

戴震亦同样提倡经世致用之学。他说：

> 古人之学在行事，在通民之欲，体民之情，故学成而民赖以生。后儒冥心求理，其绳以理，严于商、韩之法，故学成而民情不知，天下自此多迂儒。及其责民也，民莫能辩，彼方自以为理得，而天下受其害者众也。②

另一方面，一部分学者则运用考据学方法阐释经世致用之学。考据学既是一门学问，同时又具有方法论意义，运用考据学方法阐述经世致用之学，是考据学盛行背景下的一些学者宣扬经世致用的一种常见手段。如考据学大家阮元也主张经世致用，他常常运用训诂、疏证等考据方法来阐述自己的“经世”主张。他对《礼记·大学篇》中的“致知在格物”一句训曰：

> 物者，事也。格者，至也。事者，家国天下之事，即止于五伦之至善、明德、新民皆事也。格有至义，即有止意，履而至，止于其地，圣贤实践之道也。③

---

① （清）章学诚：《文史通义》，刘公纯标点，北京古籍出版社1956年版，第122页。

② （清）戴震：《文集·与某书》，《戴震集》，汤志钧校点，上海古籍出版社1980年版，第188页。

③ （清）阮元：《大学格物说》，《揅经室集》，邓经元点校，中华书局1993年版，第54页。

他又对《论语》中的“一以贯之”的“贯”训曰：

贯，行也，事也。……孔子呼曾子告之曰：“吾道一以贯之。”此言孔子之道皆于事见之，非徒以文学为教也。“一”与“壹”同，壹以贯之，犹言壹是皆以行事为教也。①

他还把“礼”的本义释为“践履”，他说：

《说文》：“礼，履也。”《大孝篇》曰：“礼者，体此者也。”皆实践之义。②

由此可见，阮元在解释儒家经典中的“格物”“贯”“礼”等核心概念时，都特别强调了“行”，强调了“实践”，他正是通过训诂的方法宣扬了经世致用的主张。

其他如戴震、焦循诸人均曾有用训诂、疏证等考据学方法宣扬过经世致用。如戴震疏证孟子之言曰：

人心所知，皆彼之言，不复知其异于《六经》、孔、孟之言矣；世又以躬行实践之儒，信焉不疑。夫杨、墨、老、释，皆躬行实践，劝善惩恶，救人心，赞治化，天下尊而信之，帝王因尊而信之者也。③

需要进一步说明的是，由于考据学末流为考据而考据的流弊，导致部分学者以经世致用之学反驳考据学，给人留下考据学与经世致用之学相对立的印象，而事实上，考据学本身与经世致用之学并非矛盾。在优秀的考据学

① （清）阮元：《论语一贯说》，《揅经室集》，邓经元点校，中华书局 1993 年版，第 53 页。

② （清）阮元注释：《曾子十篇》卷 1，《丛书集成初编》第 0510 册，中华书局 1985 年版，第 14 页。

③ （清）戴震：《孟子字义疏证》，《戴震集》，汤志钧校点，上海古籍出版社 1980 年版，第 329 页。

者那里，考据仅为治学的手段，经世致用才是治学的目的。这些考据学者在考据学著作中仍是主张经世致用的，除了前面提到的阮元、戴震之外，还有惠栋、钱大昕等人。如惠栋说：

汉儒以经术饰吏事，故仲舒以通《公羊》折狱，平当以明《禹贡》治河，皆可为后世法。①

钱大昕在《小学考序》中也强调经世致用：

夫书契之作，其用至于百官治，万民察。圣人论为政必先正名，其效归于礼乐兴，刑罚中。张敞、杜林以识字而为汉名臣，贾文元、司马温公以辨音而为宋良相，然则公之于斯学，固有独见其大者。因文以载道，审音以知政，孰谓文学与经济为两事哉！②

主张经世致用的考据学者并非仅仅停留在书本上，他们还致力于现实中的"经世"活动。如阮元曾长期担任地方长官，勤于政务。他将学术与日常政务结合起来，取得了很好的政绩，为当地民生作出了很大贡献，尤在治理水利方面功劳甚大。他经常实地勘察，结合历史地理方面的考订，提出了一些切实可行的治理措施，很好地治理过江浙海塘、广东清远峡、湖北荆州的洪水泛滥以及黄河泥沙淤积成患等水利问题。焦循精通数学、测算，曾撰有《开方通释》《释椭》《释弧》《释轮》《加减乘除释》等数学专著，并将之运用于实际的测算之中。

四、受西学影响的经世致用之学

道咸以降，清朝国势日渐衰微，国家处于内忧外患之中。尤其是鸦片战

① （清）惠栋：《经术饰吏事》，《九曜斋笔记》卷1，《丛书集成续编》第92册，上海书店1994年版，第500页。

② （清）钱大昕：《潜研堂文集·小学考序》，《潜研堂集》，吕友仁标校，上海古籍出版社1989年版，第395页。

争之后，中国闭关自守的国门被强制打开，中国面临被列强瓜分的危险，此时的中华民族正处于即将亡国灭种的灾难之中。面临国家危亡、民族灾难的关键时期，一部分知识分子重新张扬经世致用之学，希望强国以挽救国家的衰微。梁启超痛心疾首地谈到鸦片战争后的国家命运所激发出来的经世致用之学，他说："'鸦片战争'以后，志士扼腕切齿，引为大辱奇戚，思所以自湔拔；经世致用观念之复活，炎炎不可抑。"①此时的经世致用之学已与先前有了很大不同，它是在西学东渐的背景下产生的，是具有近代意义的经世致用之学。王国维说"道咸以降之学新"，便是指道咸以降的学术具有近代意义。郑军更明确地指出这个"新"便是西学东渐对经世致用之学的深远影响，他说："'道咸以降之学新'中所谓之'新'更应该归结于鸦片战争前后西学东渐对经世致用思想的影响。传统的经世致用之学在道咸年间由于西学的影响已经开始了发生质变的过程，西学的因素成为'道咸以降之学'区别于前代旧有经世致用思想的关键所在，成为经世致用之学由传统向现代嬗变的重要标志，这才应该是把'道咸以降之学'定性为'新'的根由和实质所在。"②受西学影响而具有近代意义的经世致用之学之"新"的表现主要有以下三端：

其一，近代经世致用之学具有浓厚的民族忧患意识。道咸以降，清王朝政治上更加昏暗，外族入侵日盛，面对日益加深的社会危机、民族危机，魏源、龚自珍、林则徐等有识之士都在探寻挽救危机的良药，他们直面这种残酷现实而倡导经世致用之学，他们的经世致用之学不可避免地具有了浓厚的民族忧患意识。正是这种浓厚的民族忧患意识，使传统的匡救世艰、纾解民困的经世致用之学的重点发生了重大变化，传统的时务问题不再是经世致用之学的重点，而夷务问题成为此时经世致用之学最为关注的首要问题，也是重中之重。经历了鸦片战争的失败之后，魏源、林则徐首先认识到清朝在军事上不如"夷"，主张学习西方先进技术以富国强兵，魏源则提出了"师夷长技以制夷"的主张，他在《海国图志叙》中说：

① 梁启超：《清代学术概论》，上海古籍出版社1998年版，第71—72页。

② 郑军：《"道咸以降之学新"新论——试析道咸年间经世致用思潮由传统向现代的转型》，《鲁东大学学报》（哲学社会科学版）2006年第4期。

何以异于昔人海图之书？曰：彼皆以中土人谭西洋，此则以西洋人谭西洋也。

是书何以作？曰：为以夷攻夷而作，为以夷款夷而作，为师夷长技以制夷而作。①

冯桂芬则进一步认识到清朝在行政体制方面不如“夷”。他指出了“四不如夷”之处：

以今论之，约有数端：人无弃材不如夷，地无遗利不如夷，君民不隔不如夷，名实必符不如夷。四者道在反求，以上诸议备矣。②

冯桂芬能够从行政体制方面探寻清朝不如“夷”的地方，这种认识显然比魏源、林则徐的认识更进了一步，更深刻一些。魏源等经世学者能够正视清朝与“夷”的差距，从而提出向西方学习的主张，以期挽救日益衰微的国势。

经世致用之学的重点转向夷务问题，还掀起了外国史地与边疆史地研究的热潮。外国史地研究的主要代表作品有魏源《海国图志》、徐继畬《瀛环志略》、黄遵宪《日本国志》、王韬《法国志略》《普法战争》等，这些著作绝不仅仅是史地知识的介绍，而是体现了一种世界观念。如梁启超评价《海国图志》与《瀛环志略》：

言世界地理者，始于晚明利玛窦之《坤舆图说》，艾儒略之《职方外纪》。清初有南怀仁、蒋友仁等之《地球全图》。然乾嘉学者视同邹衍谈天，目笑存之而已。……鸦片战役后，则有魏默深《海国图志》百卷，徐松龛《瀛环志略》十卷，并时先后成书。……此二书在今日诚为刍狗，然中国士大夫之稍有世界地理知识，实自此始，故略述其著作始末

① （清）魏源：《海国图志原叙》，《魏源全集》第4册，岳麓书社2011年版，第2页。

② （清）冯桂芬：《校邠庐抗议》，上海书店2002年版，第49页。

如上。①

除此,这些著作还对学术的近代化转型具有重大意义。张磊指出其重大意义:“著名的《海国图志》一书改变了传统知识结构,为他的一生思想的高峰。”②李纪祥在此基础上进一步指出其近代模式:“魏源的《海国图志》一书‘改变了传统知识结构’,先勿论这样的说法与观点是否能为人所接受,但已经表达出点校者是从‘近代史模式’来理解《海国图志》,给与此书一个‘近代的开端’之位置。点校者‘改变传统知识结构’的陈述正可以反映出其所以思维魏源与《海国图志》一书的模式,仍然在一种近代史式的复杂繁衍模式之下。”③这种近代史模式显然具有近代化转型的重大意义。在边疆史地研究方面,道光之前的祁韵士《西陲总体事略》与《藩部要略》开其端,道光年间及其后的主要代表作品有徐松《西域水道记》《新疆识略》、龚自珍《蒙古图志》、魏源《圣武记》、张穆《蒙古游牧记》、何秋涛《朔方备乘》等。这些作品资料丰富、考证翔实,始终贯穿着爱国主义思想和经世致用精神,为内忧外患的现实社会提供了主要借鉴,意义重大。正如喻大华指出19世纪的边疆史地研究热潮的重大意义所言:“这一研究热潮是时代的产物,所反映出的时代精神一是强调开发边疆、维护国家的统一,从祁韵士、徐松的研究到张穆著《蒙古游牧记》,都反映了这一精神;二是着眼于巩固边防、抵御外侮,如何秋涛著《朔方备乘》,集前人研究之大成,把边疆史地研究推向顶峰。这一研究热潮具有开拓性和经世致用精神,不仅为保卫、开发边疆提供了参考,也为当时中国史学摆脱危机闯出了一条新路,并为后人留下了启示。”④

其二,受西学影响,近代经世致用之学倡言社会变革。道咸以来,清王

① 梁启超:《中国近三百年学术史》,东方出版社1996年版,第390—391页。

② 张磊:《爱国的、进步的思想家——魏源(代序)》,(清)魏源:《海国图志》,陈华等点校注释,岳麓书社1998年版,第2页。

③ 李纪祥:《近代观与西学观——魏源研究的多元面向与反思》,黄爱平、黄兴涛主编:《西学与清代文化》,中华书局2008年版,第82页。

④ 喻大华:《论19世纪中国史学界边疆史地研究的热潮》,《辽宁师范大学学报》(哲学社会科学版)1991年第2期。

朝越来越陷入困境之中。为了挽救濒临倾覆的封建清王朝，寻找到拯救日渐衰微局面的经世之方，一些封建知识分子对清王朝的各种弊病大力抨击，并极力倡言社会变革。如魏源认为变革是历史发展的必然规律，他说：

> 田、韩、赵、魏以陪臣代诸侯，秦起戎翟，以并天下，则知天下大势所趋，圣人即不变之，封建亦必当自变。……唯王变而霸，道德变而功利，此运会所趋，即祖宗亦不能不听其自变。……夫子删《书》，始自唐、虞，以人治，不复以天治。虽天地亦不能不听其自变。①

魏源还认为这种社会变革是历史发展的趋势，是无法阻挡的，他说：

> 夫万物自化，则任其自生自息而已。自生自息而气运日趋于文，将复有欲心萌作于其间。苟无以镇之，则太古降为三代，三代降为后世，其谁止之？②

龚自珍同样强调社会变革是历史发展的必由之路，变革的关键在于人才。他指出："自古及今，法无不改，势无不积，事例无不变迁，风气无不移易，所恃者，人材必不绝于世而已。"③他还针对当时的社会现状指出了变革的紧迫性："待其敝且变，而急思所以救之，恐异日之破坏条例，将有甚焉者矣。"④如果说魏源、龚自珍的社会变革主要还停留在各种具体政策方面，那么冯桂芬的社会变革主张则更进一步，触及了行政体制方面，《校邠庐抗议》中的《公黜陟议》《汰冗员议》《厚养廉议》《许自陈议》等即如此。如他谈到的廉政问题说：

> 今议厚给养廉，议筹复职田县若干亩，绅士征其租，供本州县养廉，

① （清）魏源：《书古微》卷11，《魏源全集》第2册，岳麓书社2011年版，第348—351页。

② （清）魏源：《老子本义》，《魏源全集》第12册，岳麓书社2011年版，第57页。

③ （清）龚自珍：《上大学士书》，《龚自珍全集》，上海人民出版社1975年版，第319页。

④ （清）龚自珍：《明良论四》，《龚自珍全集》，上海人民出版社1975年版，第35页。

次上司，次本籍京官，亦古采地遗意也。①

冯桂芬已认识到清王朝非常严重的腐败问题，对此提出“厚养”官员以养廉的方法。这些封建知识分子所提出的社会变革主张，受西学影响很大，所以特别强调向西方学习先进科学技术。如冯桂芬专写《采西学议》，主张学习西方应从儿童抓起：

> 今欲采西学，宜于广东、上海设一翻译公所，选近郡十五岁以下颖悟文童，倍其廪饩，住院肄业，聘西人课以诸国语言文字，又聘内地名师课以经史等学，兼习算学。②

这样严格的西学教育，仍然在于通过提高国民的文化知识水平以达到最终战胜外夷的目的。冯桂芬说：

> 三年之后，诸文童于诸国书应口成诵者，许补本学。诸生如有神明变化，能实见之行事者，由通商大臣请赏给举人。如前议中国多秀民，必有出于夷而转胜于夷者，诚今日论学一要务矣。③

其三，近代经世致用之学具有思想启蒙的意义。陈国庆对晚清启蒙思潮的内涵作了如下界定：

> 晚清中国社会出现的启蒙思潮的内涵，广义地讲，包括反抗外国资本主义侵略、挽救民族危机、维护国家主权和领土完整、富国强兵、独立自主的爱国主义思潮；反对满族贵族的腐朽统治、恢复汉族政权的民族主义思潮和反对封建主义的民主思潮。狭义地讲，启蒙思潮仅仅包括

① （清）冯桂芬：《校邠庐抗议》，上海书店2002年版，第49页。
② （清）冯桂芬：《校邠庐抗议》，上海书店2002年版，第56页。
③ （清）冯桂芬：《校邠庐抗议》，上海书店2002年版，第56页。

上述最后一个方面的内容，即反对封建和迷信，提倡民主和科学，宣扬资本主义政体形式和自由、平等、博爱的民主思潮。①

为了更具体阐述近代经世致用之学的思想启蒙意义，笔者认为在此使用思想启蒙的狭义内涵更为合适。

先谈体制方面的启蒙意义。受到西学影响，一些知识分子否定旧的封建政治体制，开始探寻一种能够富国强兵的新的政治体制，其中以康有为提出的“新三世说”最具代表性。《春秋公羊传》提出了旧的“三世说”。孔子记录公子益师死的事件之所以未写具体日期，是因时间久远，以历三世。《春秋公羊传》释之：“公子益师卒。何以不日？远也。所见异辞，所闻异辞，所传闻异辞。”②“三世”即指“所见”“所闻”“所传闻”。董仲舒进一步发挥，认为：“《春秋》分十二世以为三等，有见，有闻，有传闻。有见三世，有闻四世，有传闻五世。故哀、定、昭，君子之所见也。襄、成、文、宣，君子之所闻也。僖、闵、庄、桓、隐，君子之所传闻也。所见六十一年，所闻八十五年，所传闻九十六年。”③汉代何休注《春秋公羊传》时在此基础上则明确提出了“三世说”：

> 所见者，谓昭、定、哀，己与父时事也；所闻者，谓文、宣、成、襄，王父时事也；所传闻者，谓隐、桓、庄、闵、僖，高祖曾祖时事也。…于所传闻之世，见治起于衰乱之中，用心尚麤粗，故内其国而外诸夏；…于所闻之世，见治升平，内诸夏而外夷狄；……至所见之世，著治太平，夷狄进至于爵，天下远近大小若一，用心尤深而详。…所以三世者，礼为父母三年，为祖父母期，为曾祖父母齐衰三月，立爱自亲始，故《春秋》据哀录隐，上治祖祢。④

① 陈国庆：《晚清新学史论》，三秦出版社2003年版，第30页。

② （清）阮元校刻：《春秋公羊传注疏》，《十三经注疏》，中华书局1980年版，第2200页。

③ （汉）董仲舒撰，苏舆义证：《春秋繁露义证》卷1，中华书局1992年版，第9—10页。

④ （清）阮元校刻：《春秋公羊传注疏》，《十三经注疏》，中华书局1980年版，第2200页。

康有为以“旧三世说”为基础，吸收了西方进化论思想，提出了“新三世说”：

《春秋》之义，有据乱世，升平世，太平世。子张受此义，故因三世而推问十世，欲知太平世之后如何也。孔子之道有三统、三世，此盖藉三统以明三世，因推三世而及百世也。夏、殷、周者，三统递嬗，各有因革损益。观三代之变，则百世之变可知也。盖民俗相承，故后王之起，不能不因于前朝，弊化宜革，故一代之兴，不能不损益为新制。人道进化皆有定位，自族制而为部落，而成国家，由国家而成大统。由独人而渐立酋长，由酋长而渐正君臣，由君主而渐为立宪，由立宪而渐为共和。①

在《孟子微》中，康有为把“新三世说”表述得更为明确。他说：

如今大地中，三法并存，大约据乱世尚君主，升平世尚君民共主，太平世尚民主。②

可以看出，“新三世说”反映了康有为反对封建专制，渴望先建立君主立宪，后建立民主共和的资产阶级政体的政治主张。

后谈思想方面的启蒙意义。自由、平等、博爱、民主、共和等启蒙思想在近代经世致用之学之中得到了张扬，成为近代社会的主流思潮，开启了民智。严复把西方社会制度的特点概括为“以自由为体，以民主为用”，他说：“自其自由平等观之，则捐忌讳，去烦苛，决壅蔽，人人得以行其意，申其言，上下之势不相悬，君不甚尊，民不甚贱，而联若一体者，是无法之胜也。”③严

① （清）康有为：《论语注》卷2，姜义华编校：《康有为全集》第6集，中国人民大学出版社2007年版，第393页。

② （清）康有为：《孟子微》卷4，姜义华编校：《康有为全集》第5集，中国人民大学出版社2007年版，第464页。

③ （清）严复：《原强》，王栻主编：《严复集》，中华书局1986年版，第11页。

复以西方之自由平等反观封建专制制度，对专制进行猛烈抨击，号召向西方学习。谭嗣同则发出"冲破罗网"的呼声，吸收西方资产阶级的"天赋人权说"，改造了中国传统的民本思想，大力倡言"平等"思想：

> 生民之初，本无所谓君臣，则皆民也。民不能相治，亦不暇治，于是共举一民为君。夫曰共举之，则非君择民，而民择君也。夫曰共举之，则其分际又非甚远于民，而不下侪于民也。夫曰共举之，则因有民而后有君；君末也，民本也。天下无有因末而累及本者，亦岂可因君而累及民哉？夫曰共举之，则且必可共废之。君也者，为民办事者也；臣也者，助办民事者也。赋税之取于民，所以为办民事之资也。如此而事犹不办，事不办而易其人，亦天下之通义也。①

再看康有为提出的"大同世界"的理想社会，其中也充满了自由、平等、独立、博爱的启蒙思想。其弟子钱安定总结康有为的"大同世界"道：

> 夫大同之世，天下为公，无有阶级，一切平等，既无专制之君主，亦无民选之总统，国界既破，则无政府之可言。人民皆自由平等，更无职官之任。男女既平等独立，则以情好相合，而立和约，定有期限，不名夫妇。三年怀抱，二十年教养，均由公共之人本院、育婴院、慈幼院、小学、中学、大学院以教之养之。则其于父母无恩，孝道可废。及其老也，又有公共之养老院，疾病则有公共之医病院，考终则有公共之考终院，则于子无靠，慈义可废。人民既受公共之教养二十年后，公家又给之职业，虽有懒惰成性者，亦罚之入恤贫院作苦工。如此则永无失业之人。且既无室家，负担益轻，则其私产自无所用之，亦不必藏之己也。如此则私产制度废，资本主义自烟消云散矣。且于斯时，人类既安居极乐，思想日新，进化无疆，新器日多，新制日出，必有能代肉品之精华，而滋

① （清）谭嗣同：《仁学》，蔡尚思等编：《谭嗣同全集》（增订本），中华书局 1981 年版，第 339 页。

养相同者，至是又不食鸟兽之肉，而至仁成矣。兽与人同本而至亲，首戒食之，次渐戒食鸟，次渐戒食鱼，次渐戒食有生之物焉。盖人与万物，在天视之，固同一体也。爱物为大同之至仁矣。于斯时也，人物平等，是之谓大同矣。①

受西学影响的经世致用之学与中国传统文化紧密相关。魏源的“新三世说”以《春秋公羊学》中的旧的“三世说”为基础，其提出的“大同世界”的社会理想也是源自于《礼记·礼运》中的“大道之行也，天下为公”。龚自珍倡导的社会变革思想也特别强调其哲学基础为《易经》的“变通观”与公羊哲学的“变易观”。谭嗣同的《仁学》也与古代“仁”的思想紧密相关，并赋予其新的思想启蒙内涵。钱穆评价康有为《大同书》中的“平等博爱”时说：“平等博爱，此西说也，而扬高凿深之，乃不仅附会之于墨翟，并牵率之于释迦。”②所以，从总体上看，具有近代意义的经世致用之学特别强调传统哲学为其思想之源，他们的政治主张与近代启蒙思想也主要是通过对传统典籍的重新阐释来表达的，如魏源《董子春秋发微》《诗古微》《书古微》《老子本义》、龚自珍《春秋决事比》、康有为《孔子改制考》《论语注》等。受西学影响的经世致用之学在宣扬近代思想过程中对中国传统典籍的溯源与依托，具有双刃剑作用，一方面易于为封建时代的人们所接受，从而减少变革的阻力，另一方面也延缓了中国近代化的进程。正如郑军对魏源、龚自珍等经世派的评价：“他们看到的仅仅是西方资本主义国家在技艺方面优于中国的长处，并没有真正意识到在这些长技后面起主要作用的却是代表西方文明的资本主义政治和经济制度，所以就造成了他们一方面不得不承认西方的长技优于中国，但是另一方面却又从中国的古典经籍寻找西方这些长技在中国的源头，并不可避免地落入了‘西学中源说’的窠臼。虽然‘西学中源说’理论的出发点有可能是为了缓解在封建社会中学习西方先进科学技术的阻力，但是另一方面却造成了这样一种后果，那就是模糊了中国传统文化

① （清）钱安定：《序》，（清）康有为：《大同书》，华夏出版社2002年版，第3页。
② 钱穆：《中国近三百年学术史》，商务印书馆1997年版，第738页。

同西方先进的科学技术和社会政治制度在本质属性上的区别,结果反而延缓了近代中国全面而深入地学习西方的步伐。”①郑军的评价是很准确的,正好说明了受西学影响的经世致用之学溯源与依托于传统典籍的双刃剑作用。

“经世致用”是中国传统文化的核心价值之一,尤其是儒家文化中一以贯之的思想传统,体现着儒家有体有用的重要特征,也是中国知识分子实现其“治国平天下”的政治抱负的一种体现,同时又是知识分子“立功、立德、立言”的人生价值和道德追求的内在精神。无论清代的经世致用之学如何变化,其学术之中始终饱含着清代知识分子那种对国家、民族、民生强烈关注的赤诚之心,儒家的救世情怀始终贯穿于清代经世学者的思想中,并被他们发扬光大。

第二节 清代经世致用之学与小说评点对教化功能的强化

所谓“教化”,就是指用儒家的政治道德思想教育感化于民,让民众接受儒家思想,按照儒家礼义自觉践行,并促使社会向着符合儒家礼制的方向发展。“教化”说是儒家关注现实社会的重要表现。“教化”萌芽于儒家经典《尚书》之中,《尚书》云:“帝曰:夔!命汝典乐,教胄子。直而温,宽而栗,刚而无虐,简而无傲。”②对“教化”说的正式提出及其较为系统的阐述则是在《毛诗序》中,其言:

> 《关雎》,后妃之德也,风之始也,所以风天下而正夫妇也,故用之乡人焉,用之邦国焉。……先王以是经夫妇,成孝敬,厚人伦,美教化,

---

① 郑军:《“道咸以降之学新”新论——试析道咸年间经世致用思潮由传统向现代的转型》,《鲁东大学学报》(哲学社会科学版)2006年第4期。

② (清)阮元校刻:《尚书正义》,《十三经注疏》,中华书局1980年版,第131页。

移风俗。①

汉代桓宽《盐铁论·授时》亦有相似的阐述："是以王者设庠序，明教化，以防道其民，及政教之洽，性仁而喻善。"②中国传统文人从他诞生那一天起，其精神内核中就包含着积极的入世思想和强烈的以天下为己任的精英意识。曾子说："士不可以不弘毅，任重而道远。仁以为己任，不亦重乎？死而后已，不亦远乎？"③文人的教化思想是以矮化民众为前提的，是文人精英意识的体现，这种思想一直以来都是文人的内在精神追求，小说评点者也同样具有教化思想，并通过小说评点表现出来。明代是一个张扬个性的时代，但在文人那里，小说评点仍然具有较浓厚的教化思想。如绿天馆主人（即冯梦龙）在《古今小说叙》中特别指出了《古今小说》的道德教化，他说：

> 大抵唐人选言，入于文心；宋人通俗，谐于里耳。天下之文心少而里耳多，则小说之资于选言者少，而资于通俗者多。试令说话人当场描写，可喜可愕，可悲可涕，可歌可舞；再欲捉刀，再欲下拜，再欲决脰，再欲捐金；怯者勇，淫者贞，薄者敦，顽钝者汗下。虽小诵《孝经》、《论语》，其感人未必如是之捷且深也。④

至于清代，小说评点的主体逐渐转向了文人。同时，经世致用之学也成为清代的主流学术思潮之一，处于此学术背景下的小说评点者必将深受经世致用学术思潮的影响，再加上其作为文人固有的儒家观念，清代的小说评点进一步强化了小说的教化功能，并具有了新的时代特征。这主要表现在以下三个方面：

---

① （清）阮元校刻：《毛诗正义》，《十三经注疏》，中华书局1980年版，第269—270页。

② （汉）桓宽撰，王利器校注：《盐铁论校注》，中华书局1992年版，第422页。

③ （清）阮元校刻：《论语注疏》，《十三经注疏》，中华书局1980年版，第2487页。

④ （明）绿天馆主人：《古今小说叙》，冯梦龙编：《古今小说》，人民文学出版社1958年版，第1—2页。

一、儒家传统的“华夷观”渗入小说评点

“华夷观”是儒家传统的政治观，一般称“华夷之辨”，亦称“夷夏之辨”“夷夏之防”，用于区辨华夏与蛮夷。区别的主要标准是以华夏礼仪的有无，或是对诸夏的友善度为标准，而不是种族，合于华夏礼俗文明者或与诸夏关系亲近者为华，或称夏、华夏、中国人，反之则为夷，或称蛮夷、化外之民。“华夷观”形成于春秋战国时期，在诸侯争霸的战争中，“尊王攘夷”思想被儒家所提倡，其中已蕴含“华夷”观念。皮锡瑞评价说：“但尊王攘夷，虽《春秋》大义；而王非唯喏趋伏之可尊，夷非一身两臂之可攘。”①比较明确地论述“华夷观”的主要是在孔子论著、《国语》、《左传》等先秦典籍之中。如《论语》中说：“子曰：夷狄之有君，不如诸夏之亡也。”②正义曰：“此章言中国礼义之盛，而夷狄无也。举夷狄，则戎蛮可知。诸夏，中国也。亡，无也。言夷狄虽有君长而无礼义，中国虽偶无君，若周、召共和之年，而礼义不废，故曰：夷狄之有君，不如诸夏之亡也。”③《国语》中亦曰：“是非王之支子母弟甥舅也，则皆蛮、荆、戎、狄之人也。非亲则顽，不可入也。”④

到了清代，被传统汉族文人视为“夷”的满族主政中原，这对传统文人来讲，无疑是一次巨大的心理冲击和文化冲击。那些固守民族节操的前朝遗民不仕清廷，有的还坚持抗清斗争，如顾炎武、黄宗羲、王夫之等著名学者。同时，他们还大力提倡经世致用之学，尤为关注现实社会，明清易代之际，华夷问题便被倡导经世致用的学者视为首要问题，于是，传统的“华夷观”被经世致用学者大力张扬，以此教化民众维护华夏文明，甚至进一步进行反清斗争。如王夫之说：“夷狄，非我族类者也，蝥贼我而捕诛之，则多杀而不伤吾仁；如其困穷而依我，远之防之，犹必矜而全其生；非可乘约肆淫、

① （清）皮锡瑞：《经学变古时代》，《经学历史》，周予同注释，中华书局 1959 年版，第 250 页。

② （清）阮元校刻：《论语注疏》，《十三经注疏》，中华书局 1980 年版，第 2466 页。

③ （清）阮元校刻：《论语注疏》，《十三经注疏》，中华书局 1980 年版，第 2466 页。

④ 《郑语》，《国语》卷 16，上海古籍出版社 1978 年版，第 507 页。

役之残之、而规为利也。"①道咸以后，西方列强加剧了对中国的侵略，中华民族处于亡国灭族的深重危机之中，力倡经世致用的龚自珍、魏源等学者更是举起传统的"华夷"之旗，以此号召民众抵制外国侵略，维护国家、民族利益。魏源主张"师夷长技以制夷"，他在谈到西方国家时称之为"夷"，在比较"华夷"之异时，主张学习"夷"的优点，其目的在于强"华"，如他在比较"英夷"与"华"时说：

> 乾隆以前，多为闽、粤人流寓。自英夷以兵夺据，建洋楼，广衢市，又多选国中良工技艺，徙实共中。有铸炮之局，有造船之厂，并建英华书院，延华人为师，教汉文汉语，刊中国经史子集图经地志，更无语言文字之隔。故洞悉中国情形虚实，而中国反无一人了彼情伪，无一事师彼长技。喟矣哉！分康熙初定台湾时，廷议欲迁其人，弃其地，专守彭湖，独施琅力争之，谓不归中国必归于荷兰。圣祖从之，设官置戍，海外有截。使当日执捐珠崖之议，台湾今日不为新嘉坡者几希！使后世有人焉，日翻夷书，刺夷事，筹夷情，如外夷之侦我虚实，其不转罪以多事，甚坐以通番者几希!②

清代倡导经世致用的学者面对"夷"对华夏文明的侵蚀，认为当前最重要的经世致用就是挽救民族、国家的危机。因此，他们普遍具有很浓厚的国家意识，主张先有国家，而后才有学术，如吕留良提出"尊朱辟王论"，钱穆对之评价道："然则晚村之阐朱学，其意在发挥民族精神以不屈膝仕外姓为主。实非康、雍以下清儒之仰窥朝廷旨意，以尊朱辟王为梯荣捷径者所获梦想于万一也。……然则处异族淫威之下，国已亡，政已失，而言学术思想，其事不可悲之甚耶！"③在此学术背景之下，清代的小说评点者亦用传统的"华夷观"来评点小说，并借之教化民众，维护华夏文明的正统地位。

---

① （清）王夫之：《读鉴通论》卷12，《船山全书》第10册，岳麓书社1996年版，第450页。
② （清）魏源：《海国图志》，《魏源全集》第4册，岳麓书社2011年版，第503—504页。
③ 钱穆：《中国近三百年学术史》，商务印书馆1997年版，第84—85页。

清初，随着满清入主中原，在反对晚明空疏学风、倡导经世致用的学术背景下，小说评点者亦用传统“华夷观”评点小说。最具代表性的评点者是毛氏父子，如毛宗岗在《读三国志法》开篇即提出“正统、闰运、僭国之别”：

> 读《三国志》者，当知有正统、闰运、僭国之别。正统者何？蜀汉是也。僭国者何？吴、魏是也。闰运者何？晋是也。魏之不得为正统者，何也？论地则以中原为主，论理则以刘氏为主，论地不若论理。故以正统予魏者，司马光《通鉴》之误也；以正统予蜀者，《紫阳纲目》之所以为正也。①

毛氏父子还在《三国演义》第九十回回评中直接用“华夷观”评点小说：

> 天下唯猛兽最难降，又唯妇人最难降。降猛兽而猛汉不足忧矣，降妇人而猛兽又不足忧矣。木鹿大王之驱虎豹，是猛汉仗猛兽之不以跛虒者也。孟获之有祝融夫人，是男蛮仗女蛮之不以跛虒者也。降女蛮之法，妙在以我之汉将，擒彼之女蛮，即以彼之女蛮，易我之汉将，而女蛮亦为我所用。降猛兽之法，妙在以我之假兽，逐彼之真兽，又使彼之猛汉，即受逐于彼之猛兽，而猛兽亦为我所用。诸葛真神人哉！②

毛氏父子将降孟获等人比喻为降猛兽、妇人，贬抑之词溢于言表。像“蛮子”“痴蛮子”“南蛮”等轻视之词更是频繁出现于毛氏父子、李渔等人对《三国演义》的古代少数民族人物的评点之语中。毛氏父子甚至在评点中暗示出反清倾向。如《三国演义》第九十回带来洞主说：“此去东南七百

① （清）毛宗岗：《读三国志法》，陈曦钟等辑校：《三国演义》（会评本），北京大学出版社1986年版，第4页。

② （清）毛氏父子：《三国演义》（第90回回评），陈曦钟等辑校：《三国演义》（会评本），北京大学出版社1986年版，第1093页。

里，有一国，名乌戈国。国主兀突骨，身长丈二，不食五谷，以生蛇恶兽为饭；身有鳞甲，刀箭不能侵。……”毛氏父子于此评点道：“今人腹中有鳞甲，亦一乌戈国也。”①第二十五回关羽评价颜良：“吾观颜良，如插标卖首耳!”毛氏父子于此评道：“山前颜铺出卖首级，不误主顾。关公出语亦甚风流，然则世之建虚名者，大半皆卖首之标矣。”②毛氏父子所说的“今之乌戈国”即暗指满清，“世之卖首之标”亦暗指吴三桂等卖主求荣、依附满清的民族败类。黄中模指出：“毛本《三国》有一定的民族意识，毛宗岗的批语具有明显的反清内容。”③这无疑是有一定道理的。

鸦片战争之后，外夷入侵，主权不断丧失，直接威胁国家安危，有识之士日感抵御外夷的迫切性，这不仅体现在政界，在学界也同样反应强烈。正如梁启超所言：“嘉道以还，积威日弛，人心已渐获解放，而当文恬武嬉之既极，稍有识者，咸知大乱之将至。追寻根原，归咎于学非所用，则最尊严之学阀，自不得不首当其冲。”④小说评点者亦同感外夷对中华的威胁，他们在评点中再扬传统“华夷观”，号召民众抵御外夷，挽救民族危亡。如忧患余生在《官场现形记叙》中大声疾呼：

> 戊戌、庚子之间，天地晦黑，觉罗不亡，殆如一线。而我辈不畏强暴，不避斧钺，笔伐口诛，大声疾呼，卒伸大义于天下，使若辈凛乎不敢犯清议。虽谓《春秋》之力至今存可也。而谁谓草茅之士，不可以救天下哉？⑤

① （清）毛氏父子：《三国演义》（第90回夹评），陈曦钟等辑校：《三国演义》（会评本），北京大学出版社1986年版，第1100页。

② （清）毛氏父子：《三国演义》（第25回夹评），陈曦钟等辑校：《三国演义》（会评本），北京大学出版社1986年版，第313页。

③ 黄中模：《论毛宗岗评改〈三国演义〉的主要思想意义——毛本〈三国〉是“维护清王朝的正统地位”辨》，《明清小说研究》1986年第1期。

④ 梁启超：《清代学术概论》，上海古籍出版社1998年版，第71页。

⑤ （清）忧患余生：《官场现形记叙》，丁锡根编著：《中国历代小说序跋集》，人民文学出版社1996年版，第1716页。

二、更加力主“劝惩”

由于古代小说地位低下，主“劝惩”就成了小说向儒家思想靠拢，借此提高小说地位的重要手段，也同样是小说评点者提高小说地位的重要手段。冯梦龙的“三言”比较典型，书名就叫《醒世恒言》《警世通言》《喻世明言》（又名《古今小说》），从书名即可看出其主“劝惩”的创作主旨。冯梦龙还以可一居士之名在《醒世恒言序》中阐释了其书名之意：“明者，取其可以导愚也；通者，取其可以适俗也；恒则习之而不厌，传之而可久。三刻殊名，其义一耳。”①冯梦龙进一步阐释“导愚”的目的在于“醒人”，在于“振恒心”：

> 由此推之，惕孺为醒，下石为醉；却呼为醒，食嗟为醉；剖玉为醒，题石为醉。又推之，忠孝为醒，而悖逆为醉；节检为醒，而淫荡为醉；耳和目章，口顺心贞为醒，而即聋从昧，与顽用嚚为醉。人之恒心，亦可思已。从恒者吉，背恒者凶。心恒心，言恒言，行恒行，入夫妇而不惊，质天地而无怍。下之巫医可作，而上之善人君子圣人亦可见。恒之时义大矣哉！自昔浊乱之世，谓之天醉。天不自醉人醉之，则天不自醒人醒之。以醒天之权与人，而以醒人之权与言。言恒而人恒，人恒而天亦得其恒，万世太平之福，其可量乎！则兹刻者，虽与《康衢》《击壤》之歌并传不朽可矣。②

由此可见冯梦龙主“劝惩”之良苦用心。陆人龙的小说取书名为《型世言》，恪守“以为世型”的创作主旨，也是意在为当时的人们树立道德楷模。

到了清代，明代的主情思潮渐退，经世致用思潮逐渐成为重要主流思潮，在此思潮的影响之下，小说评点者力主“劝惩”的评点倾向更加突出，主

---

① （明）可一居士：《叙》，（明）冯梦龙：《醒世恒言》，《古本小说集成》，上海古籍出版社影印本 1993 年版，第 2 页。

② （明）可一居士：《叙》，（明）冯梦龙：《醒世恒言》，《古本小说集成》，上海古籍出版社影印本 1993 年版，第 3—6 页。

要表现在：

其一，更加强调小说的创作主旨在于“劝惩”。清中叶的静恬主人从总体方面指出小说创作的目的就是“劝惩”，他说：

> 小说何为而作也？曰：以劝善也，以惩恶也。夫书足以劝惩者，莫过于经史；而义理艰深，难令家喻而户晓，反不若稗官野乘，福善祸淫之理悉备，忠佞贞邪之报昭然。能使人触目儆心，如听晨钟，如闻因果，其于世道人心，不为无补也。①

对某一部小说创作主旨的阐释，评点者亦强调其力主“劝惩”的创作动机。《金瓶梅》自诞生以来，一直被视为“诲淫”之书，张竹坡于卷首专门为“非淫书”一辩，他辩《金瓶梅》非淫书的主要立足点便是强调其力主“劝惩”的创作主旨，他说：

> 所以云：“诗三百，一言以蔽之曰：思无邪。”注曰：“诗有善有恶。善者起发人之善心，恶者惩创人之逆志。”圣贤著书立言之意，固昭然于千古也。今夫《金瓶梅》一书作者，亦是将《褰裳》、《风雨》、《萚兮》、《子衿》诸诗细为摹仿耳。夫微言之而文人知儆，显言之而流俗知惧。不意世之看者，不以为惩劝之韦弦，反以为行乐之符节，所以目为淫书，不知淫者自见其为淫耳。②

张竹坡还在《批评第一奇书〈金瓶梅〉读法》中明言：“《金瓶梅》是部惩人的书，故谓之戒律亦可。虽然又云《金瓶梅》是部入世的书，然谓之出世的书亦无不可。”③《聊斋志异》被部分时人认为是一部记“异”之书，纪昀等

---

① （清）静恬主人：《金石缘序》，丁锡根编著：《中国历代小说序跋集》，人民文学出版社1996年版，第1291页。

② （清）张竹坡：《第一奇书非淫书论》，王汝梅等校点：《张竹坡批评第一奇书金瓶梅》，齐鲁书社1987年版，第20页。

③ （清）张竹坡：《批评第一奇书〈金瓶梅〉读法》，王汝梅等校点：《张竹坡批评第一奇书金瓶梅》，齐鲁书社1987年版，第49页。

人对之大加批评，唐梦赉、高珩等则从力主"劝惩"的儒家之义的高度来评点、阐释《聊斋志异》中的"异"，并希望读者能从"异"中看出小说暗含的儒家教化的经世功能。唐梦赉说：

> 今观留仙所著，其论断大义，皆本于赏善罚淫与安义命之旨，足以开物而成务，正如扬云《法言》，桓谭谓其必传矣。①

关于其他小说创作主旨，清代的小说评点者亦多从力主"劝惩"的儒家高度进行评点。如王希廉评点《红楼梦》："予以《红楼梦》为小说耶？夫福善祸淫，神之司也；劝善惩恶，圣人之教也。《红楼梦》虽小说，而善恶报施，劝惩垂诫，通其说者，且与神圣同功，而子以其言为小，何拘其名而不究其实也？"②蔡元放评点《东周列国志》："夫圣人之书，善恶并存，但取善足以为劝，恶足以为戒而已。……若《列国志》之善恶施报，皆一本于古经书，真所谓善足以为劝，恶足以为戒者，又何嫌于骄奢淫泆丧心蔑理也哉！"③

清代的小说评点者在评点中力主"劝惩"，其目的在于"警世""醒世""救世"。如《红楼梦》中有意设置了太虚幻境，描写了宝玉游太虚幻境的情节，脂砚斋指出其寓意在于以"情"警世。脂砚斋评点道：

> 菩萨天尊皆因僧道而有，以点俗人，独不许幻造太虚幻境以警情者乎？观者恶其荒唐，余则喜其新鲜。有修庙造塔祈福者，余今意欲起太虚幻境，以较修七十二司更有功德。④

---

① （清）唐梦赉：《唐序》，张友鹤辑校：《聊斋志异》（三会本），上海古籍出版社 1986 年版，第 5 页。

② （清）王希廉：《红楼梦批序》，朱一玄编：《红楼梦资料汇编》，南开大学出版社 1985 年版，第 535 页。

③ （清）蔡元放：《东周列国志读法》，黄霖、韩同文选注：《中国历代小说论著选》上册，江西人民出版社 1982 年版，第 416 页。

④ （清）脂砚斋：《脂砚斋甲戌抄阅再评石头记》（第 5 回眉批），上海古籍出版社 1985 年版，第 67 页。

脂砚斋言简意赅地点出了《红楼梦》以“情”警世的意蕴。黄小田在评点《儒林外史》时也特别强调了该书“滑稽语”背后所隐含的作者“救世”的良苦用心。他评点道:“不善读(此书)者但取其中滑稽语以为笑乐,殊不解作者嫉世救世之苦衷。”①

其二,以儒家道德标准臧否人物。儒家思想作为中国传统思想的主流,其所倡导的仁、义、礼、智、信、节等道德要求是古代评价人物的最主要标准。明代小说评点亦以此为主要标准,如李贽高度评价宋江的“忠义”,但又受崇尚真情、追求自由的个性思潮影响,真情与自由也成为了评价人物的标准之一,如金圣叹对李逵、武松、鲁智深等人的高度褒扬。由于清代经世致用之学的影响,清代的小说评点则更多地以儒家道德为标准来臧否小说中的人物。如但明伦对《聊斋志异·乔女》中的乔女赞扬极高,主要是从她几乎全面符合儒家道德要求的角度进行评点的。但氏评点道:

> 美哉乔女!其德之全矣乎:不事二夫,节也;图报知己,义也;锐身诣官,勇也;哭诉缙绅,智也;食贫不染,廉也;幼而抚之,长而教之,仁也,礼也。迨身既死,而犹能止其棺,斥其子,卒以遂其归葬之志,得为完人于地下。呜呼!抑何神乎!②

乔女这样符合儒家道德的人得到评点者的赞扬是理所当然的。但特别忠心耿耿于臭名昭著的董卓的蔡邕,也同样得到了毛氏父子的肯定。董卓被杀后,蔡邕伏尸痛哭,对此行为,毛氏父子赞之符合儒家道德:

> 今人俱以蔡邕哭卓为非,论固正矣;然情有可原,事有足录。何也?士各为知己者死。设有人受恩桀纣,在他人固为桀纣,在此人则尧舜也。董卓诚为邕之知己,哭而报之,杀而殉之,不为过也。犹胜今之势

① (清)黄小田:《〈儒林外史〉序》,李汉秋辑校:《儒林外史》(汇校汇评本),上海古籍出版社2010年版,第688页。

② (清)但明伦:《乔女》(末评),张友鹤辑校:《聊斋志异》(三会本),上海古籍出版社1986年版,第1287页。

> 盛则借其余润,势衰则掉臂去之,甚至为操戈,为下石,无所不至者,毕竟蔡为君子,而此辈则真小人也。①

对小说中不符合儒家道德之人物,评点者则大加鞭挞。如张竹坡对西门庆等人的评点,可谓骂尽了人间诸色,骂得酣畅淋漓。他评点道:

> 西门庆是混账恶人,吴月娘是奸险好人,玉楼是乖人,金莲不是人,瓶儿是痴人,春梅是狂人,敬济是浮浪小人,娇儿是死人,雪娥是蠢人,宋惠莲是不识高低的人,如意儿是个顶缺之人。若王六儿与林太太等,直与李桂姐辈一流,总是不得叫做人。而伯爵、希大辈皆是没良心的人。兼之蔡太师、蔡状元、宋御史皆是枉为人也。②

张竹坡尤其痛恨吴月娘,认为她最是奸险阴毒之人,对之痛加批判:"其丑之之处,真胜于杀之剐之也。故曰此书中月娘为第一恶人罪人,予生生世世不愿见此等男女也。"③

清代的小说评点者还常常将儒家道德两极的人物放在一起对比评点,通过道德比较的强烈反差,从而凸显其力主"劝惩"的功能。古代小说本身在创作上就存在道德两极化的倾向,这造成了人物形象的类型化。张稔穰在分析儒家伦理道德对古代小说中人物形象的影响时,概括出古代小说的人物类型主要有"君子"与"小人"两种,他说:"从大的方面来说,多数古典小说中的艺术形象只有两大类:体现着儒家伦理道德观念的正极的'君子',和体现着它的负极的'小人'。"④张稔穰的结论虽然比较简单化,但小说为了强调伦理教化导致人物形象的两极化倾向却是不争的事实。清代的

---

① (清)毛氏父子:《三国演义》(第9回回评),陈曦钟等辑校:《三国演义》(会评本),北京大学出版社1986年版,第95页。

② (清)张竹坡:《批评第一奇书〈金瓶梅〉读法》,王汝梅等校点:《张竹坡批评第一奇书金瓶梅》,齐鲁书社1987年版,第35页。

③ (清)张竹坡:《金瓶梅》(第84回回评),王汝梅等校点:《张竹坡批评第一奇书金瓶梅》,齐鲁书社1987年版,第1343页。

④ 张稔穰:《中国古代小说艺术教程》,山东教育出版社1991年版,第308页。

小说评点者通过对比评点道德两极的人物，更加突出了小说的"劝惩"功能。如哈斯宝评点善"乖"的宝钗、袭人、紫鹃、探春等人道：

> 世上不平常叫乖，乖有两等：恶乖和善乖。恶乖即奸狡，宝钗、袭人之流便是。善乖乃足智多谋，紫鹃、探春等人便是。①

再如张竹坡评点孟玉楼与潘金莲，在张竹坡看来，孟玉楼是"绝世美人"，儒家道德的楷模，正如蔡一鹏的分析："张竹坡在孟玉楼身上注入了封建社会妇女无须具备但却是儒学之士终身致力以求的全部精神品格。这样一来，孟玉楼就不再是孟玉楼了，她已经被批评家提高到艺术象征的高度，成为儒家道德精神的化身。"②潘金莲则是张竹坡眼中的淫妇，违背儒家道德的坏女人典型。为了凸显"劝惩"，张竹坡处处将孟玉楼与潘金莲对比评点，张氏评点道：

> 人知金莲进言之妙，不知作者且特特写一玉楼与金莲翻案，针锋反映。见得作孽者自作孽，守分者自守分。然则如无风起浪之金莲、春梅固不足论，而即如凡有炎凉之来，我不能自守，为共所动者，皆自讨苦吃也。故后文处处遇金莲悲愤气苦时，必写玉楼作衬。盖作者特特为金莲下针砭，写出一玉楼，且特特为如金莲者下针砭，始写一玉楼也。③

第七十二回又评道："处处以玉楼衬金莲之妒，固矣。然处处必描玉楼'慢慢地走来'，'花枝般摇战的定来'，或'低了头不言语'，'低了头弄裙带'，真是写尽玉楼矣。"④

---

① （清）哈斯宝：《新译红楼梦》（第27回回批），亦邻真译，朱一玄编：《红楼梦资料汇编》，南开大学出版社1985年版，第811页。

② 蔡一鹏：《论张竹坡评点〈金瓶梅〉的道德理性思维方式》，《文学遗产》1994年第5期。

③ （清）张竹坡：《金瓶梅》（第11回回评），王汝梅等校点：《张竹坡批评第一奇书金瓶梅》，齐鲁书社1987年版，第165—166页。

④ （清）张竹坡：《金瓶梅》（第72回回评），王汝梅等校点：《张竹坡批评第一奇书金瓶梅》，齐鲁书社1987年版，第1098页。

其三,力主“劝惩”是评点者评价小说的重要标准。力主“劝惩”是清代的小说评点者评价小说优劣的最重要标准。郑锡麟为《益智录》写的《序》中说:“著书非难,著书而有裨于人心世运则难矣。”①解鉴本人也把“事关劝惩”作为自己所追求的一种目标,他在《自序》中坦言:

> 事关劝惩,有足裨乎世道人心者,广采旁搜,因端竟委。刍荛之议,千虑一得;卮言日出,谬悠良亦不乏。至于肆口诋諆,借抒愤怨,若碧云騢之所为,则自信其无是矣!②

解鉴自谦地称自己的小说虽然“广采旁搜”,“有足裨乎世道人心”,但还没有达到“其味隽永”的劝惩的道德高度,只能心向往之。冯镇峦盛赞《聊斋志异》,亦重点指出了其“议论醇正”“有关世教”的特点,他说:

> 《聊斋》非独文笔之佳,独有千古,第一议论醇正,准理酌情,毫无可驳。如名儒讲学,如老僧谈禅,如乡曲长者读诵劝世文,观之实有益于身心,警戒愚顽。至说到忠孝节义,令人雪涕,令人猛省,更为有关世教之书。③

清代的小说评点者不仅以“劝惩”评价小说,还认为有助“劝惩”是小说刊行的必备条件,只有如此,方能实现小说的教化功能。如滋林老人在评点《说呼全传》时说:

> 小说家千态万状,竞秀争奇,何止汗牛充栋?然必有关惩劝扶植纲常者,方可刊而行之。一切偷香窃玉之说,败俗伤风,辞虽工直,当付之

① (清)郑锡麟:《序》,(清)解鉴:《益智录》,人民文学出版社 1999 年版,第 288 页。

② (清)解鉴:《自序》,《益智录》,人民文学出版社 1999 年版,首页。

③ (清)冯镇峦:《读聊斋杂说》,张友鹤辑校:《聊斋志异》(三会本),上海古籍出版社 1986 年版,第 11 页。

祖龙耳。①

在清代,是否“事关劝惩”成了评点小说时评价小说的重要标准,在其他地方谈到小说时也多以此为标准。如刘廷玑《在园杂志》卷二谈到《金瓶梅》时说:“彭城张竹坡为之先总大纲,次则逐卷逐段分注批点,可以继武圣叹,是惩是劝,一目了然。惜其年不永,殁后将刊板抵偿夙逋于汪苍孚,苍孚举火焚之,故海内传者甚少。”②申涵光还对《水浒传》《金瓶梅》从“诲盗”“诲淫”的儒家道德角度大加诅咒:

> 世传作《水浒传》者,三世哑。近时淫秽之书,如《金瓶梅》等,丧心败德,果报当不止此。每怪友辈极赞此书,谓其摹书人情,有似《史记》,果尔,何不直读《史记》,反悦其似耶?至家有幼学者,尤不可不慎。③

可见,清代以“劝惩”评价小说的学风之甚。这种学风一直延续到民国年间,民国八年(1919 年),著超还在《古今小说评林》中说:“小说之主脑,在启发智识而维持风化。启发智识犹易事也,维持风化则难乎其难,是非有确切之伦理小说足以感动人心,而使愚夫愚妇皆激发天良不可。……中国各古本中,无论何种小说,与伦理二字却都有价值。《三国》谭、尚相争,丕、植相逼,孙坚之谋嫁妹,春香之告黄奎,是反写也;曹后责兄,枭姬哭江,赵云拒赵范之嫂,桓侯堕麦城之血,是正写也。……正反两面,面面俱到,盖作小说者,其心中固有一维持风化之成见在焉。”④

---

① (清)滋林老人:《说呼全传序》,《说呼全传》,《古本小说集成》,上海古籍出版社影印本 1990 年版,第 1 页。

② (清)刘廷玑:《在园杂志》卷 2,张守谦点校,中华书局 2005 年版,第 83 页。

③ (清)申涵光:《荆园小语》,《丛书集成初编》第 0376 册,中华书局 1985 年版,第 4 页。

④ 著超:《古今小说评林》,朱一玄、刘毓忱编:《三国演义资料汇编》,百花文艺出版社 1983 年版,第 516 页。

三、为“小说为闲书”观力辩

在经世致用的学术思潮背景之下，清代强调读书致用，而小说则更被视为无用且有害的“闲书”，这种观念影响甚大，波及清代社会的上上下下。如政府所颁布的《收毁淫书局章程》中就列举了小说的四大害处：

一、玷品行　览此等书，必非正人佳士。南海一县令，好观《肉蒲团》，手钞小本日玩之，不意乱入详册，上司怒其无行，参革而死。

二、败闺门　凡好藏淫书，好唱弹词诸家妇女，率多丑声。其秉性幽贞者，或以瘵疾死。下此不忍言矣。可胜痛哉。

三、害子弟　藏此书者，子弟必然偷看，其佳者以此早知觉，早破身，或以疾死，即转而自悔，而元气一散，断不能成大器。世间尽有佳子弟，秀出一时，迄无成就，由浑金璞玉，早年玷缺，皆乃父巾箱中密藏物所害也。若中下者，必好此破家矣。金陵一名家子，过目成诵，年十三，博通经史，一日偷看《西厢》曲本，忘食废寝，七日夜而元阳一走，医家云心肾绝矣，乃死。

四、多恶疾　好此种书，必多妖，必多忌疾。杭州朱司马，人极丰伟，年甫五十，即乞归，谓家人曰：“我幼时喜小说，风痰入肾，不久矣。”未几死。看淫书之害如此。呜呼，真可为痛哭者也。再详十法，普告同人。①

在一般士大夫的家庭教育中，小说也是被视为无用于正业且有害于心术的“闲书”而不被允许年轻人阅读的，因为这些“闲书”不仅耽误了年轻人的前程，还会妨碍意志力比较薄弱的年轻人的身心健康。如夏敬秀《正家本论》记载：

---

① （清）余治：《得一录》卷11之《收毁淫书局章程》，王利器辑录：《元明清三代禁毁小说戏曲史料》（增订本），上海古籍出版社1981年版，第195—196页。

近时所刻之书，自《聊斋志异》后，若《夜谈随录》、《谐铎》、《子不语》之类，其中亦有关劝惩者，然大半说鬼诲淫、骂人发笑。吾不知作者何以接踵而出，见者何以交口而称？子弟案头每置此种，不但有妨正业，且为心术之害。①

此段话批评《夜谈随录》《谐铎》《子不语》等小说为无用于举业且有害于心术的"闲书"，因而不允许年轻人阅读的，因为在家长看来，"小说闲书，不可入目"②，阅读小说类的"闲书"无异于浪费光阴。更有甚者，清代大学者钱大昕大力贬斥小说，认为小说"导人以恶"，应当禁绝。他说：

古有儒、释、道三教，自明以来，又多一教曰小说。小说演义之书，未尝自以为教也，而士大夫农工商贾无不习闻之，以至儿童妇女不识字者，亦皆闻而如见之，是其教较之儒、释、道而更广也。释道犹劝人以善，小说专导人以恶。奸邪淫盗之事，儒释道书所不忍斥言者，彼必尽相穷形，津津乐道，以杀人为好汉，以渔色为风流，丧心病狂，无所忌惮。子弟之逸居无教者多矣，又有此等书以诱之，曷怪其近于禽兽乎！③

因为清代文网森严，再加上"小说为闲书""导人以恶"等观念的盛行，小说在清代遭到了最为严厉的禁毁，从中央到地方都颁布了很多严厉的法令来禁毁小说戏曲。这种法令在清代各朝文献中随处可见。除了法令之外，清人作品中亦多见清代小说禁毁的记录。如俞正燮《癸巳存稿》记载："其小说之禁，顺治九年题准，琐语淫词，通行严禁。康熙四十八年

① （清）夏敬秀：《正家本论》卷下"闲书勿藏"，陆林：《宋元明清家训禁毁小说戏曲史料辑补》，《明清小说研究》1997年第2期。

② （清）周馥：《负暄》卷上，王利器辑录：《元明清三代禁毁小说戏曲史料》（增订本），上海古籍出版社1981年版，第255页。

③ （清）钱大昕：《潜研堂文集·正俗》，《潜研堂集》，吕友仁标校，上海古籍出版社1989年版，第282页。

六月议准，淫词小说，及各种秘药，地方官严禁。”①可见，清代禁毁小说之严厉。

在小说被视为“闲书”、被严厉禁毁的背景下，清代的小说评点者为争得小说的生存空间，不得不为“闲书说”“稗史说”力辩。其力辩的主要武器仍然是强调小说中的儒家道德教化功能。如文龙评《金瓶梅》：

> 谁谓闲书不可看乎？修身齐家之道，教人处世之方，咸在于此矣。不此之思，而徒（疑脱谓字）《金瓶梅》是淫书不是淫书，不亦慎乎？②

金圣叹早强调了稗史亦有劝惩，他说：“读至末幅，已成拖尾，忽然翻出何清报信一篇有哭有笑文字，遂使天下兄弟人读之心伤，有兄弟人读之又心伤，谁谓稗史无劝惩乎？”③金圣叹这段文字写于晚明。至于清代，在经世致用之学的影响，从“劝惩”角度为小说为“闲书”辩则显得更为迫切、有力。如天花藏主人在《平山冷燕》开卷总评中就强调：“此小说虽小言，而小言寓正大之规，实亦贤者之用心也。”④但明伦在解释《聊斋志异》为什么把《考城隍》置于首篇时评道：

> 一部大文章，以此开宗明义，见宇宙间唯仁孝二字，生死难渝；正性命，质鬼神，端在乎此，舍是则无以为人矣。自揭立言之本旨，即以明造物赏罚之大法。⑤

---

① （清）俞正燮：《演义小说》，《癸巳存稿》卷9，《丛书集成初编》第0362册，中华书局1985年版，第269页。

② （清）文龙：《金瓶梅》（第11回回评），黄霖编：《金瓶梅资料汇编》，中华书局1987年版，第420页。

③ （明末清初）金圣叹：《水浒传》（第16回回评），陈曦钟等辑校：《水浒传会评本》，北京大学出版社1981年版，第306页。

④ （清）天花藏主人：《平山冷燕》（总评），佚名：《平山冷燕》，冯伟民校点，人民文学出版社1983年版，第1页。

⑤ （清）但明伦：《考城隍》（夹批），张友鹤辑校：《聊斋志异》（三会本），上海古籍出版社1986年版，第3页。

但明伦认为《考城隍》就是一篇寓言，不仅城隍当考，现实中的公卿以至牧令，亦当考！何以考之？那就是“仁孝之德，赏罚之公”。但明伦指出了《聊斋志异》开宗明义以“劝惩”考现实的重要功能。更有一些评点者特意阐释小说书名的“劝惩”之义，如《里乘・说例》释“里乘”之名的用意：

> 劝惩之书，不啻汗牛充栋，阅者嫌其老生常谈，往往览不终卷，辄即欠伸欲睡。是书义取劝惩，名之曰《里乘》。凡遇耳闻目见可愕可欣之事，间亦登之，非敢自乱其例，盖欲藉以醒阅者之目也。①

《益智录》的书名也是作者想要借小说中故事益人心志，有裨世教而特意取的，《谐铎》中的“铎”同样表明了作者之大旨是以儒家伦理道德规范来劝世警世之意。

从“劝惩”角度为小说为“闲书”辩，与当时主流意识形态所认可的小说观也是相符的，因而容易为小说争得生存空间。《四库全书总目》是官修之书，其稿由朝廷所征召的300多名学者合力撰写而成，其中纪昀出力最大，影响也最大，体现了官方意图，正是当时主流意识的体现。《四库全书总目》作为体现主流意识的官修之书，在小说观方面也是重劝惩的，如其对唐宋以后之小说的总体评价集中体现了这一点：

> 唐宋而后，作者弥繁。中间诬谩失真，妖妄荧听者固为不少。然寓劝戒，广见闻，资考证者亦错出其中。②

可见，《四库全书总目》对小说“寓劝戒”的肯定是很明显的，这也是当时主流意识对小说的评价标准。小说只有与主流意识保持一致，才能被主流文学所认同，从而提高作品的地位，在文化专制的清代，也才能逃过被查

① （清）许奉恩：《里乘・说例》，周光培等校：《笔记小说大观》第33册，江苏广陵古籍刻印社1984年版，第206页。

② （清）永瑢等：《四库全书总目》卷140，中华书局1965年版，第1182页。

禁的命运。清代的小说评点者对此深有认识。

寻找小说中的“文法”，是清代小说评点者为小说为“闲书”辩的又一重要武器。因为小说中蕴含着作文之法，读者尤其是子弟们可以从中学习到写作技巧，那小说就自然不会被认为是闲书了。如苏庵主人自评《绣屏缘》：

> 看小说，如看一篇长文字，有起伏，有过递，有照应，有结局。倘前后颠倒，或强生支节，或遗前失后，或借鬼神以神其说，俱属牵强。此书头绪井然，前后一贯。兼之行乎，其所当行；止乎，其所当止。至于引诗批语，皆有深意，非若从来坊刻，徒为衬贴而已。我愿世上看官，勿但现其事之新奇，词之藻丽，须从冷处着神，闲处作想，方领会得其中佳趣。①

冯镇峦也在《读聊斋杂说》中提醒读者要注意《聊斋志异》中的各种文法：

> 不会看书人，将古人书混看过去，不知古人书中有得意处，有不得意处；有转笔处，有难转笔处。趁水生波处，翻空出奇处，不得不补处，不得不省处，顺添在后处，倒插在前处。无数方法，无数筋节。当以正法眼观之，不得第以事视，而不寻文章妙处。此书诸法皆有。②

事实也如此，部分清代文人并不将小说视为“闲书”，而是将其作为研读文章之教材加以利用。如近代掌故大家徐一士回忆自己之所以喜欢写作，作品屡见刊物，实得益于从小的家庭教育。徐一士幼时，其父常以《三国演义》《水浒传》《儒林外史》《西游记》等闲书作为研读文章之教材而授

① (清)苏庵主人：《绣屏缘》(总评)，苏庵主人编次：《绣屏缘》，金久太点校，《〈明清艳情小说〉丛书》第1辑，长江文艺出版社1993年版，第342页。

② (清)冯镇峦：《读聊斋杂说》，张友鹤辑校：《聊斋志异》(三会本)，上海古籍出版社1986年版，第17页。

之。徐氏记载：

> 吾父为余讲书最多，作非正式之教授。教材甚广，盖自经史子集（所谓“正经书”）以至小说之类（所谓“闲书”），不拘一格，随时选讲。……关于“闲书”，曾为讲《三国志演义》，自首至尾，完其全部。（开首十数回讲过后，即令余自讲，吾父听之，酌加指导），以其为文言而杂白话，得此基础，可为阅读他书之助也。《聊斋志异》，亦在选讲之列。又尝为讲《西厢记》，则惠明下书一段也。此外如《水浒传》《儒林外史》《西游记》《封神演义》《隋唐演义》《儿女英雄传》《三侠五义》等，均自阅之。（《红楼梦》，吾父有手批之本，而其时余不喜阅，此书固非稚年所能感觉兴味者也。）①

徐父以《三国演义》等“闲书”作为教材的独特家庭教育，确实达到了很好的教学效果，徐一士读懂这些“闲书”后，自然触类旁通，文章水平大为长进。《负暄絮语》也记载清代文人将《聊斋志异》作为研读文章之教材：

> 《聊斋志异》一书，为近代说部珍品，几于家弦户诵，甚至用为研文之助，其流传之广，盖可知矣。②

可见，小说实非“闲书”，是有助于“劝惩”与文章写作的。

在清代经世致用之学术思潮盛行的背景下，小说评点中特别强化教化功能，这既与传统文人强烈的济世情怀有关，同时也是小说评点者在清代特定的文化语境中为争取小说的生存空间所作的努力。客观地说，这种努力对文人认识小说的积极意义起到了一定的作用，但对清政府针对小说的文化政策所起作用甚微。

---

① 徐一士：《一士类稿》，中华书局2007年版，第28页。

② 蒋瑞藻编：《小说考证》，上海古籍出版社1984年版，第219页。

第三节 清代经世致用之学与小说评点的现实批判精神

清代经世致用之学特别强调“务当世之务”，故十分关注当下社会的现实问题，并将之视为经世致用学者的为学宗旨。“当世之务”的具体内容主要指国家政权、政治体制、经济发展、天下苍生等关乎国计民生的大事。朱之瑜在刊行于日本正德二年(1713 年)的《朱舜水文集》中说：“大人君子包天下以为量，在天下则忧天下，在一邦则忧一邦，唯恐生民之不遂。”①清代经世致用学者在对国家民生的关注中，表现出了强烈的现实批判精神。君主专制体制成为经世致用学者抨击的首要目标。他们在总结明亡教训的过程中，认为君主制是导致天下大乱的罪魁祸首，如唐甄则严厉责问“君”的乱天下之罪：

> 治天下者唯君，乱天下者唯君。治乱非他人所能为也，君也。小人乱天下，用小人者谁也？女子寺人乱天下，宠女子寺人者谁也？奸雄盗贼乱天下，致奸雄盗贼之乱者谁也？②

黄宗羲也猛烈抨击“君”为“天下之大害”。各种社会时弊也是经世致用学者抨击的重点对象。如顾炎武借陈梅之言抨击了吏治，并提出了改革吏治的方案：

> 常熟陈梅曰：“……后世人才，远不如古，乃欲以县令一人之身，坐理数万户口赋税色目，繁猥又倍于昔时，虽欲不丛脞，其可得乎？”愚故为之说曰：以县治乡，以乡治保，以保治甲，视所谓不过五人者，而加倍

① (清)朱之瑜：《与冈崎昌纯书二首・二》，《朱舜水文集》卷 5，朱谦之整理，中华书局 1981 年版，第 173 页。

② (清)唐甄：《潜书》，吴泽民编校，中华书局 1955 年版，第 66 页。

焉，亦自详密，亦自易简，此斟酌古今之一端也。又曰：一乡几保，不妨多少，何也？因民居也，法用圆。十甲千户，不得增损，何也？稽成数也，法用方。①

潘耒在评价《日知录》时也指出了《日知录》对时弊的抨击与规切。他说："至于叹礼教之衰迟，伤风俗之颓败，则古称先，规切时弊，尤为深切著明，学博而识精，理到而辞达。是书也，意唯宋元名儒能为之，明三百年来殆未有也。"②

日益低下的世风、学风也是经世致用学者所担忧和抨击的。如卢文弨记朱凤台抨击日益严重的赌博世风之言：

赌博之禁宜严也。世风日下，赌博处处有之，唯靖俗为尤甚。故家子弟，里巷愚民，一入其中，无不立见丧亡，尽变下流不肖，因而生奸致盗，地方为之不宁，风俗为之日坏，流殃伤化，唯此为第一痛心疾首之事。所当首请广谕严禁，犯者尽法痛惩，而尤在重治诱引窝赌之人，以为搜绝根株之计，此实救弊易俗之首务也。③

何絜抨击士子著书急功近利的学风：

余手其书，每潸潸下涕，叹不丁，时世风日下，竞趋贪鄙力足有为者，多不能如数十年前。崇尚声华，唯沾沾目前，一身是营，何暇遥遥为千百世后计？④

---

① （清）顾炎武：《里甲》，（清）黄汝成集释：《日知录集释》，上海古籍出版社1985年版，第627—628页。

② （清）潘耒：《原序》，载（清）顾炎武著，（清）黄汝成集释：《日知录集释》，上海古籍出版社1985年版，第25页。

③ （清）朱凤台：《与孙明府书》，卢文弨辑：《常郡八邑艺文志》卷1，庄翊昆等校补，《续修四库全书》第917册，上海古籍出版社2002年版，第376页。

④ （清）何絜：《赠吴紫园序》，《晴江阁集》卷20，清康熙刻增修本。

蓝鼎元抨击士子唯以科名为务，全然不知儒家礼义：

世风日下，士子以科名为树立，茫不知圣贤事业为何等；居官以尊显为树立，杳不识尧舜君民为何事，皆未闻道之故也。天下王侯将相当时则荣，没则已焉，乌可以言树立？①

经世致用之学是清代的主流学术思潮之一，在此背景下诞生的小说评点必受其影响，经世致用之学所具有的强烈现实批判精神也必将或隐或显地影响到小说评点，因而，清代小说评点的现实批判精神与前代相比，显得更为突出，也打上清代的时代烙印。清代小说评点中的现实批判精神具体表现在：

一、对封建体制的批判

1. 对君主专制体制的批判

清代经世致用学者认为君主专制是一切封建体制弊端的根源，因此，他们集中抨击君主制，其猛烈程度超过了以往任何时代。如顾炎武抨击君主集权：

天子之所恃以平治天下者，百官也；故曰：臣作朕股肱耳目；又曰：天工人其代之。今夺百官之权，而一切归之吏胥，是所谓百官者虚名，而柄国者吏胥而已。郭隗之告燕昭王曰：亡国与役处，吁其可惧乎！秦以任刀笔之吏，而亡天下，此固已事之明验也。②

顾炎武还强调君主要以"义"严格约束自己的行为。他说：

---

① （清）蓝鼎元：《五儿云鹗字说》，《鹿洲初集》卷13，景印文渊阁《四库全书》第1327册，台湾商务印书馆1986年版，第790页。

② （清）顾炎武：《吏胥》，（清）黄汝成集释：《日知录集释》，上海古籍出版社1985年版，第639页。

是故知天子一位之义，而不敢肆于民上以自尊。知禄以代耕之义，则不敢厚取于民以自奉。不明于此，而侮夺人之君，常多于三代之下矣。①

黄宗羲对君主专制批判最为激烈，专写《原君》一篇，将批判矛头直指封建君主专制体制，并将之作为《明夷待访录》的首篇，以昭示其开宗明义之用意。《明夷待访录》对整个君主专制体制的批判，语言犀利，而且还具有了民主启蒙的思想意义，正如吴光评价：(《明夷待访录》)“指向了秦、汉以来统治中国的整个君主专制制度，他从政治、经济、法律、军事、教育、文化等各个方面对君主专制制度进行了严厉批判，提出了具有民主启蒙倾向的对未来社会的政治设计，从而奠定了黄宗羲作为伟大启蒙思想家的历史地位。”②

在此学术背景下，清代的小说评点对黑暗朝政的批判也十分尖锐。如林钝翁在《姑妄言》评点中指出，导致魏忠贤肆毒、岳飞被冤杀的幕后人物正是明熹宗、宋高宗，他评点道：

(魏)忠贤之肆毒，若非天启主意，安敢大胆乃尔？后人但归罪忠贤而不责天启，是舍本而求末矣。即如秦桧之杀岳飞，若无高宗之意，彼亦敢下手？凡看书者，当于言外会意方妙。③

林钝翁强调看书要看出言外之意，看事件也要看出其背后之意，此处虽说评点的是明熹宗、宋高宗，清代的君主亦不如此乎？据王长友考证，林钝翁大约生于康熙九年(1670年)前后，且在贫病交加中完成《姑妄言》评点的，其评点自然含有愤激之情④，所以，此处对明熹宗、宋高宗的批评，也自

① (清)顾炎武：《周室班爵禄》，(清)黄汝成集释：《日知录集释》，上海古籍出版社1985年版，第572页。

② 吴光：《黄宗羲的社会批判精神》，《光明日报》2010年10月12日。

③ (清)林钝翁：《姑妄言》(第8卷夹批)，(清)曹去晶：《姑妄言》，许辛点校，中国文联出版公司1999年版，第414页。

④ 王长友：《林钝翁生平考》，《明清小说研究》2001年第4期。

然隐含着对黑暗朝政的抨击。不要说像明熹宗、宋高宗犯下导致奸臣当道、忠臣冤死的大错误，就是君主的一点点小爱好，也极有可能导致平民百姓的家破人亡。《聊斋志异·促织》就记录了由于皇上对促织的喜欢而导致成名一家的悲剧，但明伦对此感慨万分，抨击了皇上好物对老百姓所带来的灾难：

> 微虫耳，而竟使民倾产丧生者此哉！岂果爱民不如一促织？特以上既有所好，有司逢迎恐后，遂流毒无已，致民命不如一虫耳。故为人上者，无论物之贵贱，皆不可有所好也。①

再如《西游记》第六十二回写祭赛国国王不知雨血盗宝乃妖孽所为，却迫害金光寺的和尚，陈士斌对此大发议论，在回评中痛斥君主的昏庸无道，将抨击的矛头直指君主及其朝臣，他评点道：

> 此黄金宝塔宝去光潜，喻人身受污而失德，君臣无道而化阻，确有实义。②
>
> 国中文不贤，武不良，君无道，致生妖孽雨血盗宝，四方失望，由上召之，乃反归罪于众僧，何异己不修心迪德而怨天尤人！曰"昏君"，曰"赃官"，曰"千般拷打，万样追求"，曰"前两辈已被打死，今又捉我辈问罪"，俱极拟烦刑厚敛，贪酷朘生，枝蔓诛求，积习旧染之污也。③

陈士斌本是在三教合一的基础上，以金丹大道之论来评点《西游记》的。但面对如此昏庸的国君，陈士斌也忍不住对之大加鞭挞，这体现了陈士斌对社会现实的关注，也体现了他抨击朝政的现实批判精神。作为一个崇

---

① （清）但明伦：《促织》（夹批），张友鹤辑校：《聊斋志异》（三会本），上海古籍出版社1986年版，第484页。

② （清）悟一子（陈士斌）：《西游真诠》（第62回回评），《古本小说集成》，上海古籍出版社影印本1992年版，第1380页。

③ （清）悟一子（陈士斌）：《西游真诠》（第62回回评），《古本小说集成》，上海古籍出版社影印本1992年版，第1382—1383页。

尚金丹之道的评点家，陈士斌能够表现出一定的现实批判精神，这与当时盛行的经世致用之学的批判精神不无关系。受经世致用之学影响，清代文人比较多地记录了对君主及朝政的抨击与讽刺，如蔡尔康记载一则历史趣闻："及明之亡，有红纸大书，榜于大明门上者曰：'奉送大明江山一座。'下书八股朋友同具。"①陈士斌亦不例外地受此学风影响。

2. 对腐败吏治的批判

吏治腐败，是中国封建社会的痼疾，至于清代则尤显，清代流行"三年清知府，十万雪花银"之说，可见清代腐败的程度。《皇朝续文献通考》记载了清代官吏在所谓的"改革"中导致的严重腐败："编练新军而哗兵愈众，改轻刑律而断狱愈多，事事有尽更其故之思，人人有不如其初之慨，腐败如此，何尝见政治发达？此官吏程度明明不足也。以人民议员程度如此，则知参预立法之不易；以官吏程度如此，则知辅佐行政之不易。知参预立法之不易，则权利义务之分配议事之权限不得过；滥知辅佐行政之不易，则庶事之筹备不得过。"②面对吏治的腐败，连皇帝也感到很无奈。嘉庆帝曾说："大不法小不廉，吏治不清，民生何赖？甚至大缺一万，中缺八千，形诸白简，此非彰明较著者乎？……朕澄叙官方，首先责己，力行节俭，永杜贡献。诸大吏受任既重，养廉又优，贡献之费已除，权门之索又绝，必应清白乃心，为国宣力。然而风气未移，俗态犹故，时有在朕前藉端尝试，巧言利国，实皆利己，似此者不一而足。"③外国使者对中国官吏的评价亦可作为清代吏治腐败的佐证。如朝鲜使者对中国官吏的评价："大抵为长官者廉耻都丧，货利是趋，知县厚馈知府，知府善事权要，上下相朦，曲为庇护，故恣行不法之事。"④主张经世致用的学者面对如此腐败的清代吏治，无不痛心疾首。生于乾嘉之际却倡导学术经世的章学诚曾猛烈批评清代吏治的腐败：

---

① （清）蔡尔康：《纪闻类编》卷4，陈登原编：《国史旧闻》第3分册，中华书局1980年版，第221页。

② （清）刘锦藻：《宪政考八》，《皇朝续文献通考》卷400，《续修四库全书》第953册，上海古籍出版社2002年版，第255页。

③ 《仁宗睿皇帝实录》卷61，《清实录》第28册，中华书局1986年版，第29909页。

④ 吴晗辑：《朝鲜李朝实录中的中国史料》第11册，中华书局1980年版，第4810页。

自乾隆四十五年以来，迄于嘉庆三年而往，和珅用事，几三十年，上下相蒙，唯事婪赃渎货，始如蚕食，渐至鲸吞，初以千百计者，俄尔非万不交注矣，俄尔万且以数计矣，俄尔数十万计，或百万计矣。……贪墨大吏，胸臆习为宽侈，视万金呈纳，不过同于壶箪馈问，属吏迎合，非倍往日之搜罗剔括，不能博其一欢，官场如此，日甚一日。①

喜论时政的洪亮吉也批评清代官场的行贿受贿之风：

试思十余年以来，督、抚、藩、臬之贪欺害政、比比皆是。……出巡则有站规、有门包，常时则有节礼、有生日礼，按年则又有帮费。升迁调补之私相馈谢者，尚未在此数也。②

洪亮吉还批评了官吏对老百姓的盘剥：

今日之势，官之累民者尚少，吏胥之累民者甚多。何则？今之吏胥非古之吏胥也。三代以前府史、胥徒，庶人在官者是矣。汉以来，诸曹掾史、三老、啬夫、游徼、亭长、里魁、什伍等类是矣。③

清代官场腐败之风极盛，导致吏治恶性循环，许多洁身自好、关注民生的正直之士受到排挤或无法在官场立足。洪亮吉说：

其间即有稍知自爱及实能为民计者，十不能一二也。此一二人者，又常被七八人者笑，以为迂，以为拙，以为不善自为谋。而大吏之视一二人者，亦觉其不合时宜，不中程度；不幸而有公过，则去之亦唯虑不

① （清）章学诚：《上执政论时务书》，《章学诚遗书》卷29，文物出版社1985年版，第328页。

② （清）洪亮吉：《卷施阁文甲集续卷·乞假将归留别成亲王极言时政启》，《洪亮吉集》，刘德权点校，中华书局2001年版，第229页。

③ （清）洪亮吉：《卷施阁文甲集卷第一·吏胥篇》，《洪亮吉集》，刘德权点校，中华书局2001年版，第25页。

速，是一二人之势不至归于七八人之所为不止。①

有如此吏治，民生问题则无人问津，使百姓生活日益困苦。张惠言曾愤激地说："方今官吏愦愦，唯利私是骛，民生之计，视若越人之肥瘠。"②

面对清代如此腐败的吏治，同时经世致用之学对吏治的批判风气又极盛，在此背景下的小说评点不可能漠然视之，也同样深刻地批判了腐败的吏治。

清代的小说评点者首先对那些依附权贵、贪赃枉法、残害百姓的官吏进行了批判。但明伦在《梦狼》篇中的评点中将这些官吏比喻成"巨狼"，对之大加批判：

巨狼当道，则不狼者无路可通，而狼者且引类呼朋而并进矣。至堂上堂下，坐卧皆狼，墀中白骨，何可数计乎？堂内所衣，皆巨狼衔来之死人皮也；所食，皆巨狼衔来之死人肉也。未尝不扬扬自鸣得意，以为禄能养亲也，以为禄可遗后也。设有不安于是而欲舍之以去者，狼且群焉阻之，必令其进退无所依据而后止。③

者岛在总评中则将之称为"官虎吏狼"，并提出警惩之意，他说：

《梦狼》一则，写官虎吏狼，固足以警觉贪墨，此二附录，居官者尤不可不知也。字字金丹，能勿宝诸！且绘吏役狡诈之情，笔笔飞舞变幻，删之者抑何心哉！④

① （清）洪亮吉：《卷施阁文甲集卷第一·守令篇》，《洪亮吉集》，刘德权点校，中华书局2001年版，第24页。

② （清）张惠言：《茗柯文补编·与金先生论保甲事例书》，《茗柯文编》，黄立新校点，上海古籍出版社1984年版，第181页。

③ （清）但明伦：《梦狼》（夹批），张友鹤辑校：《聊斋志异》（三会本），上海古籍出版社1986年版，第1055页。

④ （清）者岛：《梦狼》（末评），张友鹤辑校：《聊斋志异》（三会本），上海古籍出版社1986年版，第1056页。

方舒岩亦在《李伯言》篇中批判封建官吏的黑白颠倒、执法不公：

彰善瘅恶，阳世之大法。奈刀笔吏往往失之不平。转望之冥报，阎罗肯任其责哉？青天白日，曲直莫分，岂丰都黑暗之中反能代为剖析？此含冤者所以终难昭报也。然火烧堂廨，王生受笞，又何以闻？则无其理者，不妨姑传其事，使狂悖者稍知敛迹，又未必非圣王神道设教之意也夫。①

清代的小说评点者还对整个官场进行了猛烈批判。封建官场是一个典型的"势利场"。《红楼梦》第三回中，贾雨村拿着宗侄的名帖到贾府拉关系，黄小田对此评点道："不论辈行年齿，即称'宗侄'，此势利场中通套也。"②《红楼梦》中的"护官符"更是封建官场的一个缩影，黄小田对此深有感触，其批判矛头直接指向当时官场：

"护官符"三字，今日亦复如是，但不敢公然立此名目耳。③

官场腐败，卖官鬻爵盛行，导致小人得势，张竹坡亦对之加以痛陈：

提刑所，朝廷设此以平天下之不平，所以重民命也。看他朝廷以之为人事送太师，太师又以之为人事，送百千奔走之市井小人，而百千市井小人之中，有一市井小人之西门庆，实太师特以一提刑送之者也。今看到任以来，未行一事，先以伯爵一帮闲之情、道国一伙计之分，将直作曲，妄入人罪，后即于我所欲入之人，又因一龙阳之情，混入内室之面，随出人罪，是西门庆又以所提之刑为帮闲、淫妇、幸童之人事，天下事至

---

① （清）方舒岩：《李伯言》（方评），转引自汪庆元、陈光迪：《方评〈聊斋志异〉评语辑录》，《蒲松龄研究》2000年第1期。

② （清）黄小田：《红楼梦》（第3回夹批），（清）曹雪芹、高鹗：《红楼梦》（黄小田评点本），李汉秋、陆林辑校，黄山书社1989年版，第24页。

③ （清）黄小田：《红楼梦》（第4回夹批），（清）曹雪芹、高鹗：《红楼梦》（黄小田评点本），李汉秋、陆林辑校，黄山书社1989年版，第38页。

此尚忍言哉？作者提笔著此回时，必放声大哭也。①

整个封建官场形成了一张关系错综复杂的庞大网络。在《聊斋志异·席方平》中，蒲松龄借幽冥的描写影射了人间的可怕官场，席方平在这张网中受尽了各种折磨，但明伦也借对幽冥的评点抨击了封建社会的整个官僚网络：

> 赴地下而诉，至冥王力已竭矣。冤可伸矣；乃关说不通，而私函密进，钱神当道，木偶等堂，甚且卧以焦肉之床，辟以解身之锯。……独怪俨然王简者，为彼私函，枉兹律法。移恶人之鬼，加孝子之身。送之归而料其不归，速之讼而禁其勿讼。饵之以足愿之事，赚之以不备之生。酷而又贪，奸而且诈，较之城隍、郡司，罪又甚焉！②

3.对科举制的批判

与封建官场联系最为直接而紧密的便是科举制了。作为封建社会的主要选才制度，自隋唐以来，科举制的确为社会选拔了不少优秀人才，如韩愈、欧阳修、苏轼等，促进了社会政治、经济、文化的发展。至于明清八股取士以来，科举制之弊端日益显现、日益突出。尤其是到了清代，随着整个封建制度的腐败，科举制也不可避免地腐败了，清代查处了很多科场舞弊案就是很好的明证。光绪三十一年（1905 年），为推行洋务运动，倡导实学，袁世凯、张之洞上疏请求废科举。当年，慈禧太后下诏书，宣布自光绪三十二年（1906 年）开始废除科举。科举制终于寿终正寝。对于清代科举制的弊病，清代的经世致用学者进行了猛烈的批判，黄宗羲对科举之弊作了一个总评价："取士之弊，至今日制科而极矣。"③批判科举制导致人才的缺失，

① （清）张竹坡：《金瓶梅》（第 34 回回评），王汝梅等校点：《张竹坡批评第一奇书金瓶梅》，齐鲁书社 1987 年版，第 506 页。

② （清）但明伦：《席方平》（末评），张友鹤辑校：《聊斋志异》（三会本），上海古籍出版社 1986 年版，第 1348 页。

③ （清）黄宗羲：《取士上》，《黄宗羲全集》（增订版）第 1 册，浙江古籍出版社 2005 年版，第 14 页。

如黄宗羲说：

> 但取科举中选之文，讽诵摹仿，移前掇后，雷同下笔已耳。
>
> 昔有举子以尧舜问主司者，欧阳公答之云：“如此疑难故事，不用也罢。”今之举子大约此类也。此等人才，岂能效国家一幛一亭之用？徒使天之生民，受其笞挞，可哀也夫！①

批判科举制导致文化、学术的衰退，如黄宗羲说：“自科举之学盛，而史学遂废”②，“自科举之学一定，世不敢复议，稍有出入其说者，即以穿凿诬之。”③张伯行批判科举对实学的妨碍及对读书人的负面影响：“科举为进身之阶，有志实学者，疑其相累。不知科举非能累人也，但人急于功名，只思涉猎，幸得自为其所累耳。”④批判科举制导致天下之人日渐愚昧，如顾炎武说：“开科取士，则天下之人，日愚一日。”⑤对于科举制的弊病，经世致用学者也提出了一些改革之举。如顾炎武主张以“读书学问之法”革科举之弊：

> 今日欲革科举之弊，必先示以读书学问之法，暂停考试数年而后行之，然后可以得人。晋元帝从孔但之议，听孝廉申至七年乃试，古之人有行之者。⑥

---

① （清）黄宗羲：《科举》，《黄宗羲全集》（增订版）第1册，浙江古籍出版社2005年版，第204—205页。

② （清）黄宗羲：《补历代史表序》，《黄宗羲全集》（增订版）第10册，浙江古籍出版社2005年版，第80页。

③ （清）黄宗羲：《易学象数论序》，《南雷文定前集后三集》第4册，《丛书集成初编》第2466册，中华书局1985年版，第3页。

④ （清）张伯行：《续近思录》卷7，《丛书集成初编》第0635册，中华书局1985年版，第133页。

⑤ （清）顾炎武：《财用》，（清）黄汝成集释：《日知录集释》，上海古籍出版社1985年版，第939页。

⑥ （清）顾炎武：《拟题》，（清）黄汝成集释：《日知录集释》，上海古籍出版社1985年版，第1264页。

顾炎武还主张废除生员,他说:“废天下之生员而官府之政清,废天下之生员而百姓之困苏,废天下之生员而门户之习除,废天下之生员而用世之材出。”①黄宗羲主张严惩那些热衷时文策论编选而射利的士人,罢黜他们的官职,从而纠正只读时文的科举之弊。他说:“士子选场屋之文及私试义策,蛊惑坊市者,弟子员黜革,见任官落职,致仕官夺告身。”②不过,清代经世致用学者对科举制的批判,更多的是着眼于如何改革科举制之弊,而非否定科举制本身。如黄宗羲认为取士有“科举、荐举、太学、任子、郡县佐、辟召、绝学”等法③,但“八法”中科举居于首位,可见,黄宗羲还是充分肯定和承认科举在人才选拔中的重要地位和重要作用。即使后来废除科举后的留学生留学时所习科目,考取者仍按成绩及其学习专业,分别授予各科“进士”“举人”等传统科举身份,成绩最佳者还授予翰林编修。当时的各式名衔主要包括“格致科进士”“工科进士”“商科举人”“牙科进士”等。科举制影响之深可见一斑。

清代出现了两部集中反映科举制度的小说:《聊斋志异》和《儒林外史》。其作者均受科举影响很深,蒲松龄才华横溢,却一生蹭蹬场屋,长年过着做幕宾、坐馆教书的孤独生活,吴敬梓则早年热衷功名,中年后绝意仕进,他们都对科举有着切肤之痛。正因为如此,他们才将揭露科举之弊作为自己作品的重要主题。胡益民、李汉秋说:“在文学领域里,明确地把揭露科举弊端作为自己作品主要主题之一的,蒲松龄当是第一人。”④《聊斋志异》中写了大量反映科举弊病的小说,主要有《叶生》《司文郎》《三生》《贾奉雉》《素秋》《神女》《考弊司》《僧术》《于去恶》《褚生》等。蒲松龄对科举制的批判主要是基于自己科举不第、怀才不遇的孤愤之情而作的。正如韩田鹿所分析的:“囿于历史的局限,蒲松龄对科举的批判主要是基于自己怀才不遇的悲愤、站在科举失意的弱势读书人的角度上进行的,所以作者批判的矛头也就更多地指向那些使自己受害的科举考试的具体运作者——试官

① (清)顾炎武:《生员论》,《顾亭林诗文集》,中华书局1959年版,第22页。

② (清)黄宗羲:《学校》,《黄宗羲全集》(增订版)第1册,浙江古籍出版社2005年版,第13页。

③ (清)黄宗羲:《取士下》,《黄宗羲全集》(增订版)第1册,浙江古籍出版社2005年版,第17—19页。

④ 胡益民、李汉秋:《清代小说》(修订版),安徽教育出版社2009年版,第54页。

身上。这种批判是从两个角度进行的，一是从道德角度出发，揭露考官的徇私舞弊；二是从识鉴能力出发，揭露他们有眼无珠，头脑冬烘。”①《儒林外史》则更注重揭示科举制对士人灵魂的扭曲，雷勇、冯大建指出：(《儒林外史》)“塑造了一系列不同类型的士人形象，特别是一部分在科举制度下灵魂遭到扭曲的士人形象，他们迷恋功名富贵，醉心于科场考试，迷失了人的本性，因而演出了一幕幕让人啼笑皆非的悲喜剧。”②这两部小说的清代评点者也大都是经历过科举考试的士人，对作者的遭遇感同身受，共鸣之音甚浓。其评点中对作者寄予了深深的同情，如《叶生》中写到叶生“依然铩羽”，但明伦禁不住评道：“我读之为之大哭。”③冯镇峦读叶生之言：“是殆有命。借福泽为文章吐气，使天下人知半生沦落，非战之罪也，愿亦足矣。且士得一人知己可无憾，何必抛却白纻，乃谓之利市哉！”读到此句的一半时就情绪失控地评点：“此数语为古今不遇才人放声一哭。”④至于篇尾，冯镇峦再次用悲情之笔评道：“余谓此篇即聊斋自作小传，故言之心痛。”⑤小说评点者更是批判了科举制的弊病，尤其是对士人的戕害。

他们批判的科举制弊病之一：科举制导致士人只想通过科举做官，而品行却日益败坏。如天目山樵评马二先生之言道：

> 何以要做举业？求科第耳。何以要求科第？要做官耳。儒者之能事毕矣。⑥

① 韩田鹿：《中国小说通史》之第19编，李剑国、陈洪主编：《中国小说通史》(清代卷)，高等教育出版社2007年版，第1608页。

② 雷勇、冯大建：《中国小说通史》之第16编，李剑国、陈洪主编：《中国小说通史》(清代卷)，高等教育出版社2007年版，第1361页。

③ (清)但明伦：《叶生》(夹批)，张友鹤辑校：《聊斋志异》(三会本)，上海古籍出版社1986年版，第81页。

④ (清)冯镇峦：《叶生》(夹批)，张友鹤辑校：《聊斋志异》(三会本)，上海古籍出版社1986年版，第82页。

⑤ (清)冯镇峦：《叶生》(夹批)，张友鹤辑校：《聊斋志异》(三会本)，上海古籍出版社1986年版，第85页。

⑥ (清)天目山樵：《儒林外史》(第13回夹批)，李汉秋辑校：《儒林外史》(汇校汇评本)，上海古籍出版社2010年版，第173页。

齐省堂评本亦在《儒林外史》第十六回回评中评点道：

嗟乎！自有时文，而文行判然二途矣。士人居家敦行，只以自尽其心；及入世，则以文字为功名之阶，以功名为势利之的，群趋群效，不外乎此。向之所谓敦行者，曾莫之知，而亦自忘之也。如是而文行安能并驾齐驱哉！①

但明伦还辛辣地讽刺了那些士人为科举而写的“不可告人之句”：

泛滥之句，连缀成篇，遂可以束阁群书，可以夺魁多士。此等闱墨一出，无怪俯就者幸为灵符，深入肌理，以此一等物事进身而成为渊源授受也。②

他们批判的科举制弊病之二：科举制导致士人只读科举之文，一旦落第，则无一法谋生。如卧闲草堂评本评倪霜峰时说道：

自科举之法行，天下人无不锐意求取科名。其实千百人求之，其得手者不过一二人。不得手者，不稂不莠，既不能力田，又不能商贾，坐食山空，不至于卖儿鬻女者几希矣！倪霜峰云：“可恨当年误读了几句死书。”“死书”二字，奇妙得未曾有，不但可为救世之良药，亦可为醒世之晨钟也。③

方舒岩读了《叶生》后，对叶生的遭遇深表同情，也为士人的不能自立而叹惋：

---

① （清）齐省堂：《儒林外史》（第16回夹批），李汉秋辑校：《儒林外史》（汇校汇评本），上海古籍出版社2010年版，第214页。

② （清）但明伦：《贾奉雉》（夹批），张友鹤辑校：《聊斋志异》（三会本），上海古籍出版社1986年版，第1360页。

③ （清）卧闲草堂：《儒林外史》（第25回回评），李汉秋辑校：《儒林外史》（汇校汇评本），上海古籍出版社2010年版，第320页。

> 此与沙定峰前辈，所记候官老儒，事异而情同。彼再生而大兴其宗，此忘死而率酬其志，俱足为文章吐气。然则士患不自立耳，一时蹭蹬何有哉？①

他们批判的科举制弊病之三：科举制导致士人耗尽平生而读无用之书，著无用之书，却失却了生活之本真。如卧闲草堂评本评新婚之夜以制义难新郎的鲁编修的女儿：

> 娴于吟咏之才女古有之，精于举业之才女古未之有也。夫以一女子而精于举业，则此女子之俗可知。②

黄小田则大批士人著无用之书，揭示作者对通过科举而成进士之士人的讽刺：

> 向太守感激文卿出于至诚，固是难得，然究属私恩，且读书成进士者也。写文卿之守本分，曰义，曰廉，兼而有之，求之读书成进士者曾见几人？而乃出于戏子乎！此先生嫉世之深心，激而为此，以愧天下之读书成进士耳。呜呼！与其著无用之书，无宁作此等小说。然而解者鲜矣，尚何言哉！③

二、对社会世情的批判

社会世情，其内涵较为宽泛，主要是指当时社会的时代风气、社会风俗、

① （清）方舒岩：《叶生》（方评），转引自汪庆元、陈光迪：《方评〈聊斋志异〉评语辑录》，《蒲松龄研究》2000年第1期。

② （清）卧闲草堂：《儒林外史》（第11回回评），李汉秋辑校：《儒林外史》（汇校汇评本），上海古籍出版社2010年版，第152页。

③ （清）黄小田：《儒林外史》（第26回回评），李汉秋辑校：《儒林外史》（汇校汇评本），上海古籍出版社2010年版，第332页。

世态人情等。清代世风的日益低下，引起了士人们普遍的关注与担忧。如王弘以僧道对财物的过度消耗为例指出当时的懒惰之世风：

> 端肃以天下公私之财用于僧道过半，故上疏乞加禁约。予谓此辈皆穷乏游惰之民也，不收之于僧道之中，其归农者无几，亦大率去而为盗耳，国家准给度牒，亦权也。世风日下，人心日漓，其害岂仅此一端哉？①

方祖范读到《论语·卫灵公》中的"吾犹及史之阙文也，有马者借人乘之。今亡矣夫！"一句时，也对明亡之后的"世风日下"大发感叹：

> "吾犹及"三字，本是幸辞，以此见先王流风未远，遗泽尚存，转入末句，真无限感慨。然亦正从今日已亡，返思前"此犹及"，俯仰上下不过数十年之间，而世风日下，人心弥复不古，愈觉可叹。②

清代经世致用学者更是关注清代的世情，并对日益低下的世风大加批判。顾炎武号召大家对"政教风俗"的"非尽善"之处加以评议、批判，他说："天下有道，则庶人不议。然则政教风俗，苟非尽善，即许庶人之议矣。"③在清代经世致用之学风影响下，社会世情的各种弊病受到了批判。如顾炎武对民风方面的坏现象，给予了尖锐的批判，他说：

> 今日人情有三反，曰弥谦弥伪，弥亲弥泛，弥奢弥吝。④

① （清）王弘：《寺僧》，《山志》卷4，《续修四库全书》第1136册，上海古籍出版社2002年版，第58页。

② （清）方祖范：《论语下》，《四书解琐言》卷2，《续修四库全书》第170册，上海古籍出版社2002年版，第263页。

③ （清）顾炎武：《直言》，（清）黄汝成集释：《日知录集释》，上海古籍出版社1985年版，第1446页。

④ （清）顾炎武：《三反》，（清）黄汝成集释：《日知录集释》，上海古籍出版社1985年版，第1075页。

他还特别批判了南北民风的缺点：

> 江南之士，轻薄奢淫，梁、陈诸帝之遗风也。河北之人，斗狠劫杀，安、史诸凶之余化也。①

又如注重实地考察的舆地学家邹汉勋批判了"居丧"风俗的陋习：

> 古人居丧本无称谓，但世风日下，至于今日，何能事事复古哉？妄为此说，庶不悖于礼经，亦可挽世俗相沿之陋习。②

为官清廉、关注民生的张伯行甚至还提醒士人在世风日下的情况下要注意自保："世风日下，时论一变，尽言者每多取祸，而求全者反以得谤。士君子身当此时，不可无保身之哲、自立之方，是故利害短长之间所宜审处也。"③

在清代经世致用学者批判社会世情的学术风气背景之下，清代的小说评点者结合自己亲身经历、亲眼所见的万千世态，对社会世情进行了批判。古代小说中往往是通过典型环境、典型人物来批判整个社会世情的，尤以世情小说最为集中。鲁迅先生以宋市人小说、《金瓶梅》作为参照，概括出了"世情小说"的几个主要特征："描摹世态，见其炎凉"④；"作者之于世情，盖诚极洞达，凡所形容，或条畅，或曲折，或刻露而尽相，或幽伏而含讥，或一时并写两面，使之相形，变幻之情，随在显见"⑤；"不外描写世情，尽其情伪，又缘衰世，万事不纲，爰发苦言，每极峻急，然亦时涉隐曲，猥黩者多"⑥。如

① （清）顾炎武：《南北风化之失》，（清）黄汝成集释：《日知录集释》，上海古籍出版社1985年版，第1076页。

② （清）邹汉勋：《读书偶识》，《邹叔子遗书七种》，岳麓书社2011年版，第189页。

③ （清）张伯行：《续近思录》卷7，《丛书集成初编》第0635册，中华书局1985年版，第138页。

④ 鲁迅：《中国小说史略》，人民文学出版社1973年版，第151页。

⑤ 鲁迅：《中国小说史略》，人民文学出版社1973年版，第152页。

⑥ 鲁迅：《中国小说史略》，人民文学出版社1973年版，第155页。

《金瓶梅》通过以西门庆的活动为核心所辐射的典型社会环境，西门庆、潘金莲、李瓶儿、宋惠莲、应伯爵等典型人物的描写，对社会世情作了最为写实的深刻批判。郑振铎高度赞扬了《金瓶梅》对社会世情的真实描写，郑氏如此评价道："她是一部纯粹写实主义的小说。《红楼梦》的什么金呀，玉呀，和尚，道士呀，尚未脱尽一切旧套。唯《金瓶梅》则是赤裸裸的绝对的人情描写；不夸张，也不过度形容。像她这样的纯然以不动感情的客观描写，来写中等社会的男与女的日常生活（也许有点黑暗的，偏于性生活的）的，在我们的小说界中，也许仅有这一部而已。"①郑氏的评价尽管不无拔高和溢美之嫌，但其关于《金瓶梅》中世情的冷静描写的评价则是有相当见地的。清代的小说评点者们眼光明锐，早意识到这一点，并在评点中批判了整个社会世情。如张竹坡评点西门庆一人所辐射的整个社会世情：

> 《金瓶梅》因西门庆一分人家，写好几分人家，如武大一家，花子虚一家，乔大户一家，陈洪一家，吴大舅一家，张大户一家，王招宣一家，应伯爵一家，周守备一家，何千户一家，夏提刑一家。他如翟云峰，在东京不算。伙计家以及女眷不往来者不算。这几家，大约清河县官员大户，屈指已遍。而因一人写及一县，吁！一元恶大憝矣。②

张竹坡在评点中对武松与武大的兄弟情分大为感动，多次批道："我欲哭矣！"也对武大这样的善良之人惨遭荼毒深表同情。所以，张竹坡评点花子虚兄弟四人争夺花公公留下的财产时，特将之与武松兄弟对比：

> 写花子由辈，乃特特为武松反衬也。夫争家财时，不惜东京告状；而弟死，不问何由，弟媳孝妇未满，携资嫁人，且曰到三日千万令其走走，认为亲戚，此等人何等肺腑？直令人失声大哭。愿生生世世不见此

① 郑振铎：《插图本中国文学史》，人民文学出版社1957年版，第920页。

② （清）张竹坡：《批评第一奇书〈金瓶梅〉读法》，王汝梅等校点：《张竹坡批评第一奇书金瓶梅》，齐鲁书社1987年版，第47页。

等人一面也。①

张竹坡借评点花子虚兄弟情分的淡漠，批判了整个世态人情的冷漠。《儒林外史》也同样是一部批判社会世情的小说，其对社会世情丑态的批判，可谓不遗余力、穷形尽相。《儒林外史》的评点亦多强化对社会世情的批判，如徐允临说："窃唯是书于浇情薄俗，描绘入微，深有裨于世道人心。"②惺园退士的评点则更为深入，他说：

《儒林外史》一书，摹绘世故人情，真如铸鼎像物，魑魅魍魉，毕现尺幅；而复以数贤人砥柱中流，振兴世教。其写君子也，如睹道貌，如闻格言；其写小人也，窥其肺肝，描其声态，画图所不能到者，笔乃足以达之。评语尤为曲尽情伪，一归于正，其云"慎勿读《儒林外史》，读之乃觉身世酬应之间，无往而非《儒林外史》"，斯语可谓是书的评矣。③

清代的小说评点者在批判社会世情方面，突破了世情小说的苑囿，在其他与世情关系并不太大的小说中也大发世情批判之言。如陈士斌在《西游真诠》评点中借"尸魔三戏唐三藏，圣僧恨逐美猴王"的故事，讽刺了古今屡见的那种"鸟尽弓藏，兔死狗烹"的历史现象和现实故事，并进而批判"世态"：

世态变幻，事情颠倒，今古同调，无足怪异。唯弟妒其兄，而萧墙之内忽起翻飞；师嫌其弟，而函丈之间顿生摈斥。物蠹而虫入，人疑而谤兴。总由于见不善而不能退，见善而不能举也。④

---

① （清）张竹坡：《金瓶梅》（第16回回评），王汝梅等校点：《张竹坡批评第一奇书金瓶梅》，齐鲁书社1987年版，第239页。

② （清）徐允临：《徐允临题跋》，李汉秋辑校：《儒林外史》（汇校汇评本），上海古籍出版社2010年版，第699页。

③ （清）惺园退士：《齐省堂〈增订儒林外史〉序》，李汉秋辑校：《儒林外史》（汇校汇评本），上海古籍出版社2010年版，第692页。

④ （清）悟一子（陈士斌）：《西游真诠》（第27回回评），《古本小说集成》，上海古籍出版社影印本1992年版，第627页。

在清代的小说评点者对社会世情各种丑态的批判中，势利无疑是他们批判的重点。古代小说中比较典型地刻画人们势利丑态的情节是《儒林外史》第三回范进中举前后人们态度的变化。范进中举前，被别人瞧不起，其岳父胡屠户大骂他："像你这尖嘴猴腮，也该撒泡尿自己照照，不三不四就想天鹅屁吃！"齐省堂于此评点道："天鹅肉吃不成，连天鹅屁都想不得。"①齐省堂评点揭示出了胡屠户骂人的刻薄。中举后，人们对范进的态度可谓巨变，众邻居称之为"老爷"，胡屠户则称之为具有特殊意味的"贤婿老爷"。清代的小说评点者紧紧抓住世人对范进中举前后的变化，对势利世态进行批判。黄小田评："立刻称'老爷'。""婿而曰'贤'可矣，犹必加'老爷'，盖贤在老爷也。"②天目山樵亦评之曰："婿何以贤？贤其为老爷也。"③黄小田等人通过对"贤婿老爷"这一特殊称谓的评点，深刻地批判了势利的社会丑态。毛氏父子则直接在评点中将批判的矛头指向当今的势利眼。《三国演义》第二十三回写贾诩劝张绣投降曹操之言："绍强盛，我以少从之，必不以我为重，操虽弱，得我必喜，其宜从二也。"毛氏父子评点道：

> 今之锦上添花者，好向富贵处纳款，不乐向寡乏处通情，请听贾诩之论。④

在第四十三回回评中，毛氏父子为曹操与孙权不谋而合的英雄之论而感叹。昔日曹操与刘备青梅煮酒论英雄时曾言："天下英雄，唯使君与操耳！"今日之孙权亦曰："非豫州莫与当曹操者。"毛氏父子在此基础上进一步发挥，批判了当今之势利者：

---

① （清）齐省堂：《儒林外史》（第3回夹批），李汉秋辑校：《儒林外史》（汇校汇评本），上海古籍出版社2010年版，第38页。

② （清）黄小田：《儒林外史》（第3回夹批），李汉秋辑校：《儒林外史》（汇校汇评本），上海古籍出版社2010年版，第42页。

③ （清）天目山樵：《儒林外史》（第3回夹批），李汉秋辑校：《儒林外史》（汇校汇评本），上海古籍出版社2010年版，第42页。

④ （清）毛氏父子：《三国演义》（第23回回评），陈曦钟等辑校：《三国演义》（会评本），北京大学出版社1986年版，第282页。

盖天下唯英雄能识英雄。不待识之于鼎足之时，而早识之于孤穷之日。每怪今人肉眼，见人赫奕，则畏而重之；见人沦落，则鄙而笑之。异故相非，同必相识。英雄之不遇识者，正为天下更无有英雄如此人者耳。①

在一个势利的世情社会里，趋炎附势之人必多，这些人自然也是清代的小说评点者所抨击的对象。如卧闲草堂评本批判依附权门的张俊民之流：

革囊一开，使阅者失笑，然书中正不乏此等人。凡讲势要、矜权贵，无非带假面吓鬼。作者正借一张铁臂，引起无数张铁臂也。②

除了势利之外，清代的小说评点者还批判了其他社会恶俗。如方舒岩对男子好色的批判：

皮曷云画，冶容也；画曷云皮，臭囊也。乃世见容忘臭如王生者，以为眉若远山，眼如秋水，云鬓桃腮，樱唇犀齿。与夫鸡头乳，杨柳腰，金莲步，芙蓉脂肉，聚天下之怡情悦目者，悉备于此。一旦抱裯独走，遂逃狮吼之忧。携手同归，我慰蝶随之慕。有不待玉体横陈，而魂已消于阿堵矣。绳拂悬，寝门折，狞鬼口张，心亡肚裂。呜呼！斩狞鬼首者，狞鬼也，非道士也；掬王生心者，王生也，非狞鬼也。设狞鬼能不害人，则可以免乎木剑。王生能不渔色，又何至使其妻遭夫亡之惨？复抱食唾之羞。由是观之，较视玉容为臭皮囊，更为毛发悚然，其如狂且之不悟何？③

---

① （清）毛氏父子：《三国演义》（第43回回评），陈曦钟等辑校：《三国演义》（会评本），北京大学出版社1986年版，第540页。

② （清）卧闲草堂：《儒林外史》（第13回回评），李汉秋辑校：《儒林外史》（汇校汇评本），上海古籍出版社2010年版，第179页。

③ （清）方舒岩：《画皮》（方评），转引自汪庆元、陈光迪：《方评〈聊斋志异〉评语辑录》，《蒲松龄研究》2000年第1期。

毛氏父子批判当时某些人喜欢吹嘘、说大话的恶俗：

前回写赵云，此回写张飞。写赵云几番血战，写张飞只是一叱喝。天下事亦有虚声而可当实际者，然必其人平日实际足以服人，而后临时之虚声足以耸听。所以张飞之功与赵云等。非若今人之全靠虚声，浑无实际，他人吃尽老力，我只出一张寡嘴也。①

三、对士风的批判

士风本是社会世情的一部分，深刻影响着作家的创作与对作品的价值评判，再加上清代的小说评点主流是文人评点，因此，士风与清代小说评点的联系则甚为紧密，故单独列出，以期更为深入探讨士风与清代的小说评点之关系。

一般认为，中国的“士”崛起于春秋战国之际。自此，“士”作为一个特殊的社会阶层兴起了，并在政治、经济、社会生活中发挥着越来越突出的作用，成为一股强大的力量。“士”经过漫长的发展，也逐渐形成了“士”的独立精神品格，如注重个人修为，固守高洁气节，勇担道义与民族重任。但是，随着封建社会的逐渐没落，士大夫们的精神品格也逐渐丧失，士风日趋堕落，已成为封建社会晚期的痼疾。至于清代，士风更是下流，一些士大夫完全丧失了“士”的传统节操，为了追求利益，完全不顾礼义廉耻，丑态毕现。乾隆帝就“许东义谋占俞君弼家产一事”，曾痛斥过那些受“以婿名主丧”的许东义的邀请而不顾廉耻地去吊唁一个富有石匠的士人，他斥责道：“九卿中，如陈德华、陈世倌、梁诗正、张廷璐等，托故不往，其余往者颇多。夫身为大臣，而向出身微贱之人俯首跪拜，九卿纵不自爱，其如国体何！”②清代士风下流无耻可见一斑。喻大华仔细分析了清代士风下流的原因，认为主要

① （清）毛氏父子：《三国演义》（第42回回评），陈曦钟等辑校：《三国演义》（会评本），北京大学出版社1986年版，第529页。

② 《高宗纯皇帝实录》卷129，《清实录》第10册，中华书局1986年版，第9810页。

有三点："清朝入主中原使士大夫信仰体系中的一部分与明王朝一同崩溃了"；"清朝统治者为了确立起至高无上的皇帝权威，对士大夫的独立人格进行刻意的摧残"；"清朝官僚体制必然会造成士大夫的无耻"①。

日渐下流的士风，遭到了经世致用学者的猛烈批判。顾炎武早看到了清代士风的堕落，如他批判当时南北学人的不学无术与"言不及义"：

> 饱食终日，无所用心，难矣哉，今日北方之学者是也。群居终日，言不及义，好行小慧，难矣哉，今日南方之学者是也。②

正因为顾氏看到了清代士风的日渐下流，故特别提倡士人的"廉耻"，希望能以此纠正清代士风。他认为，士大夫之是否知"耻"，已影响到国家的存亡了。他说：

> 《五代史·冯道传论》曰："礼义廉耻，国之四维；四维不张，国乃灭亡，善乎！管生之能言也。礼义，治人之大法；廉耻，立人之大节，盖不廉则无所不取，不耻则无所不为。人而如此，则祸败乱亡亦无所不至，况为大臣，而无所不取，无所不为，则天下其有不乱，国家其有不亡者乎？"然而四者之中，耻尤为要。故夫子之论士，曰"行己有耻"。《孟子》曰"人不可以无耻，无耻之耻，无耻矣"，又曰"耻之于人大矣，为机变之巧者，无所用耻焉"。所以然者，人之不廉而至于悖礼犯义，其原皆生于无耻也，故士大夫之无耻，是谓国耻。③

洪亮吉十余年来亲眼目睹了清代士大夫的无耻，对之作了真实记录，并于言语之中批判了这种无耻的士风。他说：

---

① 喻大华：《清朝的"士不知耻"》，《光明日报》2007年6月11日。

② （清）顾炎武：《南北学者之病》，（清）黄汝成集释：《日知录集释》，上海古籍出版社1985年版，第1076页。

③ （清）顾炎武：《廉耻》，（清）黄汝成集释：《日知录集释》，上海古籍出版社1985年版，第1036—1037页。

士大夫渐不顾廉耻，百姓则不顾纲常。然此不当责之百姓，仍当责之士大夫也。以亮吉所见，十余年以来，有尚书、侍郎甘为宰相屈膝者矣；有大学士、七卿之长，且年长以倍，而求拜门生，求为私人者矣；有交及宰相之僮隶，并乐与僮隶抗礼者矣。太学三馆，风气之所由出也。今则有昏夜乞怜，以求署祭酒者矣；有人前长跪以求讲官者矣。翰林大考，国家所据以升黜词臣也，今则有先走军机章京之门，求认师生，以探取御制诗韵者矣；行贿于门阑侍卫，以求传递倩代，藏卷而出，制就而入者矣。及人人各得所欲，则居然自以为得计。夫大考如此，何以责乡会试之怀挟替代？士大夫之行如此，何以责小民之夸诈夤缘？辇毂之下如此，何以责四海九州之营私舞弊？①

龚自珍更是概括了清代士大夫的“不知耻”之风，并对之进行了深刻的批判：

士皆知有耻，则国家永无耻矣；士不知耻，为国之大耻。历览近代之士，自其敷奏之日，始进之年，而耻已存者寡矣！官益久，则气愈媮；望愈崇，则谄愈固；地益近，则媚亦益工。至身为三公，为六卿，非不崇高也，而其于古者大臣巍然岸然师傅自处之风，匪但目未睹，耳未闻，梦寐亦未之及。臣节之盛，扫地尽矣。非由他，由于无以作朝廷之气故也。②

清代的小说评点者主流本身就是文人，他们生存于清代士风之中，十分了解当时士风的日趋无耻，在经世致用学者批判清代士风的影响之下，一些关注现实的小说评点者也在小说评点中批判清代堕落的士风。小说评点者批判处在无耻士风之中的各种文人之弊，如文人的酸腐与无能、文人的作假、文人的为名所累，等等，可谓万态毕现。

① （清）洪亮吉：《卷施阁文甲集续卷·乞假将归留别成亲王极言时政启》，《洪亮吉集》，刘德权点校，中华书局2001年版，第227页。

② （清）龚自珍：《明良论二》，《龚自珍全集》，上海古籍出版社1975年版，第31页。

清代文人久读科举之书，不谙世情，在现实生活中往往显得十分酸腐与无能。蒲松龄、乐钧都在作品中辛辣地讽刺了清代文人的酸腐，《聊斋志异·书痴》中的郎玉柱与《耳食录·陈著》中的陈著均因沉浸于读书之中竟不谙男女之道，他们在领略了夫妻人伦之道后，均感快乐至极，郎玉柱曰："我不意夫妇之乐，有不可言传者。"陈著则曰："此大乐事，而书中略不及之，读之何为?"两句简单的话语，却深刻地揭示了清代文人之酸腐。清代的小说评点者也对文人的酸腐与无能进行了批判。如方舒岩评点《聊斋志异·红玉》中的冯相如：

> 相如乌得贤？逾墙钻穴而不知羞，杀父夺妻而不能报。即云兴讼几遍，尝胆图仇，皆虚词耳。曷足贵乎？其尤失者，在抱子先逃一节。幸而侠士警邑宰以救之。不然，身且不保，何有于子。更幸红玉重归以成之，不然，口且难糊，何能娶妻生子，以功名显于当时哉？呜呼！此冯翁所以詈其浮荡，而侠士直视之为不足齿之伧也。①

在士风下流的大风气下，文人多呈伪态，假名士、假才子等铺天盖地，很多文人装腔作势、耀武扬威，这为小说评点者所深恶痛绝，并在评点中加以鞭挞。《儒林外史》中本就有很多假名士，如季苇萧、赵雪斋、杨执中等，卧闲草堂、天目山樵在评点张铁臂的时候就特别批判了那些假名士：

> 看张铁臂许多做作，俨然妙手空空，此何异徒习名士腔调，而不知其中之乌有也。作者殆又力若辈对下一针。②
>
> 张铁臂虽冒作剑侠行径，然毕竟尚能舞剑，若纷纷名士腔调，并无此一分实际，未能与张铁臂同论也。③

---

① （清）方舒岩：《红玉》（方评），转引自汪庆元、陈光迪：《方评〈聊斋志异〉评语辑录》，《蒲松龄研究》2000 年第 1 期。

② （清）卧闲草堂：《儒林外史》（第 13 回回评），李汉秋辑校：《儒林外史》（汇校汇评本），上海古籍出版社 2010 年版，第 179 页。

③ （清）天目山樵：《儒林外史》（第 13 回回评），李汉秋辑校：《儒林外史》（汇校汇评本），上海古籍出版社 2010 年版，第 179 页。

假名士本胸无点墨，却特别喜欢附庸风雅，以显示自己的才华与名士风度。因胸中无墨，只好剽窃别人的文章以装点自己。《三国演义》第六十回写到张松暗诵曹操的《孟德新书》，毛氏父子禁不住联系当前的剽窃之风而猛烈抨击之：

今之盗窃他人文字以为己有者，恨不令张永年见之。①

李渔亦在此评曰："今之盗窃他人文字以为己有者多矣。"②接下来，当曹操听杨修说张松言此书为战国无名氏所作，曹操感叹："莫非古人与我暗合否？"于是扯碎该书并烧掉。毛氏父子再一次评点道："今人文字多有暗合古人者，又不肯学曹操烧之也。"③更有甚者是文龙对《金瓶梅》中宋惠莲的评点，宋惠莲是西门庆一个奴仆的妻子，后得到西门庆的宠爱，不免有些得意忘形。文龙借评点宋惠莲之际特意批判了装腔作势、得意忘形的士风：

夫蕙莲亦何足怪哉！吾甚怪夫今之所谓士大夫者，或十年寒窗下，或数载劳中，或报效情殷，捐输踊跃，一旦冷铜在手，上宪垂青，立刻气象全非，精神顿长，扬威跃武，眇视同僚，吹毛求疵，指驳前任，几若十手十目不足畏，三千六千不能容。当兴之利不知兴，应去之弊不能去，坐堂皇曰打，退私衙曰钱，劝之不听，讥之不解。其不至于身败名裂也，尚自诩曰：大丈夫不当如是耶？吁嗟乎！此皆蕙莲之流也。④

宋惠莲本与士风毫不相干，文龙却借此批判得意忘形的士风，可见这种

① （清）毛氏父子：《三国演义》（第60回夹批），陈曦钟等辑校：《三国演义》（会评本），北京大学出版社1986年版，第739页。

② （清）李渔：《三国演义》（第60回夹批），陈曦钟等辑校：《三国演义》（会评本），北京大学出版社1986年版，第739页。

③ （清）毛氏父子：《三国演义》（第60回夹批），陈曦钟等辑校：《三国演义》（会评本），北京大学出版社1986年版，第740页。

④ （清）文龙：《金瓶梅》（第23回回评），黄霖编：《金瓶梅资料汇编》，中华书局1987年版，第433页。

士风之盛与评点者对此士风的憎恶之深。

好名本为文人之固有习气，至清代，好名之士风愈演愈烈，就连袁枚、钱大昕等名人都为好名呐喊。如袁枚认为，好名是人与禽兽的区别之所在，提倡人应该好名。官僚学者尹铨还因为好名而被处死。可见，清代好名士风之盛。洪亮吉批评好名之“累人”，但好名也并非全是害处，也具有“扶世”的作用，洪亮吉说：“好名之弊亦尚足以扶世。何则？人而能好名，类皆聪颖拔萃之人也。聪颖拔萃之人，有赏之不能劝，罚之不能惩，而名之一字，即足以拘之者矣。”①清代的小说评点者对清代好名之士风则大力批判。如憺漪子评点道：

> 尝叹“名”之一字，真天地间大利大害之所在。使人而不好名，则圣贤可以不圣贤，豪杰可以不豪杰，杨朱所谓“尧、舜、桀、纣，其为朽骨一耳”，殆非所以教天下。使人而好名，则小名有小名之害，大名有大名之害。鸡鹜满园，牛羊盈野，而童竖不惊。见一麒麟、凤凰，则群然指为怪物，相与叫噪锄击，不遗余力。噫！吾人之处世，将何适而可乎？语云：“直木先伐，甘井先竭。”又云：“兰以香自焚，膏以明自煎。”名之为累久矣。因读传中“树大招风风撼树，人为名高名丧人”之句，不觉为之投笔三叹。②

《儒林外史》中的蘧公孙特别好名，因见其两个表叔“半世豪举，落得一场扫兴”，遂渐渐把“名”看得淡了，但终究还是放不下。所以，天目山樵评道：“何不拜从令政夫人？却舍近图远，只是一个好名之心耳”，“到底只是好名”③。

清代的小说评点者对清代下流的士风之弊进行了深入批判，还对八股

① （清）洪亮吉：《卷施阁文甲集卷第一·好名篇》，《洪亮吉集》，刘德权点校，中华书局2001年版，第23页。

② （清）憺漪子：《西游证道书》（第33回回评），《古本小说集成》，上海古籍出版社影印本1993年版，第653—654页。

③ （清）天目山樵：《儒林外史》（第13回夹批），李汉秋辑校：《儒林外史》（汇校汇评本），上海古籍出版社2010年版，第171页。

文及其八股文风作了较为深刻的批判。随着明代八股取士人才选拔制度的推行,八股文自明代基本定型。明亡之后,清代并未废除八股取士,反而更广泛、更有效地运用八股取士制度,并借此巩固了政权。但另一方面,八股文的弊病也日渐突出。清代的经世致用学者很早就意识到八股文的危害,对八股文作了深刻批判,企图纠正八股文风。如顾炎武曾指出:“八股盛而《六经》微,十八房兴而《廿一史》废。”①朱之瑜认为八股文非真文章,只是求取功名利禄的敲门砖。他说:

> 以八股为文章,非文章也。志在利禄,不过藉此干进。彼尚知仁义礼智为何物?不过钩深棘远,图中试官已耳,非真学问也。②

正因为八股文为干进之手段,并不能培养真正的人才,尤其是经世人才。李塨曾痛斥八股之害:

> 目明之末也,朝庙无一可倚之臣,天下无复办事之官。坐大司马堂,批点《左传》;敌兵临城,赋诗进江。其习尚至于将相方面,觉建功奏绩俱属琐屑,日夜喘息著书,曰“此传世业也。”以致天下鱼烂河决,生民荼毒。呜呼!谁实为此?无怪颜先生之垂泣而道也。③

为了国家兴盛和天下百姓,一些比较激进的关注现实的学者甚至很早就提出了废除八股取士的科举制。如戴名世说:“然余向与诒孙言,欲天下之平,必自废举业之文始,因劝之从事于性命与用世之书。”④清代的小说评

① (清)顾炎武:《十八房》,(清)黄汝成集释:《日知录集释》,上海古籍出版社1985年版,第1247页。

② (清)朱之瑜:《答安东守约书三十首·三》,《朱舜水集》卷7,朱谦之整理,中华书局1981年版,第173页。

③ (清)李塨:《恕谷后集·与方灵皋书》,《李塨文集》,邓子平等点校,河北人民出版社2011年版,第353页。

④ (清)戴名世:《吴七云制义序》,《戴名世集》卷4,王树民编校,中华书局1986年版,第109页。

点者对八股文及其八股文风的认识虽不及顾炎武、朱之瑜等思想家那么深刻，但在经世致用的学术氛围中，也对八股文及其八股文风作了较为深刻的批判。如《女仙外史》的评点者香泉批判八股文对培养经纬人才之害：

> 其一切为科名而读书者，驯而至于心之虚灵化为腐，耳目之聪明化为迂。迂与腐，其可用于世乎？虽科目之中亦有翘楚，然不过百之一二，已拔置词林，用其文笔，似无不可。①

更重要的是，八股文风的盛行，导致了清代"文行"的堕落。如齐省堂本《儒林外史》的评点：

> 嗟乎！自有时文，而文行判然二途矣。士人居家敦行，只以自尽其心；及人世，则以文字为功名之阶，以功名为势利之的，群趋群效，不外乎此。向之所谓敦行者，曾莫之知，而亦自忘之也。如是而文行安能并驾齐驱哉！②

《儒林外史》第一回中，当王冕批评科举制说："这个法却定的不好。将来读书人既有此一条荣身之路，把那文行出处都看得轻了。"天目山樵则评点道："然古来荣禄开而文行薄，岂特八股为然。"③很显然，天目山樵的认识比吴敬梓更进了一步，以八股入手，深刻地认识到"文行薄"的根源在于"荣禄"二字。

在清代经世致用之学术思潮盛行的背景下，小说评点对现实的深刻批判，在中国文学评点史上具有重要价值。

价值之一：弘扬了中国"士"关注现实、批判现实的文化品格。"士"从

---

① （清）香泉：《女仙外史》（第 82 回回评），（清）吕熊：《女仙外史》，百花文艺出版社 1985 年版，第 907 页。

② （清）齐省堂：《儒林外史》（第 16 回回评），李汉秋辑校：《儒林外史》（汇校汇评本），上海古籍出版社 2010 年版，第 214 页。

③ （清）天目山樵：《儒林外史》（第 1 回夹批），李汉秋辑校：《儒林外史》（汇校汇评本），上海古籍出版社 2010 年版，第 13 页。

产生那一日开始，都始终保持着关注现实的热情，并对现实中的弊病进行批判。儒家讲究入世，与现实联系最为紧密。孔子多次谈到"政"的问题，如他说："为政以德，譬如北辰，居其所，而众星共之。"①孔子所言之"政"，并非今日所言的钱权，而是一种道德理念，他希望用一种道德理念来治理社会。孔子的"政"带有理想化色彩，而孟子则更为理想，如他对君臣关系的论述："君之视臣如手足，则臣视君如腹心；君之视臣如犬马，则臣视君如国人；君之视臣如土芥，则臣视君如寇雠。"②这已是对不和谐君臣关系的批判，对后来的顾炎武、黄宗羲、王夫之等学者批判君主专制产生了较深的影响。

对现实的关注与批判并非儒家的专利。道家虽倡"出世"，但仍是心怀现实的。请看庄子的寓言：

> 庄子之楚，见空髑髅，髐然有形，撽以马捶，因而问之，曰："夫子贪生失理，而为此乎？将子有亡国之事，斧钺之诛，而为此乎？将子有不善之行，愧遗父母妻子之丑，而为此乎？将子有冻馁之患，而为此乎？将子之春秋故及此乎？"③

庄子面对髑髅，追问其是如何死的，这实质是对现实人生的关注，充满了一种人生的伤感之情。在《胠箧》中，庄子还批判了那些"窃国者"，他说："彼窃钩者诛，窃国者为诸侯，诸侯之门而仁义存焉，则是非窃仁义圣知邪？"④墨家也同样是关注现实的，墨子所提出的"非攻""兼爱""尚贤""节葬"等主张，无不是在现实基础上提出来的。墨子提出了著名的"国有七患"之论：

> 国有七患。七患者何？城郭沟池不可守，而治宫室，一患也。边国

---

① （清）阮元校刻：《论语注疏》，《十三经注疏》，中华书局1980年版，第2461页。
② （清）焦循：《孟子正义》，沈文倬点校，中华书局1987年版，第546页。
③ （清）郭庆藩撰：《庄子集释》，王孝鱼点校，中华书局1961年版，第617页。
④ （清）郭庆藩撰：《庄子集释》，王孝鱼点校，中华书局1961年版，第350页。

至境,四邻莫救,二患也。先尽民力无用之功,赏赐无能之人,民力尽于无用,财宝虚于待客,三患也。仕者持禄,游者忧交,君修法讨臣,臣慑而不敢拂,四患也。君自以为圣智而不问事,自以为安强而无守备,四邻谋之不知戒,五患也。所信不忠,所忠不信,六患也。畜种菽粟不足以食之,大臣不足以事之,赏赐不能喜,诛罚不能威,七患也。以七患居国,必无社稷;以七患守城,敌至国倾。七患之所当,国必有殃。①

墨子总结的危害国家的"七患",是很具有现实借鉴意义的。清代的小说评点者在评点中的现实关注与批判,保持了传统的中国"士"的优秀文化品格。

价值之二:在评点中体现了难能可贵的独立精神。作为批判本身来讲,其实质就是站在一个更高的层面上,审视历史或现实、人物或事件,以期发现问题和解决问题。其终极目标是为了更好地发展,其着眼点在于各个方面更为完善的未来。作为批判的前提,就是批判者自身的思想、人格和精神的独立,任何一个依附于政治、依附于某个集团的批判者都不可能作出真正意义上的批判。批判所具有的积极意义,是远远大于批判本身的。徐复观非常精辟地论述了中国知识分子的精神,陈克艰总结徐复观论述的中国知识分子精神的要义时就特别强调了知识分子的独立性。他说:

一、在精神义理的层面上,儒家的正统是从理想主义的高度干预政治,改良政治,而决非依附于政治,做政治的仆厮。……二、在现实的层面上,由于专制压迫和科举诱迫,虽然多数的儒生士子没有理想,只知追求功名利禄、人欲之私,但仍然有许多"自觉的知识分子",怀抱"继往开来的真实责任感","不以朝廷赏罚的自身,无条件地当作评判是非的标准,而努力树立、追求在政治地位以外的人生价值","有自觉的知识分子,纵然生活上依赖于政治,有如黄山谷所说'食贫自以官为

① (春秋)墨子撰,吴毓江校注:《墨子校注》卷1,孙启治点校,中华书局1993年版,第34—35页。

业’，但决无人承认‘官’的本身，能代表人生的价值，更不会有人想把自己的权势变成自己的学问。”①

清代的小说评点者几乎都是处于社会下层的文人，虽然他们在评点中也通常借评点发泄个人愤懑，抒发怀才不遇之情，但更多的是对现实弊端的批判，于批判之中彰显了评点者的独立精神。

在清代现实黑暗、政治腐败、世风日下、士风无耻的背景之下，清代的小说评点者能够弘扬关注现实、批判现实的传统文化品格和固守在思想、人格方面的独立精神，这本身就是难能可贵的，也是很具文化价值的。正因为有了清代的小说评点者在评点中所体现的现实批判精神，从某种意义上讲，清代的小说评点才更完整、更深刻、更富有文化价值。

① 陈克艰：《编者前言》，载徐复观：《中国知识分子精神》，华东师范大学出版社 2004 年版，第 1—2 页。

第三章　清代理学与小说评点

第一节　清代理学的嬗变

理学,作为封建社会的官方学术,在中国学术史上占有重要地位。“理学”之名,较早出现于南宋,陆九渊在《与李省斡》中说:“唯本朝理学,远过汉唐,始复有师道。”①陆九渊所言“理学”,当指程朱理学和他的心学。明代之后,“理学”之名便成为一种十分通用的称呼。虽然“理学”之名通用已久,但“理学”的概念仍然是模糊的,与之相关的还有“道学”“新儒学”“宋学”“性理之学”“义理之学”等,这些概念彼此间有交叉,但又有着一定的区别,同时还存在着混用现象。本书无意仔细辨析这些概念,但对理学之名还是有必要作出一定的界定。徐洪兴将“理学”分为狭义“理学”与广义“理学”,他指出:

> 一般而言,这种区分多从学派的角度着眼:狭义的“理学”,仅指“程朱理学”;稍广一点,则既指“程朱理学”,亦指“陆王心学”,这是明代以来的传统说法。当代学者还有更广义的解释,那就是除了程朱、陆王两大派外,还包括“气学”(以张载、罗钦顺、王夫之为代表)和“数学”(以邵雍为代表)、“婺学”(又称吕学,以吕祖谦为代表)、“湖湘学”(以张栻为代表)等。我个人的意见倾向于最后一种观点,只是觉得还应略作补充,加北宋中后期以王安石为代表的“新学”和以苏轼为代表的“蜀学”(详下说)。除此之外,从性质上看,“理学”也应有狭义和广

---

① (宋)陆九渊:《与李省斡》,《陆九渊集》卷1,中华书局1980年版,第14页。

义之分。①

根据徐洪兴的分析，笔者认为，本书所用理学的范畴适宜于第二种，因为程朱理学、陆王心学与小说及小说评点都有着紧密联系，而就第一种对于与小说评点的关系来讲，显得过于狭窄，最后一种又显得过于宽泛，无法深入探讨理学与小说评点之关系，且“气学”“数学”“婺学”“湖湘学”等与小说评点的关系不甚紧密。

理学起于北宋时期，至南宋而集大成。南宋后期，元代、明代均定理学为官学。理学发展至清代，仍被清政府定为官方学术，成为官方的统治思想。由于清代考据学的极度兴盛，其学术光芒几乎遮蔽了清代理学所取得的成就，以至于学界一般认为，清代学术的主要成就在考据学方面，而理学成就则被忽略了，如梁启超《清代学术概论》极少谈论理学，学界较早重视清代理学研究的学者当为钱穆。钱穆在讨论中国近三百年学术史时，首先就将近代学术之源追溯到宋学，他说：“治近代学术者当何自始？曰：必始于宋。何以为始于宋？曰：近世揭橥汉学之名以与宋学敌，不知宋学，则无以评汉宋之是非。”②并进而指出宋学对于近代学术研究的重要性：“不识宋学，即无以识近代也。”③钱穆所言之宋学，主要是针对清代盛行的汉学而言的，其主要内容是指理学。可以这样说，钱穆对清代理学的重视，开启了清代理学的研究之路。在清代理学不被学界重视的情况下，钱穆首先从宏观上把握清代理学，概括出了清代理学不同于前代理学的突出特点，如“理学本包孕经学为再生”，指出清代并非“理学之衰世”④；“清儒理学既无主峰可指，如明儒之有姚江；亦无大脉络大条理可寻，如宋儒之有程朱与朱陆”⑤。在此基础上，史革新进一步概括了清代理学的四大特点：“无主峰可

① 徐洪兴：《思想的转型——理学发生过程研究》，上海人民出版社1996年版，第5页。

② 钱穆：《中国近三百年学术史》，商务印书馆1997年版，第1页。

③ 钱穆：《中国近三百年学术史》，商务印书馆1997年版，第1页。

④ 钱穆：《〈清儒学案〉序》，《中国学术思想史论丛》第8卷，安徽教育出版社2004年版，第357页。

⑤ 钱穆：《〈清儒学案〉序》，《中国学术思想史论丛》第8卷，安徽教育出版社2004年版，第362页。

指，无大脉络可寻”；“学理无创新，重在道德规范”；“宋学与汉学既互相贬抑又兼采并蓄”；“宗理学者对西学的抵拒与接纳”。[①] 史革新对清代理学特点的把握更为细致，有利于我们从宏观上更为准确地理解清代理学的新发展。清代理学是中国理学史上不可或缺的一个重要阶段，同时清代理学也取得了一定的成就，对其分期则是进一步深入研究清代理学所必需的。因为清代理学与经学联系十分紧密，先看一下清代经学的分期。清代经学的分期，以皮锡瑞的观点最有代表性。皮锡瑞把清代经学分为三期，他认为：

> 国朝经学凡三变。国初，汉学方萌芽，皆以宋学为根柢，不分门户，各取所长，是为汉、宋兼采之学。乾隆以后，许、郑之学大明，治宋学者已尟。说经皆主实证，不空谈义理。是为专门汉学。嘉、道以后，又由许、郑之学导源而上，《易》宗虞氏以求孟义，《书》宗伏生、欧阳、夏侯，《诗》宗鲁、齐、韩三家，《春秋》宗《公》《穀》二传。汉十四博士今文说，自魏、晋沦亡千余年，至今日而复明。实能述伏、董之遗文，寻武、宣之绝轨。是为西汉今文之学。[②]

皮锡瑞关于清代经学的分期，成为清代理学分期的重要参考依据。较早对清代理学明确分期的是钱穆。早在 1942 年，钱穆在《〈清儒学案〉序》一文中将清代理学分为四个阶段：“晚明诸遗老”时期、“顺康雍”时期、“乾嘉”时期、“道咸同光”时期。[③] “晚明诸遗老”的理学毕竟属于明代，虽然对清初理学影响甚大，与清初理学联系也甚为紧密，但单独将之视为清代理学的一个发展阶段，失之偏颇。史革新在钱穆对清代理学分期的基础上，将清代理学分为三个阶段：“一为顺治、康熙、雍正三朝；二为乾隆、嘉庆及于道

---

① 史革新：《清代理学史》上卷，广东教育出版社 2007 年版，第 12—27 页。

② （清）皮锡瑞：《经学复盛时代》，《经学历史》，周予同注释，中华书局 1959 年版，第 341 页。

③ 钱穆：《〈清儒学案〉序》，《中国学术思想史论丛》第 8 卷，安徽教育出版社 2004 年版，第 357—359 页。

光中叶；三为道光中叶，历经咸丰、同治、光绪，及宣统三年（1911 年）。”①史革新的分期基本上体现了清代理学的发展过程，但因为是以年号为标准来分期的，体现不出理学在学术背景下的嬗变过程，况且学术思潮的嬗变并不与年号的更替完全同步，用此分期来阐述清代理学作为学术思潮的嬗变并不太恰当。为了更直观地体现清代理学作为学术思潮的嬗变过程，本书将清代理学置于清代的主要学术背景下来阐述其嬗变过程，深入探讨清代理学受到其他学术思潮影响而产生的变化。所以，本书将作为学术思潮的清代理学的嬗变分为三个阶段：经世致用背景下的理学、考据学盛行下的理学、受西学影响的理学。

一、经世致用背景下的理学

明清易代引发了清初学术界的一次大震动。一些汉族知识分子面对明清易代所带来的阵痛，不得不反思明亡之原因。顾炎武、王夫之等著名学者甚至认为明亡之主要原因在于晚明的空疏学风，于是大力倡导经世致用之学，力图纠正晚明以来的不良学风，经世致用之学一时蔚为大观。在经世致用之学蔚为大观的背景下，清代理学也悄然发生着变化。这种变化主要体现在三个方面：

其一，清代理学内部对理学的反思。清初，顾炎武、王夫之等经世致用学者对王学的大力抨击，也引发了理学学者内部对理学本身的反思。引起反思的另一原因则是明代中晚期盛极一时的王学本身就是在宋代理学之心学一脉的基础上发展起来的。当明末王学发展到顶峰之时，理学受到东林学术影响，便已开始呈现出由王返朱的趋势。钱穆曾评价道：

晚明诸老，无南无朔，莫不有闻于东林之传响而起者。故其为学，或向朱，或向王，或调和折衷于斯二者，要皆先之以兼听而并观，博学而明辨，故其运思广而取精宏，固已胜夫南宋以来之仅知有朱，与晚明以

① 史革新：《清代理学史》上卷，广东教育出版社 2007 年版，第 11 页。

来之仅知有王矣。①

至于清初,由于王学的空谈流弊,理学界显示出更为明显的“由王返朱”的趋势,陆王心学逐渐衰微。在理学界内部,陆王心学不再得到独尊,出现了或宗陆王心学、或宗程朱理学、或调和二者的不同学术主张,其中调和论居于主流,如孙奇逢、李颙、邵廷寀、范鄗鼎等,他们主张通过调和陆王心学与程朱理学来为理学寻找出路。孙奇逢早年学习程朱理学,后又归于陆王心学。他不赞成门户之别,认为程朱理学与陆王心学是相辅相成的。他曾自言:“某幼而读书,谨守程、朱之训,然于陆、王亦甚喜之。”②从整体上看,程朱理学在清初重新得到重视,并出现一定程度的复兴,甚至被部分理学学者视为救治王学流弊的一条重要路径。如东林学派的传人张夏特力推崇程朱理学,用程朱理学来救理学的“道术凌杂”。唐鉴《清学案小识》引张夏《雒闽源流录·序》中说:

呜呼!世之学者,往往阳儒阴释,以进释退儒,始而薄程朱,继而卑孔孟。由是道术凌杂,世教日衰。然则何以正之?亦正之以儒而已。孔孟,其儒之始祖乎?程朱,其儒之大宗乎?是故欲正之以孔孟,不若即正之以程朱,欲正之以程朱,不若即正之以学程朱之真儒。③

张夏将程朱理学抬到了孔孟之上,意在以此救治理学之弊,其实质主要是针对王学之流弊而言的。

其二,清代理学向朴实学风的一定程度的转向。清初通过对晚明空疏学风的批判,逐渐在学术界形成了注重实学的朴实之风。尤其是顾炎武等

① 钱穆:《〈清儒学案〉序》,《中国学术思想史论丛》第8卷,安徽教育出版社2004年版,第357—358页。

② (清)孙奇逢:《寄张蓬轩》,《夏峰先生集》卷2,朱茂汉点校,中华书局2004年版,第61页。

③ (清)唐鉴:《翼道学案·无锡张先生》,《清学案小识》卷4,世界书局1936年版,第65页。

经世致用学者对学问要务实地大力倡导，宣扬躬身实践，注重实践渐成清初学者的主流学术取向，这种取向也促使清代理学一定程度地向着朴实学风转向。如孙奇逢旗帜鲜明地提出了他的实学主张："经世宰物""躬行实践"和"主于实用"。孙奇逢在评价朱勉斋论学时，特别推崇其"躬行实践"，他说：

> 朱勉斋论学，以"尽人伦、体天理"六字为主，金伯玉极服其躬行实践，人不可及。呜呼！尽之矣！①

孙奇逢还提出了一个新的主张，那就是在"行"与"知"的关系上，"行"比"知"更重要，即"行足以兼知，知不足以兼行"。他说：

> 非知天必不能知人，盖行足以兼知，未有能行而不能知者；知不足以兼行，耻躬不逮，圣人固虑之矣。②

李颙特别倡导"明体适用"，认为"明体适用"乃儒学之宗旨。李颙释"明体适用"曰：

> 穷理致知，反之于内，则识心悟性，实修实证；达之于外，则开物成务，康济群生。夫是之谓"明体适用"。明体适用，乃人生性分之所不容已，学焉而昧乎此，即失其所以为人矣！明体而不适于用，便是腐儒；适用而不本明体，便是霸儒；既不明体，又不适用，徒灭裂于口耳伎俩之末，便是异端。③

---

① （清）孙奇逢：《孙征君日谱录存》卷16，《续修四库全书》第559册，上海古籍出版社2002年版，第8页。

② （清）孙奇逢：《答魏石生》，《夏峰先生集》卷2，朱茂汉点校，中华书局2004年版，第86—87页。

③ （清）李颙：《盩厔答问》，《二曲集》卷14，中华书局1996年版，第120页。

可见,在李颙看来,"明体"为修德以明圣人之道,从而立"本","适用"则是要将所明之本施之于"用"。李颙所言之"明体适用"之学,乃是有体有用、体用结合之学。他自己也特别强调"体用结合",他说:

> 今无论出于佛书、儒书,但论其何体何用,如"明道存心以为体,经世宰物以为用",则"体"为真体,"用"为实用。此二字出于儒书固可,即出于佛书亦无不可。苟内不足以明道存心,外不足以经世宰物,则"体"为虚体,"用"为无用。①

除了孙奇逢、李颙之外,就连十分固守程朱理学的熊赐履、张伯行也提出了务实、重实践的学术主张。熊赐履将《礼记·中庸》中"博学之,审问之,慎思之,明辨之,笃行之"视为"万世学"②,注重"笃行"。张伯行也特别强调实践乃为学之切要:

> 夫格物者,穷理之谓也。朱子论为学工夫,曰:主敬以立其本,穷理以致其知,反躬以践其实。此三者,乃为学之切要工夫。③

其三,程朱理学受到统治者提倡,一度复兴,起到了维护纲常名教的现实功能。清初理学内部在对王学的反思中,程朱理学重新被重视,更为重要的是程朱理学得到了统治者的提倡,于是一度兴盛起来,尤其康熙朝最盛。在程朱理学兴盛的时候,程朱理学成为科举考试的标准,程朱书籍得以大量刊布,完善了日讲与经筵制度,重用理学名臣,康熙帝还把朱熹升为十哲之列,以致讲习程朱理学一时成为学界时尚,涌现了诸如陆世仪、熊赐履、张履祥、李光地、陆陇其、张伯行、吕留良等理学名家。康熙帝本人就十分推崇程

① (清)李颙:《答顾宁人先生》,《二曲集》卷16,中华书局1996年版,第149—150页。

② (清)熊赐履:《下学堂劄记》卷1,《续修四库全书》第947册,上海古籍出版社2002年版,第163页。

③ (清)张伯行:《与毛心易》,《正谊堂文集》卷6,《丛书集成初编》第2483册,中华书局1985年版,第78页。

朱理学，他盛赞朱熹道：

> 朕自冲龄笃好读书，读书无不览诵。每见历代文士著述，即一字一句于理义，稍有未安者，辄为后人指摘。唯宋儒朱子注释群经，阐发道理，凡所著作及编纂之书，皆明白精确，归于大中至正，经今五百余年，学者无敢訾议。朕以为孔孟之后，有裨斯文者，朱子之功最为弘巨。①

康熙帝也同样强调"身体力行，见诸实事"，并将是否"力行"视为真假理学的标准，他谕告大学士曰：

> 凡所贵道学者，必在身体力行，见诸实事，非徒托空言。今汉官内有道学之名者，甚多。考其究竟，言行皆背。②

清朝统治者大力倡导理学，绝非看重理学的学术本身，而是着眼于理学维护纲常名教，有利于满族统治者巩固其在全国的统治。至于个别帝王对理学的特别推崇，也绝非仅仅是帝王个人理学素养所致，帝王们并非要成为一名理学家，而是政治统治的必然选择。如康熙帝大力提倡程朱理学，并非要深入研究程朱理学，而是将之视为治国治民的利器而已。正如史革新所评论的：（康熙）"他对理学的阐发始终将'居敬穷理'与治国安邦、修身养性与躬行实践、'内圣'与'外王'紧密相连，带有强烈的政治实用色彩和经世致用精神。"③

二、考据学盛行下的理学

考据学被学界公认为清代学术最为重要的主流学术思潮，梁启超甚至将之视为清代唯一的学术思潮。考据学代表了清代学术的最高成就，影响

① 《圣祖仁皇帝实录》卷249，《清实录》第6册，中华书局1986年版，第5410页。

② （清）章梫纂：《康熙政要》卷16，华文书局1969年版，第761页。

③ 史革新：《清代理学史》上卷，广东教育出版社2007年版，第80—81页。

也最大。明代中叶杨慎、焦竑等人便开启了考据之路，清初顾炎武、阎若璩等人发扬光大之，至于乾嘉时期，考据学达到鼎盛，几乎独霸清代学坛，汉学风气弥漫于整个学术界。鼎盛时期的考据学影响巨大，遍及整个学术界，甚至于整个文化界，处于学术夹缝中的理学也同样深受考据学盛行的巨大影响。

影响之一：理学的衰微。考据学在清代受到文人的青睐，尤其是一些考据学大家，如顾炎武、阎若璩、惠栋、戴震等，他们取得了重要学术成就，更是成为学界的榜样。再加上乾隆帝对科举内容的改革，在殿试时务策时增加了经史方面的内容，而且比重越来越重，致使理学学者难以入仕，而善治考据的经史学者大量进入仕途，如卢文弨、王鸣盛、钱大昕、纪昀、赵翼、王念孙、戴震、阮元等，这无形中导致了读书人致力于经史考据，推动了考据学风的盛行。在考据学笼罩下的理学走向衰微，这已是不可逆转的学术发展趋势。考据学盛行之时，理学已不被士子所重，理学之书很少有人再去仔细研读了。据《啸亭杂录》记载：

> 自于、和当权后，朝士习为奔竞，弃置正道。黠者诟詈正人，以文己过，迂者株守考订，訾议宋儒，遂将濂、洛、关、闽之书，束之高阁，无读之者。①

研读理学的理学之士还受到了当时学者的嘲讽：

> 自四库馆启之后，当朝大老，皆以考博为事，无复有潜心理学者。至有称诵宋、元、明以来儒者，则相与诽笑，是以风俗人心日坏，不知礼义廉耻为何事。②

甚至于当时士大夫都不愿与理学之士交友了。据《啸亭杂录》记载：

① （清）昭梿：《书贾语》，《啸亭杂录》卷10，中华书局1980年版，第317页。

② （清）姚莹：《复黄又园书》，《中复堂全集东溟文外集》卷1，沈云龙主编：《近代中国史料丛刊续编》第6辑，文海出版社1974年版，第1045—1046页。

近日士大夫皆不尚友宋儒，虽江、浙文士之薮，其仕朝者无一人以理学著。①

由于理学不为读书人所重，书贾害怕赔本，再也不愿意刊刻理学之书了，有些较为常见的理学之书竟难以买到了。昭梿在其笔记中记载：

自乾隆中，傅、和二相擅权，正人与之梗者，多置九卿闲曹，终身不迁，所超擢者，皆急功近名之士。故习理学者日少，至书贾不售理学诸书，予前已具论矣。②

余尝购求薛文清《读书记》及胡居仁《居业录》诸书于书坊中，贾者云："近二十余年，坊中久不贮此种书，恐其无人市易，徒伤赀本耳！"伤哉是言，主文衡者可不省欤？③

由此可见，在考据学盛行的巨大影响之下，理学的衰微已是不争的事实了。李帆总结了考据学盛行时理学衰微的主要表现在于："第一，没有大理学家叱咤学坛"；"第二，相应地，极少影响深远的理学著作问世"；"第三，也无独树一帜的理学流派出现"。④ 当然，考据学盛行下的理学的衰微，绝不仅仅是一些外在因素所致，理学本身在学理上的无创新等内部因素也是不可忽略的重要原因，这是必须注意的。

影响之二：以考据服务于理学。汉宋之争一直是考据学与理学之间的核心学术问题，但二者并非截然对立、判若云泥，而是有相通的地方，也有相互借鉴之处。对于考据学者而言，理学素养同样是重要的，不可缺少的。重视理学的钱穆就认为："汉学诸家之高下浅深，亦往往视其所得于宋学之高下浅深以为判。"⑤反过来也一样，崇尚理学的学者也常常汲取汉学之长，将考据

① （清）昭梿：《满洲二理学之士》，《啸亭杂录》卷10，中华书局1980年版，第318页。
② （清）昭梿：《理学盛衰》，《啸亭续录》卷4，《啸亭杂录》，中华书局1980年版，第503页。
③ （清）昭梿：《书贾语》，《啸亭杂录》卷10，中华书局1980年版，第317—318页。
④ 李帆：《清代理学史》中册，广东教育出版社2007年版，第27页。
⑤ 钱穆：《中国近三百年学术史》，商务印书馆1997年版，第1页。

学视为一种重要工具,以考据服务于理学。如笃守程朱理学的翁方纲认为:

考订之学何以专系之经也?曰:考订者为义理也。其不涉义理者,亦有时入考订,要之,以义理为主也。学者束发受书,则由程、朱以仰窥圣籍,及其后见闻稍广,而渐欲自外于程、朱者,皆背本而骛末者也。是亦因宋后诸家专务析理,反置《说文》《尔雅》诸书不省,有以激成之。吾今既知朴学之有益,博综考订,勿蹈宋后诸家之弊,则得之矣,而岂敢转执考订以畔正路乎?①

事实上也如此,在考据学盛行之时,诸如陈宏谋、汪绂等理学名臣在其阐述理学著作时也常运用考据之学,如陈宏谋《四书考辑要》、汪绂《礼记章句》、《理学逢源》等。略举《理学逢源》中一段为例:

陈介眉曰言性,又言气质,则可分出天地之性,气质之性,一性也,而或分而二之,则不可烜。按陈说似是而非,盖理与气同得于天理者,气之主,而气者,理之所附也。张子曰:形而后有气质之性。盖谓成形之后,理寓气中,是形而后有气质之性也。若天地之性,则未丽乎?形而粹,然至善之本真耳。性之理立于成形之先,而性之名实立于成形之后。故程子曰:才说到性处,便已不是性。谓其已丽于气质也,故以气质对性善言,则气质不得专性之名,以生物之事言,则气质何莫非性,而天地之性,实即在气质之中。故曰:善反之,则天地之性存矣。张子之意正欲人不以气质为性,而以理为性也,岂真分而二之也哉?曰:孔子不言天地之性,何也?曰性与天道。夫子罕言之。至孟子,时而有不得不言性善者。至宋时,周、程、张、朱诸子又有不得不别理、气而详论之者,言亦各因其时也。②

① (清)翁方纲:《自题校勘诸经图后》,《复初斋文集》卷6,载沈云龙主编:《近代中国史料丛刊》第43辑,文海出版社1966年版,第279页。

② (清)汪绂:《理学逢源》卷1,《续修四库全书》第947册,上海古籍出版社2002年版,第213页。

上文中，汪绂广引陈介眉、张载、程颐、孔子、孟子等先圣之言来阐述理学中的性、气、理之间的复杂关系，广引例证正是考据学的治学方法。汪绂也曾明言自己所用的引经据典的考据学之治学方法，他说：

> 每类之首，必援引经书以冒一类之意，亦以明立言之有本。
>
> 一类之中，各分数条，而每条之中，皆首以己意立言，以发明之，实则窃取先儒之意者居多，非私见也。其后继以杂引经书，则又所以实立说之旨，以见所言之一贯耳，非徒引蔓也。①

正因为考据学为理学提供了一种不同的治学思路，在借鉴、对照考据学之中，反而使一些笃守理学的士大夫更能清晰地看到理学本身的不足之处。翁方纲就曾指出一些宋儒因不通训诂而流于空谈的弊病，他说：

> 诂训名物，岂可目为破碎？学者正宜细究考订诂训，然后能讲义理也。宋儒恃其义理明白，遂轻忽《尔雅》《说文》，不几，渐流于空谈耶。况宋儒每有执后世文字习用之义，辄定为诂训者，是尤蔑古之弊，大不可也。今日钱、戴二君之争辨，虽词皆过激，究必以东原说为正也。②

可以这样说，考据学的兴盛对于理学来讲，也是一把双刃剑，正因为考据学的兴盛导致了理学的衰微，但客观上，考据学又一定程度地促进了理学的发展。

影响之三：理学中的务实学风继续得以倡导。考据学又称“朴学”，讲究实证，其重要治学特色之一就是“凡立一义，必凭证据；无证据而以臆度者，在所必摈”③。在考据学盛行的背景下，其务实学风也影响了理学，致使

---

① （清）汪绂：《例言》，《理学逢源》，《续修四库全书》第947册，上海古籍出版社2002年版，第203页。

② （清）翁方纲：《附录与程鱼门平钱戴二君议论旧草》，《复初斋文集》卷7，沈云龙主编：《近代中国史料丛刊》第43辑，文海出版社1966年版，第324页。

③ 梁启超：《清代学术概论》，上海古籍出版社1998年版，第47页。

理学在经世致用之学影响下向朴实学风一定程度的转向得以延续，理学家们仍然强调理学的务实学风。考据学盛行时的理学务实学风之最为突出的表现便是特别强调知与行的统一。如陈宏谋说：

> 制义之无关于人才者，其病在不尚理，而尚词；学问之无关于身心者，其病在求知，而不求行。程子所云："知一字，便行一字。"其异于俗学，正在于此。①

雷鋐也同样主张知行统一，学用结合。他说：

> 学以躬行蹈道为务，岂曰吾徒知之而已哉！世固有与之语先王之道，泛论人物之是非得失，井然不淆。其措之躬遗且悖矣。此能知而不能行，究非真知也。语先王之道，泛论人物之是非得失，井然而不淆者，其知尚未昧也。措之躬则遗且悖焉，是其知已有物以蔽之也。使就其井然而不淆者相而致之，不为外物之所蔽，其本体之明，自不得而昏。②

后来学者在评价这一时期的理学家时，也特别关注他们理学思想中的务实内容。如后人评价陈宏谋的治学：

> 其为学以诚一不欺为主，不为空谈，不取辩论。举古圣贤名臣名儒之嘉言懿行，一一尊而奉之，践而履之。③

考据学盛行时的理学务实学风之另一表现则是注重理学修身养性和教化的现实功能。理学名臣尹会一笃信程朱理学，虽然在理学学理方面较少

---

① （清）陈宏谋：《寄紫阳书院掌教董之诚先生书》，杨镜如主编：《紫阳书院志（1713—1904）》，苏州大学出版社2006年版，第449页。

② （清）雷鋐：《知行存养论》，《经笥堂文钞》，转引自高令印、陈其芳：《福建朱子学》，福建人民出版社1986年版，第473—474页。

③ （清）徐世昌等编纂：《临桂学案》，《清儒学案》卷64，沈芝盈等点校，中华书局2008年版，第2481—2482页。

建树，但在强化理学修身养性和教化的现实功能方面取得了一定成就。如他强调理学修身养性的作用，通过理学来修身养性，完善自身的人格，从而达到致用的目的。他说：

> 士大夫立身，自有本末，各成其是，皆足以传后而无疑。……其在于宋，范文正公冒哀言事，自谓其孝不逮，忠可忘乎！著万言书，一生功业皆素定。欧阳文忠公免丧入朝，仁宗怪其发白，见意甚至。未几乞致仕者六，足见其不忘孝矣。然人未有讥范文正公之居丧上书为不孝者，盖其先忧后乐之心，有以见信于世，而知其非贪利禄以希荣。呜呼！士大夫不贪利禄以希荣，则进非干泽，退非偷安，而忠孝之大节立矣。①

在尹会一看来，士大夫立身之大本就是理学所强调的忠孝，范仲淹、欧阳修是以理学中的忠孝立身的典范，后世的士大夫们应以他们为榜样。

三、受西学影响的理学

早在明代，西学就开始逐渐传入中国。清初，由于康熙等帝王的开明，西学继续传入。鸦片战争之后，西学便开始大规模地输入中国。甲午战争之后，西学东渐更是形成一股不可阻遏的潮流，启蒙思想广泛传播开来。晚清时期，西学在中国的大量出现与传播，已经成为一种重要的文化现象，它改变了中国学术的格局，甚至改变了中国文化的格局，形成了晚清多元化的文化格局。正如张昭军所评价的："西学大规模传入中国后，中国文化变为传统文化、帝国主义文化和资产阶级民主主义文化的多元化。"②理学正是这多元文化中的一支，在西学东渐的大潮流下，清代理学也呈现出独特的姿态。

首先，西学东渐促使理学一度复兴。理学内部，长期存在着程朱理学与

① （清）尹会一：《立身》，《健馀先生文集》卷1，《丛书集成初编》第2504册，中华书局1985年版，第4—5页。

② 张昭军：《清代理学史》下册，广东教育出版社2007年版，第25页。

陆王心学并存的局面,二者之间既有争斗,又有调和。西学东渐形成潮流以后,面对外来文化的强大冲击,二者之间的争斗明显减少,整体上以融合二者的学术主张为主。很显然,无论程朱理学还是陆王心学,都是传统学术中的重要支柱,尤其是程朱理学,仍然是官方的学术主流,而且已经上升为主流的社会意识形态,面对西学对传统文化的冲击,它们必然为捍卫传统文化而努力,在捍卫传统文化这一点上,它们的目标是一致的,因此,它们必然以融合为主的学术主张,促使理学一度复兴。相对于考据学盛行下的理学,受西学影响的理学反而出现了一度的中兴现象。张昭军总结了这种中兴主要体现在三个方面:“理学宗奉者人数众多,出现了一些较为活跃的学术群体,理学声势一度有所壮大”;“晚清时期的理学复兴在很大程度上与理学宗奉者在镇压太平天国起义以及‘同治中兴’过程中所取得的事功建树有关”;“程朱理学在晚清时期仍拥有广泛的社会基础,在广大中下层民众的思想和信仰世界中占据统治地位。”①西学东渐下的理学复兴在道光朝表现最为明显,如出现以唐鉴为核心的理学学术群体,在唐鉴周围聚集了倭仁、吴廷栋、曾国藩、何桂珍、吕贤基、窦垿等一大批理学名士,还出现了方东树《汉学商兑》、罗泽南《姚江学辨》、唐鉴《国朝学案小识》、何桂珍《续理学正宗》等理学著作,掀起了编纂理学著述的高潮。在汉学日渐衰微之时,经过理学名士们的共同努力,学界轻视宋学的观念得以改观。正如梁启超所言:

> 乾、嘉以来,汉学家门户之见极深,“宋学”二字,几为大雅所不道,而汉学家支离破碎,实渐已惹起人心厌倦。罗罗山(泽南)、曾涤生(国藩)在道咸之交,独以宋学相砥砺,其后卒以书生犯大难成功名。他们共事的人,多属平时讲学的门生或朋友。自此以后,学人轻蔑宋学的观念一变。②

宋学得到了学界的重视,最终得以一度复兴。亲历理学复兴的方宗诚

① 张昭军:《清代理学史》下册,广东教育出版社 2007 年版,第 27—32 页。

② 梁启超:《中国近三百年学术史》,东方出版社 1996 年版,第 32 页。

描述了当时理学复兴的情形：

> 嘉、道间，海内重熙累洽，文教昌明，而黯然为为己之学，兢兢焉谨守程、朱之正轨，体之于心，修之于身，用则著之为事功，变则见之于节义，穷则发之于著述，践之于内行，纯一不杂，有守先待后之功者，闻见所及，约有数人。长白倭文端公、霍山吴竹如先生官京师时，与师宗何文贞公、湘乡曾文正公、罗平窦兰泉侍御，日从善化唐确慎公讲道问业，不逐时趋；其时在下位者则有湘乡罗罗山先生，桐城方植之先生，永城刘虞卿先生，俱无所师承，而砥节砺行，为穷理精义之学。厥后诸公学成德尊，倭公则完养深醇，近于薛文清；吴公则诚明两进，近于陆清献；罗、方、刘三先生，闲道距诐，其正大精纯几于韩子之辨佛老，朱子之辨杂学；是皆大有功于道教者也。曾公既用其学拨乱反治，以勋德显；窦公秉正嫉邪，以直言著；独何文贞公高志卓识，实体躬行，毅然有尧、舜君民之心。①

方宗诚叙述了当时理学复兴中的主要人物及其学术贡献、学术风格，可见当时理学复兴之一斑。

其次，理学对西学的汲取。西学东渐以来，在如何面对西学的问题上，一部分宗理学者并没有简单地加以排斥，而是汲取了西学之长。清政府在与西方列强的较量中，无论外交还是军事都始终处于失败之境，面对民族危机，那些开明的知识分子开始意识到必须学习西学，如魏源明确提出“师夷长技以制夷”的鲜明口号。曾国藩、李鸿章、薛福成、张之洞等宗理学者也同样意识到必须学习西方的先进技术，国家才能自强。如曾国藩主张学习西方先进技术以自强：

> 外国技术之精为中国所未逮，如与（当为“舆”）图算法、步天测海，

① （清）方宗诚：《校刊〈何文贞公遗书〉序》，刘怀忠、何磊主编：《何桂珍文集》，云南人民出版社2001年版，第5—6页。

制造机器等事，无一不与造船练兵相表里。……精通其法，仿效其意，使西人擅长之事，中国皆能究知，然后可以徐图自强。①

曾国藩、李鸿章等宗理学者位居高位，他们凭借自己的权力及影响，将自己学习西方先进技术的主张付诸实践，掀起了洋务运动。他们创办了近代军事工业，如曾国藩创办的安庆军械所；创办民用工业，如李鸿章在上海的轮船招商局；巩固海防，建立了北洋、南洋和福建三支海军；开展新式教育，如创办京师同文馆，派遣外国留学生，重在培养一批懂外语、军事等方面的新式人才。客观上讲，洋务运动一定程度地推动了中国社会生产力的发展。

宗理学者对西方的汲取，仅仅只限于器质层面。如薛福成主张主动学习西方的先进技术，取法西人之“器数之学”以维护传统的“圣人之道”。他说：

今诚取西人器数之学，以卫吾尧舜禹汤文武周孔之道，俾西人不敢蔑视中华。吾知尧舜禹汤文武周孔复生，未始不有事乎此，而其道亦必渐被乎八荒，是乃所谓用夏变夷者也。②

由此可见，宗理学者汲取西学学术主张的目的十分明显，主要就是维护孔孟程朱之理学正宗，宣扬纲常名教，进而维护清政府的政治统治。所以，他们只主张学习西方的先进技术，而对于与传统理学相抵牾的西方宗教、政治学说等，则加以抵制。如曾国藩猛烈抨击天主教，认为西方宗教导致了太平天国起义。至于康有为、梁启超等维新派提出的近代民主、平等、自由等西方思想意识，更是遭到了宗理学者的猛烈抨击，因为这些意识已经动摇了封建专制统治的思想根基。如张之洞对“民权之说”的抨击：

---

① （清）曾国藩：《曾文正公奏稿·调陈兰彬江南差遣片》，（清）李瀚章编撰：《曾文正公全集》第4册，中国书店2011年版，第170—171页。

② （清）薛福成：《筹洋刍议·变法》，《庸盦全集》，华文书局1971年版，第440页。

使民权之说一倡，愚民必喜，乱民必作，纪纲不行，大乱四起，倡此议者，岂得独安独活？且必将劫掠市镇，焚毁教堂，吾恐外洋各国必藉保护为名，兵船、陆军深入占踞，全局拱手而属之他人，是民权之说固敌人所愿闻者矣。①

尽管宗理学者汲取西学只停留在舆图、算法等“器”的层面，强烈反对自由、平等、民主等属于“道”层面的西学，但客观上推动了西学在中国的传播，而且同样在“道”的层面上开启了思想启蒙之风。因为“器”与“道”本身是相辅相成的，是不能截然分开的，“器”变，“道”亦必变，事实上也如此，一些传统文人学习西方的先进技术之后，的确也产生了思想观念的变化，如日圆学说被中国传统文人接受后，就引起了关于“世界”认识的新观念，宗理学者对西学“器”的汲取，也必然改变着传统观念，进而改变传统文化。

最后，理学对西学的拒斥。面对西学的输入，一部分宗理学者为了捍卫传统文化，全力拒斥西学于门外，其中最力者主要有倭仁、贺瑞麟、吴廷栋、恽毓鼎等人。他们严守“夷夏之大防”，视西学为奇技淫巧，全力排斥西学。如晚清的正统理学家倭仁力拒西学，他说：

窃闻立国之道，尚礼义不尚权谋；根本之图，在人心不在技艺。今求之一艺之末，无论夷人诡谲未必传其精巧，即使教者诚教，学者诚学，所成就者不过术数之士，古今来未闻有恃术数而能起衰振弱者也。天下之大，不患无才。如以天文、算学必须讲习，博采旁求，必有精其术者，何必夷人，何必师事夷人？②

宗理学者在拒斥西学之中，理学的纲常名教成为了他们高举的利器，极力主张以纲常名教阻遏自由、民主、平等等近代思想的传播。吴廷栋将社会危机归因于世道人心之邪，强调用程朱理学的纲常名教以明学术、正人心，

① （清）张之洞：《正权》，《劝学篇》，上海书店 2002 年版，第 20 页。

② 《同治六年二月二十五日大学士倭仁折》，《中国近代史资料丛刊·洋务运动》（二），上海人民出版社 1961 年版，第 30 页。

抵制西方近代思想。他说：

> 窃谓世运之转移在人材，而人材之奋兴关乎风俗，风俗之盛衰系乎人心，人心之邪正由于学术。此学不明，固无望人心之兴起而天心之来复也。朱子云：凡事有本末，救之于其本，虽若迂缓而实易为力，救之于其末，虽若切近而实难为功。此理先须见得到，又须信得及，尤须守得定。每与艮峰先生纵言至此，未尝不同发一长太息也。①

宗理学者之所以极力拒斥西学，主要原因归于两方面。一方面，是对传统理学的独尊。如叶德辉尊理学，攻击西学及主张汲取西学的新学。维新派徐仁铸著《輶轩今语》以宣传维新，学习西学，叶德辉专作《〈輶轩今语〉评》一文加以反驳，维护传统理学。《輶轩今语》论及《四书》时说："《四书》者，皆群经中之精液也，朱子特尊之，诚为卓识。唯《集注》发明尚少，今尚当以万国之政学，引申而光大之。"叶德辉在评语中则极力称颂《集注》，他说：

> 《集注》一书，较《论语》尤为精密，以贤人而述贤人之心，故能千载合契。今乃欲以西国政学引申光大之，此援儒入墨之旨，非朱子所乐闻也。②

另一方面，部分宗理学者并不甚了解西学，面对西学的传入，产生了一种恐惧心理，从而过分夸大了西方的危害。李元度就曾认为天主耶稣教只存在于法兰西一国，倭仁也曾因为以传统理学观念谏阻同文馆而受到了慈禧的戏弄。倭仁还视西学为洪水猛兽，将其危害夸张到亡国、亡天下的地步。他说：

① （清）吴廷栋：《复洪琴西孝廉书》，《拙修集》卷9，清同治十年六安求我斋刊本。

② （清）叶德辉：《叶吏部〈輶轩今语〉评》，（清）苏舆编：《翼教丛编》卷4，上海书店2002年版，第76页。

> 议和以来，耶稣之教盛行，无识愚民半为煽惑，所恃读书之士讲明义理，或可维持人心。今复举聪明儁秀，国家所培养而储以有用者，变而从夷，正义为之不伸，邪气因而弥炽，数年以后，不尽驱中国之众咸归于夷不止。①

倭仁虽然笃信理学，显得顽固、迂腐，但他为官清廉，为人正直，且时刻不忘国耻。他曾说："且夷人吾仇也，咸丰十年，称兵犯顺，凭陵我畿甸，震惊我宗社，焚毁我园囿，戕害我臣民，此我朝二百年未有之辱，学士大夫无不痛心疾首，饮恨至今，朝廷亦不得已而与之和耳，能一日忘此仇耻哉？"②所以，从整体上看，倭仁是一个值得称颂的理学名士。

理学是中国传统的主流学术之一，一直为传统士大夫所尊崇，发展至清代，在经世致用之学、考据学、西学的影响之下，产生了一些缓慢的变化。清代理学，无论是一度复兴还是衰微，都在中国理学史上占有不可或缺的地位，是清代众多学术思潮中具有重要影响的一种，尤其是程朱理学，绝不仅仅是书斋里的学问，在清代，它仍然是中国社会的官方哲学和国家意识形态，仍然发挥着对学术、文化、社会的广泛而深远的影响。而且，程朱理学所宣扬的纲常名教、伦理道德也为普通民众所信仰，已经沉淀为一种民族文化心理，内化为一种民族文化性格，它将深深地影响着人们的思想信仰和价值判断。

第二节　清代的小说评点与崇尚古文之风

清代理学思潮并未衰退，它在承继宋明理学的基础上，有了一定程度的发展，并曾一度复兴。它虽然在学理上贡献不大，但其对政治、学术、文化等

---

① 《同治六年二月二十五日大学士倭仁折》，《中国近代史资料丛刊·洋务运动》（二），上海人民出版社1961年版，第31页。

② 《同治六年二月二十五日大学士倭仁折》，《中国近代史资料丛刊·洋务运动》（二），上海人民出版社1961年版，第30—31页。

方面的影响不可小觑。尤其是程朱理学，作为官方居于统治地位的学术思想，其影响力更不能忽视。清代古文特别盛行，掀起了崇尚古文之风，清代理学思潮的影响正是这种学风形成的重要原因及巨大的助推器。清代的小说评点者们又都浸染于这种崇尚古文的学风之中，其小说评点也必然深深地打上古文之风的烙印。因此，清代的小说评点与理学思潮、崇尚古文之风之间必然存在着密不可分的关系。笔者不揣浅见，试图深入分析此三者之间的复杂关系。

一、清代理学思潮与崇尚古文之风

清朝统治者为了巩固自己的统治，大力宣扬理学思想，康熙帝甚至独尊程朱理学，他赞朱熹道：

> 自汉以来，儒者世出，将圣人经书多般讲解，愈解而愈难解矣。至宋时，朱子辈注《四书》、《五经》，发出一定不易之理，故便于后人。朱子辈有功圣人经书者，可谓大矣。是以朕训尔等但以经书为要者亦此故也。①

宣扬、巩固理学思想最有效的手段就是科举制。清代科举制基本上沿用明代旧制，内容上继续限定在《四书》《五经》之内命题，《清史稿·选举志》记载："有清科目取士，承明制用八股文。取《四子书》及《易》、《书》、《诗》、《春秋》、《礼记》五经命题，谓之制义。"②但在制度上更加完备，思想上也控制得更加严格。《清史稿·选举志》记载："有清以科举为抡才大典，虽初制多沿明旧，而慎重科名，严防弊窦，立法之周，得人之盛，远轶前代。其间条例之损益，风会之变迁，系乎人才之盛衰，朝政之得失。述其大者，不

---

① (清)世宗纂：《圣祖仁皇帝庭训格言》，景印文渊阁《四库全书》第717册，中国台湾商务印书馆1986年版，第656页。

② 赵尔巽等：《清史稿》卷180，中华书局1977年版，第3147页。

可阙也。”①清代不仅加强了科举制的管理,而且一些皇帝本人也十分重视科举制艺的学习,提倡理学思想,从而推进了理学的发展。孟森在《清史讲义》中说:“清沿前代用科举制,又沿明代以八股为科举取士之用。圣祖以身自向学,使天下承风。”②科举以八股取士导致了天下士子为了进入仕途而努力学习八股文,从而间接地学习、接受理学思想。所以,可以这样说,统治者加强科举制管理的目的是利用理学来加强统治,但反过来,科举制的加强又促进了理学思想在文人士子中的传播与发展。

清代科举制的强化,必然促进八股文的盛行。八股文也称制义、制艺、时文、八比文,是明清时期的一种特殊文体,是专门应对明清科举考试的,其文体源于宋元的经义。顾炎武曾对八股文的起源、格式以及演变等作了详细的介绍:

经义之文,流俗谓之八股,盖始于成化以后。股者,对偶之名也。天顺以前,经义之文,不过敷衍传注,或对或散,初无定式,其单句题亦甚少。成化二十三年,会试《乐天者保天下》文,起讲先提三句,即讲“乐天”四股,中间过接四句,复讲“保天下”四股,复收四句,再作大结。弘治九年,会试《责难于君谓之恭》文,起讲先提三句,即讲“责难于君”四股,中间过接二句,复讲“谓之恭”四股,复收二句,再作大结。每四股之中,一反一正,一虚一实,一浅一深。(【原注】亦有联属二句、四句为对,排比十数对成篇,而不止于八股者。)其两扇立格,(【原注】谓题本两对文,亦两大对。)则每扇之中各有四股,其次第之法亦复如之,故今人相传谓之八股。若长题则不拘此。嘉靖以后,文体日变,而问之儒生,皆不知八股之何谓矣。孟子曰:“大匠诲人必以规矩。”今之为时文者,岂必裂规偭矩矣乎?

发端二句或三四句,谓之破题,大抵对句为多,此宋人相传之格。(【原注】本之唐人赋格。【钱氏曰】宋季有魏天应《论学绳尺》一书,皆

① 赵尔巽等:《清史稿》卷180,中华书局1977年版,第3149页。

② 孟森:《清史讲义》,中华书局2006年版,第303页。

当时应举文字，有破题、接题、小讲、大讲、入题、原题诸式，是论亦有破题。）下申其意，作四五句，谓之承题。然后提出夫子（【原注】曾子、子思、孟子皆然。）为何而发此言，谓之原起。至万历中，破止二句，承止三句，不用原起。篇末敷演圣人言毕，自摅所见，或数十字，或百余字，谓之大结。明初之制，可及本朝时事。以后功令益密，恐有藉以自炫者，但许言前代，不及本朝。至万历中，大结止三四句。于是国家之事罔始罔终，在位之臣畏首畏尾，其象已见于应举之文矣。①

从上述大段引文可看出，八股文的写作格式非常严格，再加上八股文内容被限定在《四书》《五经》之内，这导致了绝大部分八股文章内容陈腐，形式呆板，从而招致了很多文人的批判。尤其到了清代，八股文的弊病日显突出，清代文人对其批判更为激烈。曾国藩是科举制的受益者，他考中了进士，且又做了高官，但他仍然批判八股文。他说：

自制科以《四书》文取士，强天下不齐之人，一切就琐琐言之绳尺，其道固已隘矣。近时有司，乃并无所谓绳，无所谓尺。若闭目以探庾中之豆，白黑大小，唯其所值。士之蓄德而不苟于文者，又焉往而不见黜哉？②

但平心而论，八股文中亦有一些富有生机的文章。如尤侗的《怎当他临去秋波那一转》，全篇以《西厢记》为题，虽然具有游戏之笔，但富有文采，在千篇一律的八股文中给人一种清新之感；袁枚的《学而优则仕》，运用八股文形式讥讽了为学而做官的社会现象，很具有韩愈《毛颖传》《送穷文》《进学解》的讽世古文之风。

清代八股文盛行的价值并不在于产生了几篇耳目一新的优秀八股文，

---

① （清）顾炎武著，（清）黄汝成集释：《试文格式》，《日知录集释》，上海古籍出版社1985年版，第1266—1268页。

② （清）曾国藩：《曾文正公文集·武昌张府君墓表》，（清）李瀚章编撰：《曾文正公全集》第7册，中国书店2011年版，第313页。

其更深远的意义在于促进了清代崇尚古文之风的形成。八股文虽然并不等同于古文，但与古文却有着千丝万缕的联系。况且，《四书》《五经》中已含有八股的因素了，正如金克木所指出的：“在《论语》中有八股文胚胎，结构已具备。在《孟子》中有八股文语言之妙，两股对偶已经成型了。”①既然古文中蕴含着八股文因素，反过来，八股文的发展则必然促进古文的发展，影响着古文的形式结构、语言风格、写作技法等。古文与八股文本来在本质上是有区别的，古文主要是指以先秦两汉文为宗的散文，而八股文是在宋元经义的基础上形成的。到了清代，古文与八股文的区别逐渐弱化，“以古文为时文”的观念更为学界认可，更为普及。“以古文为时文”的观念早在明代就已出现，吴承学、李光摩认为：“八股文自正德、嘉靖年间开始了‘以古文为时文’的阶段。”②事实上也如此，唐顺之、归有光的八股文已在一定程度上淡化了八股文的文体规范。清代更是倡导“以古文为时文”，方苞的古文主张最为典型。先看方苞对“古文”的理解：“至唐韩氏起八代之衰，然后学者以先秦盛汉辨理论事，质而不芜者为古文。盖《六经》及孔子、孟子之书之支流余肄也。”③这里的“学者”观点实为方苞自己的观点。关于方苞所理解的“古文”，罗军凤进一步指出了他所主张的“时文与古文相通”的实质。他说：“方苞所说的古文是砥砺圣贤经义、融裁先秦两汉史事、以简要为归的一种文体，从这个定义上看，方苞的古文不再与时文相对，而与他在《古文约选序例》《进四书文选表》等文章中提倡的时文暗通款曲；作为宋学家，方苞经术湛深，据‘周秦诸子之绪余，而炼作时文’，在创作实践上，方苞的时文与古文相通；在方苞的古文义法理论中，古文亦与时文相通，时文可以借由古文提升。”④方苞在评归有光的八股文“吾十有五而志于学”一章时更是鲜明地提出了“以古文为时文”的创作主张：

① 启功、张中行、金克木：《说八股》，中华书局2000年版，第153页。

② 吴承学、李光摩：《八股四题》，《文学遗产》2004年第2期。

③ （清）方苞：《古文约选序例》，《方苞集集外文》卷4，《方苞集》，刘季高校点，上海古籍出版社1983年版，第612页。

④ 罗军凤：《方苞的古文“义法”与科举世风》，《文学遗产》2008年第2期。

> 以古文为时文,自唐荆川始,而归震川又恢之以闳肆。如此等文,实能以韩欧之气达程朱之理,而吻合于当年之语意。纵横排荡,任其自然。后有作者,不可及也已。①

“以韩欧之气达程朱之理”,是方苞对归有光古文与八股文相通的创作特色的准确概括,并高度赞扬了这一特色,方苞也借此大力宣扬自己“以古文为时文”的创作主张。因此可以这样说,八股文在清代的盛行,在相当程度上促进了清代崇尚古文之风的形成。

清代崇尚古文之风大盛的最主要标志就是桐城派古文的兴盛及其在清代文坛正宗地位的确立。桐城派散文蔚为大观,纵横文坛。黄霖认为桐城派乃清代文坛的文学大派,他评价道:“桐城派以‘义法’为基础,发展成具有严密体系的古文理论,切合古代散文发展的格局,遂能形成纵贯清代文坛的蔚蔚大派。”②桐城派古文的大盛原因很复杂,有科举制、古文本身严密的“义法”等,但更值得注意的是,其中一个至关重要的原因便是清代学术思潮的重大影响。郭绍虞详细解释桐城派古文兴盛的原因时,就特别注意到了宋学与汉学对桐城派古文兴盛所起的重要作用:

> 大抵望溪处于康雍“宋学”方盛之际,而倡导古文,故与宋学沟通,而欲文与道之合一,后来姚鼐处于乾嘉“汉学”方盛之际,而倡导古文,故复与汉学沟通,而欲考据与词章之合一。他们能迎合统治阶级的意图而为古文,又能配合当时知识分子所倡导的学风以为其古文,桐城文之所由成派,而桐城文派之所由风靡一时,当即以此。③

桐城派先驱为戴名世,代表人物为方苞、姚鼐、刘大櫆,他们师法曾巩、

① (清)方苞编,王同舟等校注:《钦定四书文校注》,武汉大学出版社 2009 年版,第 113 页。

② 袁行霈总主编,黄霖、袁世硕、孙静主编:《中国文学史》第 4 卷,高等教育出版社 1999 年版,第 328 页。

③ 郭绍虞:《中国文学批评史》,上海古籍出版社 1979 年版,第 635—636 页。

归有光，创立了所谓古文义法，讲究文章要“有物”“有序”，讲究文辞雅正，尤其强调“义理、考据、辞章”三者协调统一，其中的“义理”主要就是指理学思想。桐城派所提倡的古文与八股文联系十分紧密，从某种意义上讲，二者是相通的，同时在思想上又是以理学为宗的。的确，桐城派中的相当一部分人既是古文大家，又是时文大家，而且还是理学大家，如方苞、姚鼐、曾国藩等。方苞信奉《四书》《五经》之学，曾奉敕选录明清大家的时文，编成《钦定四书文》。他也留下了很多优美的古文名篇，如《汉文帝论》《游雁荡记》《狱中杂记》《左忠毅公逸事》等。方苞还特别推崇程朱理学，称程朱理学为“天地之心”。他说：

> 《记》曰：“人者，天地之心。”孔、孟以后，心与天地相似，而足称斯言者，舍程、朱而谁与？若毁其道，是谓戕天地之心。其为天所不祐决矣。故自阳明以来，凡极诋朱子者，多绝世不祀。①

姚鼐、曾国藩的创作状况和理学主张与方苞大致相似。在此有必要再强调一下他们对理学的推崇。如姚鼐推崇程朱理学，他说：

> 儒者生程、朱之后，得程、朱而明孔、孟之旨，程、朱犹吾父师也。然程、朱言或有失，吾岂必曲从之哉？程、朱亦岂不欲后人为论而正之哉？正之可也，正之而诋毁之，讪笑之，是诋讪父师也。且其人生平不能为程、朱之行，而其意乃欲与程、朱争名，安得不为天之所恶。故毛大可、李刚主、程绵庄、戴东原，率皆身灭嗣绝，此殆未可以为偶然也。②

桐城派古文兴盛之后，产生了巨大的社会影响。郭绍虞曾说：“清代文论以古文家为中坚，而古文家之文论又以‘桐城派’为中坚。有清一代的古

① （清）方苞：《与李刚主书》，《方苞集》卷6，刘季高校点，上海古籍出版社1983年版，第140页。

② （清）姚鼐：《再复简斋书》，《惜抱轩文集》卷6，《惜抱轩诗文集》，刘季高标点，上海古籍出版社1992年版，第102页。

文,前前后后殆无不与桐城发生关系。”①桐城派古文的兴盛,使整个文坛更加崇尚古文,崇尚古文的学风几乎弥漫于当时的整个学界。

在清代理学思潮背景下掀起的崇尚古文之学风,深深影响着清代的文化发展,几乎所有的清代读书人都潜移默化地受到这种学风的影响,包括清代的小说评点者。

二、清代的小说评点与崇尚古文之风

早在明正德、嘉靖年间,古文与八股文就开始互通,走向了一定程度的融合,至于清代,这种互通则更甚,因此,从某种意义上讲,明清时期的以八股文法评点小说也可视为以古文文法评点小说。如无特殊需要,下文并不将八股文法与古文文法作截然的区分。运用古文理论评点小说,并非始自清代,而是早在明代就已开始出现。就目前资料来看,处于小说评点萌芽阶段的明万历年间的最早小说评点本为刊于万历十九年(1591 年)的万卷楼刊本《三国志通俗演义》,该评点本的小说评点主要集中在五个方面:圈点、音注、释义、考证和补注。很显然,该评点本的评点主要是书坊主针对一般读者所作的导读性评点,鉴赏性与理论性并不强。而真正能够以古文文法评点小说的较早小说评点本为刊于万历四十年至四十二年(1612—1614 年)的“袁无涯本”《水浒传》,该评点本有夹批、眉批和回末总评等评点形式,偏重于对小说艺术技法的分析。谭帆指出:“‘袁本’是小说评点史上较早借用八股文法总结归纳小说文法的批评著作,其提出的诸如‘叙事养题’、‘逆法’、‘离法’等虽无甚价值,但可视为小说评点史上文法总结之开端。”②袁本《水浒传》偏重于小说艺术鉴赏,他在阐述小说评点的重要作用时就表达了重视小说艺术鉴赏的观点。他说:

书尚评点,以能通作者之意,开览者之心也。得则如着毛点睛,毕

① 郭绍虞:《中国文学批评史》,上海古籍出版社 1979 年版,第 627 页。

② 谭帆:《中国小说评点研究》,华东师范大学出版社 2001 年版,第 19 页。

> 露神采;失则如批颊涂面,污辱本来,非可苟而已也。今于一部之旨趣,一回之警策,一句一字之精神,无不拈出,使人知此为稗家史笔,有关于世道,有益于文章,与向来坊刻,敻乎不同。如按曲谱而中节,针铜人而中穴,笔头有舌有眼,使人可见可闻,斯评点所最贵者耳。①

袁本以古文文法评点小说,正是文人参与小说评点的重要表现,促使小说评点的文人化倾向逐步加强。明代运用古文理论评点小说最成功、最完备,影响也最大的小说评点本,无疑当属金圣叹刊于崇祯十四年(1641年)的"贯华堂刊本"《第五才子书施耐庵水浒传》。仅以金圣叹《读第五才子书法》为例,该读法主要谈《水浒》人物的评价与小说文法,其中小说文法约占一半文字,尤其是金氏总结出了《水浒传》的十五种文法:"倒插法""夹叙法""草蛇灰线法""大墨落笔法""绵针泥刺法""背面敷粉法""弄引法""獭尾法""正犯法""略犯法""极不省法""极省法""欲合纵法""横云断山法""鸾胶续弦法"。这十五种小说文法基本上都打上了古文文法的深刻烙印。客观地说,金圣叹运用古文理论来评点小说的评点方法是成功的,这对于小说艺术的鉴赏及结构分析是一种提升。谭帆在分析金批《水浒》的价值时也说:"在小说评点内涵上,金批《水浒》实际开创了古代小说批评的一种新格局,简言之,即从叙事文学角度评判小说的人物形象和情节结构,又从文章学的视角分析小说的行文布局和遣词造句。故'人物性格'评判和'结构章法'分析构成了金批《水浒》的重要内涵,而这即开创了后世小说评点的基本格局。"②的确如此。自金氏运用古文理论评点小说之后,至于清代,以古文理论评点小说的方法就更为普遍了。清代崇尚古文之风大盛,在此背景下,古文对小说评点的影响也更为深远而复杂,下面仅就最为突出的三个方面来阐述古文对清代的小说评点之深远影响。

其一,以古文为评点小说最重要的参照标准。

自金圣叹之后,小说评点的文章学意识逐渐加强。在崇尚古文之风盛

① 《〈出像评点忠义水浒全传〉发凡》,陈曦钟等辑校:《三国演义》(会评本),北京大学出版社1986年版,第31页。

② 谭帆:《中国小说评点研究》,华东师范大学出版社2001年版,第207页。

行的清代，文章学也很发达，以文章学角度观照小说评点已成为清代小说评点者们的一种自觉意识。他们首先在小说的“读法”中一再强调以“文章”看小说，其自觉意识十分明显。如张竹坡反复强调看《金瓶梅》要当作“文章”来看，他说：

> 看《金瓶》，将来当他的文章看。犹须被他瞒过；必把他当自己的文章读，方不被他瞒过。
>
> 将他当自己的文章读，是矣。然又不如将他当自己才去经营的文章。我先将心与之曲折算出，夫而后谓之不能瞒我，方是不能瞒我也。①

冯镇峦也在《读聊斋杂说》中强调从“文章”角度来阅读《聊斋志异》：

> 读《聊斋》，不作文章看，但作故事看，便是呆汉。唯读过《左》、《国》、《史》、《汉》，深明体裁作法者，方知其妙。②

在冯镇峦看来，《聊斋志异》是小说，更是文章，只有从“文章”角度看《聊斋志异》，方能感悟其妙。在小说内容的细评中，清代的小说评点者也的确贯彻了他们一再强调的文章学意识。这种例子很多，兹举一例为证，求夏所写的《女仙外史》第二十回回末评：

> 作大文章之法，如山川之有龙脉，或起或伏，或分或合，总出于一本，而后变化生焉。此部书第一回月殿求姻，为发脉之大原，其勤王起兵与建都立阙，是正脉所注会，蜿蜒千里，至九十八回方止。而其余龙衍作数派者，虽有大小之殊，其间起伏分合，亦无不然。此回之脉，则发于嵩阳悬对、洛邑访才之时，伏而后行，纵横旋折，结穴于八十回。其余

① （清）张竹坡：《批评第一奇书〈金瓶梅〉读法》，王汝梅等校点：《张竹坡批评第一奇书金瓶梅》，齐鲁书社 1987 年版，第 37 页。

② （清）冯镇峦：《读聊斋杂说》，张友鹤辑校：《聊斋志异》（三会本），上海古籍出版社 1986 年版，第 11—12 页。

若诸公子义士，亦各有起结显伏之处。识得草蛇灰线，在在有能燎然，否则与盲师无异。①

在文章学自觉意识下的清代的小说评点，选取了那些为大多数文人所熟悉且影响广泛的经典古文作为小说评点的重要参照标准。在这些经典古文中，最常见的是史传古文，如《左传》《史记》《汉书》《国语》《战国策》等，其他重要的还有《尚书》《周礼》等儒家经典古文和《文选》、“唐宋八大家”文等文学名篇古文。以史传古文为参照标准评价小说的，可谓俯拾皆是。如二知道人评价《红楼梦》深得《左传》叙事之精华：

雅爱左氏叙鄢陵之战：晋之军容，从楚子目中望之，楚之军制，从楚人苗贲皇口中叙之，如两镜对照，实处皆虚，所以为文章鼻祖也。雪芹先生得其金针，写荣国府之世系，从冷子兴闲话时叙之；写荣国府之门庭，从黛玉初来时见之；写大观园之亭台山水，从贾政省功时见之。不然，则叙其世系适成贾氏族谱，叙其房廊不过此房出卖帖子耳。雪芹锦心绣口，断不肯为此笨伯也。②

纪昀代表清代主流小说观对《聊斋志异》大加批评，说《聊斋志异》“非著书者之笔”，冯镇峦还用以《史记》《汉书》为标准的评点反驳之：

《聊斋》以传记体叙小说之事，仿《史》、《汉》遗法，一书兼二体，弊实有之，然非此精神不出，所以通人爱之，俗人亦爱之，竟传矣。虽有乖体例可也。纪公《阅微草堂》四种，颇无二者之病，然文字力量精神别是一种，其生趣不逮矣。③

① （清）求夏：《女仙外史》（第20回回末评），（清）吕熊：《女仙外史》，百花文艺出版社1985年版，第228—229页。

② （清）二知道人：《红楼梦说梦》，郭豫适编：《红楼梦研究文选》，华东师范大学出版社1988年版，第31页。

③ （清）冯镇峦：《读聊斋杂说》，张友鹤辑校：《聊斋志异》（三会本），上海古籍出版社1986年版，第15—16页。

除史传古文外,《尚书》《周礼》等儒家经典古文也常常成为清代的小说评点者评点小说的重要参照标准。如:

不知其他,唯喜某篇某处典奥若《尚书》,名贵若《周礼》,精峭若《檀弓》,叙次渊古若《左传》《国语》《国策》,为文之法,得此益悟耳。①

典奥如《尚书》古文,瑰奇如《冬官》《考工》,反复读之,美不胜收,只是不忍释手。②

常常作为清代的小说评点重要参照标准的还有《文选》、"唐宋八大家"文等名篇古文。如:

《三国》文字之佳,其录于《文选》中者,如孔融《荐弥衡表》,陈琳《讨曹操檄》,实可与前、后《出师表》并传,俗本皆阙而不载。今悉依古本增入,以备好古者之览观焉。③

先秦之文,段落浑于无形。唐、宋八家,第一段落要紧。盖段落分,而篇法作意出矣。予于《聊斋》,钩清段落,明如指掌。④

是书叙事,取法《战国策》《史记》、三苏文处居多。《红楼梦》脱胎在《西游记》,借径在《金瓶梅》,摄神在《水浒传》。⑤

其二,重视"起""结"评点,阐明小说大旨。

---

① (清)但明伦:《聊斋志异序》,张友鹤辑校:《聊斋志异》(三会本),上海古籍出版社1986年版,第19页。

② (清)但明伦:《跳神》(末评),张友鹤辑校:《聊斋志异》(三会本),上海古籍出版社1986年版,第756页。

③ (清)毛宗岗:《凡例》,陈曦钟等辑校:《三国演义》(会评本),北京大学出版社1986年版,第20页。

④ (清)冯镇峦:《读聊斋杂说》,张友鹤辑校:《聊斋志异》(三会本),上海古籍出版社1986年版,第17页。

⑤ (清)张新之:《太平闲人红楼梦读法》,《妙复轩评石头记①》,《明清善本小说丛刊初编》第10辑,天一出版社1985年版,第32页。

古文是一种严谨的文体，其创作须讲究一定的准则。因为古文创作的严谨，致使古文被认为是一种写作难度很高的文体。方苞说："仆闻诸父兄：艺术莫难于古文。自周以来，各自名家者，仅十数人，则其艰可知矣。"①在古文严谨的创作要求中，"起"与"结"尤显重要。刘熙载在《艺概》中特别强调"起""结"，他说：

> 笔法之大者三：曰起，曰行，曰止。而每法中未尝不兼具三法，如起，便有起之起，有起之行，有起之止也。起笔无论反正虚实，皆须贯摄一切，然后以转接收合回顾之。②

方苞在讲古文"义法"时，也强调古文要追求收尾开合、连贯的创作脉络，如其评《左传》《史记》之文："各自成书，具有首尾，不可以分剟。"③"起"与"结"被古文作者认为是彰显文章大旨的关键所在，它体现着古文的"意"，"意"为古文之灵魂，所以古文提出"意在笔先"，刘熙载说："古人意在笔先，故得举止闲暇；后人意在笔后，故至手脚忙乱。杜元凯称左氏'其文缓'，曹子桓称屈原'优游缓节'，'缓'，岂易及者乎！"④故古文必然重视"起""结"。

在清代崇尚古文之风的背景下，小说评点者特别重视小说"起""结"的评点是必然的。

先说"起"的评点。从古代小说的创作情况来看，小说的"起"是指彰显小说创作主旨的开篇部分，主要包括书名和第一回。书名是以最为精练的字、词、句或隐或显地表达编创者的创作意图，即小说之主旨，犹如古文所讲的"一言""主脑"。刘熙载谈到古文之"一言""主脑"时说："凡作一篇文，其用意俱要可以一言蔽之。扩之则为千万言，约之则为一言，所谓主脑者是

---

① （清）方苞：《答申谦居书》，《方苞集》卷6，刘季高校点，上海古籍出版社1983年版，第164页。

② （清）刘熙载：《艺概》，上海古籍出版社1978年版，第178页。

③ （清）方苞：《古文约选序例》，《方苞集集外文》卷4，《方苞集》，刘季高校点，上海古籍出版社1983年版，第613页。

④ （清）刘熙载：《艺概》，上海古籍出版社1978年版，第7页。

也。破题、起讲，扼定主脑；承题、八比，则所以分摅乎此也。主脑皆须广大精微，尤必审乎章旨、节旨、句旨之所当重者而重之，不可硬出意见。主脑既得，则制动以静，治烦以简，一线到底，百变而不离其宗，如兵非将不御，射非鹄不志也。”①所以古文尤其重视对“题目”的阐释，具有很强的尊题意识。刘熙载说：“文莫贵于尊题。尊题自破题、起讲始，承题及分比，只是因其已尊而尊之。尊题者，将题说得极有关系，乃见文非苟作。”②清代的小说评点者同样具有古文的尊题意识，在评点中特别重视对小说书名的阐释。如《红楼梦》甲戌本《凡例》开篇即阐释《红楼梦》书名旨义：

《红楼梦》旨义：是书题名极多，《红楼梦》是总其全部之名也。又曰《风月宝鉴》，是戒妄动风月之情。又曰《石头记》，是自譬石头所记之事也。此三名皆书中曾已点睛矣。如宝玉作梦，梦中有曲名曰《红楼梦》十二支，此则《红楼梦》之点睛。又如贾瑞病，跛道人持一镜来，上面即錾“风月宝鉴”四字，此则《风月宝鉴》之点睛。又如道人亲眼见石上大书一篇故事，则系石头所记之往来，此则《石头记》之点睛处。然此书又名曰《金陵十二钗》，审其名则必系金陵十二女子也。然通部细搜检去，上中下女子岂止十二人哉？若云其中自有十二个，则又未尝指明白系某某，及至《红楼梦》一回中亦曾翻出金陵十二钗之簿籍，又有十二支曲可考。③

闲斋老人也在《〈儒林外史〉序》中重点阐释小说书名之旨义：

夫曰“外史”，原不自居正史之列也；曰“儒林”，迥异玄虚荒渺之谈也。其书以功名富贵为一篇之骨：有心艳功名富贵而媚人下人者；有依仗功名富贵而骄人傲人者；有假托无意功名富贵自以为高，终被人看破

① （清）刘熙载：《艺概》，上海古籍出版社1978年版，第172—173页。

② （清）刘熙载：《艺概》，上海古籍出版社1978年版，第173页。

③ （清）脂砚斋：《凡例》，《脂砚斋甲戌抄阅再评石头记》，上海古籍出版社1985年版，第2—3页。

耻笑者；终乃以辞却功名富贵，品地最上一层为中流砥柱。①

小说第一回总被评点者视为全书的一个缩影，他们认为其中往往隐括着小说故事情节的发展脉络，以及小说的象征意义与作者所要表达的哲理思想，所以，第一回（有些小说为“楔子”）也是小说评点者重点评点的地方，他们希望通过自己的评点来让读者明白小说的主旨。清代的小说评点亦如此。如陈香泉评《女仙外史》第一回：

此回意旨在月殿。主与天狼星结仇，为全部大书之章本。乃先之以碧桃会，撰出如许志怪陆离文字。初不能测其机关，直至嫦娥宴回，陡遇天狼，方始豁然。如此灵心幻思，其餐霞吸露之人乎？《水浒》第一篇，以请天师禳疫而引魔君出世，落想固佳，然犹未能脱尽凡尘之气。②

《儒林外史》第一回曰《说楔子敷陈大义，借名流隐括全文》，兼有楔子的作用。卧闲草堂本对此评点道：

元人杂剧开卷率有楔子。楔子者，借他事以引起所记之事也。然与本事毫不相涉，则是庸手俗笔；随意填凑，何见笔墨之妙乎？作者以史汉才作为稗官，观楔子一卷，全书之血脉经络无不贯穿玲珑，真是不肯浪费笔墨。“功名富贵”四字是全书第一着眼处，故开口即叫破，却只轻轻点逗。以后千变万化，无非从此四字现出地狱变相。可谓一茎草能化丈六金身。③

---

① （清）闲斋老人：《〈儒林外史〉序》，李汉秋辑校：《儒林外史》（汇校汇评本），上海古籍出版社 2010 年版，第 687 页。

② （清）陈香泉：《女仙外史》（第 1 回回末评），（清）吕熊：《女仙外史》，百花文艺出版社 1985 年版，第 11 页。

③ （清）卧闲草堂：《儒林外史》（第 1 回回评），李汉秋辑校：《儒林外史》（汇校汇评本），上海古籍出版社 2010 年版，第 15 页。

再说“结”的评点。古文创作讲究起、承、转、合，其中的“合”也是非常重要的。刘熙载谈“合”道：“起、承、转、合四字，起者，起下也，连合亦起在内；合者，合上也，连起亦合在内；中间用承用转，皆兼顾起合也。”①小说的“结”，差不多就相当于古文的“合”。清代的小说评点对“结”的重视程度虽然不及“起”，但亦给予了相当的关注，其关注点着重于两个方面：一是再次强化小说的主旨。如齐省堂评本评点《儒林外史》最后一回：

> 是篇为全书收结。既曰采访儒修，则应皆是读书之人，何以进士、举人、生员、贡监之外，又兼及武职、布衣、女子、释道？虽云其中不乏能文之士，而品流不太杂耶？不知士先器识而后文艺，苟其品行超人，或有技能可取，录长略短，皆可勿遗。且此回原以收结此书，将全部所有人物总列一遍，评其贤否，着其去取，以示善善恶恶之旨，原非谓宇宙之大生才尽于此也。读者勿以辞害意可耳。②

二是强调与“起”的照应关系，指出小说在结构上的完整性与协调性。如张竹坡评点《金瓶梅》的最后一回：

> 第一回弟兄哥嫂以“弟”字起，一百回幼化孝哥，以“孝”字结，始悟此书，一部奸淫情事，俱是孝子悌弟穷途之泪。夫以“孝、弟”起结之书，谓之曰淫书，此人真是不孝弟。③

上述关于“起”“结”评点的讨论，都是针对长篇章回小说而言的。对于大量的短篇文言小说与话本小说情况又如何呢？这些短篇小说中在内容上并无直接关联的各个篇目究竟是按照什么顺序来编排的呢？从目前所见的

---

① （清）刘熙载：《艺概》，上海古籍出版社1978年版，第177页。

② （清）齐省堂：《儒林外史》（第56回回评），李汉秋辑校：《儒林外史》（汇校汇评本），上海古籍出版社2010年版，第685页。

③ （清）张竹坡：《金瓶梅》（第100回回评），王汝梅等校点：《张竹坡批评第一奇书金瓶梅》，齐鲁书社1987年版，第1562页。

短篇小说来看，能够很明显看出编排顺序的并不多见。短篇小说篇目的编排顺序无外乎三种情况：按照作者的写作时间编排；作者按照一定体系精心编排；后来的刊刻者按照一定体系编排。实际情况如何呢？我们可以推断一下：如果作者按照一定体系编排，那作者必须把所有作品写完之后才能作这样的编排；如果是刊刻者按照一定体系编排，那么他势必打乱原作者的顺序，这势必违背原作者的创作原意，古代的刊刻者是十分尊重原作的，一般不会这样做。那么，最大的可能就是按照作者的写作时间来编排。事实上也是如此。以《聊斋志异》为例，章培恒仔细研究了《聊斋志异》稿本，再比照铸雪斋抄本等其他刊本，探讨了《聊斋志异》篇目的编排顺序，得出的结论是："稿本实在是按各篇写作时间的先后来排列的。"①如果短篇小说是按照写作时间来编排的，探讨小说的"起""结"就并无多大意义。但是，清代的小说评点者仍然对短篇小说的"起""结"作了深刻的评点，借此彰显小说的主旨。如但明伦在解释《聊斋志异》为什么把《考城隍》置于首篇时评道：

> 一部大文章，以此开宗明义，见宇宙间唯仁孝二字，生死难渝；正性命，质鬼神，端在乎此，舍是则无以为人矣。自揭立言之本旨，即以明造物赏罚之大法。②

但明伦又在评点《聊斋志异》最后一篇《绛妃》（青柯亭本把此篇作为最后一篇）时，也特别强调蒲松龄的教化、救世的创作主旨：

> 一部大文章将毕矣。先生训世之心，据怀之笔，嬉笑怒骂，彰瘅激扬。本经济以为文，假鬼神以设教。……此志异之所以以《考城隍》始，以《讨封氏》终也。劝惩之大义彰矣，文章之能事毕矣。③

① 章培恒：《新序》，张友鹤辑校：《聊斋志异》（三会本），上海古籍出版社 1986 年版，第 13 页。

② （清）但明伦：《考城隍》（夹批），张友鹤辑校：《聊斋志异》（三会本），上海古籍出版社 1986 年版，第 3 页。

③ （清）但明伦：《绛妃》（末评），张友鹤辑校：《聊斋志异》（三会本），上海古籍出版社 1986 年版，第 746 页。

话本小说也同样注重对“起”“结”的评点。如鸳湖紫髯狂客评点《豆棚闲话》第一则《介之推火封妒妇》：

> 艾衲道人《闲话》第一则就把“妒”字阐发，须知不是左袒妇人，为他增焰也。妒可名津，美妇易貌；郁结成块，后宫参差。此一种可鄙可恶景象，缕缕言之，人人切齿伤心，犹之经史中“内君子，外小人”。揣摩小人处，十分荼毒气概；揣摩君子处，十分狼狈情形。究竟正气常存，奇衷终馁，是良史先贤之一番大补救也。知此则《闲话》第一及妒妇，所谓诗首《关雎》，书称“釐降”可也。①

清代的小说评点者对短篇小说“起”“结”的评点，显然是受到古文影响之后，在崇尚古文之风的背景下所作的过度阐释。

其三，重视文法评点，探讨小说技法。

古文十分重视文法。方苞所树起的“义法”大旗中的“法”就是指文法，他说：“《春秋》之制义法，自太史公发之，而后之深于文者亦具焉。义即《易》之所谓‘言有物’也，法即《易》之所谓‘言有序’也。义以为经而法纬之，然后为成体之文。”②文法即指作文之法，包括文章的布局、章法、句法等。刘熙载在《艺概》中也大量谈论古文文法，如“抑扬之法”：“抑扬之法有四，曰：欲抑先扬，欲扬先抑，欲抑先抑，欲扬先扬。沉郁顿挫，必于是得之”；振字诀：“振字诀其用有三：曰振下，振上，兼振上下”；章法、句法相间：“章法之相间，如反正、浅深、虚实、顺逆皆是；句法之相间，如明暗、长短、单双、婉峭皆是。”③将古文文法引入小说评点，自袁无涯、杨定见评点《水浒全传》为开端，尔后明末金圣叹评点“才子书”全面、成功运用，至于清初毛氏父子评点《三国演义》之后则广泛运用，于是，这种评点方法在清代遂十分

① （清）鸳湖紫髯狂客：《豆棚闲话》（第1则总评），（清）艾衲居士编著：《豆棚闲话》，人民文学出版社1984年版，第11页。

② （清）方苞：《又书货殖传后》，《方苞集》卷2，刘季高校点，上海古籍出版社1983年版，第58页。

③ （清）刘熙载：《艺概》，上海古籍出版社1978年版，第181页。

盛行。由于清代的小说评点所论及的文法繁多，仅毛宗岗《读三国志法》中提到《三国演义》之“妙”的文法就有“追本穷源之妙”“巧收幻节之妙”“以宾衬主之妙”等十四种之多，实无法一一辨析，故仅选择伏笔、文局、文势三种最为常见的文法论之，以此一斑而窥全豹。

先论伏笔。伏笔是指文章前后照应、贯穿一气的一种写作技巧。小说先前描写一人、一事、一物，看似闲笔，实则伏于数段文字或者数回甚至数十回之后，使前后相互照应，构成一个整体，不至于让读者感到突兀。毛宗岗称之为“隔年下种、先时伏着之妙”，他说：

> 《三国》一书，有隔年下种、先时伏着之妙。善圃者投种于地，待时而发。善奕者下一闲着于数十着之前，而其应在数十着之后。文章叙事之法亦犹是已。如西蜀刘璋乃刘焉之子，而首卷将叙刘备，先叙刘焉，早为取西川伏下一笔。又于玄德破黄巾时，并叙曹操，带叙董卓，早为董卓乱国、曹操专权伏下一笔。……自此而外，凡伏笔之处，指不胜屈。每见近世稗官家一到扭捏不来之时，便平空生出一人，无端造出一事，觉后文与前文隔断，更不相涉。试令读《三国》之文，能不汗颜！①

清代的小说评点中经常提到的“草蛇灰线”之法，其重要功能之一就是伏笔、照应。什么是“草蛇灰线”？石麟作了较为准确的解释：“所谓草蛇，乃草中之蛇，因其有长有短、隐隐约约，故而用以比喻埋伏照应方法之忽隐忽显的特点。……所谓‘灰线’，古人并没有明确的解释，愚以为就是各种灰质的东西画成的线，因其有粗有细、断断续续，故而用以比喻埋伏照应方法之忽断忽续的特点。‘草蛇’与‘灰线’加在一起，就比较全面地表达了埋伏照应方法的两大特征：当断则断，当续则续；当显则显，当隐则隐。”②这种例子不胜枚举，略举两例如下：

---

① （清）毛宗岗：《读三国志法》，陈曦钟等辑校：《三国演义》（会评本），北京大学出版社1986年版，第15—16页。

② 石麟：《古代小说评点家论叙事之“埋伏照应”》，《湖北师范学院学报》（哲学社会科学版）2008年第3期。

有灰线草蛇法：如李俊在金鳌岛救起安道全，为后引两寨诸人入海之线；闻小姐患病求安道全医治，诊太素脉，说他大贵，为后嫁与李俊为妃之线；郓哥随呼延钰去时，说银子原为娶妻之用，为后请留共涛之女赏与为妻之线之类。皆是远远生根，闲闲下着，到后来忽然照应，何等自然。①

是书寓意至深，伏脉至细，手写是间，目注彼处。虽至一语之微，一事之细，无不回环呼应，首尾灵通，寻绎根源，有草蛇灰线之妙，是真圣叹所谓能以一笔作数笔者也。②

次论文局。古文讲究全文的布局，古人称之为“文局”。古人对此十分重视，常常论及文局的设置方法。如刘熙载说：“文局有宽有紧。大抵题位宽则局欲紧，题位紧则局欲宽。文局有先空后实，有先实后空，亦有叠用实叠用空者；有先反接后正，有先正后反，亦有叠用正叠用反者。其叠用者，必所发之题字不同。至正反俱有空实，空实俱有正反，固不待言。”③刘熙载所论文局极具辩证意味。体现在实际的小说创作中，作者不单独叙述某一人、某一事，往往以相关、相应、相犯之人、之事为之相衬。清代的小说评点者也特别重视对相衬文局的评点，毛宗岗所论之“以宾衬主之妙”“同树异枝、同枝异叶，同叶异花、同花异果之妙”“将雪见霰、将雨闻雷之妙”均是谈文局的。他说：

《三国》一书，有以宾衬主之妙。如将叙桃园兄弟三人，先叙黄巾兄弟三人：桃园其主也，黄巾其宾也。将叙中山靖王之后，先叙鲁恭王之后：中山靖王其主也，鲁恭王其宾也。…诸如此类，不可悉数，善读是书者，可于此悟文章宾主之法。

---

① （清）蔡元放：《水浒后传读法》，曾祖荫等选注：《中国历代小说序跋选注》，长江文艺出版社 1982 年版，第 159 页。

② （清）李友琴：《新上海》（书末总评），（清）陆士谔：《新上海》，上海古籍出版社 1997 年版，第 279 页。

③ （清）刘熙载：《艺概》，上海古籍出版社 1978 年版，第 177 页。

《三国》一书，有同树异枝、同枝异叶，同叶异花、同花异果之妙。作文者以善避为能，又以善犯为能。不犯之而求避之，无所见其避也；唯犯之而后避之，乃见其能避也。如纪宫掖，则写一何太后，又写一董太后；…读者于此，可悟文章有避之一法，又有犯之一法也。

《三国》一书，有将雪见霰、将雨闻雷之妙。将有一段正文在后，必先有一段闲文以为之引；将有一段大文在后，必先有一段小文以为之端。如将叙曹操濮阳之火，先写糜竺家中之火一段闲文以启之；……文章之妙，正复类是。①

清代的小说评点除了重视文局的相衬外，还特别重视文局的匀称。他们认为文局各个部分应该相互协调，在文局上有一种匀称感，不至于头重脚轻，或者头轻脚重。讲究文局匀称，其目的在于追求小说的平衡美。即使为了追求匀称的平衡美而增添了一些不必要的小说情节，他们也高度赞扬这种匀称的文局。如《聊斋志异·邵女》中，金氏因奇妒遭到了"一烙二十三针"的痛苦报应，最后后悔改过而成为贤妇。金氏后悔后，写了其梦遇鬼神点明因果报应一段。冯镇峦对此评点道：

悔后又写此一段果报，文情饱满圆足，否则头大尾小，通体不称。②

这一情节既非刻画人物性格之必需，也非故事发展之必然逻辑，只是为了满足文局的匀称，冯镇峦赞扬了此处的古文笔法。又如但明伦在《西湖主》的总评中也赞扬了这种文局匀称的古文笔法：

后半幅问不加斧锧之由，问反赐姻好之由，问婢子识面之由，问不即纵脱之由，固层层点清上文，亦即以配映上半幅数层文笔，不欲令头

① （清）毛宗岗：《读三国志法》，陈曦钟等辑校：《三国演义》（会评本），北京大学出版社1986年版，第9—14页。

② （清）冯镇峦：《邵女》（夹批），张友鹤辑校：《聊斋志异》（三会本），上海古籍出版社1986年版，第892页。

重脚轻也。末后特表神奇，又文之余趣耳。①

最后论文势。何谓“文势”？简而言之，即指文章的气势。文势为历代文论家所重视，视之为古文审美艺术张力之所在。最早的文势专论是刘勰的《文心雕龙·定势》，该篇系统地论述了文势的相关基本问题。如阐释文势的重点“势”：

势者，乘利而为制也。如机发矢直，涧曲湍回，自然之势也。圆者规体，其势也自转；方者矩形，其势也自安：文章体势，如斯而已。是以模经为式者，自入典雅之懿；效骚命篇者，必归艳逸之华；综意浅切者，类乏酝藉；断辞辨约者，率乖繁缛：譬激水不漪，槁木无阴，自然之势也。②

自刘勰阐释文势之后，文势论便被广泛运用于古文理论。如王若虚论孟子之文：“予以文势观之，语皆不安，中间或有脱误，未可为断然之说也。”③文势论亦被广泛运用于清代的小说评点之中。如毛宗岗论《三国演义》的文势：

《三国》一书，有横云断岭、横桥锁溪之妙。文有宜于连者，有宜于断者。如五关斩将，三顾草庐，七擒孟获，此文之妙于连者也。如三气周瑜，六出祁山，九伐中原，此文之妙于断者也。盖文之短者，不连叙则不贯串；文之长者，连叙则惧其累坠，故必叙别事以间之，而后文势乃错综尽变。后世稗官家鲜能及此。④

① （清）但明伦：《西湖主》（末评），张友鹤辑校：《聊斋志异》（三会本），上海古籍出版社1986年版，第655页。

② （南朝梁）刘勰著，范文澜注：《文心雕龙注》，人民文学出版社1958年版，第529—530页。

③ （金）王若虚：《孟子辨惑》，《滹南遗老集》卷8，中华书局1985年版，第56页。

④ （清）毛宗岗：《读三国志法》，陈曦钟等辑校：《三国演义》（会评本），北京大学出版社1986年版，第13页。

更为奇绝的是但明伦，他模拟古文中“字诀”文法将文势命之为：“蓄字诀”。“蓄字诀”如下：

> 文夭矫变化，如生龙活虎，不可捉摸。然以法求之，只是一蓄字诀。前于《葛巾》传论文之贵用转字诀矣；蓄字诀与转笔相类，而实不同，愈蓄则文势愈紧，愈伸，愈矫，愈陡，愈纵，愈捷：盖转以句法言之，蓄则统篇法也。①

清代的小说评点者在评点中所指出的小说文势，实际上是指小说打破了常规写法，具有了变幻和生动的文风，这与古文所提倡的作文之法具有相通之处。

三、清代盛行以古文理论评点小说之原因

在清代崇尚古文之风的背景下，清代的小说评点者广泛运用了古文理论来评点小说。固然崇尚古文之风为以古文理论评点小说提供了一个重要契机，但古文理论能够很自然、娴熟、充分地运用于小说评点，必然存在着更为深层的原因。

原因之一：小说评点者养成了古文的思维定式。

“小说”这种文体从文化品位上讲是“小道”，从文体形式上讲是“丛残小语”，从形成过程上讲是“街谈巷语，道听途说者之所造”，因而自古以来的地位都是非常低的，被正统文人瞧不起，为小说作评点的评点者自然也多为下层文人。考察清代的小说评点者身份，虽然不乏像纪昀、王士祯那样地位显赫的个别人物，但绝大多数评点者处于社会下层，为科举路上的失败者，如张竹坡、毛宗岗、冯镇峦等人。他们常借评点小说抒发自己的心中块垒，如张竹坡评点《金瓶梅》说：“盖作者比于世，亦有大不得已之事。如史

① （清）但明伦：《王桂庵》（末评），张友鹤辑校：《聊斋志异》（三会本），上海古籍出版社1986年版，第1636页。

公之下蚕食，孙子之刖双足，乃一腔愤懑而作此书。言身已辱矣，唯存此牢骚不平之言于世，以为和有知心，当悲我之辱身屈志，而负才沦落于污泥也。”①张竹坡曾言自己评点《金瓶梅》乃“自做我之《金瓶梅》”，他指出《金瓶梅》中所蕴含的作者兰陵笑笑生的怀才不遇之悲愤，实亦可视为抒发评点者张竹坡自身的不遇之情。清代的小说评点者虽然心中有忧愤，对科举不顺不满，然而他们毕竟都是在科举制的环境中成长起来的文人，他们从小接触、学习古文与八股文，古文思维已成为了他们的思维定式，在小说评点中具有“古文腔”“八股腔”，那是再自然不过的事情了，甚至可以说，他们一切写作思路都来自于自幼所受到的古文思维定式。章学诚曾指出八股文对写作的深刻影响：

> 前明制义盛行，学问文章远不古若，此风气之衰也。国初崇尚实学，特举词科，史馆需人，待以不次，通儒硕彦，磊落相望，可谓一时盛矣。其后史事告成，馆阁无事，自雍正初年至乾隆十许年，学士又以四书文义相为矜尚。仆年十五六时，犹闻老生宿儒自尊所业，至目通经服古谓之杂学，诗古文辞谓之杂作。士不工四书文，不得为通，又成不可药之蛊矣！②

章学诚的观点正好印证了古文之思维定式对小说评点的重要影响，甚至可以说，运用古文理论评点小说是清代小说评点者的一种不自觉的写作方式。

从清代的小说作者角度来看，他们绝大多数是下层文人，但亦深受科举教育之影响，同样具有古文的思维定式。如吴敬梓在《儒林外史》第一回中，特别提出其“楔子”的隐括大义的作用，褚人获在《隋唐演义》第一回中开篇一番关于草泽英雄开始如何落寞凄凉，尔后建功立业，如何辉煌显赫的

① （清）张竹坡：《金瓶梅》（第7回回评），王汝梅等校点：《张竹坡批评第一奇书金瓶梅》，齐鲁书社1987年版，第115页。

② （清）章学诚：《答沈枫墀论学》，《文史通义》，刘公纯标点，北京古籍出版社1956年版，第308页。

议论，从而引出杨坚的故事，以及话本小说中普遍存在的“入话”等，这些无不是古文重视“起”的一种表现。还有小说中大量的预叙、补叙、分叙等叙事手法，都能看出《左传》《战国策》《史记》等古文文法思维的影子。文言短篇小说更是接近古文创作，《聊斋志异》最为典型。《聊斋志异》篇名多以人物名字名篇和篇末的“异氏史曰”，显然是受到史传古文中的纪传体形式影响。其行文多用短句，又注重对称，这种叙事之法与古文几乎无异。随举一例：

> （一客）忽闻灵床上察察有声。急开目，则灵前灯火，照视甚了：女尸已揭衾起；俄而下，渐入卧室。面淡金色，生绢抹额。俯近榻前，遍吹卧客者三。……尸亦起，似将逐客。比其离帏，而客以拔关出矣。尸驰从之。客且奔且号，村中人无有警者。……旋踵，尸已至，去身盈尺。客窘益甚。门外有白杨，围四五尺许，因以树自幛；彼右则左之，彼左则右之。尸益怒。然各寖倦矣。尸顿立。客，庇树间。尸暴起，伸两臂隔树探扑之。客惊仆。尸捉之不得，抱树而僵。（《聊斋志异·尸变》）

这段叙述极见蒲松龄古文功底，全篇均用短句，节奏紧促，使读者感到气氛之紧张，描写女尸用了一系列精彩而准确的动词，如“揭”“下”“入”“近”“吹”“逐”“驰”“暴起”“伸”“探扑”“捉”“抱”等，充分突出了女尸动作迅速、性情急躁的恐怖特征，而描写客则用了“出”“奔”“号”“窘”“汗促气逆”“惊仆”等词，把客的惊恐之状写得淋漓尽致。可见，蒲松龄深得古文叙事之壶奥。陈洪指出，以古文文法评点《聊斋志异》最为恰当，其原因有二：“一是《聊斋》受唐传奇影响至深，而唐传奇本与古文运动血脉相通。二是《聊斋》为文言作品，行文之法与古文无别；蒲松龄本为古文高手，以古文笔法结撰小说，理有必然。”①所以，以古文文法评点文言短篇小说，可以说更加切中小说评点的肯綮之处。

① 陈洪：《中国小说理论史》，天津教育出版社2005年版，第194页。

原因之二：古文理论形成了成熟的话语体系，独立性很强，而小说理论自身的体系性与独立性却很弱。

我国古文源远流长，作为一种文体而言，成熟时间很早。陈柱将古代散文的发展分为五个阶段：骈散未分时代之散文（夏商周秦）、骈文渐成时代之散文（两汉三国）、骈文极盛时代之散文（晋及南北朝）、古文极盛时代之散文（唐宋）、以八股为文化时代之散文（明清）。我国古文概念较为宽泛，亦可以说基本包括陈柱所言的“散文”，从陈柱对古代散文的分期可以看出我国古文起源很早，也很早就有了成熟的散文。陈柱评价夏代之文说：“夏代之文，记事之最工者，莫如《禹贡》；记言之工者，莫如《甘誓》。”①因此，伴随着古文的发展，古文理论也发展很快，且形成了成熟的话语体系。王水照说：“古文研究与批评之真正成为一门学科，即文章学之成立，殆在宋代。其主要标志在于专论文章的独立著作开始涌现，且著作体裁完备，几已囊括后世文论著作的各种类型：一是颇见系统性与原创性之理论专著……二是具有说部性质、随笔式的著作……三为‘辑’而不述之资料汇编式著作……四为有评有点之文章选集……”②可以说，宋代是古文理论的成熟时代，具有了一套成熟的话语体系。古文理论的成熟在两个方面表现尤为突出：一是成熟的话语体系。王水照全面总结了古文理论的话语体系：“以文评著作为主要体裁之我国古代文章学，内涵丰富复杂，却自成体系，最具民族文化之特点。举其荦荦大端，则有（一）文道论……（二）文气论……（三）文境论……（四）文体论……（五）文术论……（六）品评论……（七）文运论……”③二是独立性。很多重要的古文理论在刊刻、阅读方面，脱离了对原作的依附，而是单独成文或者成为独立著作，如宋魏天应《论学绳尺·行文要法》、明王鏊《震泽长语·文章》、宋陈骙《文则》、明屠隆《文章四题》等。

相对于古文而言，小说作为一种文体发展要缓慢一些。至于唐传奇，小说文体才得以独立。鲁迅说：“小说亦如诗，至唐代而一变，虽尚不离于搜

① 陈柱：《中国散文史》，东方出版社 1996 年版，第 6 页。

② 王水照：《历代文话》，复旦大学出版社 2007 年版，第 2—3 页。

③ 王水照：《历代文话》，复旦大学出版社 2007 年版，第 5 页。

奇记逸，然叙述宛转，文辞华艳，与六朝之粗陈梗概者较，演进之迹甚明，而尤显者乃在是时则始有意为小说。”①小说理论的成熟与繁荣，是在明清小说大繁荣之后。但就系统性与独立性而言，小说理论远远落后于古文理论。古代小说理论虽然也有自己的一系列话语，如“寓意”“白描”“避犯”“幻”等，但在小说理论整体系统性方面，仍然是参照西方小说理论来建构的。如叶朗在总结中国小说理论的论述中，参照了西方的典型性格论、情节论、悲剧论、叙事学等小说理论；陈洪虽然力图建立中国小说理论自身的话语体系，但仍然依托了西方的情节结构论、典型人物论、叙事学等小说理论。在中国小说理论的独立性方面，就更弱了。中国的小说理论主要存在于小说的序跋、题辞、总批、夹评、眉批等评点之中，这些评点都是附在原作一起刊刻的，也一起被读者阅读的，对原作的依附性极强，夹评、眉批等评点如果离开原作，可以说几乎毫无意义。当然，亦有一些小说理论存在于脱离原作的笔记等杂著之中，但其所在比例是非常小的，其理论价值也远不能与依附原作的评点相比。因此，小说评点借鉴古文理论成为一种不自觉的必然选择，清代的小说评点也不例外，而且还因受崇尚古文之风影响而显得更盛。如自金圣叹运用了“草蛇灰线”评点《水浒传》之后，“草蛇灰线”被清代的小说评点大量运用。追根溯源，“草蛇灰线”最早用于兵法，早在金圣叹之前，就被大量运用于古文理论，明人张溥在论八股文的“中比式”时就有“草蛇灰线”的论述：

> 中比当知起承转合之法。几句起，几句承，几句转，几句合，此章法也，毫不可紊。旧多立柱，今则不然。然不旧不俗，柱亦何伤？但遣词各亦联络照应，须如灰中线，路里草蛇踪，默默相应可也。②

再如“逼拶”一词，也大量运用于清代的小说评点。《岭南逸史》第十三回末评评道：“极写天马之锐，所以逼起惠潮之兵，是拶逼法，不是开阖法。

① 鲁迅：《中国小说史略》，人民文学出版社1973年版，第54页。

② （明）张溥：《新刻张太史手授初学文式》，美国哈佛大学燕京图书馆藏本，转引自钟锡南：《八股论文与金圣叹文学评点》，《中国文学研究》2005年第4期。

盖自二山仇杀后，作者已刻刻注到负荆一回矣。”①而明末清初的吕留良在评《孟子》之文时就说：

> 唯君所行也，“唯”字两边说，是逼法不是活法，活法正是逼法。不行此，则行彼。道理分别如此，只看君所行何如。此处却是他人着力不得，此句逼拶极狠，非谓但凭君做也。②

清代的小说评点还借鉴了“急脉缓受”“主脑”“起承转合”等很多古文理论，在此不再一一举例。

原因之三：小说评点借古文理论提升小说地位。

小说这种文体一直以来就地位低下，为传统文人所轻视。为提高小说地位，小说评点者必然在论述小说时将小说向地位高的文体靠拢，以取得传统文人的认可。古代地位高的文体就是诗文，其中的“文”自然成为小说攀附的重要对象，尤其是“经”“史”方面的“文”。如金圣叹明确提出的“才子书”概念，列出了“六才子书”：《庄子》《离骚》《史记》、“杜甫之律诗”、《水浒传》《西厢记》，并以大量精力评点了《水浒传》。金圣叹首次将小说《水浒传》与诗歌《离骚》、“杜诗”，与古文《庄子》《史记》并列，其提高小说地位的目的十分明显。因为小说的文体特征与“文”更为接近，所以，自金圣叹之后的清代，为提高小说地位的“拟文”评点几乎成为一时评点之风气，而“拟诗”评点则极少，凡评点小说者无不向“文”靠拢，尤其史传文是小说评点靠拢的重中之重，攀附史传文几乎充斥了整个清代小说评点的话语之中。略举两例：

> 千古文字之妙，无过《左传》，最喜叙怪异事。余尝以之作小说看。此书（按指《聊斋志异》）予即以当《左传》看，得其解者方可与之读千

① （清）西园：《岭南逸史》（第13回末评），（清）花溪逸士：《岭南逸史》，中天等校点，百花文艺出版社1995年版，第155页。

② （清）吕留良：《孟子二》，《四书讲义》卷31，清康熙天盖楼刻本。

古奇书。予又以此一副眼孔读《昭明文选》。①

三国叙事之佳，直与《史记》仿佛，而其叙事之难则有倍难于《史记》者。《史记》各国分书，各人分载，于是有本纪、世家、列传之别。今《三国》则不然，殆合本纪、世家、列传而总成一篇。分则文短而易工，合则文长而难好也。②

"拟文"评点，尤其是其中的"拟史"评点，成为小说评点史上的一大现象。由于明清以来越来越盛的"拟文""拟史"评点，甚至引起了后来学者在阅读小说评点时的反感，并对之进行了一定程度的批评。钱锺书说："明、清评点章回小说者，动以盲左、腐迁笔法相许，学士哂之。"③但同时又指出了小说评点深得"正史稗史之意匠经营"，并借之提高小说地位的目的。他说："哂之诚是也，因其欲增稗史声价而攀援正史也。然其颇悟正史稗史之意匠经营，同贯共规，泯町畦而通骑驿，则亦何可厚非哉。"④小说攀援正史也是可行的，因为正史与小说亦有相通之处。钱锺书说："史家追叙真人真事，每须遥体人情，悬想事势，设身局中，潜心腔内，忖之度之，以揣以摩，庶几入情合理。盖与小说、院本之臆造人物、虚构境地，不尽同而可相通；记言特其一端。"⑤可见，小说评点者借古文理论评点小说显示了他们深谙古文之道，也显示了他们欲提高小说地位的评点动机。

当然，除了小说评点者之外，小说的编创者本人也在为提高小说地位而努力。如小说普遍比较强调教化意义，即使是自娱自乐的小说也如此，甚至情色小说也要披上一层教化的外衣。小说教化意义的根源之一就是儒家入世精神。陈美林、李忠明说："强烈的精英意识，以天下为己任的文人文化传统，使他们在创作小说时也不忘记自己对社会对人民的责任，

① （清）冯镇峦：《读聊斋杂说》，张友鹤辑校：《聊斋志异》（三会本），上海古籍出版社1986年版，第9页。

② （清）毛宗岗：《读三国志法》，陈曦钟等辑校：《三国演义》（会评本），北京大学出版社1986年版，第18页。

③ 钱锺书：《管锥编》，中华书局1979年版，第166页。

④ 钱锺书：《管锥编》，中华书局1979年版，第166页。

⑤ 钱锺书：《管锥编》，中华书局1979年版，第166页。

即使是以消遣、自娱以娱人为目的而创作的小说，其中也不时流露出对现实人生的关注。”①小说编创者不管主观上有没有教化的创作目的，但其欲靠近儒家思想以提升小说地位的目的还是不自觉地表现出来了。又如小说中穿插的大量诗词曲赋作品，也同样是小说为提高地位向被视为文学正宗的文体靠拢而做的一种选择，同样不自觉地具有提升小说地位的创作目的。小说中插入诗词曲赋不仅提升了小说地位，还形成了中国古代小说独有的“文备众体”的文体特征，诗词曲赋也成为了古代小说的有机部分。正如牛贵琥评价诗词的正面作用说：“诗词之所以在小说中有正面的作用，就在于其本身离不开诗词，否则小说要单调、干巴、乏味得多。”②

原因之四：金圣叹小说评点的示范效应。

金圣叹于明崇祯十四年（1641 年）倾尽心力评点了《水浒传》，即《第五才子书施耐庵水浒传》，最早刊本为贯华堂刊本。金圣叹的小说评点取得了巨大成功，其小说评点的着重点集中于两个方面：一是人物形象的品评；二是在文章学的视域下，借用古文理论分析小说的谋篇布局、结构章法与遣词造句，开创了中国小说评点的基本格局。谭帆评价道：“‘人物性格’评判和‘结构章法’分析构成了金批《水浒》的重要内涵，而这即开创了后世小说评点的基本格局。”③尤其是其成熟地借用古文理论评点小说，可以说促使中国的小说评点走向了成熟。林岗称：“明清之际正是古代文论史上第二次‘文学自觉’。”④这种评点史上的“文学自觉”，在相当程度上就体现为娴熟而又自觉地借用古文理论来评点小说。胡适曾批评金圣叹借古文文法评点小说，他说：“但是，金圣叹究竟是明末的人。那时代是‘选家’最风行的时代；我们读吕用晦的文集，还可想见当时的时文大选家在文人界占的地位。金圣叹用了当时‘选家’评文的眼光来逐

① 陈美林、李忠明：《中国古代小说的主题与叙事结构》，安徽文艺出版社 2000 年版，第 51—52 页。

② 牛贵琥：《古代小说与诗词》，山西人民出版社 2005 年版，第 109 页。

③ 谭帆：《中国小说评点研究》，华东师范大学出版社 2001 年版，第 207 页。

④ 林岗：《明清之际小说评点学之研究》，北京大学出版社 1999 年版，第 97 页。

句批评《水浒》，遂把一部《水浒》凌迟碎砍，成了一部‘十七世纪眉批夹注的白话文范’！”[①]但这也从侧面说明了金圣叹的确是以评文的眼光来评点小说的，而且评点得十分熟练，竟成了“眉批夹注的白话文范”。事实上也如此。金圣叹的《水浒传》评点堪称小说评点史上的经典之作，开创了小说评点的新纪元。邱炜萲高度评价了金圣叹在小说评点史上的开创意义：“前乎圣叹者，不能压其才，后乎圣叹者，不能掩其美。批小说之文原不自圣叹创，批小说之派却又自圣叹开也。”[②]这种说法是符合小说评点的实际情况的。作为小说评点的经典之作，其示范效应是十分明显的，它深深地影响着清代的小说评点。

金圣叹的小说评点成了清代小说评点的标杆，清代的小说评点深受其影响。刘廷玑谈清代的小说评点时几乎都要谈到金圣叹的影响，如他说：“杭永年一仿圣叹笔意批之（按指《三国演义》），似属效颦，然亦有开生面处。……彭城张竹坡为之（按指《金瓶梅》）先总大纲，次则逐卷逐段分注批点，可以继武圣叹，是惩是劝，一目了然。”[③]谭帆还指出，金圣叹的小说评点不仅影响很大，甚至还成为清代的小说评点本推销的促销手段。他说：“金批《水浒》的影响很大，以后的小说评点几乎没有不受其影响的，毛氏父子的《三国》评点、张竹坡的《金瓶梅》评点、脂砚斋等的《红楼梦》评点在体式和思想上均与金批《水浒》一脉相承，而‘圣叹外书’更是充斥于后世的小说评点本中，成为书商推行其小说的一个促销手段。”[④]可见，金圣叹小说评点的示范效应是非常巨大的。这种示范效应表现最为突出的，就在于金圣叹在古文文法基础上所提出的“倒插法”“鸾胶续弦法”等小说文法。踵武金圣叹，清代的小说评点者又提出了许多文法，如毛宗岗提出的“追本穷源”“巧收幻结”“以宾衬主”“星移斗转，雨覆风翻”“横云断岭，横桥锁溪”，冯

① 胡适：《胡适文存一集·〈水浒传〉考证》，季羡林主编：《胡适全集》第1卷，安徽教育出版社2003年版，第475页。

② 邱炜萲：《菽园赘谈》，《客云庐小说话》卷1，阿英编：《晚清文学丛钞》（小说戏曲研究卷），中华书局1960年版，第391页。

③ （清）刘廷玑：《历朝小说》，《在园杂志》卷2，张守谦点校，中华书局2005年版，第83—84页。

④ 谭帆：《中国小说评点研究》，华东师范大学出版社2001年版，第208页。

镇峦提出的“设身处地法”“消纳法”“复笔法”“简笔法”“提笔法”“垫衬加一倍法”，但明伦提出的“反逼法”“转法”“钩连法”“紧字诀”“蓄字诀”“提笔”“双提”“横插笔”“双顶笔”等，可以说，这些文法无不受金圣叹小说文法的启示。昭梿以“自金圣叹好批小说，以为其文法毕具，逼肖龙门，故世之续编者，汗牛充栋”①之语评金圣叹小说评点之影响，可谓中的。清代的小说评点者本人也并不讳言自己所受到的金圣叹的启发与影响，甚至在小说评点中坦言之。如哈斯宝说：

> 此种妙理，若问我是如何悟得的，是读此书悟会的。若问此种悟会是向谁学得的，是金人瑞圣叹氏传下的。卧则能寻索文义，起则能演述章法的，是圣叹先生。读小说稗官能效法圣叹，且能译为蒙古语的，是我。②

冯镇峦也说：

> 金人瑞批《水浒》、《西厢》，灵心妙舌，开后人无限眼界，无限文心。故虽院本、小说，至今不废。③

冯镇峦虽未明言，但其受金圣叹小说评点之影响的言外之意却是显而易见的。

在清代崇尚古文之风的背景下，以古文理论评点小说成为清代的小说评点的主流趋势，也取得了很大成就。以古文理论评点小说有利于文人士子接受小说，极大地推动了小说评点本在文人群里的传播，扩大了小说的影响。觚庵说：“《三国演义》一书，其能普及于社会者，不仅文字之力。余谓得

---

① （清）昭梿：《小说》，《啸亭续录》卷2，《啸亭杂录》，中华书局1980年版，第427页。

② （清）哈斯宝：《新译红楼梦回批》（第20回回批），朱一玄编：《红楼梦资料汇编》，南开大学出版社1985年版，第802页。

③ （清）冯镇峦：《读聊斋杂说》，张友鹤辑校：《聊斋志异》（三会本），上海古籍出版社1986年版，第12页。

力于毛氏之批评，能使读者不致如猪八戒之吃人参果，囫囵吞下，绝未注意于篇法、章法、句法，一也。"①可见，正是毛氏等评点者对小说篇法、章法、句法的评点，大大地传播了《三国演义》等小说。由于清代以古文理论评点小说之盛，其负面作用也不得不注意，最大的负面作用就是过度强调文法而忽视了古代小说独特的文体特征的评点，如古代小说的说唱风貌、"文备众体"中的诗词曲赋等，在小说评点中均涉及较少，这不能不说是小说评点的一种遗憾。

第三节　清代的小说评点与"春秋笔法"

一、关于"春秋笔法"

何谓"春秋笔法"？"春秋笔法"亦称"春秋书法""春秋字法""春秋书例""春秋义法""微言大义""皮里阳秋"等。"春秋笔法"的最初之义是指孔子修订《春秋》所用的一种史书写法。关于"春秋笔法"较早而又较完整的阐述是在《左传》里面的两处：

九月，侨如以夫人妇姜氏至自齐。舍族，尊夫人也。故君子曰：《春秋》之称，微而显，志而晦，婉而成章，尽而不汙，惩恶而劝善。非圣人谁能修之？②

君子曰：名之不可不慎也如是，夫有所有名，而不如其已。……是以《春秋》书齐豹曰盗，三叛人名，以惩不义，数恶无礼，其善志也。故曰：《春秋》之称，微而显，婉而辩。上之人能使昭明，善人劝焉，淫人惧焉，是以君子贵之。③

① 觚庵：《觚庵漫笔》，阿英编：《晚清文学丛钞》（小说戏曲研究卷），中华书局1960年版，第437页。

② （清）阮元校刻：《春秋左传正义》，《十三经注疏》，中华书局1980年版，第1913页。

③ （清）阮元校刻：《春秋左传正义》，《十三经注疏》，中华书局1980年版，第2126—2125页。

此即为著名的“春秋五例”。至于汉代,《左传》所言之“春秋笔法”得到了儒家大学者董仲舒的认同,并进一步张扬之。董仲舒称赞《春秋》:“文约而法明”①。在汉代儒家思想独尊的背景下,董仲舒对“春秋笔法”的肯定,无疑会产生巨大的影响。司马迁也称赞《春秋》的“文约”“义法”,他说《春秋》:“约其文辞,去其繁重,以制义法,王道备,人事浃。”②班固称之为“微言大义”:“昔仲尼没而微言绝,七十子丧而大义乖”③。西晋的杜预对“春秋笔法”阐述最为详尽,他首先阐释“春秋五例”:

> 故发传之体有三,而为例之情有五。一曰微而显,文见于此,而起义在彼。称族尊君命,舍族尊夫人,梁亡城缘陵之类是也。二曰志而晦,约言示制,推以知例。参会不地、与谋曰及之类是也。三曰婉而成章,曲从义训,以示大顺。诸所讳辟,璧假许田之类是也。四曰尽而不汙,直书其事,具文见意。丹楹刻桷、天王求车、齐侯献捷之类是也。五曰惩恶而劝善,求名而亡,欲盖而章,书齐豹盗三叛人名之类是也。④

接着,杜预还指出“春秋笔法”之特征:“《春秋》虽以一字为褒贬,然皆须数句以成言”,“言高而旨远,辞约而义微”⑤。

由以上前人对《春秋》一书笔法的阐释,可以概括出“春秋笔法”的基本内涵就是:通过简约的字、词、句的运用,在文章的叙述之中暗寓作者的道德评判。最为简略的概括就是“一字寓褒贬”。这种手法最初是针对《春秋》一书而言的。后来,这种手法的运用逐渐扩大,并不仅限于《春秋》,凡是运用简约文字暗寓褒贬写作的文章,都可以称之为运用了“春秋笔法”。如刘

---

① (汉)董仲舒撰,苏舆义证:《春秋繁露义证》卷1,钟哲点校,中华书局1992年版,第3页。

② (汉)司马迁:《史记》卷14,中华书局1959年版,第509页。

③ (汉)班固:《汉书》卷30,中华书局1962年版,第1701页。

④ (晋)杜预:《春秋序》,(清)阮元校刻:《春秋左传正义》,《十三经注疏》,中华书局1980年版,第1706—1707页。

⑤ (晋)杜预:《春秋序》,(清)阮元校刻:《春秋左传正义》,《十三经注疏》,中华书局1980年版,第1707、1709页。

熙载说《左传》运用了“春秋笔法”:“微而显,志而晦,婉而成章,尽而不汙,惩恶而劝善:左氏释经,有此五例。其实左氏叙事,亦处处皆本此意。”①周振甫在解释“春秋笔法”时特别指出:“春秋笔法有两个含义:一指历史书的笔法,一指孔子修订的《春秋》的笔法。”②其实,“春秋笔法”虽多用于历史书,但并不仅限于历史书,它亦可以适用于其他文章。在以上基础上,前贤对“春秋笔法”作了概括。周振甫概括说:

所谓春秋笔法,主要是指不由作者出面来对人物或事件表示意见,是通过对人物或事件的叙述来表示褒贬,含有让事实说话的意味。③

石昌渝亦从广义和狭义两个角度概括“春秋笔法”:

春秋笔法的狭义解释是一字寓褒贬,微言而有大义,广义的解释则是让事实说话,作者的态度寓含在事实的叙述中。不论是狭义还是广义,其本质特征都是客观叙述,作者在叙事中不直接出来进行评论。④

应该说,周振甫与石昌渝对“春秋笔法”的概括把握到了“春秋笔法”的最基本内涵。但必须指出的是,无论是周振甫所言的“让事实说话”,还是石昌渝所言的“客观叙述”,都不可能完全做到纯客观叙述,完全的纯客观叙述在文章中是不存在的,叙述者都对他所叙述的人物或事件有着自己的道德评价与价值判定,只不过这种道德评价与价值判定是通过一些特定的字词句暗寓于叙述之中,而不是由叙述者直接说出来而已。

还有一个问题需要辨明:《春秋》一书是否真的存在着所谓的“春秋笔

① (清)刘熙载:《艺概》卷1,上海古籍出版社1978年版,第1页。

② 周振甫:《春秋笔法》,周振甫、冯其庸等:《古代作家写作技巧漫谈》,人民文学出版社1986年版,第1页。

③ 周振甫:《春秋笔法》,周振甫、冯其庸等:《古代作家写作技巧漫谈》,人民文学出版社1986年版,第1页。

④ 石昌渝:《中国小说源流论》,生活·读书·新知三联书店1994年版,第74页。

法”？这一问题提出的理由在于：“春秋笔法”并非孔子本人总结的，而是后来的阐释者总结出来的。张金梅在界定“春秋笔法”时特别强调这一点，她说：“《春秋》笔法虽是指孔子修订《春秋》的笔法，但这种笔法不是孔子本人总结出来的，而是其后的经学家、史学家逐步阐释、深化的。”①南宋大史学家郑樵极力反驳“春秋笔法”之说，他认为《春秋》是一部用事实说话的史书，并不存在“一字寓褒贬”的所谓“春秋笔法”，《春秋》主褒贬的笔法是没有任何根据的，是后来的儒者在阐释过程中附会演绎出来的。他说：“凡说《春秋》者，皆谓孔子寓褒贬于一字之间，以阴中时人，使人不可晓解，三传唱之于前，诸儒从之于后，尽推己意而诬以圣人之意，此之谓欺人之学说。”②他还认为以“春秋笔法”解史必然导致对历史的错误认识。他举例说：“曹魏指吴、蜀为寇，北朝指东晋为僭。南谓北为索虏，北谓南为岛夷。《齐史》称梁军为义军，谋人之国可以为义乎？《隋书》称唐兵为义兵，伐人之君可以为义乎？房玄龄董史册，故房彦谦擅美名；虞世南预修书，故虞荔、虞寄有嘉传。”③郑樵之所以反驳“春秋笔法”之说，就在于要探寻历史的客观真实，不要为主观臆断的褒贬所蒙蔽。事实上，任何的叙述者在叙述的过程中都有着主观的道德评价与情感倾向，不存在纯客观的零度叙述，只有或隐与或显的区别。《春秋》也不例外。如《春秋》记载：（宣公二年）“秋，九月，乙丑，晋赵盾弑其君夷皋。”④这句话中，用了一个“弑”字。《说文》释之曰：“弑，臣杀君也。《易》曰：臣弑其君。从杀。省式声。”⑤孔子特别主张君臣之义的，他用一个“弑”字称赵盾，其中含有对赵盾不遵守君臣之义的批评。反过来，他还批评了作为“君”的晋灵公，因为晋灵公也没有遵守君臣之义。杜预注曰：“灵公不君，而称臣以弑者，以示良史之法，深责执政之臣，例在四年。”⑥可见，通过一“弑”字，孔子含蓄地表达了对晋灵公与赵盾不符合君臣之义的道德批判。这种暗寓褒贬的“春秋笔法”在后来的史书

---

① 张金梅：《〈春秋〉笔法与中国文论》，四川大学博士学位论文，2007年。
② （宋）郑樵：《灾祥序》，《通志》卷74，中华书局1987年版，第853页。
③ （宋）郑樵：《通志总序》，《通志》，中华书局1987年版，第1页。
④ （清）阮元校刻：《春秋左传正义》，《十三经注疏》，中华书局1980年版，第1866页。
⑤ （汉）许慎：《说文解字》，中华书局1963年版，第66页。
⑥ （清）阮元校刻：《春秋左传正义》，《十三经注疏》，中华书局1980年版，第1866页。

编撰中确实大量运用,如司马迁将孔子、项羽列入“本纪”,不正是对孔子、项羽的褒扬吗?同是写将军传记,写廉颇的直接称之为《廉颇蔺相如列传》,写李广的则名《李将军列传》,这也是暗寓了司马迁对李广的褒扬。更为明显的,《史记》中关于吏的传记有两篇:《循吏列传》《酷吏列传》,在这里,司马迁对入传的“吏”的道德评判是很鲜明的。怎么能说文章的叙述中不存在“春秋笔法”呢?

二、清代理学思潮与小说评点中的“春秋笔法”

理学思潮在清代的发展虽然不及经世致用之学、考据学那么兴盛,但在清代的学术史上仍然占据着重要地位,尤其是程朱理学,在清代初期一度复兴,还成为了学术主流。史革新评价说:“清初程朱理学复兴的迹象在顺治朝就已经出现,康熙帝亲政是它走向复兴的重要转折点,而其复兴的高潮则是在康熙朝中后期,前后延续了数十年时间。”①清代理学在学术理论方面建树不多,但作为官方主流意识形态的程朱理学对整个清代文化还是产生了巨大影响。居于小说评点高潮阶段的清代的小说评点亦深受其影响。在清代的小说评点中,“春秋笔法”运用比明代的小说评点更盛、更广泛,这与清代理学思潮不无关系。那么,理学究竟是如何影响清代的小说评点中的“春秋笔法”的呢?

清代理学对道德意识的强化,促使清代的小说评点大量运用“春秋笔法”以封建道德标准来褒贬人物。清代理学与之前的理学相比,在道德规范、道德教化方面更为强化。理学在清代,特别受到了帝王的推崇,康熙、雍正、乾隆等帝王均大力推崇过程朱理学。作为帝王,他们推崇理学主要的目的就是利用理学的纲常伦理来为维护封建的统治秩序服务的。如乾隆帝盛赞朱子:

朱子所辑《小学》一书,始自蒙养为立教之本,继以明伦为行道之

① 史革新:《清代理学史》上卷,广东教育出版社2007年版,第493页。

实，终以敬身为自修之要。于世教民心，甚有裨补。请将内廷所藏《小学》善本颁行直省刊布并于宣讲。①

乾隆帝特别强调，科举考试要在《小学》内命题：

童生府县试，即请将《小学》与《孝经》一体命题，试论一道。院考复试，亦试《小学》《孝经》论一篇等语。②

乾隆帝所看重的正是程朱理学“自修”“世教”的功能。清代的理学家们在阐释理学思想时，更是强调理学的道德教化。如尹会一非常注重以程朱理学来教化读书人，主张以理学贯穿于教育之中。他说：

乃今之教职，知此意者盖鲜，其所以课督士子者，时艺而外，竟若无事者然。为师者不知所以教，为弟子者亦不知所以学，是以名虽曰士，而立心制行，语言气象，实无异于凡民，其杰出者，不过务博览为词章，以钓声名取利禄而已。至所谓义理之学，则茫乎其未有闻焉，是岂立学教人之本意哉？③

连排斥理学的汉学家凌廷堪在反驳理学的同时，却又极力张扬理学中的道德纲常。凌廷堪提出了以“礼”代“理”的重要思想。他说：

窃谓五常实以礼为之纲纪。……所谓道也，即君臣、父子、夫妇、昆弟、朋友，五者天下之达道也。……然则圣人正心修身，舍礼末由也。故舍礼而言道，则杳渺而不可凭，舍礼而言德，则虚悬而无所薄。民彝物则，非有礼以定其中，而但以心与理衡量之，则贤智或过乎中，愚不肖

① 《高宗纯皇帝实录》卷185，《清实录》第11册，中华书局1986年版，第10570页。

② 《高宗纯皇帝实录》卷185，《清实录》第11册，中华书局1986年版，第10570页。

③ （清）尹会一：《江苏学约序》，《健馀先生文集》卷2，《健馀先生文集》，《丛书集成初编》第2504册，中华书局1985年版，第17页。

或不及乎中，而道终于不明不行矣。①

凌廷堪所言之“礼”，实为理学中尤为强调的“五常”，是教化的衡量标准，这可以说是理学在汉学的一种延伸。

在清代理学强化道德意识的影响下，清代的小说评点比明代的小说评点更为注重对人物道德水准的评判。明末的金圣叹评点《水浒传》时对水浒人物的高下进行了评判，他将武松、鲁达、李逵、吴用等定位为上上人物，将宋江、时迁等定位为下下人物，其主要标准为是否具有“真性情”，并非道德水准。从他对李逵、吴用、宋江的评点中可以看出，他评李逵道：“李逵是上上人物，写得真是一片天真烂漫到底，看他意思，便是山泊中一百七人，无一人入得他眼。”②比较吴用与宋江之别道：“吴用与宋江差处，只是吴用却肯明白说自家是智多星，宋江定要说自家志诚质朴。”③李逵、吴用之所以是上上人物，正在于他们是“真人”，而宋江之所以是下下人物，正在于他是“假人”。同是评点《水浒传》中的人物，清代的王望如对宋江、武松、柴进则作如下评点：

> 宋江同弟宋清脱兔不投蓼儿洼，而投横海郡，可知宋江初心原不肯坐梁山第一位也。宋江孝子，武松悌弟，两人聚首便订金兰，独恨柴进东道主，胡为款留宋江时，自谓杀朝廷官府，盗仓库钱粮，亦自不妨，不俨然强人自命乎？④

很显然，王望如评判宋江、武松、柴进等水浒人物高下的标准正是理学

① （清）凌廷堪：《复钱晓徵先生书》，《校礼堂文集》卷24，王文锦点校，中华书局1998年版，第220—221页。

② （明末清初）金圣叹：《读第五才子书法》，陈曦钟等辑校：《水浒传会评本》，北京大学出版社1981年版，第18页。

③ （明末清初）金圣叹：《读第五才子书法》，陈曦钟等辑校：《水浒传会评本》，北京大学出版社1981年版，第19页。

④ （清）王望如：《水浒传》（第22回回末评），陈曦钟等辑校：《水浒传会评本》，北京大学出版社1981年版，第430页。

所强调的道德规范。所以,清代的小说评点要强化道德批判,注重“暗寓褒贬”的“春秋笔法”便自然成为小说评点者选用的一种评点方法。

在理学思潮的影响之下,清代掀起了崇尚古文之风,这股风气也促使清代的小说评点更为以古文为参照标准,向古文理论靠拢,“拟文”评点成为清代小说评点的一大突出现象,尤以“拟史”评点最为显盛,而史传文中最为常见运用的“春秋笔法”自然而然地频繁出现于小说评点之中。史传文是最强调实录精神的,凡具实录精神的史家常谓之“良史”,但所有的史书都有编撰者的道德标准,在此道德标准的衡量下,作出自己的善恶评判,并表现出或浓或淡的情感倾向,纯粹的实录是不存在的。班固曾高度评价司马迁的实录精神,说《史记》“服其善序事理,辨而不华,质而不俚,其文直,其事核,不虚美,不隐恶,故谓之实录”①。而事实上,司马迁同样有自己的道德标准和情感倾向。如他高度赞扬孔子,还将孔子列入“世家”之传。他评价道:

> 《诗》有之:“高山仰止,景行行止。”虽不能至,然心向往之。余读孔氏书,想见其为人。适鲁,观仲尼庙堂车服礼器,诸生以时习礼其家,余祗回留之不能去云。天下君王至于贤人众矣,当时则荣,没则已焉。孔子布衣,传十余世,学者宗之。自天子王侯,中国言《六艺》者折中于夫子,可谓至圣矣!②

司马迁对孔子的赞赏溢于言辞。司马迁还认为孔子在编撰《春秋》中本身就运用了“春秋笔法”,修《春秋》“笔则笔,削则削”。他在《史记·孔子世家》中记载“春秋笔法”:

> 子曰:“弗乎弗乎,君子病没世而名不称焉。吾道不行矣,吾何以自见于后世哉?”乃因史记作《春秋》,上至隐公,下讫哀公十四年,十二

---

① (汉)班固:《汉书》卷62,中华书局1962年版,第2738页。

② (汉)司马迁:《史记》卷47,中华书局1959年版,第1947页。

公。据鲁,亲周,故殷,运之三代。约其文辞而指博。故吴楚之君自称王,而《春秋》贬之曰“子”;践土之会实召周天子,而《春秋》讳之曰“天王狩于河阳”:推此类以绳当世。贬损之义,后有王者举而开之。《春秋》之义行,则天下乱臣贼子惧焉。

孔子在位听讼,文辞有可与人共者,弗独有也。至于为《春秋》,笔则笔,削则削,子夏之徒不能赞一辞。弟子受《春秋》,孔子曰:“后世知丘者以《春秋》,而罪丘者亦以《春秋》。”①

再如陈寿《三国志·武帝纪》中高度评价曹操:

太祖运筹演谋,鞭挞宇内,揽申、商之法术,该韩、白之奇策,官方授材,各因其器,矫情任算,不念旧恶,终能总御皇机,克成洪业者,唯其明略最优也。抑可谓非常之人,超世之杰矣。②

陈寿称曹操为“非常之人,超世之杰”,评价极高,与“三国戏”、“三国说唱”、小说《三国演义》等作品中明显的尊刘贬曹倾向可谓天壤之别。钱锺书先生亦指出史书的善恶道德标准,他说:“盖知作史当善善恶恶矣,而尚未识信信疑疑之更为先务也。”③

清代的小说评点中,“拟史”评点尤为盛行,而史书中的“春秋笔法”又普遍存在,于是,“春秋笔法”大量运用于清代的小说评点之中就成为了一种必然。也可以说,“春秋笔法”是清代的“拟史”小说评点最为明显的表征之一。那么,“春秋笔法”在清代的小说评点中究竟是如何运用的呢?

三、“春秋笔法”在清代小说评点中的具体运用

受理学思潮的巨大影响,“拟史”评点在清代小说评点中得到进一步张

① (汉)司马迁:《史记》卷47,中华书局1959年版,第1943—1944页。

② (晋)陈寿:《三国志》卷1,(宋)裴松之注,中华书局1959年版,第55页。

③ 钱锺书:《管锥编》,中华书局1979年版,第251页。

扬,“春秋笔法”也成为清代小说评点者观照小说的一种重要的阐释视角。清代以“春秋笔法”评点小说在以下三个方面表现最为突出:

其一,以善恶褒贬评点人物形象。

明代中晚期盛行个性自由发展、人性解放的时代思潮,而到了清代,学界对这种过度放纵人性的思潮进行了深刻反思,逐渐回归理学思潮所宣扬的伦理道德,整个清代社会的伦理道德意识得以不断强化。这种变化十分明显地表现在小说作品本身的内容方面。明代中晚期盛行个性解放思想,其在小说方面的负面影响则导致了艳情小说的泛滥,可以说,古代的大部分艳情小说产生于这个时期,清初亦有一定数量的艳情小说,但这已是明代艳情小说的余绪,很快就销声匿迹了。郑振铎在《西諦书话》中说:“康熙以后,此类著作,便很难容身于出版界了。”①对比明代与清代的才子佳人小说则更为明显,虽然二者都突出爱情至上的主题,但在描写才子与佳人的“脉脉相关之情”方面,区别甚大。明代小说中的“脉脉相关之情”更偏重于情欲享乐,如《国色天香》卷一《龙会兰池录》中的蒋世隆与黄瑞兰;而清代小说则更偏重于精神之恋,才子佳人严格恪守传统的道德规范,在正式成亲之前绝不发生性关系,如《好逑传》中的铁中玉与水冰心、《平山冷燕》中的山黛与燕白颔、冷绛雪与平如衡。欧阳代发甚至认为清代话本小说的衰落正是因为其浓厚的道德说教所致:(话本小说)“特别是发展到清中叶,不仅仍没重视人物形象刻画,连情节都因太重说教而简单、粗略了,失去血肉而干巴巴的,当然更加衰落了。”②明清思潮的变化不仅表现在小说作品内容上,也同样表现在小说评点方面。在对人物的评点上,明代的小说评点受到个性解放思潮影响,除了道德评点外,也重视从个性、真情方面进行评点,而清代的小说评点受理学思潮影响,则绝大多数偏重于从伦理道德方面进行评点。最明显的例子就是金圣叹与王望如对水浒人物的评点,金圣叹偏重个性评点,而王望如则偏重道德评点。

清代的小说评点以“春秋笔法”进行善恶褒贬评判最直接的方法就是

① 郑振铎:《西諦书话》,生活·读书·新知三联书店1983年版,第199页。

② 欧阳代发:《话本小说史》,武汉出版社1994年版,第461页。

比附于《春秋》之义。《春秋》作为儒家经典，其评价人物的标准就是传统的儒家伦理道德，即忠孝、仁义、诚信、贞节等。这些儒家伦理道德在理学思潮的影响下，更为清代的小说评点者所推崇。如王望如比附《春秋》赞“忠孝”：

> 臣以忠名，君之不幸；子以孝名，父之不幸。古今来靠忠、孝作文章的，必非真忠、真孝之人。然《春秋》以至今日，子不敢弑父，臣不敢弑君，仍恃有不甚忠、不甚孝之人在，即如宋江生而未尝不孝，多了个自以为孝；生而未尝不忠，多了个自以为忠。况乎宋太公濒行嘱付，“莫为梁山引去”，试问宋江到底引去也未？满口对晁盖、吴用说，“朝廷王法不敢开枷”，试问宋江开枷也未？真是言清行浊，假君子、真小人。虽然，得信奔归，孝一；被捉见官，孝二；配江州，过梁山，不即落草累及父母兄弟，孝三。①

毛宗岗也比附《春秋》之义褒扬了张飞、孙皓之“忠”：

> 作者之意，自宦官妖术而外，尤重在严诛乱臣贼子以自附于《春秋》之义。故书中多录讨贼之忠，纪弑君之恶，而首篇之末则终之以张飞之勃然欲杀董卓，末篇之末则终之以孙皓之隐然欲杀贾充。由此观之，虽曰演义，直可继麟经而无愧耳。②

《三国演义》作为历史演义小说，与史书关系更为密切，比附《春秋》之微言大义也自然更为容易。所以，毛宗岗说，演义“可继麟经（即《春秋》）”。

受理学思潮影响的清代小说评点对女性人物的评点更明显地凸显了道

① （清）王望如：《水浒传》（第35回回末评），陈曦钟等辑校：《水浒传会评本》，北京大学出版社1981年版，第672页。

② （清）毛宗岗：《读三国志法》，陈曦钟等辑校：《三国演义》（会评本），北京大学出版社1986年版，第18页。

德化倾向。女性的贞烈，首先被评点者赞扬。如《隋唐演义》评点花又兰：

> 作者能笔笔描出花又兰不肯苟合，罗公子书房款洽，始终难犯，令人钦佩，真节女也。此可与名将传、烈女传并存不朽。①

因为强调女性贞烈，女性的改嫁则遭到评点者的猛烈批评。如面对《红楼梦》中的袭人改嫁，黄小田则极为不满，认为袭人是“导淫”，是《红楼梦》中第一无理无情之人、无烈性之人。他批评道：

> 观诸婢之于宝玉，金钏以羞死，晴雯以枉死，皆以衬袭人之不死。盖袭人既导淫于前，又改嫁于后，乃书中第一无烈性人，故以为此书终始俾女子钟情者知所择焉。②

清代理学特别强调“礼”，规范人们一切行为处世都要合“礼”。清代的小说评点也同样重“礼”，甚至认为只要合“礼”，即使改嫁也是没有问题的，不应受到批评，可见重“礼”程度之甚。如张竹坡赞扬孟玉楼改嫁的合“礼”，称其为“真正美人”：

> 玉楼来西门家，合婚过礼，以视“偷娶”“迎奸赴会”，何啻天壤？其吉凶气象已自不同。其嫁李衙内，则依然合婚行茶过礼，月娘送亲。以视老鸨争论，夜随来旺，王婆领出，不垂别泪，其明晦气象又自不同。故知作者特特写此一位真正美人，为西门不知风雅定案也。③

清代的小说评点虽然都以理学的伦理道德为标准评点人物，但却存在

---

① （清）四雪草堂刻本：《隋唐演义》（第60回回末又评），（清）褚人获：《隋唐演义》，上海古籍出版社1981年版，第682页。

② （清）黄小田：《红楼梦》（第92回夹批），（清）曹雪芹、高鹗：《红楼梦》（黄小田评点本），李汉秋、陆林辑校，黄山书社1989年版，第1111页。

③ （清）张竹坡：《批评第一奇书〈金瓶梅〉读法》，王汝梅等校点：《张竹坡批评第一奇书金瓶梅》，齐鲁书社1987年版，第35页。

着个体理解伦理道德的主体差异，这种差异导致了对同一人物差异较大，甚至完全相反的评判。如王希廉、哈斯宝对薛宝钗的评点：

（王希廉赞宝钗）宝钗探望送药堂皇明正；黛玉进房无人看见，又从后院出去，其钟情固深于宝钗，而行踪诡密，殊有泾渭之分。①

（哈斯宝贬宝钗）薛宝叙是在林黛玉之后来的，见宝、黛二人情意深厚，便想出千方百计，以夺宝黛姻缘。上对贾母、王夫人谄谀备至，下对仆妇丫环笼络讨好。因为嫉妒宝玉对黛玉的爱情，她费尽心机，故意要赏鉴那块玉，笑脸看着婢女，让婢女说出同自己金锁上的话是一对儿。②

二人都是以伦理道德评点薛宝钗，一褒一贬，何等鲜明。

需要指出的是，清代的小说评点以善恶褒贬评点人物，除了理学思潮影响外，与清代盛行经世致用的学术思潮也密切相关。因为经世致用之学的一个重要方面就是对民众的教化，伦理道德正是教化的重要内容之一，这同样深深影响着清代的小说评点者对人物形象进行评点时呈现出浓厚的道德化倾向。

其二，以尚简评点小说文字。

文字尚简是史书在叙事方面的一贯追求。唐代史学家刘知几尤为推崇先秦史传所开创的简要叙事之法。他说："夫国史之美者，以叙事为工，而叙事之工者，以简要为主。简之时义大矣哉！历观自古，作者权舆，《尚书》发踪，所载务于寡事；《春秋》变体，其言贵于省文。斯盖浇淳殊致，前后异迹。然则文约而事丰，此述作之尤美者也。"③如何做到叙事的简要呢？刘知几认为有"省句"与"省字"两条路径，且"省字"较难。他说："叙事之省，

① （清）王希廉：《红楼梦》（第 34 回回评），朱一玄编：《红楼梦资料汇编》，南开大学出版社 1985 年版，第 571 页。

② （清）哈斯宝：《新译红楼梦》（第 5 回回批），亦邻真译，朱一玄编：《红楼梦资料汇编》，南开大学出版社 1985 年版，第 778 页。

③ （唐）刘知几撰，（清）浦起龙释：《史通通释》，上海古籍出版社 1978 年版，第 168 页。

其流有二焉：一曰省句，二曰省字。……然则省句为易，省字为难，洞识此心，始可言史矣。”①“春秋笔法”本就是从史书中总结出来的，其所谓的“一字寓褒贬”的“一字”就是指文字的简要，所以，尚简为“春秋笔法”的本质特征之一。李洲良认为：“尚简用晦是‘春秋笔法’的本质特征，是《春秋》对‘诗三百’比兴寄托手法的借用和发挥，意在追求‘一字定褒贬’的美刺效果。”②而古代小说受史传文学影响很深，史传文学本就是古代小说的重要源头之一，因此，古代小说本身也追求叙事的简洁。黄钧甚至认为，简洁为古代小说必须遵从的一种规则：“史传文学简洁的文风、寓褒贬于叙述之中的春秋笔法，都被认为小说必然遵从的规范。”③因此，清代盛行以尚简评点小说，既是以“春秋笔法”评点小说的运用，又契合了小说本身的艺术追求。以下借用刘知几的“省句”“省字”之说具体分析清代以“春秋笔法”尚简一面评点小说的运用。

先说“省句”。“省句”，就是用简洁、干净的笔墨叙述小说，省却诸多繁杂叙述。以简著称的《聊斋志异》在省句方面尤为擅长。如《头滚》篇，叙述苏孝廉昼卧之时，见一人头从地中钻出并在床下旋转不已，惊吓而得病。后苏孝廉与一荡妇宿，遭遇杀身之祸。这一曲折故事，蒲松龄仅用54字，其简洁程度让人惊叹。冯镇峦在总评中却不惜笔墨地激赏其叙事之简洁：

> 短篇文字不似大篇出色，然其叙事简净，用笔明雅。譬诸游山者才过一山又开一山，当此之时不无借径于小桥曲岸、浅水平沙。然而前山未远，魂魄方收，后山又来，耳目又费。虽不大为着意，然政不致遂败人意。况又其一桥一岸、一水一沙，并未一望荒屯绝徼之比。晚凉新浴，豆花棚下，摇蕉尾，说曲折，兴复不浅也。④

① （唐）刘知几撰，（清）浦起龙释：《史通通释》，上海古籍出版社1978年版，第170页。

② 李洲良：《春秋笔法的内涵外延与本质特征》，《文学评论》2006年第1期。

③ 黄钧：《中国古代小说的起源和民族风格》，《古典新论》，中国文联出版社2008年版，第127页。

④ （清）冯镇峦：《头滚》（末评），张友鹤辑校：《聊斋志异》（三会本），上海古籍出版社1986年版，第556页。

古代通俗小说的评点往往伴随着对原本的修改,或增删内容,或润色文字,评改几乎同时并行。修改的目标之一就是使文本更为简洁流畅。毛宗岗明言评点《三国志通俗演义》的目标之一就是要简洁。他在《凡例》的第一条中说:

> 俗本之乎者也等字,大半龃龉不通,又词语冗长,每多复沓处。今悉依古本改正,颇觉直捷痛快。①

毛宗岗在评点中对那些繁杂、散漫的段落文字进行了整合,使原本简洁了许多。郑振铎盛赞毛氏父子简洁《三国演义》的功劳:"将原书行文拖沓,不大清楚之处,大加整饰,而使之成为简洁通畅的文字。"②

次说"省字"。"省字"更难,这要求运用一两个极少的字,准确而又意义丰富地表达人物情感、作者倾向等内涵。优秀的古代小说才能够做到这一点。如《红楼梦》第十三回写王熙凤用的"胡乱"二字:"话说凤姐自贾琏送黛玉往扬州去后,心中实在无趣,每到晚间不过和平儿说笑一回就胡乱睡了。"脂砚斋在此评点道:"'胡乱'二字奇。"③这两个字可谓神来之笔,"奇"在何处?"奇"在写出了王熙凤微妙的复杂的心理活动:对贾琏的思念、对性的渴望、得不到满足的失望与无聊等。接着描写秦可卿与王熙凤的对话,秦氏有一句:"一日倘或'乐极生悲',若应了那句'树倒猢狲散'的俗语,岂不虚称了一世诗书世族了?"脂砚斋评之曰:"'倘或'二字酷肖妇女口吻。"④脂砚斋不仅以尚简评点小说,而其评点文字本身亦特"简"。从"省字"评点角度褒贬人物形象,也是清代的小说评点者所特别重视的。如《红

① (清)毛宗岗:《凡例》,陈曦钟等辑校:《三国演义》(会评本),北京大学出版社1986年版,第20页。

② 郑振铎:《三国志演义的演化》,《郑振铎集》,中国社会科学出版社2004年版,第149页。

③ (清)脂砚斋:《脂砚斋甲戌抄阅再评石头记》(第13回夹批),上海古籍出版社1985年版,第128页。

④ (清)脂砚斋:《脂砚斋甲戌抄阅再评石头记》(第13回夹批),上海古籍出版社1985年版,第128页。

楼梦》第八回回目为《贾宝玉奇缘识金锁，薛宝钗巧合认通灵》，哈斯宝从"巧合"二字的运用批评了薛宝钗的奸诈狡猾。他说：

> 文章中的褒贬不在话多，有时仅有一两字就可以交代清楚。……写这等情节，令人不觉出她的奸诈狡猾，回目上也只写"巧合"二字，就这样却淋漓尽致地揭出了她是何等奸狡。①

脂砚斋则直接指出"省字"的"春秋笔法"，第四十五回写宝玉每日到惜春处帮忙，脂砚斋借一"帮"字调侃宝玉：

> 自忙不暇，又加上一个"帮"字，可笑可笑。所谓《春秋》笔法。②

再如《金瓶梅》第十三回写西门庆与李瓶儿偷情，写了李瓶儿"赶狗关门"、丫鬟迎春假装叫猫偷听二人做爱的声音。张竹坡对这段描写的"省字"之处评点道："一'说着'一'说道'俱是迎春耳中照出也。""打狗关门，唤猫上墙，鸡叫过墙，绝妙情事。"③张竹坡评点得多么经典！通过几个关键字词的评点，就把对西门庆、李瓶儿的道德批判寓含其中了。

清代以尚简评点小说文字，也与清代的"拟文"评点关系甚密。古文本身也是尚简的。王夫之十分推崇古文的简洁之风。他说："程子与学者说《诗经》，止添数字，就本文吟咏再三，而精义自见。作经义者能尔，洵为最上一乘文字。"④他还极赞那些"字简"的好处："古者字极简，秦程邈作隶书，尚止三千字；许慎《说文》，亦不逮今字十之二三。字简则取义自广，统

① （清）哈斯宝：《新译红楼梦》（第27回回批），亦邻真译，朱一玄编：《红楼梦资料汇编》，南开大学出版社1985年版，第778页。

② （清）脂砚斋：《红楼梦》（第45回夹批），《脂砚斋重评石头记》（庚辰本），《古本小说集成》，上海古籍出版社影印本1992年版，第1034页。

③ （清）张竹坡：《金瓶梅》（第13回夹批），王汝梅等校点：《张竹坡批评第一奇书金瓶梅》，齐鲁书社1987年版，第207页。

④ （清）王夫之：《夕堂永日绪论外编》，王水照编：《历代文话》，复旦大学出版社2007年版，第3265页。

此一字,随所用而别。熟绎上下文,涵泳以求其立言之指,则差别毕见矣。"①还有方苞古文理论中所用的"义法",也是以"简洁"为贵的。即使是八股文,同样十分推崇简洁之风。如刘熙载主张"治烦以简,一线到底",他说:"凡作一篇文,其用意俱要可以一言蔽之。扩之则为千万言,约之则为一言,所谓主脑者是也。……主脑既得,则制动以静,治烦以简,一线到底,百变而不离其宗,如兵非将不御,射非鹄不志也。"②八股文讲究"起承转合"。"起承转合"的重要作用之一就是使文章简洁,达到以较少的文字表达更多的内涵。正如陈伯海所言:"在我看来,'起承转合'不仅不足以为诟病,恰恰有助于发挥律诗的美学功能。试想:律诗以有限的篇幅要争取广阔的空间,决不能采用顺流而下、一泻无余的叙述方法,必须在狭小的场地上盘马弯弓,蓄势作意,然后才能劲举力张,一发破的。'起承转合'的作用,就是给诗人以屈曲盘旋的余地,以利于拉开前后各联间的距离,造成更大的艺术涵量。"③陈伯海所论的"起承转合"虽然是针对律诗而言的,但对于八股文也是适用的。在理学思潮影响下,崇尚古文之风盛行,清代小说评点中的"拟文"评点更加显盛,清代以尚简评点小说文字也就在情理之中了。

清代以尚简评点小说文字,还受到了当时"以简为贵"的文风影响。前面提到的王夫之、方苞等人均主张简洁,再举清代一古文家黄与坚之言:

> 文之病不洁也,不独以字句,若义理丛烦而沓复,不洁之尤也。④

"以简为贵"的文风还得到了统治者的推崇。如康熙帝认为"简"为文章之极致,将"简洁"推广到奏章之类的实用文体。康熙二十三年(1684

---

① (清)王夫之:《夕堂永日绪论外编》,王水照编:《历代文话》,复旦大学出版社2007年版,第3279页。

② (清)刘熙载:《艺概》,上海古籍出版社1978年版,第172—173页。

③ 陈伯海:《唐诗学引论》,知识出版社1988年版,第157页。

④ (清)黄与坚:《论学三论·文说》,王水照编:《历代文话》,复旦大学出版社2007年版,第3377页。

年)，康熙帝告诫臣子以明代奏疏繁冗为诫，谈为文之法：

> 文章贵于简当，可施诸日用，如章奏之类亦须详要。明朝典故，朕所悉知，其奏疏多用排偶芜词，甚或一二千言，每日积满几案，人主讵能尽览？势必委之中官，中官复委于门客，此辈何知文义，讹舛必多，奸弊丛生，事权旁落，此皆文字冗秽以至此极也。①

康熙帝还御选古文总集《古文渊鉴》，并率领徐乾学等臣僚对所选文章逐篇一一评点。后来大学士张玉书编辑康熙文集《圣祖仁皇帝御制文集》时，将《古文渊鉴》中的圣祖御评汇集在一起，名《古文评论》，编入《圣祖仁皇帝御制文集》第三集杂著类中。《古文评论》也是推崇简洁的，如评程晓《白罢校事疏》曰："雅词健笔，绝无冗蔓。"②康熙帝作为最高统治者，他对简洁文风的倡导，必然大大影响当时的文坛，以《古文渊鉴》为基础改编而成的科举普及读物——《古文观止》在清代的特别盛行就是一个明证。统治者所倡导的主流文风无疑也会影响到当时文人的创作与评论，清代的小说评点自然离不开当时"以简为贵"的文风导向。

其三，以用晦评点小说文法。

"用晦"亦为"春秋笔法"的本质特征之一。伴随着"尚简"的文字，"用晦"的笔法也就产生了。所谓"一字寓褒贬"，其中的"寓"，即指暗含善恶褒贬倾向。刘知几在《史通》中详细论述了"用晦"之道，他说：

> 然章句之言，有显有晦。显也者，繁词缛说，理尽于篇中；晦也者，省字约文，事溢于句外。然则晦之将显，优劣不同，较可知矣。夫能略小存大，举重明轻，一言而巨细咸该，片语而洪纤靡漏，此皆用晦

---

① 史松、林铁钧编：《康熙朝(上册)》，《清史编年》第2卷，中国人民大学出版社2000年版，第476页。

② 《古文评论》，(清)张玉书等编：《圣祖仁皇帝御制文集》第3集，景印文渊阁《四库全书》第1299册，台湾商务印书馆1986年版，第247页。

之道也。①

寓褒贬于叙事之中的"用晦"之道,深得刘知几称颂。古代小说的"用晦"之处,也深得小说评点者的青睐。受理学思潮影响的清代小说评点广泛使用"春秋笔法"之说评点小说,津津乐道于评点小说的"用晦",成为清代小说评点最突出的特色之一。清代小说评点以"用晦"评点小说的常见手法有:

1."不写之写"。"不写之写"本是指文学的一种创作手法,作者在生动、逼真地"写"的过程中,暗示出某些深含的可供读者意会和想象的"不写"之处。其实质就是以虚写实,这种手法源自于中国艺术重"意"的传统思维模式。清代的小说评点者在以"春秋笔法"评点小说中,也常用"不写之写"的评点来隐含地点出作者对小说中人物的褒贬。运用较多的是脂砚斋对《红楼梦》的评点。如第十三回中本有描写秦可卿与贾珍私通、"淫丧天香楼"的情节,因为写得过于露骨,与全书风格也不太协调,遂被作者删去。但这又是表现主旨的核心情节,于是作者隐含地写了其乱伦的情节及秦可卿"淫丧"之原因。小说中只简单地叙述了一句:"合家皆知,无不纳罕,都有些疑心。"脂砚斋于最后九个字评点道:

九个字写尽天香楼事,是不写之写。②

脂砚斋在此以"不写之写"进行评点,点出了作者对秦可卿、贾珍的道德评判,褒贬自现。对此回隐含的情节,王希廉亦有相似评点:"秦氏死后,不写贾蓉悼亡,单写贾珍痛媳,又必觅好棺木,必欲封诰,僧道荐忏,开丧送柩,盛无以加,皆是作者深文。"③又如第三十九回一个小厮向平儿请半日

① (唐)刘知几撰,(清)浦起龙释:《史通通释》,上海古籍出版社1978年版,第173页。

② (清)脂砚斋:《脂砚斋甲戌抄阅再评石头记》(第13回眉批),上海古籍出版社1985年版,第130页。

③ (清)王希廉:《红楼梦》(第13回回评),朱一玄编:《红楼梦资料汇编》,南开大学出版社1985年版,第555页。

假,平儿道:“……前日住儿去了,二爷偏叫他,叫不着,我应起来了,还说我作了情。你今日又来了!”通过平儿之口点出贾琏房中之事,脂砚斋评点曰:

> 分明几回没写到贾琏,今忽闲中一语,便补得贾琏这边天天闹热,令人却如看见听见一般,所谓不写之写也。①

此处为作者闲笔之处的“不写之写”。脂砚斋同样以“不写之写”进行评点,点出了作者对贾琏隐含的道德贬抑。《红楼梦》本是一部诗化色彩浓厚的小说,在叙事中留下了很大的空白,富含张力,以“不写之写”进行评点正契合了《红楼梦》的艺术特色。当然,其他小说评点虽然不如《红楼梦》那么明显,但也以“不写之写”点明作者对人物的隐含评价。如《三国演义》第三十七回写诸葛亮出场,并未首先让诸葛亮出场,而是着重写了其清幽的居住地、高洁的交往之人、雅致的房间布置,以此虚写诸葛亮之卓尔不群。毛氏父子对此评点道:

> 此回极写孔明,而篇中却无孔明。盖善写妙人者,不于有处写,正于无处写。写其人如闲云、野鹤之不可定,而其人始远;写其人如威凤、祥麟之不易睹,而其人始尊,且孔明虽未得一遇,而见孔明之居,则极其幽秀;见孔明之童,则极其古淡;见孔明之友,则极其高超;见孔明之弟,则极其旷逸;见孔明之丈人,则极其清韵;见孔明之题咏,则极其俊妙。不待接席言欢,而孔明之为孔明,于此领略过半矣。②

毛氏父子也以“不写之写”之评点点出了作者对诸葛亮的高度赞扬。

2. 谐音与隐喻。谐音,是指小说借用语言发音相同或基本相同的特点,

---

① (清)脂砚斋:《红楼梦》(第39回夹批),《脂砚斋重评石头记》(庚辰本),《古本小说集成》,上海古籍出版社影印本1992年版,第887页。

② (清)毛氏父子:《三国演义》(第37回回评),陈曦钟等辑校:《三国演义》(会评本),北京大学出版社1986年版,第460页。

以双关的方式暗示对人物的褒贬,尤其体现在人物命名上面,这是古代小说的一种常用手法。仅举清代菊畦子辑《醒梦骈言》为例,第三回中孙寅的三个朋友分别叫魏用情、钱琢成、许多闻,“魏用情”即“伪用情”,意为对人有点假情假意,“钱琢成”出钱帮孙寅成就好事,“许多闻”意为消息灵通,帮孙寅收集信息;第八回中的县尹叫“胡徒”,意为“糊涂”;第九回中的县令叫“钱有灵”,又贪又酷等。因此,清代的小说评点特别注意从谐音角度阐释人物命名的道德意义。如张新之评点“英莲”之名:

> “英莲”,音“应怜”,全书之人无不“应怜”也。后名“香菱”。“香菱”,镜也,“风月宝鉴”所自出,故生于“真”而混于“假”,卒于“雪”。此镜实照全部人物,因于葫芦提首言之。此等线索,何书更及。①

又如张竹坡对《金瓶梅》中车淡、管世宽、游守、郝贤等四人的人名评点:

> 更有因一事而生数人者,则数名公同一义。如车(扯)淡、管世(事)宽、游守(手)、郝(好)贤(闲),四人共一寓意也。②

除了人名之外,物名谐音也略有涉及。如:

> 茶名“千红一窟”,酒名“万艳同杯”,言目前虽有千红万艳,日后总归〈杯〉[抔]土一穴。同是点化语,不是赞仙家茶酒。③

隐喻则是对小说中的某个作者强调突出的意象作出阐释,主要是通过

---

① (清)张新之:《红楼梦》(第1回夹批),《妙复轩评石头记①》,《明清善本小说丛刊初编》第10辑,天一出版社1985年版,第6页。

② (清)张竹坡:《〈金瓶梅〉寓意说》,王汝梅等校点:《张竹坡批评第一奇书金瓶梅》,齐鲁书社1987年版,第17页。

③ (清)王希廉:《红楼梦》(第5回回评),朱一玄编:《红楼梦资料汇编》,南开大学出版社1985年版,第548页。

这个意象的特殊内涵来表现作者的创作意旨。这个特殊内涵是该意象通过历代作者长期使用而被人为地赋予意象之上的，且较为固定，袁行霈称之为“情韵义”。他说：“中国古典诗歌的语言，经过无数诗人的提炼、加工和创造，拥有众多的诗意盎然的词语。这些词语除了本身原来的意义之外，还带有使之诗化的各种感情和韵味。这种种感情和韵味，我称之为情韵义。”① 如绿窗、凭栏、南浦、长亭、柳枝等。意象情韵义的运用在小说中是同样存在的。清代的小说评点就注重揭示小说中某些意象的情韵义的阐发。如王希廉揭示《红楼梦》中“葫芦”的隐喻意义：

> 葫芦庙有二义：葫芦虽小，其中日月甚长，可以藏三千大千世界，喻此书虽是小说，而包罗万象，离欢悲合，盛衰善恶，有无数感慨劝惩，此一义也。此书虽是荒唐，却是实录其事，并非捏饰，所谓依样葫芦，此又一义也。故甄士隐必住在庙旁，贾雨村必须住在庙内。或曰：“尚有一义。”余曰：“何义？”答曰：“葫芦音同胡卢。人生若梦，幻境皆虚，离合盛衰，生老病死，不过如泡影电光。书虽实录其事，而隐藏真迹，假托姓名，演为小说，以供胡卢一笑耳：此亦一义也。”所说亦有意味，因附记之。②

以“葫芦”二字为庙命名，在现实中几乎是没有的，可见寓有作者深意。王希廉揭示出“葫芦”这个意象的特殊含义有三层：大千世界、现实社会、人生如梦，可谓深得《红楼梦》之旨。又如张竹坡在《金瓶梅》第七十六回对红梅、白梅等花的阐释：

> 上文七十二回内，安郎中送来一盆红梅、一盆白梅、一盆茉莉、一盆辛夷，看着亦谓闲闲一礼而已；六十回内，红梅花对白梅花，亦不过闲闲一令而已。不知作者一路隐隐显显草蛇灰线写来，盖为春梅洗发，言莲杏月桂俱已飘零，而瓶断簪折，琴书俱冷，一段春光，端的总在梅花也。

① 袁行霈：《中国诗歌艺术研究》，北京大学出版社 1987 年版，第 9 页。

② （清）王希廉：《红楼梦》（第 1 回回评），朱一玄编：《红楼梦资料汇编》，南开大学出版社 1985 年版，第 544 页。

此回乃特笔为春梅一写。①

张竹坡认为在“草蛇灰线”中运用了隐喻,以物喻人,对“红梅”“白梅”“茉莉”“辛夷”等花草的叙写中隐喻对“春梅”这一重要人物的描写及评价。

3. 反讽。“春秋笔法”的尚晦所用的反讽手法,是针对评点者所贬抑的人物而言的。如哈斯宝贬抑薛宝钗、袭人为“奸谄之徒”,认为作者用了反讽,她们表面忠厚,实则奸谄。他评道:

这部书写宝钗、袭人,全用暗中抨击之法。粗略看去,她们都像极好极忠厚的人,仔细想来却是恶极残极。这同当今一些深奸细诈之徒,嘴上说好话,见人和颜悦色,但行为特别险恶而又不被觉察,是一样的。作者对此深恶痛绝,特地以宝钗、袭人为例写出,指斥为妇人之举。②

全书那许多人写起来都容易,唯独宝钗写起来最难。……大体上,写那许多人都用直笔,好的真好,坏的真坏。只有宝钗,不是那样写的。乍看全好,再看就好坏参半,又再看好处不及坏处多,反复看去,全是坏,压根儿没有什么好。一再反复,看出她全坏,一无好处,这不容易。但我又说,看出全好的宝钗全坏还算容易,把全坏的宝钗写得全好便最难。读她的话语,看她行径,真是句句步步都像个极明智极贤淑的人,却终究逃不脱被人指为最奸最诈的人,这又因什么?《纲目》臧否全在笔墨之外,便是如此。③

张竹坡认为《金瓶梅》写吴月娘,亦用反讽显其过,批判其奸诈。他

① (清)张竹坡:《金瓶梅》(第 76 回回评),王汝梅等校点:《张竹坡批评第一奇书金瓶梅》,齐鲁书社 1987 年版,第 1189 页。

② (清)哈斯宝:《新译红楼梦》(第 5 回回批),亦邻真译,朱一玄编:《红楼梦资料汇编》,南开大学出版社 1985 年版,第 778 页。

③ (清)哈斯宝:《新译红楼梦》(第 38 回回批),亦邻真译,朱一玄编:《红楼梦资料汇编》,南开大学出版社 1985 年版,第 829—830 页。

评点道：

> 《金瓶》写月娘，人人谓西门氏亏此一人内助。不知作者写月娘之罪，纯以隐笔，而人不知也。何则？良人者，妻之所仰望而终身者也。若其夫千金买妾为宗嗣计，而月娘百依百顺，此诚《关雎》之雅，千古贤妇人也。若西门庆杀人之夫，劫人之妻，此真盗贼之行也。其夫为盗贼之行，而其妻不涕泣而告之，乃依违其间，视为路人，休戚不相关，而且自以好好先生为贤，其为心尚可问哉！至其于陈敬济，则作者已大书特书，月娘引贼入室之罪可胜言哉！后之逐敬济，送大姐，请春梅，皆随风弄舵，毫无成见；而听尼宣卷，胡乱烧香，全非妇女所宜。①

张竹坡更多的是用“阳秋”之笔来点明作者对吴月娘的道德评判。如第二十一回回评：“全是作者用阳秋写月娘真是权诈不堪之人也。”②

4. 诲笔。简单说，就是避讳。避讳，为“春秋笔法”用晦的表现手法之一。“春秋五例”中有“婉而成章”，杜预解释为：“曲从义训，以示大顺。诸所讳辟，璧假许田之类是也。”③“婉”，曲也。“辟”，与“避”通假。“诸”，意谓有多种避讳之处。有哪些地方需要避讳呢？《公羊传》释《春秋》中有“三讳”之说：“《春秋》为尊者讳，为亲者讳，为贤者讳。”④“三诲”主要运用于经学、史学，体现了中国封建社会的政治伦理观念。当诲笔运用于小说中，则含蓄地表达了作者的道德判断与情感倾向，甚至以曲笔掩饰人物的过错或缺点。当小说评点中以诲笔来评点的时候，则点出了作者对人物的褒扬。清代的小说评点常以“春秋笔法”评点小说，以诲笔点明作者对人物的评价。如毛氏父子评点诸葛亮就认为作者使用了诲笔：

---

① （清）张竹坡：《批评第一奇书〈金瓶梅〉读法》，王汝梅等校点：《张竹坡批评第一奇书金瓶梅》，齐鲁书社 1987 年版，第 32 页。

② （清）张竹坡：《金瓶梅》（第 21 回回评），王汝梅等校点：《张竹坡批评第一奇书金瓶梅》，齐鲁书社 1987 年版，第 320 页。

③ （晋）杜预：《春秋序》，（清）阮元校刻：《春秋左传正义》，《十三经注疏》，中华书局 1980 年版，第 1706 页。

④ （清）阮元校刻：《春秋公羊传注疏》，《十三经注疏》，中华书局 1980 年版，第 2244 页。

> 观孔明之自贬，而愈知马谡之斩难宽也。丞相且以用参军之误而引罪，参军得不以负丞相之故而坐法乎？又观孔明之斩谡，而愈知自贬之情非伪也。参军且以误丞相之故而受诛，丞相得不以辱天子之命而自责乎？奉《春秋》先自治之义，既容责人而恕己；准《尚书》克厥爱之文，又不容责己而恕人。盖孔明之治蜀以严，而治兵之法，一如其治国而已。①

毛氏父子这段评点，认为作者在写诸葛亮的时候使用了诲笔，但笔者以为，这更多的是毛氏父子本人在为贤者诸葛亮掩饰失街亭的用人之过辩解，其目的在于褒扬诸葛亮的高尚道德，对诸葛亮的褒扬之情溢于评点文字之中。毛氏父子在评改《三国志通俗演义》时进一步加强了"尊刘贬曹"的倾向，这在评点人物的称谓上也表现十分明显，如称刘备为"玄德""先帝"，称诸葛亮为"孔明""丞相"，而称曹操、曹丕则直呼其名曰"曹操""曹丕"。

在理学思潮影响下，清代特别盛行以"春秋笔法"评点小说，此方法几乎被评点者奉为评点小说的必备手法而广泛使用。以"春秋笔法"评点小说有利于提高小说的地位，其对小说隐含之义的阐释有利于读者理解小说更深层次的内涵，把握小说的某些独特审美特征。但是，其产生的负面影响却不得不提。笔者以为，"春秋笔法"的负面影响主要有两点：第一，对小说的过度阐释。有些清代的小说评点者过度探究其隐含意义，导致几乎处处探寻微言大义，阐释过度。如张新之认为《红楼梦》中的人名地名都有深意，他说："此书凡人名、地名，皆有借音，有寓意，从无信手拈来者。"②所以，他的某些阐释有捕风捉影之嫌，如他对甄士隐嫡妻封氏的评点："'封'，风也，风无形质；又秘也，有秘而不宜宣之意。"③第二，对小说阐释的主观随意。评点的主观随意性是与过度阐释相关的。如张书绅以程朱理学阐释

① （清）毛氏父子：《三国演义》（第96回回评），陈曦钟等辑校：《三国演义》（会评本），北京大学出版社1986年版，第1171页。

② （清）张新之：《红楼梦》（第1回夹批），《妙复轩评石头记①》，《明清善本小说丛刊初编》第10辑，天一出版社1985年版，第2页。

③ （清）张新之：《红楼梦》（第1回夹批），《妙复轩评石头记①》，《明清善本小说丛刊初编》第10辑，天一出版社1985年版，第5页。

《西游记》之主旨：

> 今《西游记》，是把《大学》诚意正心、克己明德之要，竭力备细，写了一尽。明显易见，确然可据。不过借取经一事，以寓其意耳，亦何有于仙、佛之事哉！①

这种阐释显然是程朱理学在清代的小说评点中的一种表现。

“春秋笔法”的过度阐释与主观随意影响深远，甚至直到今天，这种负面影响都还存在，且有较大的市场，如刘心武的所谓“揭秘”《红楼梦》就是这种负面影响的产物。所以，认识到“春秋笔法”的负面影响，才能全面、正确地把握清代的小说评点中有关“春秋笔法”的评点。

---

① （清）张书绅：《〈新说西游记〉总评》，《西游记》（张书绅评点本），黄山书社 1992 年版，第 12 页。

第四章　清代考据学与小说评点

第一节　清代考据学的嬗变

考据，在清代文献中亦常称作“考订”“考证”“考核”“考信”等。何谓考据？历来学者下的定义略有不同，以白寿彝先生下的定义最为全面、准确：“考证，又称考据。它的具体途径一般是广集资料，鉴别真伪，究明正诂，分类归纳，以求得对正确解释历史问题的史料依据。考证之学跟目录、版本、校勘、辨伪、辑佚、注释之学有密切的关联……考据之学在一定程度上就是目录、版本等文献之学的综合运用，而考据的方法又是文献研究进行到一定程度时必不可少的。”①考据作为一种研究方法，很早就运用于学术之中。汉代的刘向父子受汉成帝之命校订群籍，他遍阅皇家藏书，撰成《别录》一书，就运用了考据方法校订秦焚书以来的散乱古籍。比刘向更早的则是张良、韩信对兵书的校订。余嘉锡说：“至于总校群书，勒成目录，论者皆谓始于向、歆。然《汉书·兵书略》序云：‘汉兴，张良、韩信序次兵法，……’是则高祖、武帝之时，皆尝校理兵书。是校书之职，不始于刘向也。”②考据作为一门专门学问而成为考据学，则时间较晚。要成为一门专门学问，该学问必须在学理上具备系统性的知识谱系、可供挖掘的内涵深度、严格的学术规范、较长的研究时间以及较宽阔的研究空间等重要要素，显然，明代之前的考据研究并不具备这些要素。直到明代的杨慎、焦竑、方以智等人的考据研究出现，才标志考据学作为一门专门学问正式被学界所

---

① 白寿彝：《史学概论》，宁夏人民出版社1983年版，第111—112页。

② 余嘉锡：《余嘉锡说文献学》，上海古籍出版社2001年版，第80页。

认可。一般认为,考据学萌芽于明代中后期,成熟于清代。郭康松梳理了考据研究的发展之后得出结论:“清以前的考据都还称不上是考据学,一门学问独立地称为‘学’,首先要有一大批专门地、长期地从事此门学术研究的学者,以及随之产生的专门性研究成果和经典著作,还要形成有别于其他学科的学科理论、研究方法以及学术风格和规范。真正意识上的考据学是在明代中后期萌芽,在清代才最终发展成熟,此前只有考据而没有考据学。”①郭康松的结论比较符合考据研究的发展状况。考据学因特重两汉经学,并多于汉代取材引证,推崇汉代治学方法,故也称“汉学”;又因考据学推崇朴实的考证学风,亦称“朴学”。考据学作为一种学术思潮,则是时间更晚的清代。梁启超在《清代学术概论》中详尽论述了“思潮”的必备条件,概括起来主要有四点:价值高;时代性强;群众性,即参与者众多;影响大,即成为某一时期的权威。按照梁启超这个严格标准考量,考据学也当之无愧地称得上清代的“学术思潮”。梁启超认为,自先秦至清的学术,能够称得上“学术思潮”者,仅汉代的经学、隋唐的佛学、宋明的理学、清代的考证学而已。在他看来,考据学居于清代学术的正统地位,是清学的正统派。关于清代考据学发展的分期,是一个非常复杂的问题。总起来看,主要有两个分期标准:一是以学术特点为标准,如江藩、龚自珍、皮锡瑞、章炳麟、刘师培等。孙钦善根据前人的分类,把清代考据学清晰地分为四期:“第一期为清初期,包括顺、康两朝,特点是‘汉宋兼采’。第二期为清中期,主要包括乾、嘉两朝,作为过渡,雍正朝亦可划入,此期为考据学高峰。第三期为清晚期,主要包括道光、咸丰、同治诸朝和光绪二十五年甲骨卜辞发现之前。此期的特点是经今文学重新兴起,倾向于经古文学的正统考据学的绝对优势受到挑战,其绝对地位亦受到冲击,但还只限于量的变化,而并不是质的衰落。第四期为清末,即光绪二十五年甲骨卜辞发现以后。甲骨卜辞和敦煌遗书等出土文献新资料的发现受到学者的重视,开始与传世文献结合进行研究(如孙诒让),使清代考据学走上了新的阶段,并且对后世产生深远影响。”②二是以

① 郭康松:《清代考据学研究》,崇文书局2001年版,第8页。

② 孙钦善:《清代考据学的分期与派别》,《中国文化研究》2004年春之卷。

学术规模为标准，主要以梁启超为代表。梁启超借鉴前人之说，将清代考据学的发展分为三个时期：启蒙期，代表人物为顾炎武、胡渭、阎若璩；全盛期，代表人物为惠栋、戴震、段玉裁、王念孙、王引之；蜕分期，代表人物为康有为、梁启超。[①] 当然，这两种标准并未截然分开，而是交织使用的。这两种标准的分期之法都有可取之处，也凸显了清代考据学的学术特点，但未突出作为"学术思潮"的特点，无法直观地看出时代变迁与考据学学术思潮之间的关系。梁启超本人也直接将"思潮"称为"时代思潮"，可见思潮与时代关系甚为密切。因此，将考据学作为学术思潮来阐述其嬗变过程，是很有必要的。有鉴于此，为了能更清晰地体现清代考据学作为学术思潮的嬗变过程，本书将清代考据学置于清代的时代变迁之下来阐述其嬗变过程，深入探讨清代考据学受到时代影响而产生的学术变化。所以，本书将清代考据学思潮的嬗变分为三个阶段：易代背景下的考据学、盛世背景下的考据学、危机背景下的考据学。

一、易代背景下的考据学

明清易代，是一个天翻地覆的大动荡时代。李自成领导的农民起义军以摧枯拉朽之势推翻了明朝，进京仅四十余日，就被清军击败，继而清朝建立。其易代之突变，令处于明清之际的士人受到了极大的心灵震动，他们或抗争、或顺从、或反思。赵园评价明清易代对士人的影响道："明清易代，结束了一个纷扰喧嚣的时代，使一批习于热闹的士人，由绚烂而平淡以至堕入枯寂。其间有对命运的顺从，也有基于反思的主动选择。"[②]一批优秀的知识分子在清朝统治稳固之后开始沉寂下来反思明亡之原因，于是，晚明之学空谈性理的空疏学风成为了他们抨击的重点，学风由虚转实。考据学正是最为追求朴实学风的，在清初学者的反思中，考据学受到重视并发展起来。清初的考据学与易代的时代突变关系甚密，与经世致用之学一样，也深深地

① 梁启超：《清代学术概论》，上海古籍出版社1998年版，第3—5页。

② 赵园：《明清之际士大夫研究》，北京大学出版社1999年版，第57页。

打上了“易代”的烙印。这主要表现在：

其一，继承明代中后期以来的考据学之风。明代中后期以来，居于学术主流的是以王学为核心的心学。明代心学的代表学者是王守仁、陈献章等，他们建立了以德、性为主体的心学体系，强调“致良知”，反对注疏训诂，否定读书博学，喜谈心性。于此之时，杨慎就反对这种空疏之谈，对否定注疏而肆意阐释义理的学风提出了批判：

> 近世学者，往往舍传注疏释，便读宋儒之议论，盖不知议论之学自传注疏释出，特更作正大高明之论尔。①

明代考据学实乃在心学盛行的风气下挣扎而出的，但也取得了较高的学术成就，如杨慎《丹铅总录》、梅鷟《尚书考异》、周婴《卮林》、焦竑《俗书刊误》、陈第《毛诗古音考》、姚际恒《古今伪书考》、方以智《通雅》等。尤以《通雅》一书，考据学价值高，甚得后人佳评。林庆彰评价道：“《通雅》一书既集明代考据学之大成，故自康熙五年（一六六六）刊行后，即甚得佳评。”②在清初返虚就实的学风之中，明代考据学直接开启了清代的考据之风，可以说，清初顾炎武、阎若璩等考据大家是沿着明代考据之路而继续前行的，并将考据学发扬光大。顾炎武《音学五书》受益于明代陈第《毛诗古音考》，阎若璩《尚书古文考证》受到了明代梅鷟关于《古文尚书》考证的启导，这些都是明证。所以，《四库全书总目》云：

> 明之中叶，以博洽著者称杨慎，而陈耀文起而与争，然慎好伪说以售欺，耀文好蔓引以求胜。次则焦竑，亦喜考证而习与李贽游，动辄牵缀佛书，伤于芜杂。唯以智崛起崇祯中，考据精核，迥出其上。风气既开，国初顾炎武、阎若璩、朱彝尊等沿波而起，始一扫悬揣之空谈。虽其中千虑一失，或所不免，而穷源溯委，词必有征，在明代考证家中，可谓

① （明）杨慎：《刘静修论学》，《升庵集》卷75，上海古籍出版社1993年版，第750页。

② 林庆彰：《明代考据学研究》，中国台湾学生书局1983年版，第579页。

卓然独立矣。①

张舜徽先生亦高度评价了明代中后期考据学的学术成就，并指出其对清代考据学的深远影响：

姑言其以朴学名世者，若杨慎、焦竑、陈第，学皆通核，均治古音。杨氏有《转注古音略》，焦氏《笔乘》有《古诗无叶音》说，皆远在顾亭林治古音之前。……其据古求证之法，又已先亭林而为之矣。他若梅鷟《古文尚书考异》，实阎百诗辨证伪《书》之先驱，方以智《通雅》，亦后来考核精详之前导。揭斯数事，自可反隅。然则即谓清代朴学，乃沿明代之余波，亦无不可。②

明代考据学不显，被清代考据学学者所忽略。郭康松分析其原因有四：考据学在明代学术中所占份额极其有限；考据学家在思想、方法、学术规范上的不成熟；考据学著作流传有限；传统的断代修史，忽视了历史的连续性。③ 尽管如此，清初考据学承继明代中后期以来的考据学却是不争的事实。

其二，考据学作为反对晚明空疏学风的重要利器而受到重视，进而进一步得到发展。晚明以来的空疏学风影响巨大，清初部分学者沉静以后反思明亡原因，顾炎武、王夫之等人甚至认为空疏学风导致了明代的灭亡。于是，学界掀起了强劲的反对空疏学风的学术风气。讲究实证、学风朴实的考据学自然成了反对空疏学风的重要利器。物极必反，考据学学术思潮反对晚明空疏学风，这也是学术思潮自身内部的发展规律所致。如顾炎武为学尤重追根溯源，考证精细，反对空谈义理。他以经学为例强调做学问要做到“一一考究”：

---

① (清)永瑢等：《四库全书总目》卷119，中华书局1965年版，第1028页。
② 张舜徽：《清人笔记条辨》，中华书局1986年版，第373页。
③ 郭康松：《清代考据学研究》，崇文书局2001年版，第34—36页。

且经学自有源流，自汉而六朝而唐而宋，必一一考究，而后及于近儒之所著，然后可以知其异同离合之指。①

《四库全书总目》评价顾炎武为学在溯源、贯通方面远超杨慎等人：

炎武学有本原，博赡而能通贯，每一事必详其始末，参以证佐，而后笔之于书，故引据浩繁而牴牾者少，非如杨慎、焦竑诸人偶然涉猎，得一义之异同，知其一而不知其二者。②

明代空疏学风影响之下，反对读书，束书不观，游谈无根之风盛行。针对于此，顾炎武提出了“博学于文”的主张。他说：

颜子之几乎圣也，犹曰：“博学于文”。其告哀公也，明善之功，先之以博学。自曾子而下，笃实无若子夏，而其言仁也，则曰：“博学而笃志，切问而近思”。今之君子则不然，聚宾客门人之学者数十百人，“譬诸草木，区以别矣”，而一皆与之言心言性，舍多学而识，以求一贯之方，置四海之困穷不言，而终日讲危微精一之说，是必其道之高于夫子，而其门弟子之贤于子贡，祧东鲁而直接二帝之心传者也。我弗敢知也。③

读哪些书呢？顾炎武主张重读儒家经典。顾炎武力倡“舍经学无理学”的主张，大肆宣扬以经学代替理学的观点，因为在他看来，经书是一切智慧的宝库，读通经书，自然洞悉天下之事。他说：“人苟遍读五经，略通史鉴，天下之事，自可洞然，患在为声利所迷而不悟耳。”④“经学即理学”这一主张得到了全祖望的高度赞扬，他称赞顾炎武：

① （清）顾炎武：《与人书》，《顾亭林诗文集》，中华书局1959年版，第91页。
② （清）永瑢等：《四库全书总目》卷119，中华书局1965年版，第1029页。
③ （清）顾炎武：《与友人论学书》，《顾亭林诗文集》，中华书局1959年版，第40页。
④ （清）顾炎武：《与杨雪臣》，《顾亭林诗文集》，中华书局1959年版，第139页。

> 晚益笃志《六经》，谓古今安得别有所谓理学者，经学即理学也。自有舍经学以言理学者，而邪说以起，不知舍经学则其所谓理学者，禅学也。……其书曰《下学指南》。或疑其言太过，是固非吾辈所敢遽定，然其谓经学即理学，则名言也。①

不过，"经学即理学"的思想亦有渊源。钱穆认为源于清初钱谦益，而钱氏之说又源自明代的归有光。他说：

> 亭林治经学，所谓明流变，求佐证，以开后世之途辙者，明人已导其先路。而亭林所以尊经之论，谓经学即理学，舍经学无理学可言，求以易前人之徽帜者，亦非亭林独创。考证博雅之学之所由日盛，其事亦多端，唯亭林以峻绝之姿，为斩截之论，即谓经学即理学，因以明经即明道，而谓救世之道在是。②

"经学即理学"这一鲜明口号，实则攻击理学，其言虽过，但颇具革命意味，促进了思想解放。梁启超说："所谓理学家者，盖俨然成一最尊贵之学阀而奴视群学。自炎武此说出，而此学阀之神圣，忽为革命军所粉碎，此实四五百年来思想界之一大解放也。"③

怎样读经书呢？顾炎武认为，应该首先从文字、音韵、训诂入手，只有真正弄懂了经书的文字、音韵之后，才能为经书的阐释提供正确的保障。他说：

> 愚以为读九经自考文始，考文自知音始。以至诸子百家之书，亦莫不然。不揣冒昧，僭为《唐韵正》一书，而于《诗》《易》二经各为之音，曰《诗本音》，曰《易音》。以其经也，故列于《唐韵正》之前。而学者读

---

① （清）全祖望撰，朱铸禹汇校集注：《全祖望集汇校集注》，上海古籍出版社2000年版，第227—228页。

② 钱穆：《中国近三百年学术史》，商务印书馆1997年版，第156页。

③ 梁启超：《清代学术概论》，上海古籍出版社1998年版，第10—11页。

> 之，则必先《唐韵正》而次及《诗》《易》二书，明乎其所以变，而后三百五篇与卦、爻、彖、象之文可读也。①

在重读儒家经典的学风中，掀起了对经书的辨伪之风。阎若璩潜心研究《尚书》二十余年，撰成《尚书古文疏证》，使《古文尚书》之伪最终大白于天下，打破了学界对儒家经典的迷信。胡渭反复研讨《易图》的来源，撰成《易图明辨》，最终证明了所谓的"易图"乃道士陈抟所伪造，后由邵雍附入《易经》，指出了宋人以道入儒的不够严谨的为学之法。这种辨伪经书的怀疑精神影响了整个清代考据学，后来的戴震、崔述、俞樾也颇具怀疑精神，注重古籍辨伪。必须说明的是，清代考据学对古代典籍的怀疑，其目的并非否定一切典籍，而是为了弄清古籍的真实面貌，以免以讹传讹。

其三，浓厚的经世特点。在对明亡的反思中，不务实的空谈之风遭到猛烈抨击，经世致用的学风为清初主流学术思潮，这一时期的考据学自然具有浓厚的经世特点。清初学者主张以考据为基础，进而通经，最终达到经世致用之目的，反对空谈。如黄宗羲说：

> 明人讲学，袭语录之糟粕，不以《六经》为根柢，束书而从事于游谈。故问学者必先穷经，经术所以经世。不为迂儒，必兼读史。读史不多，无以证理之变化；多而不求于心，则为俗学。②

钱穆认为顾炎武以其博学而著称的《日知录》《音学五书》两书最为重要。《音学五书》可谓纯治古音之作，与"明道救世"有何关系呢？在顾炎武看来，要经世，必先通经；要通经，必先"考文""知音"。钱穆对此关系亦作深入阐述并高度评价了此书：

> 治音韵为通经之钥，而通经为明道之资。明道即所以救世。亭林

---

① (清)顾炎武：《答李子德书》，《顾亭林诗文集》，中华书局1959年版，第73页。

② 赵尔巽等：《清史稿》卷480，中华书局1977年版，第13105页。

> 之意如是。乾嘉考证学，即本此推衍，以考文、知音之工夫治经，即以治经工夫为明道，诚可谓得亭林宗传。抑亭林此书，不仅为后人指示途辙，又提供以后考证学者以几许重要之方法焉。①

顾炎武本人也十分看重《音学五书》，为著此书可谓殚精竭虑。他自述道：

> 余纂辑此书三十余年，所过山川亭鄣，无日不以自随，凡五易稿而手书者三矣。②

清初的考据之作甚多，如王夫之《书经稗疏》《诗经稗疏》、黄宗羲《易学象数论》、阎若璩《尚书古文疏证》、胡渭《易图明辨》等，表面上看，是纯学术性的考据学著作，而实乃通经之途，进而明道救世。其中《尚书古文疏证》《易图明辨》对《古文尚书》之伪、“易图”附入的考证，动摇了儒家经典的地位，其明道救世的特点就更为明显了。杨绪敏在比较明清两代的考据学之后，指出：“清初顾、黄、王几位大师与明代考据学家最大的不同是：明代学者考据的目的是返本复真，即通过古字古音以及古注所涉及的史地、名物制度、鱼虫草木等的考证，恢复古书的本义和真相，厘清被宋元以来理学家们曲解的内容。而顾、黄、王等在治学中，也强调‘求实’，恢复古书的本义和真相，但又明确提出学术必须‘经世致用’。”③此论可谓准确。

二、盛世背景下的考据学

康熙帝平定天下之后，清朝统治稳固下来，随即出现了封建王朝的一次回光返照的盛世，史称“康乾盛世”，亦称“康雍乾盛世”。身处这一时期的很多文人都称自己所处时代为“盛世”，如乾隆时期的户部右侍郎于敏中于

① 钱穆：《中国近三百年学术史》，商务印书馆1997年版，第148页。

② （清）顾炎武：《音学五书后序》，《顾亭林诗文集》，中华书局1959年版，第26页。

③ 杨绪敏：《明清两朝考据学之比较研究》，《史学集刊》2007年第5期。

乾隆二十四年(1759年)称颂乾隆帝:"觐光扬烈,继祖宗未经之宏规,轹古凌今,觐史册罕逢之盛世。"①乾隆帝也自称本朝为"盛世":"今国家全盛,府库充盈,适当准夷投诚者,接踵而至,应筹其游牧,俾令久安,且彼内乱,机有可乘,此不过以余力举之,已属裕加。"②清末民初,国势衰微,此时的文人更是称颂"康乾盛世",借历史抒发对现实的无限感叹。如《清史稿》中盛赞高宗:

> 高宗运际郅隆,励精图治,开疆拓宇,四征不庭,揆文奋武,于斯为盛。享祚之久,同符圣祖,而寿考则逾之。自三代以后,未尝有也。唯耄期倦勤,蔽于权倖,上累日月之明,为之叹息焉。③

后来的史学家也认为康雍乾三朝为清代的盛世之朝。如孟森认为,世宗、高宗两朝为清代极盛之朝,他说:

> 世宗、高宗两朝,为清极盛之时,特世宗操劳,且戕贼柱兄弟,亦觉少暇豫之乐;高宗则享尽太平之荣,位禄名寿,直可侈拟舜之大德,然日中则昃,衰相亦自高宗兆之。④

其实,嘉庆一朝亦可视为清代盛世之余绪,仁宗皇帝仍励精图治,国势较盛。《清史稿》亦盛赞仁宗统治下的国家大治:

> 仁宗初逢训政,恭谨无违。追躬莅万几,锄奸登善。削平逋寇,捕治海盗,力握要枢,崇俭勤事,辟地移民,皆为治之大原也。诏令数下,

---

① (清)于敏中:《素余堂集》卷2,转引自朱诚如主编:《清朝通史》(康熙朝分卷)上册,紫禁城出版社2003年版,第573页

② 《清高宗圣训》卷106,赵之恒等主编:《大清十朝圣训》,北京燕山出版社1998年版,第2395页。

③ 赵尔巽等:《清史稿》卷15,中华书局1977年版,第565页。

④ 孟森:《清史讲义》,中华书局2006年版,第214页。

谆切求言。而吁咈之风,未遽睹焉,是可慨已。①

清代盛世之时,虽说已潜伏着危机,但总体说来,国家统一,政治稳固,经济迅速发展,民族团结,文化繁荣。在这样的盛世背景下,考据学学术思潮直接受到了盛世时代的影响,变得更为盛行,并在其嬗变中呈现出新的特质。

其一,考据学从边缘走向中心,成为清学正统派学术思潮。清初顾炎武、阎若璩等考据大家虽然取得了很高成就,但并未成为清代学术思潮的主流,梁启超视之为清代考据学的"启蒙期"。这一时期的学术主流为经世致用之学,即使正处于蓬勃发展之中的考据学,仍然是以经世为核心旨归的。梁启超说:"当时诸大师,皆遗老也。其于宗社之变,类含隐痛,志图匡复,故好研究古今史迹成败,地理阨塞,以及其他经世之务。"②考据学亦在此"经世之务"之列。至于清代盛世,尤其是乾嘉时期,考据学占据学术思潮之主流,居于清代学术的中心,成为一代之显学,其余学术皆不显。梁启超将之视为清学的正统派,并评价全盛时期的考据学:(考据学)"第二期之全盛时代,独所谓正统派者(考证学)充量发达,余派则不盛,或全然中绝。"③

考据学于清代盛世走向学术中心,并于乾嘉时期达到鼎盛。其主要标志有:首先是考据学成就斐然。考据学大家辈出,主要有惠栋、戴震、王鸣盛、钱大昕、江藩、段玉裁、焦循、章学诚等,梁启超尤其推崇惠栋、戴震二人,称其为"巨子",说:"当时巨子,共推惠栋、戴震,而戴学之精深,实过于惠。"④考据学经典之作也层出不穷,如惠栋之《易汉学》、戴震之《孟子字义疏证》、王鸣盛之《十七史商榷》、钱大昕之《廿二史考异》、段玉裁之《说文解字注》、章学诚之《文史通义》等。考据学还在不自觉中形成了不同的学术流派,如以惠栋为代表的吴派,以戴震为代表的皖派,以焦循、汪中为代表的扬州学派,以全祖望、章学诚为代表的浙东学派。孟森高度评价了乾隆以

① 赵尔巽等:《清史稿》卷16,中华书局1977年版,第616页。

② 梁启超:《清代学术概论》,上海古籍出版社1998年版,第27页。

③ 梁启超:《清代学术概论》,上海古籍出版社1998年版,第27页。

④ 梁启超:《清代学术概论》,上海古籍出版社1998年版,第30页。

来的考据学成就："唯乾隆以来多朴学，知人论世之文，易处实忌，一概不敢从事，移其心力，毕注于经学，毕注于名物训诂之考订，所成就亦超出前儒之上。"①其次是涉及领域广泛。考据学最盛之时几乎渗透于清代整个文化领域，遍及经学、史学、小学、金石学、地理学、文学等，主要从事古籍的笺注、训诂、校勘、辨伪、补佚以及编纂各类丛书等工作。最后是掀起了强劲的宗汉学风。居住学术中心的考据学最终选择汉儒之学作为治学的榜样，宗汉成为学界治学之风尚。乾隆年间的考据大家卢文弨说：

凡文之义多生于形与声，汉人去古未远，其所见多古字，其习读多古音，故其所训诂，要于本旨为近，虽有失焉者寡焉。②

这种以古为尚的宗汉学风，成为盛世背景下最为盛行的学术思潮。梁启超甚至认为已掀起了考据学的"群众化"运动，他形容当时考据学风之盛行：

乾、嘉之考证学，几乎独占学界势力，虽以素崇宋学之清室帝王，尚且从风而靡，其它更不必说了。所以稍为时髦一点的阔官乃至富商大贾，都要"附庸风雅"，跟着这些大学者学几句考证的内行话。③

关于考据学于清代盛世之时居于学术中心，成为显学的原因，历代学人对此作了非常深入的探讨。这可以从考据学的内外两个方面来理解。从考据学内部来看，考据学本身在治学精神与学术思想等方面充满了对清代学者的吸引力，尤其是研究方法具有实证性、科学性。梁启超对这一点认识深刻，他早说："凡欲一种学术之发达，其第一要件，在先有精良之研究法。"④

① 孟森：《清史讲义》，中华书局2006年版，第306页。

② （清）卢文弨：《九经古义序》，《抱经堂文集》卷2，《续修四库全书》第1432册，上海古籍出版社2002年版，第569页。

③ 梁启超：《中国近三百年学术史》，东方出版社1996年版，第29页。

④ 梁启超：《清代学术概论》，上海古籍出版社1998年版，第28页。

考据学正是这样的一种“精良之研究法”。梁启超总结了考据学十个方面的显著特色，其中的大部分是针对研究方法而言的，如“凡立一义，必凭证据；无证据而以臆度者，在所必摈”“选择证据，以古为尚”“孤证不为定说”“隐匿证据或曲解证据，皆认为不德”“最喜罗列事项之同类者，为比较的研究，而求得其公则”“凡采用旧说，必明引之，剿说认为大不德”①等。从考据学外部来看，最为重要的一种观点认为：文字狱是导致清代考据学盛行的成因。持这种观点的多为知名学者，以章太炎、梁启超、范文澜、翦伯赞等人为代表。如梁启超说：

> 其后文字狱频兴，学者渐惴惴不自保，凡学术之触时讳者，不敢讲习。然英俊之士，其聪明才力，终不能无所用也。诠释故训，究索名物，真所谓“于世无患，与人无争”，学者可以自藏焉。②

范文澜也有类似说法：“清朝士人慑于文字狱之暴力，一部分人逃入故纸堆里，专心做考据，久而成为风气。”③不过，文字狱成因说也遭到了部分学者的反驳。郭康松从“文字狱并非专门针对学术界”“考据学者从事考据不是迫于文字狱”“考据学者不是懦弱的受压抑者”“史学衰微并非完全由文字狱造成”④等四个方面较为系统地反驳了考据学兴盛的文字狱成因说。除此之外，葛兆光还从士人精神角度解释了清代考据学盛行的原因：

> 真正造成清代学术思想失语状态的，除了政治对异端的钳制，还在于皇权对于真理的垄断，“治统”对于“道统”的彻底兼并，以及这种道德制高点和合理性基础被权力占据之后，所造成的士人对于真理诠释权力和对于社会指导权力的丧失。⑤

① 梁启超：《清代学术概论》，上海古籍出版社1998年版，第47页。

② 梁启超：《清代学术概论》，上海古籍出版社1998年版，第28页。

③ 范文澜：《看看胡适的“历史的态度”和“科学的方法”》（原载《历史研究》1955年第3期），《范文澜集》，中国社会科学出版社2001年版，第255页。

④ 郭康松：《清代考据学研究》，崇文书局2001年版，第38—66页。

⑤ 葛兆光：《中国思想史》第2卷，复旦大学出版社1986年版，第400页。

葛兆光的解释关注了士人独立的文人精神，他们看重对真理诠释和干预社会的权力，当这种权力在正常秩序中一旦丧失，他们必然以另外一种途径表现出来，考据学便是清代士人所选择的这样一种途径。还必须注意的是，盛世也是考据学盛行的一个重要原因，在某种意义上说，甚至是一种至关重要的根本原因。如王俊义认为："康乾盛世是乾嘉学派产生兴盛的根本原因和条件。"①

其二，考据学重视文献的全面整理，系统总结了传统文化。每一次社会盛世的到来，客观上都要求对文化进行一次全面的整理、总结，这是时代发展对文化作出的要求，也可以说是文化总结乃盛世的时代所需。对于盛世的统治者而言，文化总结也是一种政治需要。统治者通过大规模的文化总结，彰显自己统治的文治武功，进而昭示其统治的合天意性、合理性与合法性。盛世唐代的玄奘西行取经，即是唐代佛教文化的一次总结。清代盛世时期的统治者同样十分重视文化总结。如乾隆帝重视汉学，征召博学之士整理文化。《啸亭杂录》记载：

> 上（指乾隆帝）初即位时，一时儒雅之臣，皆帖括之士，罕有通经学者。上特下诏，命大臣保荐经术之士，辇至都下，课其学之醇疵。特拜顾栋高为祭酒，陈祖范、吴鼎等皆授司业，又特刊《十三经注疏》颁布学官，命方侍郎苞、任宗丞启运等裒集《三礼》。故一时耆儒夙学，布列朝班，而汉学始大著，龌龊之儒，自蹶足而退矣。②

对于盛世的文人而言，也往往视文化总结为时代赋予自己的重担，具有自觉担当的使命感。汉代盛世之时，司马迁倾尽全部心力撰写"究天人之际，通古今之变，成一家之言"的史学巨著《史记》。司马迁在《太史公自序》中多次表明自己撰写《史记》是对儒家传统经典的继承与总结，尤其是对孔子史笔传统的发扬光大。他在《太史公自序》中说：

---

① 王俊义：《清代的乾嘉学派》，《文史知识》1983年第3期。

② （清）昭梿：《重经学》，《啸亭杂录》卷1，中华书局1980年版，第15—16页。

> 先人有言："自周公卒五百岁而有孔子。孔子卒后至于今五百岁，有能绍明世，正《易传》，继《春秋》，本《诗》《书》《礼》《乐》之际？"意在斯乎！意在斯乎！小子何敢让焉。①

司马迁继承与总结了自周公、孔子以来一脉相传的儒家传统，并视之为上天赋予自己的义不容辞的历史使命。处于清代盛世，历经乾隆、嘉庆、道光三朝的阮元，同样视整理文献、总结文化为己任。阮元崇尚实学，编刻了大量带有文化总结性的大型书籍，尤以《十三经注疏》及《校勘记》《皇清经解》影响最大。其中，《皇清经解》（又名《学海堂经解》）可谓清代经学研究集大成者，共计 1408 卷，收录了顾炎武、阎若璩、毛奇龄、惠栋、戴震、严杰、阮元等 73 位学者的 184 种著作，几乎囊括了清代学术界全盛时期的重要经学研究成果，可以说是对以考据学为主的清代前期经学学术作了一次大总结，惠泽学界。陈寿祺评价《皇清经解》道：

> 夫子所编学海堂《皇清经解》，摭近儒说经之件，网络众家，零镠碎璧之宝也。②

阮元的考据学研究，不仅对文化作了总结，也大大推动了清代考据学的发展。《清儒学案》充分肯定了阮元对考据学所作的巨大贡献。《清儒学案》评价道：

> 乾、嘉经学之盛，达官耆宿提倡之力为多。文达早跻通显，扬历中外，所至敦崇实学，编刻诸书，类多宏深博奥，挈领提纲，《揅经室集》说经之文，皆诂释精详，宜乎为万流所倾仰也。③

① （汉）司马迁：《史记》卷 130，中华书局 1959 年版，第 3296 页。

② （清）陈寿祺：《答仪征公书》，《左海文集》卷 4 下，《续修四库全书》第 1496 册，上海古籍出版社 2002 年版，第 178 页。

③ （清）徐世昌等编纂：《仪征学案》，《清儒学案》卷 121，沈芝盈等点校，中华书局 2008 年版，第 4797 页。

传统文化的基本载体是文献，传统学术也主要依赖于文献。学术发展到清代盛世，历经数千年的文献典籍必然存在着失真、散佚等情况，文献本身的发展也客观上要求全面整理文献，总结文化。文献在流传过程中失真的原因十分复杂，郭康松概括了文献失真的几个主要原因："典籍在传刻抄写过程中因种种原因造成的错讹衍脱而失真"；"书贾求利，合刻新本，妄为增删，使文献失真"；"后人不能理解典籍本意而以己意妄改导致失真"；"对于典籍的理解、解释不同，众说纷纭，没有确诂而失真"。① 如《十三经注疏》合刻本自南宋就已开始出现，经过五六百年的流传，至于明清时期，仍有《十三经注疏》合刻本，但因时间久远，翻刻次数较多，其中错讹之处甚多。阮元从青年时期起就勤奋校勘《十三经》，力图为学界提供一本最接近真实的《十三经》。经过几十年的努力，终于完成了《十三经》的校勘。他曾这样叙述自己校勘《十三经》的艰辛过程：

> 臣幼被治化，肄业诸经，校理注疏，综核经义，于诸本之异同，见相沿之舛误，每多订正，尚未成书。乾隆五十六年，奉敕分校太学石经，曾以唐石经及各宋板悉心校勘，比之幼时所校，又加详备。自后出任外省，复聚汉、唐、宋石刻暨各宋、元板本，选长于校经之士，详加校勘。自唐以后单疏分合之不同，明闽附音之有别，皆使异同毕录，得失兼明，成《十三经注疏校勘记》二百七十卷，附《孟子音义校勘记》一卷，《释文校勘记》二十五卷。②

由于文献错讹较多，对于读者来讲，就必须选择可靠的版本。钱大昕强调读书当选择善本，若版本不当，必贻笑大方。他说：

> 经史当得善本。今通行南北蓝及汲古阁本，《仪礼》正文多脱简，《穀梁》经传文亦有溷错，《毛诗》往往以《释文》混入郑《笺》，《周礼》、

① 郭康松：《清代考据学研究》，崇文书局 2001 年版，第 69—72 页。

② （清）阮元：《恭进十三经注疏校勘记折子》，《揅经室集》，邓经元点校，中华书局 1993 年版，第 589—590 页。

> 《仪礼》亦有《释文》混入注者，《礼记》则《礼器》、《坊记》、《中庸》、《大学疏》残缺不可读，《孟子》每章有赵氏《章指》，诸本皆阙，《宋史·孝宗纪》阙一叶，《金史·礼志》、《太宗诸子传》各阙一叶，皆有宋元椠本可以校补。若日读误书，妄生驳难，其不见笑于大方者鲜矣。①

可见，考据学对文献的整理、对传统文化的总结与传承，正是应了学界本身之需，从而得以发展壮大。

其三，考据学打上了鲜明的"国家"烙印。清代盛世的康熙、雍正、乾隆几朝，政治稳定，对内平定了三藩，统一了台湾，对外与沙俄等国确定了边界，巩固了边疆；经济得到了较大的发展，垦田数量大增，人口增长迅速，至乾隆中叶，耕地多达七亿多亩，人口多达两亿以上。这样的时代，使清代统治者有财力和精力从事文化的大总结。而主观上，统治者出于统治的需要也愿意对历来的传统文献作系统整理与总结，如乾隆帝主持下编纂的《四库全书》。乾隆帝多次下诏征求天下藏书，如他大力鼓励民间藏书家借书：

> 况初次降旨时，唯恐有司办理不善，藉端扰累，曾谕令凡民间所有藏书，无论刻本、写本，皆官为借抄，仍将原本给还。揆之事理人情，非无障碍，何观望不前，一至于此！必系督抚等因遗编著述，非出一人，疑其中或有违背忌讳字面，恐涉乎干碍，预存宁略毋滥之见，藏书家因而窥其意指，一切秘而不宣。甚无谓也！②

统治者无论出于何种目的对文献的整理与总结，客观上都大大促进了传统文化的发展。

清代考据学家要对研究对象做精深的考证，客观上也需要国家力量的支撑。袁枚曾说做考据的重要前提是："除非收尽海内书籍，再遍请天下名

---

① （清）钱大昕：《十驾斋养新录》卷3，杨勇军整理，上海书店2011年版，第55页。

② 《广西巡抚熊学鹏奏查明粤西实无遗书折》，中国第一历史档案馆编：《清代档案史料·纂修四库全书档案》上册，上海古籍出版社1997年版，第173页。

儒,锁闭一堂,宽以十年之期,奉以千金之俸,使之互相编校而后可也。"①袁枚认为,这个前提几乎是做不到的,故轻视考据学。此话虽有些偏激,但尽量占有更多、更全的资料,对于做考据来说却是必要的。要"收尽海内书籍,遍请天下名儒"绝非个人能力所及,只有国家之力才能尽可能得到。至于大型的文献整理,则必须借助国家的力量才有可能完成。如现存篇幅最大的类书《古今图书集成》,编纂于康熙后期至雍正初期,共计 10000 卷,编纂于乾隆后期的《四库全书》,收集了上古至乾隆时期的主要古籍,共计近 80000 卷,如此卷帙浩繁的巨著,必须借助国家的财力、人力才最终得以完成。考据学者个人也得益于国家之力,从而完善自己的考据学研究。如法式善入四库馆,因校对《四库全书》而得以见到一些很难一见的秘籍,从而补齐明人偶桓选录元诗的《乾坤清气集》十四卷所缺失的七言绝句。法式善本人记录道:

> 朱竹垞谓偶吏目桓所选元诗为独开生面,而以缺七言绝句为憾,余尝欲补之而未就也。因忆文渊阁校四库书,所阅元人诗佳者辄录存,多《四朝诗选》《元文类》《宋元诗会》《元诗体要》《元风雅》《元诗选》《元诗癸集》中所未载者。将来合诸集甄综之,以复吏目旧观。竹垞翁其许我乎。②

还有戴震之《水经注》、谢启昆之《小学考》等之所以超越前人之注,均得益于国家之力。

毋庸置疑,借助国家之力所做的大型文献整理与文化总结,嘉惠学界。孟森盛赞《四库全书》对学术的巨大贡献,他说:

> 清一代有功文化,无过于收辑《四库全书》,撰定各书提要,流布艺

① (清)袁枚:《小仓山房尺牍·寄奇方伯》,王英志主编:《袁枚全集》第 5 册,江苏古籍出版社 1993 年版,第 149 页。

② (清)法式善:《陶庐杂录》卷 2,中华书局 1959 年版,第 27 页。

林一事。自古明盛之时，访求遗书，校雠中秘，其事往往有之。然以学术门径，就目录中诏示学人，如高宗时之四库馆成绩，为亘古所未有。盖其搜罗之富，评隲之详，为私家不能逮，亦前古帝王所未及为也。①

倾国家之力整理文献，总结文化，对于学界来说，固然是一件幸事。但必须看到问题的另一面：国家具有意识形态，是为统治者服务的。清朝在整理文献的同时，必然要禁毁那些不利于其统治的书籍。仍以《四库全书》为例。四库馆在征召图书，编撰《四库全书》的过程中，遵照乾隆帝旨意，对部分书籍实行全毁或抽毁。陈正宏、谈蓓芳总结了《四库全书》全毁的四条标准："凡是对清朝统治者有所不满（包括客观地记述其暴行的）或对满族有所鄙夷、敌视的，都必须销毁"；"能引起人们对于明朝的好感或怀念的书，都不能保留"；"凡是跟程、朱理学相抵触和不符合传统道德观念的书，也应毁掉"；"作者有问题的，或者在书中多处引用有问题人的著作的书"②。抽毁也大抵按照这四条标准。如此下来，被全毁或抽毁的书籍数量相当庞大。据陈乃乾的不完全统计，当时被全毁的书籍有 2453 种，被抽毁的有 402 种。③ 与《四库全书》所收书籍比较，被全毁的书籍相当于《四库全书》的四分之三，被抽毁的书籍接近于《四库全书》的八分之一。即使是那些收入《四库全书》的书籍，也在一定程度上遭到了删改。因此，从某种意义上讲，编撰《四库全书》的同时，又毁掉了另一部《四库全书》。可见，清朝对文献的系统整理与文化总结，也在一定程度上破坏了文化的传承。但总的说来，功还是大于过的。

三、危机背景下的考据学

康雍乾时期，清代臻于盛世。孟森从武功与学术的发展两个方面切入，

① 孟森：《清史讲义》，中华书局 2006 年版，第 304 页。

② 陈正宏、谈蓓芳：《中国禁书简史》，学林出版社 2004 年版，第 225—228 页。

③ 陈乃乾：《索引式的禁书总录》，参见陈正宏、谈蓓芳：《中国禁书简史》，学林出版社 2004 年版，第 230 页。

称“雍乾”为清代的“全盛”时期。更为可贵的是，孟森从“全盛”中已看出盛世中所蕴含的败象。如他从学术角度分析了雍乾之盛中的两大败象：“清一代汉学之极盛，正士气之极衰，士气衰而国运焉能不替。此雍、乾之盛而败象生焉者一也”；“清一代经学大昌，而政治之学尽废，政治学废而世变谁复支持，此雍、乾之盛而败象生焉者二也”①。梁启超也指出了乾隆盛世统治下的政治危机，他说：“乾隆朝为清运转移的最大枢纽。这位十全老人，席祖父之业，做了六十年太平天子，自谓‘德迈三皇，功过五帝’。其实到他晚年，弄得民穷财尽，已种下后来大乱之根。”②乾隆朝埋下的大乱之根，至于嘉庆、道光时期则显露无遗了。嘉道以降，社会矛盾不断加深，土地兼并厉害，吏治腐败，百姓流离失所。龚自珍洞察到乾隆末年以来的社会危机，他说：“自乾隆末年以来，……自京师始，概乎四方，大抵富户变贫户，贫户变饿者，四民之首，奔走下贱，各省大局，岌岌皆不可以支月日，奚暇问年岁？”③道咸以来，民族矛盾也日益严重。随着西方殖民者的入侵，中华民族处于亡国灭种之际。此时的清朝，深深陷入内忧外患的危机之中。考据学虽然主要存在于书斋之中，但面对如此深重的危机，考据学者并不能无视现实。在此危机背景下，考据学悄然地发生着变化。这种变化主要表现为：

其一，考据学的经世特征得以强化。乾嘉时期，考据学极盛之时，其对社会现实较为漠视，忽视经世的负面特征已引起部分精于考据的学者的重视。如章学诚批评考据末流烦琐主义的弊病，主张以“古文辞”纠正之。他说：“近世学者风气，征实太多，发挥太少，有如蚕食桑叶而不能抽丝；故近日颇劝同志诸君多作古文辞，而古文辞必由纪传史学进步，方能有得。盖古人无所谓古文之学，但论人才，则有善于辞命之科。”④赵翼、俞正燮等人已开始注意考据学的经世功能，他们将考据学运用于边疆、河槽等经世性较强的领域，并进而探讨治国的具体之道。赵翼长于文字校勘、史实考订等考据

① 孟森：《清史讲义》，中华书局 2006 年版，第 307—308 页。

② 梁启超：《中国近三百年学术史》，东方出版社 1996 年版，第 30 页。

③ （清）龚自珍：《西域置行省议》，《龚自珍全集》，上海人民出版社 1975 年版，第 106 页。

④ （清）章学诚：《与汪龙庄书》，《文史通义》，刘公纯标点，北京古籍出版社 1956 年版，第 299 页。

工作，但其治史却注重探寻治乱兴衰的历史规律。他强调自己治史亦重视揭示历史兴衰之规律，他说：

> 至古今风会之递变，政事之屡更，有关于治乱兴衰之故者，亦随所见附著之。①

又如他深入分析了明太祖初年刑法甚严，至晚年则废除严刑的历史之后，总结道：

> 盖初以重典为整顿之术，继以忠厚立久远之规，固帝之深识远虑也。②

俞正燮《癸巳类稿》除从事名物训诂之后，也较为重视现实问题，如书中《驻扎大臣原始》《俄罗斯事辑》《总河近事表》等篇均注重边境、外交、治河等经世事务。

道咸以后，清朝陷入更深的危机之中。为挽救危机，学界再次掀起了经世致用之风。梁启超说："'鸦片战争'以后，志士扼腕切齿，引为大辱奇戚，思所以自湔拔；经世致用观念之复活，炎炎不可抑。"③晚清的考据学与经世联系更为紧密，尤其是与挽救民族危机联系起来，希望通过考据学为挽救国家命运尽一份力量。如章太炎既是著名的考据学家，又是出色的革命活动家。他致力于小学考证，反对欧化主义，认为中国的语言文字成就极高，是民族文化的重要内容。他强调民族"学问"的成就，并极力维护其民族尊严，他说："本国学问，本国人自然该学，就像自己家里的习惯，自己必定应该晓得，何必听人的毁誉？"④中国本民族的语言文字理所当然地成为"本国

① （清）赵翼：《廿二史札记小引》，《廿二史札记》，中国书店1987年版，第3页。

② （清）赵翼：《廿二史札记》卷32，中国书店1987年版，第469页。

③ 梁启超：《清代学术概论》，上海古籍出版社1998年版，第71—72页。

④ （清）章太炎：《教育的根本要从自国自心发出来》，章炳麟：《章太炎的白话文》，辽宁教育出版社2003年版，第43页。

学问"的重点之一。很显然,章太炎是将小学考证之学视为了一种振兴民族文化的一种重要手段,这正是民族危机赋予考据学重要影响的具体体现。章太炎精于小学,受传统学术影响较大,虽然宣扬排满、革命,然其思想解放并不果决。正如梁启超的评价:"对于思想解放之勇决,炳麟或不逮于今文家也。"①以章太炎为代表的考据学家将考据学作为挽救国家命运的一种手段,其作用固然有限,但体现了处于民族危机之中的考据学家的学术良知与爱国情怀,这是值得肯定的。

其二,考据学的近代转型。晚清以来,随着中西文化的交流与碰撞,传统学术逐步向近代学术转型。在这种转型过程中,西方学术的学术理念与研究方法无疑会渗透于传统学术之中,同时,也只有吸收新的学术滋养,传统学术才能获得更大的发展,才能更广泛地获得国际学术的认可。胡适认为,只有吸收新文化,才能挽救旧文化。文化如此,学术亦如此。胡适谈到自己研究的哲学领域时,认为:"新中国的责任是借鉴和借助于现代西方哲学去研究这些久已被忽略了的本国的学派。如果用现代哲学去重新解释中国古代哲学,又用中国固有的哲学去解释现代哲学,这样,也只有这样,才能使中国的哲学家和哲学研究在运用思考与研究的新方法与工具时感到心安理得。"②考据学也同样必须面对中西文化的碰撞,不可避免地发生了具有时代特色的深刻变化,呈现出向近代化转型的发展趋势。

表现之一:以西方文化为参照,阐释考据之义。晚清的部分考据学家并不排斥西方文化,相反,他们是相当熟悉西方文化的,并在自己的考据学研究中运用西方文化。如孙诒让反对琐屑考证,他作《周礼正义》,详考《周礼》之政制、官制、器物等,其目的在于宣扬"政教"思想。他认为,《周礼》中的"政教之闳意眇旨",并以西方之富强来论述"政教"之必需。他说:

> 今泰西之强国,其为治,非尝稽核于周公、成王之典法也,而其所为政教者,务博议而广学,以暨通道路,严追胥,化土物廾之属,咸与此经

① 梁启超:《清代学术概论》,上海古籍出版社1998年版,第96页。

② 胡适:《先秦名学史·导论》,季羡林主编:《胡适全集》第5卷,安徽教育出版社2003年版,第12页。

冥符而遥契。盖政教修明，则以致富强，若操左契，固寰宇之通理，放之四海而皆准者，此又古政教必可行于今者之明效大验也。①

他在考证古代科技中，还借西方科技以阐释古代科技。如他用算术、光学等知识为《墨经》上下、《经说》上下四篇作"案"。他说：

四篇皆名家言，又有算术及光学、重学之说，精眇简奥，未易宣究。其坚白异同之辩，则与公孙龙书、《庄子·天下篇》所述惠施之言相出入。②

表现之二：近代思想渗透于考据学之中。考据学虽为传统学术，但在近代思想盛行的晚清时期，考据学家也同样受到了近代思想的影响，并在学术研究中体现出来。如君主立宪思想。孙诒让盛赞《周礼》，将之视为行政的典范。他在《周礼正义》中详细论述了《周礼》的"为政"：

政则自典法刑礼诸大端外，凡王后世子燕游羞服之细，嫔御阉阍之昵，咸隶于治官，官府一体，天子不以自私也。而若国危、国迁、立君等非常大故，无不曲为之制，预为之防。三询之朝，自卿大夫以逮万民，咸造在王庭，与决大义。又有匡人、撢人、大小行人、掌交之属，巡行邦国，通上下之志。而小行人献五物之书，王以周知天下之故。大司寇、大仆树肺石，建路鼓，以达穷遽。诵训、土训夹王车，道图志，以诏观事辨物。所以宣上德而通下情者无所不至，君民上下之间，若会四枝百脉而达于囟，无或雍阂而弗畅也。③

① （清）孙诒让：《序》，《周礼正义》，《续修四库全书》第82册，上海古籍出版社2002年版，第2页。

② （清）孙诒让：《墨子间诂》卷10，中华书局2001年版，第307页。

③ （清）孙诒让：《序》，《周礼正义》，《续修四库全书》第82册，上海古籍出版社2002年版，第1页。

孙诒让此段关于“为政”的观点，显然受到了君主立宪思想的影响。

又如进化论思想。进化论传入中国之后，促进了中国改革思想的发展。清代主张改革的学者接受了进化论，又在传统文化中寻找改革的思想基础。如龚自珍深入研究了公羊哲学的“变易”“进化”的思想，并阐发了公羊派“三世说”的发展阶段论，发展了今文经学。孙诒让虽为古文经学家，但处于倡言改革的今文经学盛行的晚清，亦受今文经学影响，其考据学中含有进化论思想。如他在《周礼正义》中认为，“其治之迹与礼俗之习”，“沿袭之久而无害则相与遵循之”，若“久而有所不安，则与相变革之”①。章太炎是较为保守的，他曾反对用白话文代替文言文，但又主张语言文字是不断进化的。他在《訄书·订文》中论述了文字的进化过程：

> 君人者，藉此以相临制，使民驯扰，于事益便。顷之以画图过繁，稍稍刻省，则马牛凫鹜，多以尾足相别而已，于是有墨西哥之象形字。其后愈省，凡数十画者，杀而成一画，于是有埃及之象形字。凡象形字，其沟陌又为二：一以写体貌，一以借形为象，所谓“人希见生象，而按其图以得仿佛”者也。乃若夫人之姓氏洲国，山川之主名主形者，困穷，乃假同音之字以依托之，于是有谐声字，则西域字母根株于是矣。②

可见，虽然章太炎曾提出“俱分进化论”以反对进化论，但其考据学中却隐含着进化论思想的因子。

表现之三：考据学的学科意识逐渐强化。传统的考据学主要被视为一种研究方法，其本身并未成为一门专门的学问，依附于经学、史学、金石学等学问之中。清代传统的考据学成就极高，为考据学的学科独立打下了坚实的文献基础，很多考据学家亦被后世学者称为训诂学家。如陆宗达从训诂学的角度高度评价清代考据学对于训诂学的重要贡献：

① （清）孙诒让：《序》，《周礼正义》，《续修四库全书》第82册，上海古籍出版社2002年版，第2页。

② （清）章炳麟：《订文第二十五》，《訄书》，古典文学出版社1958年版，第70页。

> 清代研究先秦古书的有两个派别，一派是以惠栋为代表的“钩沉”派。这一派以辩识古训，疏明古义为主。目的是：运用语言文字科学，来阐明古书上没有弄明确的理论问题和具体问题，使学者们能进一步理解训诂学。另一派是以戴震为代表的“订误”派。这一派以纠正旧注、创立新说为主。目的是：发展语言文字科学，批判旧注、发明新义，从而提出自己的新理论（如《孟子字义疏证》），使训诂学进一步提高。清代训诂学家段玉裁、王念孙、俞樾等人都属于后一派。他们给我们今天研究训诂、理解古书打下了基础，同时给历史语言学积累了很丰富的资料。①

虽然惠栋、戴震、段玉裁等人对训诂学贡献极大，但究竟不是独立的训诂学研究，真正的训诂学研究是从晚清开始的。随着晚清近代文化的发展，受到西方学科分类的影响，考据学的学科独立意识逐渐强化，成为独立的“语言文字之学”。陆宗达说：“清代最盛行的朴学的发展史实际上也有同样一个过程，即‘小学’（语音文字学）由经学的附属学科而成为独立的学科。”②促使考据学学科化的首功之臣当属章太炎，他的主要贡献之一就是使“小学”真正摆脱了经学、史学等的附庸地位，逐渐发展成为独立学科，他称之为“语言文字之学”。章太炎写有《论语言文字之学》一文，专论语言文字学的学科独立。他说：

> 然犹名为小学，则以袭用古称，便于指示。其实当名语言文字之学，方为确切。此种学问，《汉（书）·艺文志》附入“六艺”。今日言小学者，皆似以此为经学之附属品。实则小学之用，非专以通经而已。③

章太炎把“小学”改为“语言文字之学”，绝非改名那么简单，而是反映了语言文字学科正在逐步走向独立。他还进一步阐释了这门学科的主要研

① 陆宗达：《训诂浅谈》，北京出版社1964年版，第10—11页。
② 陆宗达：《训诂浅谈》，北京出版社1964年版，第11页。
③ （清）章绛（章太炎）：《论语言文字之学》，《国粹学报》第2年第12号，1906年。

究内容:“合此三种(按:指“以字形为主”“以训诂为主”“以音为主”的研究,实则后来的文字学、训诂学、音韵学),乃成语言文字之学。”①可以这样说,章太炎关于语言文字之学的经典论述,奠定了后世语言文字学的理论基础。

其三,传统考据学的固守。面对国家内忧外患的深重危机,部分考据学家不问政治,固守着传统的考据学研究,尽力避免社会危机、民族危机对考据学的影响。当然,固守传统考据学也是考据学家面对危机的另一种学术选择,这对于学术本身来讲也是有益的。然而,乾嘉时期的考据学成就斐然,处于考据学的极盛时期,要想在传统考据学研究有所突破绝非易事。梁启超在解释乾、嘉之后经世致用之学再次兴起的原因时曾认为大部分考据学工作都“被前辈做完了”,他说道:“头一件,考证古典的工作,大部分被前辈做完了,后起的人想开辟新田地,只好走别的路。”②考证工作真的如梁氏所言的“被前辈做完了”吗?事实上并非如此。道光之后,虽然危机重重,但考据学仍然取得了相当的进步。梁启超自己也承认这一点,他说:“清末三四十年间,清代特产之考证学,虽依然有相当的部分进步,而学界活力之中枢,已经移到‘外来思想之吸收’。”③梁启超所言的“部分进步”,窃以为可以包括两方面:一是受外来思想影响的考据学的新变;二是对传统考据学的深化。晚清的考据学向着精深一路发展,其代表人物当属清末考据大家——俞樾。

俞樾为清末著名学者,在经学、古文字学、文学等各方面成就都很高。他一生绝大部分精力都投入书院教育与研习经义。他曾先后于紫阳书院、杭州诂经精舍、德清清溪书院、菱湖龙湖书院等主讲经学,其门下弟子有章太炎、吴昌硕、日本的井上陈政等文化名人,号称“门秀三千”。其经学成就主要有《群经平议》《诸子平议》《古书疑义举例》等。其中《古书疑义举例》的考据学成就最高。该书总结了校勘古籍和音训方面的若干规律,如“上下文异字同义例”“上下文同字异义例”“倒序例”“错综成文例”等,每一例

① (清)章绛(章太炎):《论语言文字之学》,《国粹学报》第2年第12号,1906年。

② 梁启超:《中国近三百年学术史》,东方出版社1996年版,第31页。

③ 梁启超:《中国近三百年学术史》,东方出版社1996年版,第37页。

都举有例子，这些规律对于古籍校勘具有重要的指导意义。所举八十八种文例，"标志着清代学者在校勘古籍和整理文献领域方法更加缜密，总结出更多的规律性认识"①。其弟子章太炎对老师俞樾的考据成就评价极高，他盛赞其师：

> 精研古训而不支，博考事实而不乱，文理密察，发前修所未见，每下一义，泰山不移。若德清俞先生、定海黄以周、瑞安孙诒让，此其上也。②

除了俞樾之外，晚清固守传统考据学研究方法的还有王先谦、杨守敬、吴大徵等人，王先谦的《汉书补注》《水经注合笺》《后汉书集解》《荀子集解》《庄子集解》《诗三家义集疏》、杨守敬的《水经注疏》、吴大徵的《古五图考》等均取得了很高的考据学成就。

固守传统考据学的学者是否真的能够做到心无旁骛，完全不受时局影响呢？其实也不尽然，他们虽在考据研究中坚持传统研究方法，但其思想以及情感仍受深重危机的影响。梁启超在评价嘉、道两朝的考据学时说："大部分学者依然继续他们考证的工作，但'绝对不问政治'的态度，已经稍变，如大经学家王怀祖（念孙）抗疏劾和珅，大史学家洪稚存（亮吉）应诏直言，以至遣戍。"③俞樾面对国家的衰微，也表达了自己深深的忧虑。他说："愚窃唯事势有可大忧者三：一曰中国之号将替也……；一曰孔子之道将废也……；一曰天地之运将终也……。"④这些忧虑不正是俞樾对国家、民族及传统道德的现实关注吗？

考据学作为清代学术的正统，于清代达到顶峰，取得了辉煌的成就。考据学家对浩如烟海的古文献作了校勘、辨伪、注疏、辑佚等去伪存真、追本穷

① 陈其泰、李廷勇：《中国学术通史》（清代卷），人民出版社 2004 年版，第 539 页。

② （清）章太炎：《说林（下）》，洪治纲主编：《章太炎经典文存》，上海大学出版社 2003 年版，第 287 页。

③ 梁启超：《中国近三百年学术史》，东方出版社 1996 年版，第 31 页。

④ （清）俞樾：《三大忧论》，《宾萌集》卷 6，《续修四库全书》第 1550 册，上海古籍出版社 2002 年版，第 75—76 页。

源的考证工作,研究范围极广,遍及经、史、子、集四部,为后世的学术研究提供了翔实可靠的文献资料,对保存传统文献和促进传统文化的发展起到了至关重要的作用。仅以对经部的贡献为例,阮元的《皇清经解》与王先谦的《皇清经解续编》,收入作者、著作甚夥,几乎囊括了清代最重要的经学研究著作,体现了清代考据学的巨大成就,也为后世经学研究提供了坚实的文献支撑。正如郭康松的评价:“清代考据学坚持由小学以通经明道的治学宗旨,运用科学的考据方法,在实事求是精神的照耀下,对传统儒家经典进行了整理与研究,纠正了许多历代经学家(包括汉代经学家)对经典原意的误读和有意的歪曲,并对十三经作了较为全面的整理和研究。”①清代考据学的影响也极为深远,其严谨的治学精神、缜密的学术思维、实证的研究方法都给予清代学术以典范作用,甚至可以说,整个清代文化都打上了考据学的烙印。梁启超曾说:“考证学直至今日还未曾破产,而且转到别个方面,和各种社会科学会〔合〕发生影响。”②不要说梁启超生活的那个时代,就是对于我们当前学风浮躁的21世纪来说,考据学也同样具有重要的借鉴意义。

第二节　清代的小说评点与考据学风

中国学术发展至清代,取得了很高的学术成就,既有对前代学术的全面总结,又呈现出博大、精深的学术风范,可谓我国学术史的一个高峰。梁启超评清代学术之盛道:“本朝二百年之学术,实取前此二千余年之学术,倒影而缫演之,如剥春笋,愈剥而愈近里;如啖甘蔗,愈啖而愈有味。不可谓非一奇异之现象也。”③在大盛的清代学术中,梁启超尤为推崇考据学,将之视为清代最主要的学术思潮。他说:“有清一代学术,可纪者不少,其卓然成一潮流,带有时代运动的色彩者,在前半期为‘考证学’,在后半期为‘今文

① 郭康松:《清代考据学研究》,崇文书局2001年版,第291页。

② 梁启超:《中国近三百年学术史》,东方出版社1996年版,第30页。

③ 梁启超:《中国学术思想变迁之大势》,《饮冰室合集·文集》之七,中华书局1989年版,第102页。

学'，而今文学又实从考证学衍生而来。"①在梁启超看来，考据学代表了清代学术的最高成就。考据学为清代显学，其影响极为深远而广泛，几乎涉及清代文化的各个领域。刮遍清代文化界的考据学风，也同样给清代的小说评点打上了深深的烙印，主要体现在以下几个方面。

一、考据评点成为小说评点的一种自觉意识

考据学在整个清代，其影响都是十分巨大的。浓厚的考据学风使考据评点成为了小说评点的一种自觉意识，首先表现为考据评点成为小说评点者自觉遵守的一种评点原则。谭帆认为，评点者参与小说文本的创作有两个方面：一是"增删改易"；二是"修订文学形式"。谭帆还进一步总结了自明至清评点者参与小说文本创作方式的变化："从史的线索而言，明代到清初的小说评点一般是双管齐下，而清初以后，尤其是乾隆以降，随着小说编创方式由'世代累积型'向'个人独创型'的转变，评点者对小说文本的增改逐步减弱，而以文字考订和局部情节的修正为主流。"②岂止是评点者对小说文本的参与，就是评点者对小说文本的整个评点，随着"个人独创型"小说成为小说创作主流，受考据学风影响，考据评点逐渐成为了清代的小说评点的最重要方式之一，也成为了小说评点者自觉遵守的评点原则。如冯镇峦在《读聊斋杂说》中总结了自己评《聊斋志异》的五大例：

> 一论文，二论事，三考据，四旁证，五游戏。③

可见，运用考据学来评点小说已成为冯镇峦的一种自觉意识了。"论文""论事""游戏"乃以前小说评点常论的小说要义，而"考据""旁证"两项为冯镇峦小说评点的特色。这两项虽对文学批评作用不大，但对研究小说

---

① 梁启超：《清代学术概论》，上海古籍出版社1998年版，第2页。

② 谭帆：《论〈儒林外史〉评点的源流与价值》，《社会科学战线》1996年第6期。

③ （清）冯镇峦：《读聊斋杂说》，张友鹤辑校：《聊斋志异》（三会本），上海古籍出版社1986年版，第11页。

素材来源、人物原型，探究作者创作之旨则大有裨益，尤其是对于像《聊斋志异》这样的典故繁复、寓意甚深的文言小说来说，考据评点是非常之必要的。又如齐省堂本在《〈增订儒林外史〉例言》中也明确阐述了评改《儒林外史》的几条考据原则，其中的第二条是讲对疏漏的情节进行梳理，并对字句进行订正的。《例言》中言："诸如此类，是册代为修饰一二，并将冗泛字句，稍加删润，以归简括。至于书中时代年月，难以考究，悉照原本不动也。"①第三条中对"幽榜"人物的修订。《例言》中言："是册辄为更正，除前三名不动外，其二甲、三甲人数照旧，而姓名次序俱为另编，计删易者共十有三人。内唯萧浩，因其子萧采已列在前，父不可居子下，且其事迹本不甚多，故与李本瑛、雷骥、徐咏、邓义等一同删去。此数人非因品卑而斥，所易者亦未必皆高，聊以备数，得收结之体例而已。或谓此回本系后人续貂，原本添琴棋书画四士后，即接《沁园春》词而毕，未知然否，姑不具论。"②第四条中对人物原型的考订，指出小说中的人物"或象形谐声，或廋词隐语，若以雍、乾间诸家文集细绎而参稽之，则十得八九矣"③。《儒林外史》正是在这些考据原则的指导下，通过评点者的评改，其文本得以逐渐完善。

考据评点成为小说评点的一种自觉意识，还表现为在小说的评点文字中，"学问""实学"等富含考据内涵的词汇被广泛运用。蔡元放尤为强调小说的近"史"特征，对小说中的历史"学问"特别关注。他在评点小说中经常运用"学问""实学"等词汇。如他在《东周列国志》的《序》中说：

> 夫既无与于学问之数，则读犹不读，是为无益之书，安用灾梨祸枣为？④

---

① 《齐省堂〈增订儒林外史〉例言》，李汉秋辑校：《儒林外史》（汇校汇评本），上海古籍出版社2010年版，第693页。

② 《齐省堂〈增订儒林外史〉例言》，李汉秋辑校：《儒林外史》（汇校汇评本），上海古籍出版社2010年版，第693—694页。

③ 《齐省堂〈增订儒林外史〉例言》，李汉秋辑校：《儒林外史》（汇校汇评本），上海古籍出版社2010年版，第694页。

④ （清）蔡元放：《序》，（明）冯梦龙改编，（清）蔡元放修订：《东周列国志》，上海古籍出版社2012年版，第2页。

在蔡元放看来，没有“学问”的小说为无益之书，是不应该阅读的，更不应该花费财力去刊刻。他又在《读列国志法》中说：

> 金圣叹批《水浒传》《西厢记》，便说于子弟有益。渠说有益处，不过是作文字方法耳。今子弟读了《列国志》，便有无数实学在内。此与《水浒传》《西厢记》岂可同日而语。①

可见，蔡元放是无意于文字工拙的，他更关注的是小说中的“实学”。因此，他认为《东周列国志》的成就远远高于《水浒传》《西厢记》，其原因就在于《东周列国志》中有“无数实学”，这些“实学”主要包括稽古、兵法、应对之法等。王韬在评价《镜花缘》时也盛赞其中所蕴含的渊博“学问”：

> 《镜花缘》一书，虽为小说家流，而兼才人、学人之能事者也。人或有诋其食古不化者，要不足病。观其学问之渊博，考据之精详，搜罗之富有，于声韵、训诂、历算、舆图诸书，无不涉历一周，时流露于笔墨间。②

除了在小说评点中广泛运用“学问”等词汇，在清人笔记中也常用这些词汇评价小说、弹词等通俗文学。如俞樾在《茶香室丛钞》卷十七《曲海》说：“《平妖传》《禅真逸史》《金瓶梅》，皆平话也。《倭袍》《珍珠塔》《三笑姻缘》，皆弹词也。乃《曲海》所载，则皆有曲本，学问无穷，即此可见矣。”③这从另外一个侧面证实了从考据学角度观照文艺作品在清代已成为一种自觉意识。

考据评点成为清代的小说评点的一种自觉意识，固然受考据学风影响

---

①（清）蔡元放：《东周列国志读法》，黄霖、韩同文选注：《中国历代小说论著选》上册，江西人民出版社1982年版，第415页。

②（清）王韬：《镜花缘图像序》，丁锡根编著：《中国历代小说序跋集》，人民文学出版社1996年版，第1445页。

③（清）俞樾：《茶香室丛钞》卷17，贞凡等点校，中华书局1995年版，第371页。

甚大,但也与小说评点者本人深厚的考据学素养密不可分。如评点《儒林外史》的天目山樵和平步青均喜读汉学书籍,精研汉学,因此长于考证。《民国南汇县续志》记载天目山樵尝读"元和惠氏(惠栋)、歙江江氏(江声)、海阳戴氏(戴震)、嘉定钱氏(钱大昕)所著书,慨然悟为学之本原,取九经三礼,汉、唐、宋人注疏,博稽而约考之,融会而贯通之"①。平步青也博览群书,继承汉学传统,"于群书讹文脱字,援引乖舛,辄刺取他籍,刊误纠谬,一书有斠至数年未已者"②。其杂著《霞外攟屑》卷九"小栖霞说稗"专门考证小说戏曲之源流演变,考证的小说主要有《西游记》《西游记补》《女仙外史》《儒林外史》《石头记》《儿女英雄传》等,其采考证资料广博、翔实。天目山樵甚至称得上考据家,他还曾受曾国藩之邀,入金陵书局校勘过《史记》诸书,撰成《札记》五卷,为当时学界所赞。俞樾是清末的考据大家,他虽未专门评点过小说,但在小说考证方面却作出了重要贡献。他在《小浮梅闲话》《春在堂随笔》《茶香室丛钞》《九九销夏录》《壶东漫录》等笔记中,考证了《开辟演义通俗志传》《三国志演义》《隋唐演义》《说唐演义全传》《杨家将通俗演义》《五虎平西前传》《水浒传》《西游记》《封神演义》《红楼梦》《今古奇观》《龙图公案》《皇明开运英武传》《三宝太监西洋记》《女仙外史》《金瓶梅》《儒林外史》等通俗小说,重点考证了小说的作者和本事。可以肯定地说,富有考据学素养的评点家对小说的评点与考据家对小说的考证,拨开了小说作者、文本、本事等方面的许多迷雾,为后世的小说研究提供了坚实的文献基础。

从考据学角度评点古代小说,可以厘清小说文本内部及外部的许多相关问题,有利于读者更准确地理解和把握作品的内涵。对于以文人独创为主的清代小说而言,考据评点更有必要。因为清代小说更富含"学问",如《聊斋志异》《儒林外史》《镜花缘》《红楼梦》等,其中的《红楼梦》还被誉为小说的"百科全书",在清代甚至形成了"才学小说"这个独特的小说类型,其代表性小说为《镜花缘》《野叟曝言》等。鲁迅称才学小说为"以小说见才

① 《中国地方志集成·上海府县志辑·民国南汇县续志》,上海书店 1991 年版,第 1085 页。

② 谢国桢编著:《明清笔记谈丛》,上海古籍出版社 1981 年版,第 319 页。

学者”，说《野叟曝言》是“以小说为庋学问文章之具”①。张蕊青将才学小说视为古代小说的最后一个品类，并概括了其特点。她说：“才学小说是中国古代最后一个出现的小说品类，其代表作有《蟫史》、《镜花缘》、《野叟曝言》、《燕山外史》等。这类小说大多问世于乾隆后期和嘉庆年间，出现在清代最伟大的三部小说名著之后，其作者或将学术和考据纳入小说之中，或极力讲究小说的形式美、语言美，在小说中大量运用华词丽藻。因此，逞才炫学是才学小说共同具有的最显著特征。”②王国维曾批评在考证学盛行的清代，人们常以“考证之眼”“读”小说。他说：“自我朝考证之学盛行，而读小说者亦以考证之眼读之，于是评《红楼梦》者纷然索此书之主人公之为谁，此又甚不可解者也。”③但是，小说评点者作为小说的特殊读者，以“考证之眼”评点小说却是很有必要的。以考据评点清代小说，可以说是切中肯綮，得其要旨了。事实上也如此，清代小说的考据评点取得了很高的成就，如金和、天目山樵、平步青的《儒林外史》评点，蔡元放的《东周列国志》评点等。

二、评点中的征实倾向

征实，本是对纪实类作品的一种要求。然而在清代考据之风盛行的影响之下，征实倾向成为了清代的小说评点最突出的特征之一。

清代的小说评点的征实倾向首先表现在评点者对征实的直言倡导，以为小说通例作说明的《凡例》和为小说张目的《序》最为明显。如《三国演义·凡例》强调“据实”，毅然删去那些虚诞荒谬情节：

> 后人捏造之事，有俗本演义所无，而今日传奇所有者，如关公斩貂蝉、张飞捉周瑜之类，此其诬也，则今人之所知也。有古本《三国志》所无，而俗本演义所有者，如诸葛亮欲烧魏延于上方谷、诸葛瞻得邓艾书

---

① 鲁迅：《中国小说史略》，人民文学出版社 1973 年版，第 211 页。

② 张蕊青：《才学小说炫学方式及其文化根源》，《苏州大学学报》（哲学社会科学版）2002 年第 4 期。

③ 王国维：《红楼梦评论》，上海古籍出版社 2005 年版，第 24 页。

而犹豫未决之类，此其诬也，则非今人之所知也。不知其诬，毋乃冤古人太甚！今皆削去，使读者不为齐东所误。①

倡言征实，可以说是毛氏父子评点《三国演义》的基本评点原则。毛纶也同样提倡“据实”，他在比较《水浒传》与《三国演义》时说：

《水浒》所写萑苻啸聚之事，不过因《宋史》中一语凭空捏造出来。既是凭空捏造，则其间之曲折变幻，都是作者一时之巧思耳。若《三国志》所写帝王将相之事，则皆实实有是事，而其事又无不极其曲折，极其变幻，便使捏造，亦捏造不出，此乃天地自运其巧思，凭空生出如许奇奇怪怪之人，因做出如许奇奇怪怪之事也。②

《快心编·凡例》第一条则开宗明义地提倡征实：

是编皆从世情上写来，件件逼真。间有一二点缀处，亦不过借为金针之度耳。

是编悲欢离合，变换处实实有之，非若嵌空捏凑，脱节岐枝者比。③

在《序》中直接倡言征实的就更多。如《白圭志·序》言：

夫造说者藉事辑书，尚以为难，若平空举事，尤其难矣。如周末之列国，汉末之三国，此传奇之最者，必有其事而后有其文矣。若夫《西游》《金瓶梅》之类，此皆无影而生端，虚妄而成文，则无其事而亦有其

① （清）毛宗岗：《凡例》，陈曦钟等辑校：《三国演义》（会评本），北京大学出版社 1986 年版，第 21 页。

② （清）毛纶：《毛声山评第七才子书琵琶记·总论》，侯百朋编：《〈琵琶记〉资料汇编》，书目文献出版社 1989 年版，第 286 页。

③ （清）天花才子：《凡例》，（清）天花才子编辑：《快心编》，朱眉叔校点，春风文艺出版社 1985 年版，第 2 页。

文矣。但其事无益于世道，余常怪之。①

写于顺治年间托名金圣叹的《三国志演义序》②盛赞《三国演义》的“据实指陈”：

近又取《三国志》读之，见其据实指陈，非属臆造，堪与经史相表里。由是观之，奇又莫奇于《三国》矣。③

清代小说评点的征实倾向还表现为在评点中引证旁证材料以征实小说内容。小说情节与人物虽多为虚构，但却是有素材来源的。探寻小说情节的来源与人物的原型，是清代的小说评点最为热衷的评点重点。《野叟曝言》为一部纯虚构小说，作者将小说情节置于明代成化、弘治年间的真实历史进程中来叙述主人公文素臣的人生历程，其情节多有所“据”。在评点中探寻情节来源则为《野叟曝言》评点④之重要特点，“俱本国史”“亦依会典，无一事独撰”等评语常见于评点之中。如《野叟曝言》第六十五回总评：

此书经历之处，无一凭空结撰者。唯海外四夷及余所未至，无可考证耳，颇疑昭庆寺后，乃有刘大等居址。⑤

又如《野叟曝言》第八十九回总评：

① （清）晴川居士：《序》，（清）崔象川：《白圭志》，春风文艺出版社1985年版，第2页。

② 《三国志演义序》的作者署名金圣叹，陈洪撰文《〈三国〉毛批考辨二则》（《明清小说研究》1986年第4期）对此序作者作了考证，推断为毛宗岗，但证据不够充分，存疑。笔者以为署名无名氏更为恰当。

③ （清）无名氏：《三国志演义序》，陈曦钟等辑校：《三国演义》（会评本），北京大学出版社1986年版，第1页。

④ 据清代西岷山樵《光绪八年申报馆本序》记载：“先祖（即韬叟）领之，因请为之评注，先生许可；乃乘便缮副本藏诸箧中，先生不知也！”可推知，评点者为韬叟。参见（清）夏敬渠：《野叟曝言》，吉林文史出版社1994年版，第2页。

⑤ （清）韬叟：《野叟曝言》（第65回回评），（清）夏敬渠：《野叟曝言》，吉林文史出版社1994年版，第1026页。

《宋史》载：刘道隆之倍极丑态，更以堂堂天子，于殿庭广众，令诸臣子轮奸其庶祖母之太妃矣。此较又全之事，不啻百倍过之！其野叟所云“地老天荒无此事，耳闻目见有其人也。”俗儒少见多怪，又奚足以论才子之书？①

除了《宋史》《明史》《明会典》等正史典章外，其他野史、笔记、丛谈、类书等书籍，亦是小说评点探寻情节来源的重要典籍材料。如《野叟曝言》第七十一回总评：

过仙气即可成仙，而以白牡丹、弄玉为证；吃仙粪即可成仙，而以升仙桥为证。前世痴人说下痴谎，为后痴人引证。一部《太平广记》，那一句、那一页不是此类？而疑者什一，信者什九，何也？②

又有《林兰香》评点，多引史书及杂著典籍以参证小说情节，如：

辽懿德萧后以写十香词被诬赐死，是即梦卿题壁书扇之前车。

晋公主谓王戎曰：“亲卿爱卿，是以卿卿。我不卿卿，谁复卿卿？”此等韵致，爱娘有焉。③

对小说人物的原型探寻，在清代的小说评点中更为普遍。石昌渝曾指出《野叟曝言》中的主要人物皆有“据”：“这部小说的主要情节纯属虚构，而且充满了光怪陆离的描写，但其主要人物都有根源，或者是作者和作者身边的人物，或者是历史人物。”④如《野叟曝言》第九十九回总评中评点“伯明”：

① （清）韬叟：《野叟曝言》（第89回回评），（清）夏敬渠：《野叟曝言》，吉林文史出版社1994年版，第1410页。

② （清）韬叟：《野叟曝言》（第71回回评），（清）夏敬渠：《野叟曝言》，吉林文史出版社1994年版，第1123页。

③ （清）寄旅散人：《林兰香丛语·寄旅散人引》，（清）随缘下士编辑：《林兰香》，春风文艺出版社1985年版，第1—2页。

④ 石昌渝主编：《古代小说总目》（白话卷），山西教育出版社2004年版，第481页。

汉末钩党之祸，如伯明者多矣，如素臣者何人？且如伯明者，亦皆废职；而非尽职，则亦无一如伯明者也。作者矫首天外，肯坠入他书窠臼，寻常搬演一折“挂冠全交”之杂剧耶？①

《儒林外史》评点在探寻人物原型方面最为深入，几乎小说中每一个较为重要的人物均作原型探究。如金和探寻杜少卿、杜慎卿的原型：

书中杜少卿乃先生自况，杜慎卿为青然先生。其生平所至敬服者，唯江宁府学教授吴蒙泉先生一人，故书中表为上上人物。②

在小说评点中以评点者亲身经历之事为小说内容作注脚，这是参证小说的又一重要旁证材料。这以《红楼梦》的脂砚斋评点最为典型。脂砚斋评点中“余”字出现频率很高，以自身经历与情感感受参与小说评点，并参证小说情节。如：

一段无伦无理，信口开河的浑话，却句句都是耳闻目睹者，并非杜撰而有，作者与余实实经过。③

又如第七十七回写王夫人到宝玉房中阅人时，脂砚斋评道：

一段神奇鬼讶之文，不知从何想来。王夫人从来未理家务，乞不一木偶哉？且前文隐隐约约已有无限口舌，漫阔之潜，原非一日矣。若无此一番更变，不独终无散场之局，且亦大不近乎情理。况此亦此余旧日目睹亲问，作者身历之现成文字，非搜造而成者，故迥不与小说之离合

---

① （清）韬叟：《野叟曝言》（第99回回评），（清）夏敬渠：《野叟曝言》，吉林文史出版社1994年版，第1552页。

② （清）金和：《〈儒林外史〉跋》，李汉秋辑校：《儒林外史》（汇校汇评本），上海古籍出版社2010年版，第690页。

③ （清）脂砚斋：《脂砚斋甲戌抄阅再评石头记》（第25回夹批），上海古籍出版社1985年版，第183页。

悲欢窠旧相对。想遭冷落之大族见子于此，难事有各殊，然其情理似亦有点契于心者焉。①

方舒岩对《聊斋志异》的评点亦多以亲身经历参证小说。略举两例：

吾见世之嫁女者矣。家非素封，而灯烛辉煌，麝兰馥郁，其玉杯金爵，间有世家莫及者。迨事过而门内空空，一如狐之不能终留矣。偶穷其颠末，或曰：移之巨室也。或曰：得之亲友之转相张罗者也。是岂不可以已乎？此谓之浮糜。②

余尝游长安，见夫朱纶丹毂，威福一时，未几而名挂弹章，家破人亡，有不忍言者，何得谓之梦哉？曾生幸因梦而得醒，故入山唯恐不深耳。世之方入梦者尚知宜醒，不以醒为梦，庶不终于梦之矣。③

清代的小说评点者在评点中特意标出具体时间，这种对具体时间的关注在清代之前的小说评点中出现不多，而在清代的小说评点中则大量出现，这正是清代的小说评点征实倾向的重要表现。清代的小说评点中出现的具体时间大致有两大类：一是考证小说中故事发生的具体时间。如姚燮《红楼梦》第八回评点：

己酉、庚戌两年过接处，作者欠界划清楚。令粗心读过者，无界限可寻，然断断不能并作一年事也。④

---

① （清）脂砚斋：《红楼梦》（第77回夹批），《脂砚斋重评石头记》（庚辰本），《古本小说集成》，上海古籍出版社影印本1992年版，第1806页。

② （清）方舒岩：《狐嫁女》（方评），转引自汪庆元、陈光迪：《方评〈聊斋志异〉评语辑录》，《蒲松龄研究》2000年第1期。

③ （清）方舒岩：《续黄粱》（方评），转引自汪庆元、陈光迪：《方评〈聊斋志异〉评语辑录》，《蒲松龄研究》2000年第1期。

④ （清）姚燮：《红楼梦》（第8回回评），朱一玄编：《红楼梦资料汇编》，南开大学出版社1985年版，第645页。

评第二十一回故事发生时间："此回仍是壬子年正月半后事。"①此外还有第三十回的"壬子年五月初间事"、第六十七回的"癸丑年秋间事"等大量具体时间。难怪吴克歧在《忏玉楼丛书提要》中说："山民评无甚精义，唯年月岁时考证綦详，山民殆谱录家也。"②又如冯镇峦在《公孙九娘》评点中对小说背景"于七"案的具体描述：

> 时顺治十八年十月，命都统济世哈为靖东将军讨之，分驻各旗兵马予登、莱、胶三处，防范海汛，并缉于逆。③

评点者对小说故事具体时间的考证，对后世小说研究影响极大，尤其是对小说的索隐研究提供了最为直接的证据，对于读者把握小说故事发生的时代背景、深入理解小说也是有裨益的，但过于坐实小说内容。二是评点者写下评点的具体时间。评点中的具体时间的记录有些是评点者刻意记下的，大量序跋后面记下的时间就属此类，也有非序跋评点中记下的时间，如方舒岩评点《江城》中的时间："岁癸亥，余与孙佩金、吴效昆，同馆上长林，适厨下奴误市街头青油，作饼以进。一时不觉，至晚，吐痢交至，罔不委顿。"④还有一部分评点中的具体时间是评点者无意识记下的。如脂砚斋评点《红楼梦》：

> 若从头逐个写去，成何文字？《石头记》得力处在此。丁亥春。⑤

---

① （清）姚燮：《红楼梦》（第21回回评），朱一玄编：《红楼梦资料汇编》，南开大学出版社1985年版，第649页。

② 吴克歧：《忏玉楼丛书提要》，北京图书馆出版社2002年版，第32页。

③ （清）冯镇峦：《公孙九娘》（夹批），张友鹤辑校：《聊斋志异》（三会本），上海古籍出版社1986年版，第477页。

④ （清）方舒岩：《江城》（方评），转引自汪庆元、陈光迪：《方评〈聊斋志异〉评语辑录（续）》，《蒲松龄研究》2000年第2期。

⑤ （清）脂砚斋：《脂砚斋甲戌抄阅再评石头记》（第1回夹批），上海古籍出版社1985年版，第7页。

在序跋中记下具体时间是行文的一种常态，但在非序跋的评点文字中频繁出现评点小说的具体时间，尤其是那些无意识记下的时间，这只能说明是评点者的写作思维惯性使然，这种写作思维惯性正是评点者的考据学思维所致，这也恰好证明了清代的考据之风深深地影响了小说评点的写作。

正因为清代的小说评点具有了明显的征实倾向，从而使清代的小说评点具有了重要的文献价值。其文献价值主要集中在以下三个方面：

首先，呈现清代的社会生活。清代的小说评点中涉及了清代社会生活的方方面面，由此可观当时社会生活的情形，为我们了解与研究清代社会补充了很重要的活生生的资料。如方舒岩《聊斋志异》评点中关于清代"育婴堂"的记载：

> 然吾尝游燕都育婴室矣，方春作保孤会时，迎神演戏，观者如堵。婴孩不下数十，卧一上土坑，类骨瘦面黄，水浆多不继者，故死之十八九，存者不得一二。虽曰"育婴"，其实杀之矣！①

方舒岩关于"育婴堂"的真实记载，让读者看到了清代"育婴堂"杀人的本质。又如《儒林外史》评点对清代儒林丑态的揭示。第三十六回中武书自言并不会作八股文，而学做两篇去考，居然进了学。天目山樵于此处评曰："此处断而复续，自数不清，无非欲显其聪明历考高等耳。"②由此可观清代儒生的自作聪明与科场的污浊、考官的盲瞽。本回叙述储信、伊昭二人是积年相与博学的，黄小田评曰："'相与博学'，不过为学博生财，于中取利。"③黄小田指出了清代儒林的所谓"相与博学"，其实质是老师生财的社会现象。

① （清）方舒岩：《鸦头》（方评），转引自汪庆元、陈光迪：《方评〈聊斋志异〉评语辑录（续）》，《蒲松龄研究》2000年第2期。

② （清）天目山樵：《儒林外史》（第36回夹批），李汉秋辑校：《儒林外史》（汇校汇评本），上海古籍出版社2010年版，第448页。

③ （清）黄小田：《儒林外史》（第36回夹批），李汉秋辑校：《儒林外史》（汇校汇评本），上海古籍出版社2010年版，第450页。

其次，记录了清代的风俗习惯。张亮采解释风俗：

至有人类，则渐有群，而其群之多数人之性情、嗜好、言语、习惯常以累月经年，不知不觉，相演相嬗，成为一种之风俗。而入其风俗者，遂不免为所熏染，而难超出其限界之外。①

可见，风俗是与人们的日常生活紧密相连的，他就存在于我们的衣食住行之中。小说作为一种叙事性文学，更擅长于描写各地的各种风俗。风俗不仅是小说中的典型环境，也是情节发展的重要纽带，某些小说中的风俗描写还成为了重要的审美对象本身。因此，风俗描写是小说的有机组成部分，它自然也成为了评点者关注的重点之一，尤其是受考据之风影响的清代的小说评点更是如此。《儒林外史》中记载了大量的江南风俗，扬州、南京、杭州等地风俗人情皆特意浓墨写出，颇具《荆楚岁时记》《东京梦华录》笔法。如第四十一回中的南京秦淮河风俗描写，令人飘然神往。其评点亦颇得《儒林外史》之旨趣，记载了很多江南风俗。如第二十三回中卧批本对扬州妓院风俗的记载：

或谓王义安无故戴方巾上饭馆，何为也者？曰此无足怪也。扬郡风俗，妓院之掌柜者，非以妻妾为生意者也，总持其事而已。往往住华居，侈结纳，混迹衣冠队中，是其常事。②

黄安谨评点《儒林外史》，不仅重视其中的风俗描写，甚至认为正是其风俗描写吸引了大量的读者。他说：

《儒林外史》一书，盖出雍乾之际，我皖南北人多好之。以其颇涉大江南北风俗事故，又所记大抵日用常情，无虚无缥缈之谈；所指之人，

① （清）张亮采：《序例》，《中国风俗史》，东方出版社 1996 年版，第 1 页。

② （清）卧闲草堂：《儒林外史》（第 22 回回评），李汉秋辑校：《儒林外史》（汇校汇评本），上海古籍出版社 2010 年版，第 285 页。

盖都可得之，似是而非，似非而或是，故爱之者几百读不厌。①

《聊斋志异》评点中亦多风俗记载，如何守奇评点《公孙九娘》中关于山东冥婚风俗的记载：

此亦冥婚也。不以葬处相示，彼此都疏，乃独究于莱阳，此异氏史所以有冤哉之叹也。②

最后，记录了大量的文史资料。清代的小说评点者大都为学识渊博、多才多艺的文人，他们在评点中自然留下了大量的可资考证的文史资料。如《林兰香》第二十三回评点中关于古代折扇来源的详细记载：

古人用扇，只有团扇、纨扇、羽扇，并无折迭扇。前明外国进此扇，以纸折迭为之，收入袖内，长不过呎尺，宽不逾一二指，提携最便，其制遂大传于世间矣。③

第二十七回评点中记载关于《西厢记》各种唱腔及其演唱效果的戏曲资料：

《西厢》好辞不止于此，此取其切当夜之景耳。此等曲世之梨园皆唱以昆山腔，不知以弋阳腔唱之，亦足以动情听也。昆山弋阳之外，又有所谓梆子腔、柳子腔、罗罗腔等派者，真乃狗号，真乃驴叫，有玷梨园名目矣。④

---

① （清）黄安谨：《〈儒林外史评〉序》，李汉秋辑校：《儒林外史》（汇校汇评本），上海古籍出版社 2010 年版，第 694 页。

② （清）何守奇：《公孙九娘》（末评），张友鹤辑校：《聊斋志异》（三会本），上海古籍出版社 1986 年版，第 483 页。

③ （清）寄旅散人：《林兰香》（第 23 回夹批），随缘下士编辑：《林兰香》，春风文艺出版社 1985 年版，第 184 页。

④ （清）寄旅散人：《林兰香》（第 27 回夹批），随缘下士编辑：《林兰香》，春风文艺出版社 1985 年版，第 215 页。

以上为“文”方面的文献资料，“史”方面的文献资料在清代的小说评点中则更为常见。如《白圭志》评点中关于明代“选妃之例”的记载：

> 选妃之例，历朝皆然。大明则五年一换，不至有负一女，则洪武之制度又尽善矣。①

《聊斋志异》评点中关于明代宣宗皇帝因为喜欢草虫导致百姓灾难的记载：

> 宣德治世，宣宗令主，其台阁大臣，又三杨、蹇、夏诸老先生也，顾以草虫纤物，殃民至此耶？惜哉！抑传闻异辞耶？②

清代的小说评点中关于清代社会生活、风俗及文史方面的记载，本是小说评点者为征实小说内容而写下的，却在无意中为后世留下了宝贵的文献资料。

清代的小说评点所呈现出来的浓厚征实倾向源于评点者传统的小说补史观念。在传统小说观看来，小说虽为小道，但亦有“可观”，可观之处在于或有益于劝惩，或有益于补史。在古代的文体分类中，小说要么归入子部，要么归入史部。以儒家经义为标准的劝惩对小说来说固然重要，但补史功能也是不能忽视的。刘知几在《史通·杂述》中说：

> 国史之任，记事记言，视听不该，必有遗逸。于是好奇之士，补其所亡，若和峤《汲冢纪年》、葛洪《西京杂记》、顾协《琐语》、谢绰《拾遗》。此之谓逸事者也。释：此谓掇拾之书，可补史遗，用资参考。③

---

① （清）纪昀：《白圭志》（第15回回末评），崔象川：《白圭志》，春风文艺出版社1985年版，第112页。

② （清）王士祯：《促织》（末评），张友鹤辑校：《聊斋志异》（三会本），上海古籍出版社1986年版，第488页。

③ （唐）刘知几撰，（清）浦起龙释：《史通通释》，上海古籍出版社1978年版，第274页。

刘知几作为史学家，明确强调了小说创作的目的是补史之亡遗，这是很自然的。但是，清代的小说评点者受长期以来的补史观念影响，再加上考据之风的盛行，延续并进一步张扬了小说的补史观念。如醉园狂客评点《岭南逸史》的补史作用：

> 夫史者，所以补经之所未及也，而逸史者，又所以补正史之所未及也。①

《儒林外史》第二回中叙述童生进了学，即使十几岁，也要称"老友"；如果不能进学，哪怕八十岁，也要称"小友"。天目山樵对此评曰："请以补入明朝学校志。"②朱康寿还以具有浓厚的补史意识高度评价了邹弢的《浇愁集》，他说：

> 说部为史家别子，综厥大旨，要皆取义六经，发源群籍。或见名理，或佐纪载；或微词讽谕，或直言指陈，咸足补正书所未备。……顷梁溪邹翰飞秀才，撰次《浇愁集》八卷。介秦君小汀来乞为序，其书大要已备详秦君序内，余维其张皇幽渺，意在振聩发聋，爰不敢以不文辞，而为之墨于简端。噫嘻！儒家木铎，禅门棒喝，斯书有之，余直与之望古遥集而已矣。③

毋庸讳言，清代的小说评点所具有的浓厚征实倾向正是考据之风盛行的产物，它留下的文献是不可多得的研究资料，其价值值得更深入的挖掘。

---

① （清）醉园狂客：《序》，（清）花溪逸士：《岭南逸史》，中天等校点，百花文艺出版社1995年版，第2页。

② （清）天目山樵：《儒林外史》（第2回夹批），李汉秋辑校：《儒林外史》（汇校汇评本），上海古籍出版社2010年版，第22页。

③ （清）朱康寿：《浇愁集叙》，丁锡根编著：《中国历代小说序跋集》，人民文学出版社1996年版，第200页。

三、是否"可资考证"成为评点者评价小说的重要标准

清代乾嘉学的盛行，使考据学居于清学的正统地位，考据之风刮遍整个清代文化。受此影响，清代摒弃了想象、婉转、华丽一路的以唐传奇为代表的小说观，回归于注重征实、叙事简括、尚质黜华的汉魏六朝的小说观。清代虽有《聊斋志异》中那些优秀的颇具唐传奇风格的小说，但蒲松龄的小说观并不代表清代小说观的主流。清代主流小说观普遍认同的是质朴、简约、征实的小说观。四库馆臣在《四库全书总目》中阐述了自己的小说观：

> 唐宋而后，作者弥繁。中间诬谩失真，妖妄荧听者固为不少。然寓劝戒，广见闻，资考证者亦错出其中。①

作为官修之书，《四库全书总目》中的小说观可以说代表了清代的主流小说观。清代的小说评点者中相当一部分人正是以"寓劝戒""广见闻""资考证"等标准来审视、考量、评价小说的，甚至到了晚清，这种小说评价标准仍未改变。请看邱炜萲评价小说的标准：

> 小说家言，必以纪实研理，足资考核为正宗，其余谈狐说鬼，言情道俗，不过取备消闲，犹贤博弈而已，固未见与纪实研理者絜长而较短也。②

显然，邱炜萲最为看重的是小说的"纪实研理，足资考核"，这正是乾嘉学派的评价眼光。所以，邱炜萲对当时影响甚大的几部"谈狐说鬼"小说作

① （清）永瑢等：《四库全书总目》卷140，中华书局1965年版，第1182页。

② （清）邱炜萲：《客云庐小说话》，阿英编：《晚清文学丛钞》（小说戏曲研究卷），中华书局1960年版，第381页。

了如下排序："谈狐说鬼者，自以纪昀《阅微草堂五种》为第一，蒲松龄《聊斋志异》次之，沈起凤《谐铎》又次之。"①所以，是否"可资考证"成为了清代的小说评点者评价小说的重要标准之一。如俞鸿渐强调自己的小说"皆信而有徵"：

其中颇多可惊可愕之事，然皆信而有徵，非海市蜃楼，凭空结撰者比。而涉猎之余，偶有所得，亦羼入焉。②

再如《儒林外史》齐省堂评本的《例言》尤为反对穿凿，强调实录以资考证：

窃谓古人寓言十九，如毛颖、宋清等传，韩柳亦有此种笔墨，只论有益世教人心与否，空中楼阁，正复可观，必欲求其人以实之，则凿矣。且传奇小说，往往移名换姓，即使果有其人，而百年后亦已茫然莫识，阅者姑存其说，仍作镜花水月观之可耳。③

是否"可资考证"成为了清代小说评点者评价小说的重要标准，那些"可资考证"的小说自然得到了小说评点者的高度赞扬。《东周列国志》是在冯梦龙的《新列国志》基础上改订而成，更加地依据史实。蔡元放对自己改订的《东周列国志》评价很高，认为远超《水浒传》《西游记》等作品，因为在他看来，注重史实更有助于发挥小说的劝惩功能。他在《东周列国志读法》中说：

他书亦讲报应，亦欲劝惩，但他书劝惩多是寓言，唯《列国志》中，

① (清)邱炜萲：《客云庐小说话》，阿英编：《晚清文学丛钞》(小说戏曲研究卷)，中华书局 1960 年版，第 380 页。

② (清)俞鸿渐：《印雪轩随笔自序》，丁锡根编著：《中国历代小说序跋集》，人民文学出版社 1996 年版，第 492 页。

③ (清)齐省堂：《齐省堂〈增订儒林外史〉例言》，李汉秋辑校：《儒林外史》(汇校汇评本)，上海古籍出版社 2010 年版，第 694 页。

件件皆是实事，则其劝惩为更切也。①

古人盛赞小说之“奇”，小说中的“四大奇书”更是备受激赏。小说之“奇”内涵甚广，有人物之奇，有情节之奇，有环境之奇，有“无奇”之奇，而清代的小说评点者最为看重的却是“据实”之奇。如李渔认为，在“四大奇书”中，成就最高的最奇之书为《三国演义》，最奇之处正在于《三国演义》的“据实指陈”。李渔高度赞扬《三国演义》的“据实”之奇：

然野史类多凿空，易于逞长。若《三国演义》，则据实指陈，非属臆造，堪与经史相表里。由是观之，奇又莫奇于《三国》矣。②

不用说《东周列国志》《三国演义》等历史演义小说与《儒林外史》等关注现实的小说在清代的小说评点中强调“可资考证”，甚至连像《西游记》这样内容虚诞的小说也被清代的小说评点者赋予了“真”的评点。如张书绅评点《西游记》：“写的千真，说的万当，方见文章之妙，愈觉‘独’字之奇。”③当然，张书绅所言之“真”，并非完全与史实相符之“真”，更多的是符合人物性格、情节发展之“真”。

“可资考证”赞扬小说并不仅仅出现在清代的小说评点中，而在清人笔记中关于小说评价的论述时，亦以此为标准。如梁绍壬赞《隋唐演义》“无一字无来历”，并历数其材料来源：

其叙唐宫事，则杂采刘餗《隋唐嘉话》、曹邺《梅妃记》、郑处诲《明皇杂录》、柳珵《常侍言旨》、郑綮《开天传信记》、王仁裕《开元天宝遗

① （清）蔡元放：《东周列国全志读法》，《东周列国志》，吴志达点校，湖北人民出版社1996年版，第6页。

② （清）李渔：《古本三国志序》，丁锡根编著：《中国历代小说序跋集》，人民文学出版社1996年版，第899页。

③ （清）张书绅：《西游记》（第10回夹批），《西游记》（张书绅评点本），黄山书社1992年版，第139页。

事》、无名氏《大唐传载》、李德裕《次柳氏旧闻》、史官乐史之《太真外传》、陈鸿之《长恨歌传》,复纬之以本纪、列传而成者,可谓无一字无来历矣。①

又如蒋瑞藻《小说枝谈》卷下引《搏沙录》赞《谐铎》"征实",可资考证,指出其可资考证的征实特征正是《谐铎》风行海内的主要原因:

《谐铎》一书,风行海内。其中纪载,颇多征实,非若近代稗官,徒以驾虚张诞,眩人耳目者可比。②

当然,小说创作既要做到"可资考证",又要具有趣味性、可读性,将二者有机结合起来并非易事,清代的小说评点者也意识到了这一点。吴沃尧就曾明言创作历史小说兼顾二者之难:

作小说难,作历史小说尤难,作历史小说而欲不失历史之真相尤难。作历史小说不失其真相,而欲其有趣味,尤难之又难。其叙事处或稍有参差先后者,取顺笔势,不得已也。或略加附会,以为点染,亦不得已也。他日当于逐处加以眉批指出之,庶可略借趣味以佐阅者,复指出之,使不为所惑也。③

反过来,是否"可资考证"成为清代小说评点者评价小说的重要标准之后,那些不能"可资考证"的小说不可避免地遭到了小说评点者的批评。如《聊斋志异》因为不能"可资考证",就遭到了当时很多评点者的批评。王士祯批评《喷水》内容之失真:"玉叔襁褓失恃,此事恐属传闻之讹。"④何守奇

① (清)梁绍壬:《隋唐演义》,《两般秋雨盦随笔》卷7,上海古籍出版社1982年版,第386页。

② 蒋瑞藻:《小说枝谈》,古典文学出版社1958年版,第164页。

③ (清)我佛山人:《两晋演义》(第1回回评),《月月小说》第1年第1号,1906年。

④ (清)王士祯:《喷水》(末评),张友鹤辑校:《聊斋志异》(三会本),上海古籍出版社1986年版,第9页。

更是主张应该真人真事，对小说中的“失实”描写几乎一律持批评态度。如对《姊妹易嫁》的批评：“志中失实者尚多矣。”①何守奇甚至认为连鬼事、神事都不能失实。如其批判《章阿端》：“鬼覃复有死生，荒唐极矣！”②批评《神女》：“女既神矣，乌得又死乎？”③本来，鬼事、神事是无法考证其真实与否的，而何守奇偏偏批评其失真，这显然是何守奇以人事去推断鬼事、神事，这在逻辑上是不恰当的。纪昀最为严厉地批评了《聊斋志异》不能“可资考证”的弊病：

> 《聊斋志异》盛行一时，然才子之笔，非著书者之笔也。……今一书而兼二体，所未解也。小说既述见闻，既属叙事，不比戏场关目，随意装点。……今燕昵之词、媟狎之态，细微曲折，摹绘如生。使出自言，似无此理；使出作者代言，则何从而闻见之？又所未解也。④

对于像《聊斋志异》这样的以花妖狐魅为主要内容的小说，如果要一一求真，必然闹出笑话。如朱彭寿曾自叙自己依据《聊斋志异》中的人名地名按图索骥，一一对照实际情况，结果令同人哑然失笑。他记载：

> 乙卯冬，余自长沙调任宜昌，偶忆是书中《陈云栖》一则，言真生为鄂之彝陵人，其父曾举孝廉，云栖所生子，后亦举孝廉云云。因购得《宜昌府志》检之，则科第表内，自明及清初，并无一真氏。然恐真生或系托名，复遍检他姓，亦无祖孙举孝廉者，乃知此条全属虚构。一事如此，其他可类推矣。独怪此老当日下笔时，不知何以弄此狡狯，无端指

① （清）何守奇：《姊妹易嫁》（末评），张友鹤辑校：《聊斋志异》（三会本），上海古籍出版社1986年版，第517页。

② （清）何守奇：《章阿端》（末评），张友鹤辑校：《聊斋志异》（三会本），上海古籍出版社1986年版，第631页。

③ （清）何守奇：《神女》（末评），张友鹤辑校：《聊斋志异》（三会本），上海古籍出版社1986年版，第1321页。

④ （清）盛时彦：《盛跋》，（清）纪昀：《阅微草堂笔记》，上海古籍出版社1980年版，第472页。

一地名，致二百余年后，犹令好事如余者，刻舟求剑，甘受其绐。每与同人言及，辄为哑然。①

虽然如此，但不能“可资考证”的小说遭到批评却是清代的文化大势，即使不是小说评点者的文人也多持这种观点。如晚清名臣张之洞告诫学子：

凡为圣叹一派习气，皆小说批评语一派习气也。小说批评语，不可以为考据，不可以为词章，不可以为义理。君子出辞，须远鄙倍，甚至不可为立谈，凡恶之避之是也。②

可见，在清代考据之风盛行的背景下，是否“可资考证”为小说评价之重要标准是很难改变的。

应该指出的是，清代小说评点中的考据评点亦有不少的不当之处。笔者以为有二：其一，不当考而考。如《虞初新志》中的《小青传》，本为写一位女子的不幸遭遇，感叹红颜薄命。而张潮却刻意对“小青”其人其事作一番考证：

小青事，或谓原无其人，合“小青”二字，乃“情”字耳。及读吴□《紫云歌》，其小序云：“冯紫云，为维扬小青女弟，归会稽马髦伯。”则又似实有其人矣。即此传亦不知谁氏手笔，吾友殷日戒仿佛忆为支小白作，未知是否，姑阙疑焉。③

小青既非历史人物，其故事又无他书来源，就没有必要对小青其人其事作考

① （清）朱彭寿：《安乐康平室随笔》，何双生整理，中华书局1982年版，第221页。

② 转引自邱炜萲：《客云庐小说话》，阿英编：《晚清文学丛钞》（小说戏曲研究卷），中华书局1960年版，第390页。

③ （清）张潮：《小青传》（末评），张潮辑：《虞初新志》卷1，文学古籍刊行社1954年版，第19页。

证，强为之，则有为考证而考证之嫌。其二，考证过于征实。小说本为艺术创作，只要符合艺术之真即可，不必处处征实。那些连鬼事、神事都要考证的小说评点者，显然是过于征实了。小说评点的过于征实，是不符合小说本身的创作规律的，这种评点必然产生负面作用。觚庵比较了《东周列国志》与《三国演义》之后，批评了《东周列国志》的过于征实所带来的弊病：

> 读《东周列国志》，觉索然无味者，正以全书随事随时，摘录排比，绝无匠心经营于期间，遂不足刺激读者精神，鼓舞读者兴趣。若《三国演义》，则起伏开合，萦拂映带，虽无一事不本史乘，实无一语未经陶冶，宜其风行数百年，而妇孺皆耳熟能详者。①

即使是作为历史演义小说经典之作的《三国演义》也存在着过于征实之处，如诸葛亮死之后的情节就过于拘泥历史，显然并不足以引发读者兴趣。觚庵评价《东周列国志》过于征实的观点同样可用于清代其他过于征实的小说评点，这种评点误导读者将小说与史料相混，进而忽视小说本身的艺术魅力。

第三节　清代的小说评点与考据方法

清代考据学取得了丰硕的学术成果，究其原因，科学而严密的治学方法无疑是其中很重要的因素之一。早在20世纪二三十年代，清代考据学的治学方法就被学界所关注了，并对之作了很高的评价。如梁启超称考据学为“科学的古典学派”，其研究方法极相近于“近世科学的研究法”：“乾嘉间学者，实自成一种学风，和近世科学的研究法极相近，我们可以给他一个特别名称，叫做‘科学的古典学派’。”②胡适亦称清代考据学具有科学精神：“中

① 觚庵：《觚庵漫笔》，阿英编：《晚清文学丛钞》（小说戏曲研究卷），中华书局1960年版，第437页。

② 梁启超：《中国近三百年学术史》，东方出版社1996年版，第28页。

国旧有的学术，只有清代的‘朴学’确有‘科学’的精神。”①并很经典地总结了清代学者的考据方法：“总括起来，只有两点。（1）大胆的假设，（2）小心的求证。假设不大胆，不能有新发明。证据不充分，不能使人信仰。”②梁启超、胡适虽未对清代考据学的治学方法分条逐项地作细致分析，但抓住了清代考据学研究方法的核心——科学精神。在此基础上，后来的学者对清代考据学的研究方法作了较为细致的研究，如杨国荣《清代朴学方法发微》③等。较为全面总结清代考据学研究方法的是郭康松，他在前人主要从归纳、演绎研究方法的基础上，更为深入地分析了清代考据学的逻辑论证法、数学考据法、调查观察法等研究方法。④ 清代的小说评点受考据学影响颇深，这些成熟而又严密的考据学研究方法必然或多或少地渗透于清代的小说评点之中。具体而微地考察考据方法在清代的小说评点中的运用，无疑会深化清代考据学与小说评点之间复杂关系的研究。下面撮其在清代的小说评点中运用较为突出的考据方法而论之。

一、注疏校勘法

注疏校勘法是清代考据学一种最基本的研究方法。清代考据学主要着力于经史等方面的传统古籍，受清代实学风气影响，他们强调治学应从最基本的注疏开始，只有理解了典籍的每一个字，尤其是那些关键字，方能真正把握典籍之义。如阮元特别强调注疏对于治学的重要性，他说：“窃谓士人读书，当从经学始，经学当从注疏始。空疏之士，高明之徒，读注疏不终卷而思卧者，是不能潜心研索，终身不知有圣贤诸儒经传之学矣。至于注疏诸义，亦有是有非。我朝经学最盛，诸儒论之甚详，是又在好学深思、实事求是

① 胡适：《胡适文存一集 · 清代学者的治学方法》，季羡林主编：《胡适全集》第 1 卷，安徽教育出版社 2003 年版，第 371 页。

② 胡适：《胡适文存一集 · 清代学者的治学方法》，季羡林主编：《胡适全集》第 1 卷，安徽教育出版社 2003 年版，第 388 页。

③ 杨国荣：《清代朴学方法发微》，《华东师范大学学报》（哲学社会科学版）1985 年第 4 期。

④ 郭康松：《清代考据学研究》，崇文书局 2001 年版，第 137—177 页。

之士，由注疏而推求寻览之也。"[1]顾炎武不仅强调"考文"，还提出了读经的"知音"之说："愚以为读九经自考文始，考文自知音始。以至诸子百家之书，亦莫不然。"[2]他认为，只有辨正古音之后，方能"考文"，方能通经。此外，清代考据学亦重校勘，这与清代盛行的藏书风气与重视善本的读书风气关系甚密。陈康祺记载："本朝继范氏而起者，首推卢氏青厓先生址，诗礼旧门，自少博雅嗜古，尤善聚书，遇善本不惜重价购之，闻朋旧得异书，宛转借钞，晨夕雠校。搜罗三十年，得书十万卷，摹天一阁为楼以贮之，名之曰抱经，盖取昌黎赠玉川子诗语也。"[3]在这种清代考据学影响下，清代的小说评点大量运用考据学中的注疏校勘法，这也就顺理成章了。

先说注疏。小说"插入评点后，文本的意义变得复杂化了。评点的内容不仅仅限于作品本身通常还会借题发挥由作品而论及社会历史、文物掌故、人物褒贬、时事讥评等许多方面"[4]。在评点中对名物、典章制度等进行注释，是清代的小说评点运用考据方法最常见的一种形式。《聊斋志异·嫦娥》中有一颜色殊丽的女子，宗子美之父见之，便问其小字，得知其名叫"嫦娥"。其名"嫦娥"，其实并无多大深意，只意在说明其特别漂亮，暗示小说中的嫦娥乃月宫中被贬谪而"浮沉俗间"的仙女"姮娥"而已。但冯镇峦在此处的评点中特注释"嫦娥"：

> 月中嫦娥之说，始于《淮南子》，因常仪二字而误也。古者羲和占日，常仪占月，皆官名，《吕氏春秋》言之。仪字古皆音俄，故常仪误作嫦娥。[5]

冯镇峦对"嫦娥"之名来源的评点，不仅探了源，还从星象、音韵角度进

---

[1] （清）阮元：《重刻宋板注疏总目录》，阮元校刻：《十三经注疏》，中华书局1980年版，第2页。

[2] （清）顾炎武：《答李子德书》，《顾亭林诗文集》，中华书局1959年版，第73页。

[3] （清）陈康祺：《鄞县藏书家》，《郎潜纪闻二笔》卷15，中华书局1984年版，第616页。

[4] 高小康：《重新审视小说评点的审美阅读意义》，《学术研究》2005年第10期。

[5] （清）冯镇峦：《嫦娥》（夹批），张友鹤辑校：《聊斋志异》（三会本），上海古籍出版社1986年版，第1069页。

行了详解，显然是考据学的注疏思维使然。小说中的嫦娥实乃月宫中被贬谪而“浮沉俗间”的仙女“姮娥”，长期独居的嫦娥贬谪到凡间仍喜欢独宿，致使狐女颠当有机会扮作嫦娥夜伴宗子美。可见，在帮助读者深入理解小说文本的内涵及更准确地把握人物性格方面，冯镇峦关于“嫦娥”一名的注释性评点起到了较为重要的作用。《聊斋志异》中的人名并非随意命名，大多数都具有深刻的含义。马瑞芳对此作了专门研究，她在考察了曾友于、张诚、香玉、伍秋月、聂小倩、翩翩等诸多人名的含义后得出结论：“《聊斋志异》人物命名是对中国传统文化的继承和发展，是对短篇小说构思艺术的创造性拓展，是塑造人物性格的妙法天成。”①除了人名，特殊的地名也是评点者所关注的。《聊斋志异·丰都御史》中的丰都及阎罗天子庙等为特殊地名，因为这是鬼城，蒲松龄也常常借写“鬼蜮”而“顿入人间”，评点者自然重视对这些特殊地名的评点。王士禛对此评曰：

> 阎罗天子庙，在丰都南门外平都山上，旁即王方平洞，亦无他异。但山半有九蟒御史庙。神甚狞恶，事亦荒唐。②

王士禛虽以征实态度评点该篇，但鬼城的狰狞恐怖，已让读者毛骨悚然。《红楼梦》中的悼红轩、大观园、怡红院、潇湘馆、蘅芜院、浣葛山庄等地名更是富含深意。王希廉在评点中对“怡红院”阐释甚详：

> 石头记者，缘宁、荣二府在石头城内也。悼红轩似即怡红院故址，当是曹雪序先生囊年目击怡红院之繁华，乃十年之后重游旧地，风景宛然，而物换星移，园非故主，院亦改观，不禁有满目山河之感。故题其轩曰悼红，以见鸟啼花落，无非不悼。此一把酸辛泪，不由人不落也。③

---

① 马瑞芳：《从〈聊斋志异〉到〈红楼梦〉》，山东教育出版社 2004 年版，第 50 页。

② （清）王士禛：《丰都御史》（末评），张友鹤辑校：《聊斋志异》（三会本），上海古籍出版社 1986 年版，第 498 页。

③ （清）王希廉：《红楼梦》（第 1 回回末评），朱一玄编：《红楼梦资料汇编》，南开大学出版社 1985 年版，第 544 页。

王希廉关于“怡红院”的详注式评点，对读者理解《红楼梦》的悲剧性、自传性无疑具有重要的作用。

小说本是以塑造人物、叙述故事为核心任务的，但同样注重具有特定含义的“物”的刻意描写，如《水浒传》中林冲上梁山的“大雪”、武松打虎的“哨棒”、《金瓶梅》中潘金莲夜弄的“琵琶”、《聊斋志异·胭脂》中的“绣鞋”等，无不具有衬托人物、烘托故事气氛的重要作用。清代的小说评点者自然对这些富有特别内涵的“物”作了深入的注释性评点，揭示其隐含的深意。如《红楼梦》第一回中描写贾雨村暂居葫芦庙，王希廉于此特拈出“葫芦”一物作了深意的注释性评点：

> 葫芦虽小，其中日月甚长，可以藏三千大千世界，喻此书虽是小说，而包罗万象，悲欢离合，盛衰善恶，有无数感慨劝惩：此一义也。此书虽是荒唐，却是实录其事，并非捏造，所谓依样葫芦：此又一义也。①

王希廉对“葫芦”的注释性评点，对读者理解《红楼梦》的深刻含义及曹雪芹创作的良苦用心起到了非常重要的启迪作用。

正确理解小说中所提到的一些典章制度，对于把握小说内涵来讲，也是十分重要的。因为时间久远，后世读者对原来的典章制度不一定很了解，这就需要评点者对之作出注释性评点。如《聊斋志异·张老相公》中描写张老相公设计杀死了危害一方的吃人的鼋，于是人们为他建了祠，在祠中为他塑像，奉之为水神，永远香火祭祀。但明伦篇末评道：

> 礼，祭法：能捍大患则祀之。②

但明伦在评点中注释了古礼的祭法，说明了张老相公为民除害的行为

① （清）王希廉：《红楼梦》（第1回回末评），朱一玄编：《红楼梦资料汇编》，南开大学出版社1985年版，第544页。

② （清）但明伦：《张老相公》（末评），张友鹤辑校：《聊斋志异》（三会本），上海古籍出版社1986年版，第179页。

符合祭法礼制，他应该享受香火祭祀，从而以“春秋笔法”肯定了张老相公的勇敢除暴的正义行为。又如《林兰香》第十八回中对“祭礼”的注释性评点：

> 祭则从吉，忌则宜素。况是私祭，非宗庙时享可比，自宜素服从事。汀烟胜彩云矣。①

寄旅散人通过对古代“祭礼”的注释性评点，也以“春秋笔法”肯定了汀烟，间接地批评了彩云祭祀时的不合“礼”。再如《林兰香》第二十二回写到耿朗所看的奏折中提到了“京师十二营”，寄旅散人则详注了这一兵制：

> 十二营者，奋武营、耀武营、练武营、显武营、敢勇营、果勇营、鼓勇营、郊勇营、立威营、伸威营、扬威营、振武营也。此前明京兵之制。②

这些典章制度的注释性评点，无疑可以帮助读者更准确地把握小说内涵。

除了“注”以外，还有“疏”。“疏”又称疏义、义疏、正义等，是对原来的“注”再作注解。套用到小说评点中来，则可以理解为对原来的小说评点再作评点，即评点之评点。在清代的小说评点中作为“疏”的评点远比作为“注”的评点要少得多。清代的小说评点之评点，可从肯定、否定两个角度来看：第一，对前人的小说评点作肯定性评点。如李渔盛赞毛声山对《三国演义》的精彩评点：

> 《水浒》之奇，圣叹尝批之矣，而《三国》之评独未之及。予尝欲探索其奇以正诸也，乃酬应日烦，又多出游少暇；年来欲践其志，会病未

① （清）寄旅散人：《林兰香》（第18回夹批），随缘下士编辑：《林兰香》，春风文艺出版社1985年版，第143页。

② （清）寄旅散人：《林兰香》（第22回夹批），随缘下士编辑：《林兰香》，春风文艺出版社1985年版，第175页。

果。适子婿沈因伯归自金陵，出声山所评书示予。观其笔墨之快，心思之灵，堪与圣叹《水浒》相颉颃，极钚心抉髓之谈；而更无靡漫沓拖之病，则又似过之，因称快者。再因伯复索序，声山既已先我而评矣，而予又为之序，不亦赘乎？……如今声山又布其锦心，出其绣口，条句分析，揭造物之秘藏，宣古人之义蕴，开卷井井，实获我心。①

再如谢颐认为张竹坡评点《金瓶梅》深得其精髓：

《金瓶》一书，传为凤洲门人之作也，或云即凤洲手。然洒洒洋洋一百回内，其细针密线，每令观者望洋而叹。今经张子竹坡一批，不特照出作者金针之细，兼使其粉腻香浓，皆如狐穷秦镜，怪窘温犀，无不洞鉴原形，的是浑《艳异》旧手而出之者，信乎凤洲作无疑也。②

第二，对前人的小说评点作否定性评点。如冯镇峦认为自己的《聊斋志异》评点是最解原作的，而对李卓吾等人的评点则不以为然：

李卓吾、冯犹龙、金人瑞评《三国演义》及《水浒》、《西厢》诸小说、院本，乃不足道。③

冯镇峦还对王士祯的《聊斋志异》评点提出批评，认为“渔洋评太略”④。又如蔡元放批评金圣叹评点《水浒传》《西厢记》过于看重“文字方法”而不重“实学”：

① (清)李渔：《古本三国志序》，丁锡根编著：《中国历代小说序跋集》，人民文学出版社1996年版，第901页。

② (清)谢颐：《批判第一奇书金瓶梅叙》，黄霖编：《金瓶梅资料汇编》，中华书局1987年版，第4页。

③ (清)冯镇峦：《读聊斋杂说》，张友鹤辑校：《聊斋志异》(三会本)，上海古籍出版社1986年版，第11页。

④ (清)冯镇峦：《读聊斋杂说》，张友鹤辑校：《聊斋志异》(三会本)，上海古籍出版社1986年版，第15页。

> 金圣叹批《水浒传》、《西厢记》，便说于子弟有益。渠说有益处，不过是作文字方法耳。①

对前人小说评点无论是肯定性评点还是否定性评点，均是从评点者本人的评点趣味与审美倾向出发来进行评点的，我们应该客观地看待这些评点。

次说校勘。校勘是考据学家最常使用的一种重要方法。清代考据学的盛行，使校勘方法运用更为广泛，也取得了斐然的成绩，如阮元的《十三经注疏校勘记》、丁宝桢的《孟子校勘记》、孙诒让的《十三经注疏校记》等，都是清代重要的校勘学著作。清代的校勘著作一般都能综合运用对校、本校、他校、理校等多种方法。一般来看，主要有两派：一是以卢文弨、顾广圻等为代表的对校派；一是以戴震、段玉裁、王念孙、俞樾等为代表的理校派。清代校勘的主要对象是儒家经典及子书、史书等，还有部分的杂记与别集，如《西京杂记》《谢宣城集》等。清代并无专门对小说作校勘的，小说的校勘主要存在于评点之中。在清代之前，绝少见到对小说作校勘的小说评点，而在清代的小说评点中则出现了关于小说校勘的内容，这显然是整个清代都重考据学的风气所致。如毛宗岗曾在《凡例》中说对那些“龃龉不通”“词语冗长”之处，均依古本改正。所谓的“古本”，实为伪托，其实质是毛氏父子对《三国演义》所作的校勘。《凡例》所言之校勘，确也在评点中体现了出来。如第二十六回改“寿亭侯”为“汉寿亭侯”，并在回评中写了校勘记：

> 今人见关公为汉寿亭侯，遂以“汉”为国号，而直称之曰“寿亭侯”，即博雅家亦时有此，此起于俗本演义之误也。俗本云：“曹瞒铸寿亭侯印贻公而不受，加以‘汉’字而后受。”是齐东野人之语，读者不察，遂为所误。夫“汉寿”，地名也。亭侯，爵名也。汉有亭侯、乡侯、通侯之名，

① （清）蔡元放：《东周列国志读法》，黄霖、韩同文选注：《中国历代小说论著选》上册，江西人民出版社1982年版，第415页。

如孔愉为余不亭侯，钟繇为东武亭侯，玄德为宜城亭侯之类。《蜀志》："大将军费祎会诸将于汉寿。"则"汉寿亭侯"犹言汉寿之亭侯耳，岂可去"汉"字而以"寿亭侯"为名耶？鸡笼山关庙内题主曰："汉前将军汉寿亭侯之神"，本自了然。余则谓当于外额亦加一"汉"，曰："汉汉寿亭侯之祠"，则人人洞晓矣。俗本之误，今依古本校正。①

那些擅长考据学的小说评点者更是在小说评点中发挥了他们校勘的特长。如《儒林外史》第二回中关于"老友"与"小友"的称谓问题，小说中打了一个形象的比喻："就如女儿嫁人的：嫁时称为'新娘'，后来称呼'奶奶'、'太太'，就不叫'新娘'了；若是嫁与人家做妾，就到头发白了，还要唤做'新娘'。"黄小田对此比喻大为赞赏，而天目山樵则不以为然，并对之作了校勘，认为改"新娘"为"姑娘"更准确，他评点道：

此喻不切，当云：已嫁便十几岁也称新娘，未嫁便八十岁止称姑娘。②

天目山樵的校勘式评点多么精妙，其考据功底显然远胜于黄小田。

一直以来，人们并不重视小说文本的校勘。到了清代，小说文本的校勘仍是不被重视的，所有校勘零散地存在于评点之中，并无系统的小说校勘。其原因是很复杂的，最根本的原因在于小说地位的低下以及小说"姑妄言之"的娱乐功能。除此之外，还有编创者权属不清、著作权意识不强、文本不被尊重而被随意改篡等原因。清代的小说评点中对文本的校勘，无疑促使人们逐渐开始重视小说的文本价值。事实上也如此，很多经典小说的定本都出现在清代。如《西游记》的定本为汪象旭、黄周星评点之《西游证道书》，刊于康熙二年(1663 年)；《三国演义》的定本为《四大奇书第一种》，即

① (清)毛氏父子：《三国演义》(第 26 回回评)，陈曦钟等辑校：《三国演义》(会评本)，北京大学出版社 1986 年版，第 317 页。

② (清)天目山樵：《儒林外史》(第 2 回夹批)，李汉秋辑校：《儒林外史》(汇校汇评本)，上海古籍出版社 2010 年版，第 22 页。

毛批本《三国演义》,刊于康熙十八年(1679年);《金瓶梅》的定本为张竹坡评点的《皋鹤堂批评第一奇书金瓶梅》,刊于康熙三十四年(1695年);隋唐系列小说的定本为褚人获评点、编纂的《隋唐演义》,刊于康熙三十四年(1695年);列国志系列小说的定本为蔡元放评点、修订的《东周列国志》,刊于乾隆十七年(1752年);等等。这不能不说明,清代的小说评点者在评点中对文本校勘等方面的重视,使小说文本得以完善,从而具有了重要的文本价值。正如谭帆谈到《儒林外史》的文本价值时说:"经过评点者不断的改订修正,《儒林外史》文本确乎体现了一个逐步完善的发展进程,这对小说的流传有不可磨灭的作用。"①可见,正是因为评点者对《儒林外史》的不断修订、校勘,才使《儒林外史》文本更加完善。所以,从某种程度上说,清代的小说定本的形成,是受益了考据学的。

二、追根溯源法

"以古为尚"是考据学治学的一条重要学术原则,清代的考据学对此尤为强调。如惠士奇特别"崇古",他在论《周礼》时说:

> 《礼经》出于屋壁,多古字古音。经之义存乎训,识字审音,乃知其义,故古训不可改也。康成注经,皆从古读,盖字有音义相近而伪者,故读从之。后世不学,遂谓康成好改字,岂其然乎!康成《三礼》,何休《公羊》,多引汉法,以其去古未远,故借以为说。贾公彦于《郑注》如"飞茅"、"扶苏"、"薄借綦"之类皆不能疏,所读之字亦不能疏,辄曰从俗读,甚违"不知盖阙"之义。夫汉远于周,而唐又远于汉,宜其说之不能尽通也,况宋以后乎。周秦诸子,其文虽不尽雅驯,然皆可引为《礼经》之证,以其近古也。②

---

① 谭帆:《论〈儒林外史〉评点的源流与价值》,《社会科学战线》1996年第6期。

② (清)江藩纂,漆永祥笺释:《汉学师承记笺释》卷2,上海古籍出版社2006年版,第157页。

惠栋亦“崇古”，认为古字、古音、古训不可轻易废改：

> 汉人通经有家法，故有五经师。训诂之学，皆师所口授，其后乃著竹帛。所以汉经师之说，立于学官，与经并行。《五经》出于屋壁，多古字古言，非经师不能辨。经之义存乎训，识字审音乃知其义，是故古训不可改也，经师不可废也。①

对于惠栋的治学方法，梁启超用八个字作了经典概括：“凡古必真，凡汉皆好。”②清代把考据学治学的崇古原则推向了极致，成为了清代考据学的重要特色之一。梁启超对这一特色作了概括：

> 选择证据，以古为尚。以汉唐证据难宋明，不以宋明证据难汉唐；据汉魏可以难唐，据汉可以难魏晋，据先秦西汉可以难东汉。以经证经，可以难一切传论。③

清代考据学“以古为尚”的学术追求，促使考据学者在文献证据方面尽力往前延伸，逐渐形成了追根溯源的思维方式。这种思维方式形成的学术方法可以称之为“追根溯源法”。受考据学影响，追根溯源法在清代的小说评点中也被广泛运用。

其一，探索本事之源。小说中的故事情节，虽以虚构为主，充满了艺术的想象力，但无论怎么虚构，都是有源的。不用说像《儒林外史》《红楼梦》这样以描写现实为主的小说，就是像天马行空的《西游记》、出入幻域的《聊斋志异》之类的小说，都是有其现实基础的。胡适就指出《西游记》乃是一部带有“人的意味”的神话：“《西游记》所以能成世界的一部绝大神话小说，正因为《西游记》里种种神话都带着一点诙谐意味，能使人开口一笑，这一

① （清）惠栋：《九经古义述首》，《松崖文钞》卷1，《丛书集成续编》第129册，上海书店1994年版，第578页。

② 梁启超：《清代学术概论》，上海古籍出版社1998年版，第31页。

③ 梁启超：《清代学术概论》，上海古籍出版社1998年版，第47页。

笑也就把神话'人化'过了。我们可以说,《西游记》的神话是带有'人的意味'的神话。"①小说本事之源,粗略看来,有两大类:一是作者亲身经历的或亲耳听到的故事;二是从其他文献中观览而来的故事。作者在叙事小说故事时,又往往将二者糅合在一起,有时读者很难区分。清代的小说评点者基本上是从这两个方面来探索本事之源的。

从作者亲历、亲闻角度探索、说明本事之源的,在清代的小说评点中并不少见。脂砚斋评点是探寻作者亲历的本事之源的典型,其常常指出《红楼梦》中的某些情节乃作者亲历,写得活灵活现,真实感人。如第三回描写贾母吃饭的豪华排场与欢乐气氛,脂砚斋评道:

> 作者非身履其境过,不能如此细密完足。②

第十四回写秦可卿丧仪的隆重、奢华、繁缛,脂砚斋于回末评曰:

> 此回将大家丧事详细剔尽,如见其气概,如闻其声音,丝毫不错,作者不负大家后裔。③

脂砚斋言作者为"大家后裔",一定经历过如此奢华葬礼,才能写得如此详细、真实。脂砚斋对《红楼梦》中作者亲历本事的探索,使读者能够更深层地理解曹雪芹倾尽在《红楼梦》中的那"一把辛酸泪"。从亲闻角度叙述小说本事之源的清代的小说评点较多,主要存在于序跋、凡例之中。如许元仲在《三异笔谈自序》中自叙《三异笔谈》的故事多来自于旁人的"闲话":

---

① 胡适:《〈西游记〉考证》,《胡适古典文学研究论集》,上海古籍出版社 1988 年版,第 920 页。

② (清)脂砚斋:《红楼梦》(蒙府本)(第 3 回夹批),朱一玄编校:《红楼梦脂评校录》,齐鲁书社 1986 年版,第 59 页。

③ (清)脂砚斋:《红楼梦》(第 14 回回末评),《脂砚斋重评石头记》(庚辰本),《古本小说集成》,上海古籍出版社影印本 1992 年版,第 299 页。

道光丁亥，余罢官，羁栖武林柳泉太守郡斋。客来闲话，苦气弱不能剧谈，乃以笔代舌，自夏徂秋，积成卷帙。熙朝掌故，则询之柳泉；往代轶闻，则证之子寿。正淮雨别风之舛，以及弄獐伏猎之讹，则闲庵世讲之惠我尤勤焉。辄题数语，名之曰《三异笔谈》一集。①

崔象川在《白圭志·凡例》中叙小说故事乃记近六十年之事，细述故事根源：

此书根源，始于前阳山，终于怀远楼，四十年之事也。由张宏毒转至于怀远毕婚，十五年之事也。而中间天文交错，以成人文，使后之读者悦目快心，拍案称奇，则又始于吴江之约，而毕于怀远之归，近四年之事也。②

从崔象川所叙文字来看，近六十年之事，必非作者所亲历，其中相当部分应该是其亲闻而来的。小说作者除了在序跋、凡例中叙述小说故事的本事之源，还经常在小说文本中直接说明故事是听某人所讲的。如《阅微草堂笔记》中的每一则故事前均书有“XX言”，如“爱堂先生言”“陈云亭舍人言”等，《咫闻录·黑旋风》中记“有朋自远方来，见予志怪，坐而言曰”、《亦复如是·冀永年》开篇即记“冀永年，钱塘人也，博闻强记，性癖山水。余尝在姑苏得遇于虎邱山，共坐千人石上闲谈往事。永年自述先年过洞庭，遇一事甚奇”等说明故事来源的插入性句子。这种故事讲述者直接“在场”于小说文本的叙述方式，间离了读者与小说文本，旨在提醒读者注意本故事的来源，从而增加小说的真实性。这类叙述虽非评点，但起到了补充序跋、凡例等说明本事之源的作用。

从其他文献征引角度探索小说本事之源的，在清代的小说评点中最为普遍。文献征引，对于清代的考据学者来讲，是尤为擅长的了。清代颇具考

① （清）许元仲：《三异笔谈自序》，丁锡根编著：《中国历代小说序跋集》，人民文学出版社1996年版，第479页。

② （清）崔象川：《凡例》，（清）崔象川：《白圭志》，春风文艺出版社1985年版，第1页。

据功底的小说评点者在评点中征引文献探究本事之源也是运用得得心应手。天目山樵在评点《儒林外史》中就征引了并不常见的文献来说明本事之由来,如第三十八回写郭孝子故事,天目山樵探索其本事出自于李宝泰《啬生文集·胡孝子寻亲记》:

> 郭孝子为王惠子,未知究是何人。偶见宝山李保泰《啬生文集·胡孝子寻亲记》有歙县胡仲长入闽寻亲事,附记云:仲长将赴闽,自念孱弱不能涉险阻,遇行脚僧伎勇绝伦,延至家肄习经年。又云:在闽中辄遇瞽者,渐欢洽,告以故。瞽者故通于盗,常为盗伺,曰:我故知尔父,尔父现使外洋未回。未几归,令孝子往见,遂奉以归。岂即其人而为之增饰其事以讳之耶?①

李宝泰为上海宝山人,其生平事迹鲜为人知,著述更是湮没无闻。天目山樵在评点中征引其文,提供了关于李宝泰著述的重要资料。《扬州画舫录》有关于"李保泰"的记载:"李保泰,字啬生。庚子进士。博综经史,能括其义理之所在。善诗古文词,于赵宋人文集最熟。秉铎扬州,诸生徒执业问道者,日络绎不绝。宁谧自守,读书论文外不及他事,与嘉定钱辛楣宫詹、元和王西庄侍郎、仁和卢抱经学士、桐城姚姬传太史交。诸先生皆深重之。"②从天目山樵所引的文集名《啬生文集》来看,"李宝泰"与"李保泰"实为同一人。

其他评点者亦常从其他文献探索本事之源。如《聊斋志异·林四娘》中的"林四娘"故事,有多位评点者探索其本事之源。冯镇峦评曰:

> 四娘,莆田人。明崇祯时,父为江宁府库官,逋帑下狱,四娘与表兄某营救,父出狱而疑不释。四娘因投缳,以明其无他。③

① (清)天目山樵:《儒林外史》(第38回夹批),李汉秋辑校:《儒林外史》(汇校汇评本),上海古籍出版社2010年版,第475页。

② (清)李斗:《扬州画舫录》卷3,中华书局1960年版,第66页。

③ (清)冯镇峦:《林四娘》(夹批),张友鹤辑校:《聊斋志异》(三会本),上海古籍出版社1986年版,第286页。

方舒岩对“林四娘”故事的本事评点更为详尽,并指出其文献出自林西仲《毂音集》。方评如下:

> 按林西仲《毂音集》云:四娘,莆田人。崇祯间,父为江宁府推官,逋帑下狱,四娘与表兄某营救,半载,父出而疑不释,投缳自明,烈魂不散,以至此。与陈公为乡亲,凡闽人访陈者,每见之,偶起淫念,必遭杖责,与此迥异。聊斋岂传之非其真耶?且陈为林面述,嘱记其事,似较可信。①

二者叙述林四娘故事虽有详略,但大致情节相当,显然出自同一文献。可见,清代的小说评点从文献征引角度探索本事之源,不仅探明了小说本事的源流,还无意间保存了罕见文献资料。

其二,探索人物原型。小说中的人物形象,均具有虚构的特征,即使是那些特别注重写实的小说人物,也带有作者或多或少的艺术加工痕迹。但小说中的人物形象均非凭空杜撰,都是有着现实基础的。《金瓶梅》中的西门庆、潘金莲、李瓶儿,《儒林外史》中的周进、范进等人物自不必说,《西游记》的孙悟空是现实中完全不存在的,但却体现了人类追求自由与个体价值的精神向往,牛魔王住在玉面狐狸那里,抛妻别子,久不归家,这不正是反映现实生活的另一种形式吗?所以说,小说中的人物形象都打上现实生活的烙印,有着现实源头的。鲁迅在谈到小说塑造人物的方法时总结道:“作家的取人为模特儿,有两法。一是专用一个人,言谈举动,不必说了,连微细的癖性,衣服的式样,也不加改变。……二是杂取种种人,合成一个,从和作者相关的人们里去找,是不能发见切合的了。”②无论“专用”还是“杂取”,作者塑造的人物都是在现实生活中有着原型质素的。清代的小说评点受考据学影响,探寻小说中人物形象的原型,成为了小说评点的重点之一。

---

① (清)方舒岩:《林四娘》(方评),转引自汪庆元、陈光迪:《方评〈聊斋志异〉评语辑录》,《蒲松龄研究》2000 年第 1 期。

② 鲁迅:《〈出关〉的“关”》,《且介亭杂文末编》,人民文学出版社 1973 年版,第 47 页。

全面、系统探寻小说人物原型的清代之小说评点，当属《儒林外史》评点无疑。同治八年（1869 年），金和根据吴敬梓的生平事迹对《儒林外史》中的人物进行了全面的人物原型探寻。他在《〈儒林外史〉跋》中评道：

> 书中杜少卿乃先生自况，杜慎卿为青然先生。其生平所至敬服者，唯江宁府学教授吴蒙泉先生一人，故书中表为上上人物。其次则上元程绵庄、全椒冯粹中、句容樊南仲、上元程文：皆先生至交。书中之庄征君者程绵庄，马纯上者冯粹中，迟衡山者樊南仲，武正字者程文也。他如平少保之为年羹尧，凤四老爹之为甘凤池，牛布衣之为朱草衣，权勿用之为是镜，萧云仙之姓江，赵医生之姓宋，随岑庵之姓杨，杨执中之姓汤，汤总兵之姓杨，匡超人之姓汪，荀玫之姓苟，严贡生之姓庄，高翰林之姓郭，余先生之姓金，万中书之姓方，范进士之姓陶，娄公子之为浙江梁氏，或曰桐城张氏，韦四老爹之姓韩，沈琼枝即随园老人所称"扬州女子"，《高青丘集》即当时戴名世诗案中事：或象形谐声，或廋词隐语，全书载笔，言皆有物，绝无凿空而谈者，若以雍、乾间诸家文集细绎而参稽之，往往十得八九。①

金和的这篇"跋"对后来《儒林外史》探寻人物原型的评点影响甚大。齐省堂增订的《儒林外史》几乎全部接纳了金和的人物原型评点而写进《例言》之中。稍后约同治十二年（1873 年）的天目山樵补充与坐实了金和的人物原型评点。如天目山樵补充考证出汤奏的原型为杨凯。对于金和所说的"牛布衣之为朱草衣"，天目山樵则进一步坐实文献：

> 《江宁府志》：朱卉，字草衣，芜湖人。依吉祥寺僧为童子师。性喜吟咏，游他郡，访诸名宿，与之讲切，遂工今体。中岁侨居上元，无子，依

① （清）金和：《〈儒林外史〉跋》，李汉秋辑校：《儒林外史》（汇校汇评本），上海古籍出版社 2010 年版，第 690—691 页。

一女以终。自营生圹清凉山下。按袁简斋集有《题朱草衣课女》诗云："草衣山人四壁空，绕膝吟哦唯一女。"即此所谓牛布衣也。①

清末的平步青以金和与天目山樵的评点为基础，进一步完善了人物原型探寻的评点。天目山樵考证荀玫"疑是姓卢"，平步青则进一步指明"似是卢雅雨"；金和考证沈琼枝随园老人所称"扬州女子"，平步青则进一步指明"沈琼枝即《随园诗话》卷四所称松江张宛玉"。平步青的这两则考证材料出自《霞外攟屑》，虽非评点，却对金和与天目山樵的评点作了有益的完善。

在人物原型探寻的评点中，清代小说评点者最为热衷的是探寻以小说作者为原型的小说人物，以至小说"自传说"在清代较为盛行。如《红楼梦》的"自传说"，清代的评点者几乎都持这一观点。哈斯宝认为贾宝玉、林黛玉的原型就是作者自己，并阐述《红楼梦》的"自传性"：

《红楼梦》一书的撰著，是因为忠臣义士身受仁主恩泽，唯遇奸逆挡道，谗佞夺位，上不能事主尽忠，下不能济民行义，无奈之余写下这部书来泄恨书愤的。何以这样说？书中写出补天不成的顽石，痴情不得遂愿的黛玉，便是比喻作者自己的：我虽未能仕君，终不应像庶民一样声销迹匿，总会有知音的仁人君子，——于是有自悲自愧的顽石由仙人引至人间出世。你们虽然蒙蔽人主，使我坎坷不遇，但皇恩于我深厚，我至死矢不易志，——于是有黛玉怀着不移如一的深情死去。这一部书的真正关键就在于此。②

王希廉评点亦主张"自传说"：

---

① （清）天目山樵：《儒林外史》（第20回回末评），李汉秋辑校：《儒林外史》（汇校汇评本），上海古籍出版社2010年版，第260页。

② （清）哈斯宝：《新译红楼梦读法》，亦邻真译，朱一玄编：《红楼梦资料汇编》，南开大学出版社1985年版，第771页。

> 石头记者，缘宁、荣二府在石头城内也。悼红轩似即怡红院故址，当是曹雪芹先生曩年目击怡红院之繁华，乃十年之后重游旧地，风景宛然，而物换星移，园非故主，院亦改观，不禁有满目河山之感，故题其轩曰悼红，以见鸟啼花落，无非不悼。此一把酸辛泪，不由人不落也。①

王希廉既称曹雪芹为怡红院之旧主，当知小说中以作者为原型的人物为贾宝玉。关于《儒林外史》的评点中，亦多主张“自传性”，金和、齐省堂本均认为杜少卿的原型就是作者吴敬梓本人，其评点的“自传性”特征较浓。

即使没有“自传性”的小说，清代的评点者也常常要探寻出寄寓作者思想、情感与理想的人物。如张竹坡认为《金瓶梅》乃泄愤而作，并指出作者自喻之人物为孟玉楼：

> 《金瓶梅》，何为而有此书也哉？曰：此仁人志士、孝子悌弟不得于时，上不能问诸天，下不能告诸人，悲愤呜咽，而作秽言以泄其愤也。虽然，上既不可问诸天，下亦不能告诸人，虽作秽言以丑其仇，而吾所谓悲愤呜咽者，未尝便慊然于心，解颐而自快也。夫终不能一畅吾志，是其言愈毒，而心愈悲，所谓“含酸抱阮”，以此固知玉楼一人，作者之自喻也。②

毛氏父子关于诸葛亮的评点亦有作者自喻之意。

清代小说评点中追根溯源法的大量运用，与考据学影响下形成的“有本”意识与“不攘人之美”的学术思维有着密切的关系。如韬叟评点《野叟曝言》明确提出“有本”的小说创作观念：

---

① (清)王希廉：《红楼梦》(第1回回评)，朱一玄编：《红楼梦资料汇编》，南开大学出版社1985年版，第544页。

② (清)张竹坡：《竹坡闲话》，王汝梅等校点：《张竹坡批评第一奇书金瓶梅》，齐鲁书社1987年版，第8页。

无本则杜撰，有本则蹈袭。有无相推，新故互变，方是奇文。①

评点者提出的"无本即杜撰"的小说观念，很显然，强调了小说素材"本"的重要性，即要有确切的素材来源，这是成为"奇文"的前提条件。但是，完全照搬"本"也是不行的，必须在"有本"的基础上，再通过"有无相推"的创作过程，才能创作出优秀的文学作品。就小说创作本身而言，即使是借鉴了别人的素材，绝大部分小说在文本中也并不说明，只有部分文言短篇小说在文本中作了一些说明。评点者则按照自己的惯性思维，根据小说文本的内证材料及其他旁证材料，探寻小说中情节与人物所据之"本"。这种寻"本"评点与考据学学风所形成的"不攘人之美"的学术道德要求有着重要关系，显然，清代小说评点者的惯性的"不攘人之美"的学术思维影响了他们对小说的评点。清代追溯"本"的评点，对于梳理小说故事的流变及理解小说人物的现实映射来说，都具有重要意义。

三、附述相类法

在清代的小说评点中，还有相当一部分评点并未对小说文本本身中的人物、情节、写作技巧及文辞作出任何评价，而只是附述一个或几个与原小说内容相类的故事或作者见闻，这种评点方法，我们暂命名为"附述相类法"。附述相类法在清代之前的小说评点中极少见，而在清代的小说评点中却大量出现，这是一个值得注意的文学评点现象。

清代小说评点中附述的相类似故事，其来源主要有二：一是其他文献中的相类故事；二是作者亲身见闻的相类故事。先看第一种。如冯镇峦引《法堂记》中文献评点《聊斋志异·丰都御史》：

按《法堂记》，相传有御史登山，遭蟒纠缠而死。土人祀之。嘉靖

① （清）韬叟：《野叟曝言》（第 97 回夹批），（清）夏敬渠：《野叟曝言》，吉林文史出版社 1994 年版，第 1517 页。

间,祠旁有杨生过必下马。一日骑而过,梦神怒曰:“汝思中,除非日月倒悬!”秋试,题如月之恒二句。①

冯镇峦附述的这个故事与《聊斋志异·丰都御史》内容相类似,意在说明对神佛必须敬重,敬则有益,不敬则遭灾。王士祯评点《聊斋志异·促织》中附述了明代史料中宣宗皇帝因喜草虫而导致百姓灾难的相类故事:

宣德治世,宣宗令主,其台阁大臣,又三杨、蹇、夏诸老先生也,顾以草虫纤物,殃民至此耶?惜哉!抑传闻异辞耶?②

王士祯附述的相类故事表达了与蒲松龄《促织》相同的主旨,那就是蒲松龄在“异氏史曰”中所言的:“天子偶用一物,未必不过此已忘;而奉行者即为定例。加以官贪吏虐,民日贴妇卖儿,更无休止。故天子一跬步,皆关民命,不可忽也。”(《聊斋志异·促织》)又如毛氏父子评点蔡邕因惧董卓不得不出来做官,以非常简洁之语附述四个相类故事,为古今屈从于权势的文人一叹:

孔光屈节于董贤,谷永依托于王凤,扬雄失身于新莽,龟山应聘于蔡京,古今同叹。③

第二种更为普遍。在清代的小说评点中附述作者亲身见闻的相类故事相当多,尤以《聊斋志异》评点为最。如《聊斋志异·青娥》中的霍桓聪慧非凡,由于足不出户,十三岁了还不能辨别叔伯甥舅。有一天,他偶然见到异常殊丽的青娥,虽然并不懂什么男女之爱,但就是觉得其好看、耐看,从内心

① (清)冯镇峦:《丰都御史》(末评),张友鹤辑校:《聊斋志异》(三会本),上海古籍出版社1986年版,第498页。

② (清)王士祯:《促织》(末评),张友鹤辑校:《聊斋志异》(三会本),上海古籍出版社1986年版,第488页。

③ (清)毛氏父子:《三国演义》(第4回夹批),陈曦钟等辑校:《三国演义》(会评本),北京大学出版社1986年版,第42页。

里非常喜欢。但明伦的评点并没有直接解释这种童子之爱，但为了让读者理解这种天然的爱，他就在评点中附述了一个相类故事：

有鳏者自抚幼子，以老仆司阍，司炊，禁子不令出户庭，目未经睹妇女也。一日，携游里巷，睹艳丽者，以问父，诡语之曰：鬼也。及归，问：儿今日之见何好？对曰：只鬼好。所谓饮食男女，人之大欲存焉，与童子无知二语暗合。①

但明伦附述这个相类故事，意在说明霍桓对青娥的喜欢是男人喜欢女人的自然本性和本能欲望，与童子无知毫无关系。这个故事显然是但明伦听说而来的。《聊斋志异・山魈》中讲述孙太白的曾祖在书斋里遇一大鬼，因无所避便勇敢抽佩刀刺之，终于战胜恶鬼的故事。但明伦在篇末的评点中附述了自己亲身遇鬼的经历：

凡久旷之宅，恒为狐鬼所居。余于辛巳典试楚南，归道经鄂垣，馆于贡院，距楚北闱事竣日已再旬矣。是夜阴云布合，风雨凄其，夜半时闻后山咿哑声，若鬼车者。然唱和相随，只一墙之隔。乃起挑灯启户，咳唾而示之，遂阒然返。盖早知有人，则自退矣。②

这个相类故事意在说明人鬼相遇时，人只要大胆，一定能战胜鬼的。又如方舒岩评点《聊斋志异・嘉平公子》。嘉平公子虽风仪秀美，却是一不学无术的别字先生，其别字遭到温姬“有婿如此，不如为娼”讥讽的可笑故事。方舒岩亦在评点中附述另一别字先生的可笑故事：

有故家子既贫，榜于门，卖古窑器，讹窑为淫，云：“要宣淫、定淫，

① （清）但明伦：《青娥》（夹批），张友鹤辑校：《聊斋志异》（三会本），上海古籍出版社1986年版，第929页。

② （清）但明伦：《山魈》（末评），张友鹤辑校：《聊斋志异》（三会本），上海古籍出版社1986年版，第19页。

> 大小皆有，入内看物论价。”崔卢之子孙如此，其众何独花菽生江哉！又江右星士，悬榜云：“江西柴天显，算断命限。”一轻薄士子，读为“红面紫光头，弄断命根。”闻者绝倒。①

再如《聊斋志异·巧娘》叙述傅廉因为天阉带给巧娘守活寡的无限痛苦。方舒岩也在评点中附述了相类的天阉故事：乾隆己卯年(1759年)，婺源县年仅十六、才色俱佳的余氏女，误嫁一天阉男子，郁郁寡欢，痛不欲生。后幸遇一开明官员，投状允许离婚，改嫁于另一士人，过上了幸福开心的日子。方舒岩附述的这个故事，与《聊斋志异·巧娘》一样，旨在肯定女性的自然欲望，大胆摆脱传统束缚，追求幸福生活的权利，这在清代无疑是一种思想上的进步。其他的小说评点亦有一些附述作者亲身见闻的相类故事。如憺漪子评点《西游记》中的“五行山下定心猿”：

> 一迂儒问道人曰：“如来虽能五行山下定心猿，然此山却是五指所化，既然将心猿压住，不知此指如何收回？”道人笑曰：“如来慈悲度世，渠既舍却一手，降魔救驾，想事定之后，唯有断臂而去耳，不然更有何法？”②

这则故事显然是听别人讲述而来，意在说明如来舍去身体以慈悲度世，与《西游记》中如来五指化山以定心猿，度悟空之举的用意一致。

附述相类故事之法，不仅存在于清代的小说评点之中，在清代的小说文本本身中亦运用较广，如《聊斋志异》《阅微草堂笔记》《耳食录》等文言小说。《聊斋志异·五通》叙南方五通神淫乱人间的故事，紧接一篇的篇名为《又》，续写关于五通神的另一故事，这第二篇小说显然是附述在第一篇小说上面的。《聊斋志异·青蛙神》叙青蛙神嫁女于凡间的故事，后

---

① (清)方舒岩：《嘉平公子》(方评)，转引自汪庆元、陈光迪：《方评〈聊斋志异〉评语辑录》，《蒲松龄研究》2000年第1期。

② (清)憺漪子：《西游证道书》(第7回回评)，《古本小说集成》，上海古籍出版社影印本1993年版，第139页。

紧接着附述一篇《又》，续写关于青蛙神的另一故事。《阅微草堂笔记·滦阳消夏录(五)》中叙姚安公所讲故事：孙天球爱财如命，全家冻饿亦不轻用，临死才悟出钱财不用终非己有的道理。紧接着，纪昀附述爱财如命的另一故事：刘某爱财如命，集财甚多，终为狐所盗。《耳食录·市中丐者》叙通州一乞丐以其奇异言行度人成仙的故事，接着，作者又附述宛陵一奇异乞丐度人成仙的故事。小说文本的这种写法亦与清代学风密切相关。

清代考据学重证据，尤对旁证材料更为看重，形成了"孤证不为定说"的思维惯性。顾炎武说："史书之文中有误字，要当旁证以求其是，不必曲为之说。"①顾氏所言之"旁证"，就是要从丰富的其他文献中寻求证据，以证其结论，既不可随己意而妄改，亦不可歪曲其说。所以，清代考据学者认为，"孤证"是不足以"立说"的。如程瑶田认为："孤证固疑，不可为典要也。"②戴震亦主张稽考古籍证据以求"十分之见"，反对孤证立说：

> 所谓十分之见，比徵之古而靡不条贯，合诸道而不留余议，巨细毕究，本末兼察。若夫依于传闻以拟其是，择其众说以裁其优，出于空言以定其论，据以孤证以信其通。③

考据学者在实际的学术研究中，将这一学术思想贯彻于始终，并尽力发挥之。王鸣盛在考证"十七史"史实时，遍查群籍，搜求证据，以证其说。他自言：

> 搜罗偏霸杂史、稗官野乘、山经地志、谱牒簿录，以暨诸子百家、小说笔记、诗文别集、释老异教，旁及于钟鼎尊彝之款识、山林冢墓祠庙伽

① （清）顾炎武著，（清）黄汝成集释：《汉书注》，《日知录集释》，上海古籍出版社 1985 年版，第 2037 页。

② （清）程瑶田：《考工创物小记·观古铜辖求知毂空外端轴末围径记》，《皇清经解》卷 70(原卷 536—539)，第 2 函，光绪十七年《皇清经解》缩本石印本。

③ （清）戴震：《文集·与姚孝廉姬传书》，《戴震集》，汤志钧校点，上海古籍出版社 1980 年版，第 185 页。

蓝碑碣断阙之文，尽取以供佐证。①

后来，梁启超总结的朴学重要特色之一就是“孤证不为定说”：“孤证不为定说。其无反证者姑存之，得有续证则渐信之，遇有力之反证则弃之。”②考据学者遵循“孤证不为定说”的学术原则，其目的在于力求结论的可靠性、准确性。

清代的小说评点中附述相类法的广泛使用，与清代考据学风的盛行关系甚为密切。小说评点者也不例外，他们使用附述相类法评点小说，正是这种思维惯性的结果。清代的小说评点者运用此法评点小说，其目的则在于“征实”，力求证明小说所叙故事的真实性或其所立主旨的正确性。“征实”本是清代的小说评点者的一种自觉追求。如许时庚在《三国志演义补例》中特别反对杜撰，强调“征实”：

是编演义之作，盖滥觞于元人，以供村老谈说故事，悉本陈志裴注，绝不架空杜撰，意主忠义而旨归惩劝，阅者参观正史，始知语皆有本，而与一切稗官野史凭空结构者不同，有识者自能辨别。③

又如《醒世姻缘传·凡例》中主张“征实”，小说中人物姓名虽虚构，但却以“实迹”为本，并非凿空而来。《凡例》中言：

本传其事有据，其人可征，唯欲针线相联，天衣无缝，不能尽芟傅会。然与凿空硬入者不无径庭。④

---

① （清）王鸣盛：《十七史商榷序》，（清）王鸣盛撰：《十七史商榷》，商务印书馆 1937 年版，第 2 页。

② 梁启超：《清代学术概论》，上海古籍出版社 1998 年版，第 47 页。

③ （清）许时庚：《三国志演义补例》，朱一玄编：《明清小说资料选编》，齐鲁书社 1990 年版，第 83 页。

④ （清）东岭学道人：《凡例》，（清）西周生辑著：《醒世姻缘传》，齐鲁书社 1980 年版，第 1 页。

可见,清代的小说评点者评点小说的目的之一就是“征实”,这与考据学者遵循“孤证不为定说”的学术原则以力求结论的可靠性、准确性的思维方式是一致的,他们广泛运用附述相类法也就是很自然的选择了。

四、数量统计法

自然科学发展到清代,上升到了一个新的台阶,其中“算法”可谓成就斐然,盛极一时。梁启超评价清代“算法”之成就:“我国科学最昌明者,唯天文算法,至清而尤盛。凡治经者多兼通之,其开山之祖,则宣城梅文鼎也。”①喜爱天文算法,成清代之风尚,连皇帝都十分笃好,更掀起推崇天文算法的学风。梁启超评价此学风:“自明徐光启以后,士大夫渐好治天文算学。清初则王锡阐、梅文鼎最专精,而大师黄宗羲、江永辈皆提倡之。清圣祖尤笃嗜,召西士南怀仁等供奉内廷。风声所被,向慕尤众。”②在此风影响之下,清代数学取得了很高成就。代表性的数学著作有王锡阐《晓庵新法》、梅文鼎《几何补编》《弧三角举要》、江永《推步法解》《慎修数学》、戴震《算经》、焦循《里堂学算记》等。其中很多精通数学的学者,他们不仅是经学家,还是考据学家,如黄宗羲、戴震、焦循等。钱穆高度评价焦循:“里堂于经学外,尤精天算,能诗文,淹博精深,阮云台以‘通儒’目之,真无愧也。”③那么,数学与清代考据学有无联系呢?或者说,数学方法是否运用于清代考据学呢?答案是肯定的。梁启超曾指出清代算学对其他学术领域产生了很大影响。他说:“这类学问(按:指算学历法),在清代极发达,而间接影响于各门学术之治学方法也很多。”④当然,考据学亦不例外。数学运用于考据学的方法,郭康松称之为“数学考据学”,并以“概算法”与“量化统计法”为例作了较为详细的论述,最后对数学考据法作了较为准确的评价:“数学考据法在清代考据研究中的运用,虽不像形式逻辑的归纳、演绎、类

① 梁启超:《清代学术概论》,上海古籍出版社 1998 年版,第 23 页。
② 梁启超:《清代学术概论》,上海古籍出版社 1998 年版,第 56—57 页。
③ 钱穆:《中国近三百年学术史》,商务印书馆 1997 年版,第 501 页。
④ 梁启超:《中国近三百年学术史》,东方出版社 1996 年版,第 173 页。

推、比较法那么普遍，也不太成熟，但他们将在自然科学领域内使用的数学方法引入到社会科学的研究中，同传统的以思辨性和模糊性为特征的思维方法有了很大的区别，在研究方法的近代化道路上跨出了最初的、可喜的步伐。”①兹举一运用数学统计方法进行考证的典型例子如下：

《史记·孔子世家》提出关于《诗经》来源的“孔子删《诗》说”，学界一直有人怀疑“删《诗》说”，如孔颖达、朱彝尊等人，但证据不够充分。而赵翼独辟蹊径，运用数学统计法考证“删《诗》说”，他将《国语》《左传》中所引《诗》的材料全面搜集起来，其中不存于现存《诗经》中的诗句为逸诗，统计如下：

> 今以《国语》《左传》二书所引之诗校之，《国语》引诗凡三十一条，……然则《国语》所引逸诗仅一条，而三十条皆删存之诗，是逸诗仅删存诗之三十之一也。《左传》引诗共二百十七条，……乃今考左邱明自引及述孔子之言，所引者凡四十八条，而逸诗不过三条；其余列国公卿自引诗共一百一条，而逸诗不过五条；又列国宴享歌诗赠答七十条，而逸诗不过五。是逸诗仅删存诗之二十之一也。若使古诗有三千余，则所引逸诗，宜多于删存之诗十倍。②

根据此准确的数量统计，赵翼得出结论：

> 岂有古诗则十倍于删存诗，而所引逸诗，反不及删存诗二三十分之一，以此而推，知古诗三千之说，不足凭也。③

赵翼的数学统计方法，以其准确的数字，有力地证明了孔子删《诗》说的不可靠。此观点后来被学界所认可，并写进了文学史中。如章培恒、骆玉明主编的《中国文学史》把赵翼的数学考证作为一条重要理由否定孔子删

① 郭康松：《清代考据学研究》，崇文书局2001年版，第170页。
② （清）赵翼：《陔余丛考》卷2，中华书局1963年版，第25—26页。
③ （清）赵翼：《陔余丛考》卷2，中华书局1963年版，第26页。

《诗》说:“先秦文献所引用的诗句,大体都在现存《诗经》的范围内,这以外的所谓‘逸诗’,数量极少,如果孔子以前还有三千多首诗,照理不会出现这样的情况的。”①

既然数学方法大量运用于考据学中,那么,我们进一步追问,深受考据学影响的清代的小说评点是否也运用了数学方法呢?答案仍然是肯定的。只不过,清代的小说评点者并不如考据学家那么精通数学,更没有一个称得上数学家。他们评点小说运用的数学方法比起考据学家来讲,要简单得多,主要是作一些数量的统计以及较为简单的数理推论,我们暂称之为“数量统计法”。数量统计法,是数学领域最为常见的方法之一。此方法主要是对某些数学现象作完全或概数统计,再结合归纳、演绎等逻辑论证方法,推理出可靠的结论来。这种方法是清代小说评点者最常用的。

清代小说评点者运用数量统计法评点小说的表现之一:量化统计。量化统计得出的数字是很客观的,也是很具说服力的,它在论证某个问题时有时比那些长篇大论更为有效。数字摆在那里,本身就直接说明了问题。如张竹坡评点《金瓶梅》就对《金瓶梅》里的人物与房屋作过详细统计。统计例一:西门庆淫过(想淫而未遂)的妇女清单:

【西门庆淫过妇女】李娇儿　卓丢儿　孟玉楼　潘金莲　李瓶儿　孙雪娥　春梅　迎春　绣春　兰香　宋惠莲　来爵媳妇惠元　王六儿　贲四嫂　如意儿林太太　李桂姐　吴银儿　郑月儿

【意中人】何千户娘子蓝氏　王三官娘子黄氏　楚云

【外宠】书童　王经　潘金莲　王六儿②

张竹坡虽未明确给出数量,但我们可以很轻松地统计出数量来:与西门庆真正有过性关系的有名有姓的女人达 21 人之多,想要有性关系的女人 3

① 章培恒、骆玉明主编:《中国文学史》上册,复旦大学出版社 2005 年版,第 83 页。

② (清)张竹坡:《杂录》,王汝梅等校点:《张竹坡批评第一奇书金瓶梅》,齐鲁书社 1987 年版,第 5—6 页。

人,无名无姓的女人还未在统计范围之内。在此,张竹坡并未评价西门庆,然而女人的数量已经说明了一切:西门庆是一个极度荒淫之人。由此可见,西门庆追求女人的疯狂达到了何等程度!也正是这众多的女人,共同成了西门庆的掘墓人,西门庆最终由于潘金莲的偶然失误,导致血精而亡。虽然偶然,但这是西门庆疯狂追求女人的必然结果,他即使不死于潘金莲之手,也必然会死于张金莲或李金莲之手。

统计例二:潘金莲淫过(想淫而未遂)的男人清单:

【潘金莲淫过人目】张大户　西门庆　琴童　陈敬济　王潮儿

【意中人】武二郎

【外宠】西门庆

【恶姻缘】武植①

我们由此统计出数量来:与潘金莲真正有过性关系的有名有姓的男人达5人,想要有性关系的男人1人。这个数量虽远不如西门庆,但在封建社会,足不出户的女人能够拥有如此多的男人,已是不可想象的。张竹坡对潘金莲的定性是"淫妇",这个数量的统计足以表达张竹坡对潘金莲的评价。在小说中,潘金莲的确是作为淫妇形象来塑造的,甚至潘金莲临死之前,还在想着嫁给武松。可谓可怜!

统计例三:西门庆房屋:

门面五间,到底七进(后要隔壁虚房,共作花园)　上房(月娘住)　西厢房(玉楼住)　东厢房(李娇儿住)　堂屋后三间(孙雪娥住)　后院厨房　前院穿堂　大客屋　东厢房(大姐住)　西厢房　仪门

仪门外,则花园也。三间楼一院,潘金莲住。又三间楼一院,李瓶儿住。二人住楼,在花园前。过花园方是后边。

① (清)张竹坡:《杂录》,王汝梅等校点:《张竹坡批评第一奇书金瓶梅》,齐鲁书社1987年版,第6页。

……

内仪门外甬道旁乃群房，宋惠莲等住者也。①

由此统计，西门庆家里房屋情况：大间房10间，小间房无数，大花园一座，中有翡翠轩、卧云亭、藏春坞，有印子铺、绒线铺等。这些房屋的统计，显示了西门家的豪富，更重要的是，这些房屋是小说中人物的生活环境，也是《金瓶梅》这部家庭小说故事情节的主要演绎之地。正因为房屋数量众多，这必然涉及所居主人的住所安排，主人所居房间的位置则显示了其在西门家族的地位以及与西门庆、其他所居主人之间的复杂关系。通过了解房屋布置及其所居主人，让读者更能够理解小说中人物之间的复杂关系，此处的评点起到了重要的为全书故事"立架"的艺术功能。张竹坡在《杂录》开篇就特别重视房屋的"立架"功能，他说：

凡看一书，必看其立架处，如《金瓶梅》内，房屋花园以及使用人等，皆其立架处也。何则？既要写他六房妻小，不得不派他六房居住。然全分开既难使诸人连合，全合拢，又难使各人的事实入来，且何以见西门豪富？②

张竹坡在评点中对数量的运用可谓娴熟，很善于发现隐藏在小说中的某些数量所深含的意义。在第一回中，他统计了潘金莲叫"叔叔"的次数：

篇内金莲凡十二声"叔叔"，于十一声下，作者却自入一句，将上文十一声"叔叔"一总，下又拖一句"叔叔"，便见金莲心头眼底口中，一时便有无数"叔叔"也。益悟文章生动处，不在用笔写到之处。③

① （清）张竹坡：《杂录》，王汝梅等校点：《张竹坡批评第一奇书金瓶梅》，齐鲁书社1987年版，第6—7页。

② （清）张竹坡：《杂录》，王汝梅等校点：《张竹坡批评第一奇书金瓶梅》，齐鲁书社1987年版，第3页。

③ （清）张竹坡：《金瓶梅》（第1回回评），王汝梅等校点：《张竹坡批评第一奇书金瓶梅》，齐鲁书社1987年版，第9—10页。

张竹坡统计的潘金莲的十二声“叔叔”，把潘金莲的心态揭示得多么鲜明。潘金莲借这十二声“叔叔”，表达了她对武松的特别喜爱之情，“心头眼底口中”全是武松影子，叔嫂之间的伦理关系早已抛到九霄云外了。

此外，王仕云的《水浒传》评点、姚燮的《红楼梦》评点亦注重数量统计。王仕云把原来为宋朝官员后又上梁山的“好汉”作了列举、统计：

> 若秦明、关胜、呼延灼、花荣、韩滔、彭玘、董平、张清、徐宁、杨志、索超、黄信、宣赞、郝思文、单廷珪、魏定国、凌振、龚旺、丁得孙者，皆宋朝之官，食君之禄，事君之事，乃舍官而为盗，吾不知其心为何心。①

王仕云列举背宋上梁山者，共计 19 人。王仕云之所以统计这些绝大多数在梁山中并不重要的“好汉”，主要表明了他对这些背宋为盗之人的不耻与憎恶，借以表达其忠君反“盗”的传统思想。

姚燮《读〈红楼梦〉纲领》分为《人索》《事索》《余索》三种，其中的《人索》对《红楼梦》中的人物作了精确的统计与叙录，人物共 519 人，别录警幻仙姑、空空道人等 13 人。这个统计说明《红楼梦》人物众多，涉及的社会生活十分广泛，是对封建社会生活的一个全景式反映；而空空道人等人物多次出现在小说中，则反映了小说浓厚的“色空观”。同时，这些人物叙录，还有利于读者把握《红楼梦》中人物的复杂关系，具有导读作用。

除了准确的数量统计外，在清代的小说评点中也存在着概数的统计。如张竹坡评点潘金莲帘下勾情所用的概数统计：

> 篇内写叉帘，凡先用十几个“帘”字一路影来，而第一个“帘”字，乃在武松口中说出。夫先写帘子引入，已奇绝矣，乃偏于武松口中逗出第一个“帘”字，真奇横杀人矣！②

---

① (清)王仕云:《水浒传总论》，朱一玄、刘毓忱编:《水浒传资料汇编》，百花文艺出版社 1981 年版，第 353 页。

② (清)张竹坡:《金瓶梅》(第 2 回回评)，王汝梅等校点:《张竹坡批评第一奇书金瓶梅》，齐鲁书社 1987 年版，第 39 页。

张竹坡指出此处反复出现“帘”字,真乃奇绝写法。其奇绝之处正在于“帘”既是潘金莲所掀开的实物“帘”,同时又揭示了“帘”的隐含意义,那就是打开本应禁闭的“帘”而与他人偷情。又如憺漪子对孙悟空偷吃蟠桃一回的评点:

> 其言蟠桃有三千、六千、九千年熟之不同,而人吃此桃者,功效亦因之。见得此物最奇最贵,虽天上众仙众神,轻易不得望见,而独纵此猴吃之,且将九千年熟者尽吃之。①

憺漪子拈出“三千、六千、九千年”之难,孙悟空竟将最难的“九千年熟者”全部吃掉,揭示了作者用这最难的“九千年”来突出孙悟空的“灵妙天纵”,为日后孙悟空学得百般本领,护唐僧西天取经,最终取得真经成佛打下伏笔。

清代的小说评点者运用数量统计法评点小说的表现之二:数理推论。清代的小说评点者所运用的数理推论多与时间数字有关。数理推论在清代的小说评点中是如何运用的呢?其一,用数理推论揭示小说奥义。如《金瓶梅》第一回中,西门庆对吴月娘说“如今是九月廿五日了”,“九月廿五日”本为寻常之日,张竹坡结合小说中前后情节读出了其中奥义。他评曰:

> 九月廿五日起头,九月十七日瓶儿死,自七至五,中余七日,七日来复之意。西门三十三岁,正月廿一日死。三十三老阳,廿一少阳。老变少,所以有孝哥也。②

张竹坡结合后面的日期推论:李瓶儿死于九月十七日,于此刚好七日,具有“七日来复之意”,因为“七日”正好符合古人称为“七曜”的日、月及五

① (清)憺漪子:《西游证道书》(第5回回评),《古本小说集成》,上海古籍出版社影印本1993年版,第95—96页。

② (清)张竹坡:《金瓶梅》(第1回夹批),王汝梅等校点:《张竹坡批评第一奇书金瓶梅》,齐鲁书社1987年版,第16页。

大行星等七个主要星体的运行。西门庆死的时候刚好三十三岁，日期为正月廿一日，一“老阳”，一“少阳”，二者互变，西门庆的儿子孝哥即出世。张竹坡的数理推论，看出了作者隐含于小说中的生命循环、善恶因果的人生观。再如姚燮运用数理推论评点《红楼梦》“元妃省亲”：

> 自此回省亲起，为入书正传之第四年壬子岁正月半。至二十二回宝钗生日，尚是正月。二十三回二月二十二日，始入园分住。写黛玉葬花，是三月中。二十六回，已交夏初。二十七回中，点明四月二十六日，已近五月。二十九回，清虚观作醮事，是五月初一日。三十回是六月间事。至三十八回，点明过了八月。三十八回咏菊，是九月。至五十三回，方过是年之冬。壬子一年，共计书三十五回，俱写两府极盛之时。①

姚燮将回目与故事时间作了精确的对比统计，故事时间为壬子一年，但作者却叙写了关于宁国府与荣国府三十五回的故事，可见多用繁笔，叙事之精细。从这些数量推论出小说是在极写两府之极盛，预示着盛极而衰，暗示出小说结局的两府之极衰，封建家庭的衰亡史在这些数量推论中昭然若揭。更有趣的是张新之，他用阴阳八卦的数理，推演小说之“大义”。如他评点《红楼梦》中的元春、迎春、探春、惜春：

> 书中借《易》象演义者，元、迎、探、惜为最显，而又最晦，元春为泰䷊，正月之卦，故行大。迎春为大壮䷡，二月之卦，故行二。探春为夬䷪，三月之卦，故行三。惜春为乾䷀，四月之卦，故行四。然悉女体，阳皆为阴。则元春泰转为否䷋，迎春大壮转为观䷓，探春夬转为剥䷖，惜春乾转为坤䷁，乃书中大消息也，历评在各人本传。②

---

① （清）姚燮：《红楼梦》（第18回回评），朱一玄编：《红楼梦资料汇编》，南开大学出版社1985年版，第648页。

② （清）张新之：《红楼梦读法》，朱一玄编：《红楼梦资料汇编》，南开大学出版社1985年版，第688页。

张新之通过阴阳八卦的数理推论，认为《红楼梦》之“大消息”乃演《易》之理。清代小说评点者的数理推论，有些确实揭示了小说的内在奥义，有些则显得附会。笔者在此不多作评论，留待读者评说。其二，用数理推论指出小说的疏漏之处。如《红楼梦》第四十五回叙林黛玉在壬子年为“十五岁”，而小说后叙林黛玉死于乙卯年，年仅十七岁。姚燮据此推论林黛玉“十五岁”之误：

> 按黛玉以十七岁死，在乙卯年，逆推是年壬子，则为十四岁。原刻是年作十五岁，则与宝玉同庚矣。然宝玉生日在四月，黛玉生日在二月十二，何以宝呼黛为妹，黛呼宝为哥耶？可见“十五”二字，为“十四”之误无疑也。况宝长于黛，书有明文，今故更正。①

姚燮的这段数理推论的评点非常重要，如果不指出“十五岁”之误，此处描写则与全篇的宝黛之兄妹关系相矛盾，这显然是《红楼梦》的瑕疵，很有必要纠正。又如陈其泰通过数理推论指出《红楼梦》在时间上的紊乱之处：

> 此书颇多忽略处，即如秦氏之病，九月中已沉重，十二月初已垂危，则其死当在立春左右。冬至系十一月三十日，立春当在元宵。黛玉于冬底得父病之信，贾母命贾琏送去，则起程至速，已在新年初旬，到扬州当在二月初旬，林如海去世，若黛玉犹得相见，亦在二月初旬矣。贾琏到苏州后，才遣来昭回京，必在三四月间。今书中说如海系九月初三日死，贾琏要带大毛衣服至苏州。来昭到京，又在秦氏五七之后，出殡之前。种种时日，皆不相会，殊疏忽也。九月寿宴，贾琏在家，腊月初二日凤姐看望秦氏回来，即有贾瑞密约之事。贾瑞有二哥哥怎么还不回来之问，倘即是送黛玉回南，则不应说冬底林如海因病重写书来接黛玉回

---

① （清）姚燮：《红楼梦》（第45回回评），朱一玄编：《红楼梦资料汇编》，南开大学出版社1985年版，第657页。

去也。倘是贾瑞死之年(书中叙完贾瑞之事,即云这年冬底也),则贾瑞死于一年之后,不应秦氏之病,又延两载也。种种皆宜删改句语,以清线索。何以不说贾瑞即于是年冬春之间死,岂不简净明白,必要说贾屠病至一年之久,实为无谓。①

陈其泰的数理推论可谓严密,指出了《红楼梦》在叙事时间方面的严重疏漏之处。由此可见,像《红楼梦》这样的经典名著亦存在着一些疏漏之处,遑论其他小说了。

清代的小说评点者运用数量统计法评点小说,体现了他们实事求是的科学精神,这与清代考据学的治学精神是一致的。王鸣盛主张学术要"求于实"而不"求于虚":"盖学问之道,求于虚不如求于实,议论褒贬,皆虚文耳。作史者之所记录,读史者之所考核,总期于能得其实焉而已矣,外此又何多求邪!"②清代的小说评点者所运用的数量统计法,显然也是一种"求实"的实证法。这种实证评点揭示出了小说中的隐含妙义,起到了引导读者深入理解小说内涵的重要作用。但亦有一些负面影响,某些实证评点显得附会,有借评点小说宣扬自己的思想观念的嫌疑,误导读者。还需要注意的是,小说毕竟是文学作品,其中不乏作者有意虚构以追求艺术真实之处,正如祁志祥评价脂砚斋"实录其事""不敢稍加穿凿"的"真传"评点:"所谓'实录',不是事无巨细、面面俱到,而是抓住'事体情理',即事物的本质真实,不拘小节地进行艺术创造,或者说,凭空而起的艺术创造也体现'事体情理'、生活的本质真实和逻辑真实。"③所以,若处处以"实证"的数学考量,有时恐怕会误读作品,失之偏颇。

总之,在清代考据学广泛而深远的影响之下,考据方法被大量地运用于清代的小说评点之中,这是清代的小说评点与前代的小说评点最显著的区

---

① (清)陈其泰:《红楼梦》(第14回回评),朱一玄编:《红楼梦资料汇编》,南开大学出版社1985年版,第709—710页。

② (清)王鸣盛:《十七史商榷序》,(清)王鸣盛撰:《十七史商榷》,商务印书馆1937年版,第1页。

③ 祁志祥:《明清小说评点的艺术真实论》,《社会科学辑刊》2012年第5期,第212—217页。

别之一,这也显示了小说评点本身的包容性与时代性。由于考据方法的渗入,清代的小说评点更具有了缜密的思维方式、严谨的逻辑推理和翔实的实证材料,这无疑是中国小说评点的一次巨大进步,促进了中国小说评点进一步完善、成熟,尽管它还存在着附会、臆说等局限性。

第五章　清代西学与小说评点

第一节　清代西学的嬗变

所谓“西学”，乃是一个历史概念。顾名思义，当指西方的学问。对于中国而言，最早的西学应该是印度的佛学，当时主要以地域区分，中国称“东土”，中国之西的称“西土”，迄今为止，并无一人称佛学为“西学”。“西学”最早使用之处虽无从考证，但自明末以来则广泛使用，显然，“西学”是明清时期的一个历史概念。赵敦华据此对“西学”作了较为准确的界定：

> 在中国现代文化的语境中，“西学”的意义和内容与300多年前相比，已经有了很大的变化。现在所说的“西学”不只是指“西方人的学问”，而应该被理解为“中国人研究的西方学问”。我强调这一点，首先是基于这样一个基本的事实：西方人从来不把自己的学问叫做“西学”，只有中国人才把西方的学问叫做“西学”。①

可见，“西学”作为一个历史概念，诞生于中西文化的碰撞之中。相对于“中学”而言，称“西学”；相对于“旧学”而言，称“新学”。西学与经世致用之学、理学、考据学在文化背景方面有着较大的差异，西学具有异域文化背景，经世致用之学、理学、考据学则具有本土传统文化背景。当西学东渐进入中国以来，必然与中国传统文化发生碰撞。面对不可遏止的西学东渐，中国传统士人必然要呈现出某种心态，对之作出某种选择，这种心态与选择

---

① 赵敦华：《关于“西学”的几个理论问题》，《哲学研究》2007年第6期。

直接与西学在中国的传播与渗透息息相关。王记录特别指出西学对传统学者所产生的心理影响:“异域文化所具有的不同于中土文化的特征以及它对中国传统知识体系的冲击,在传统学者中间引起了不同的反应,其间的争论及冲突折射出中国传统文化中固有的特质及中国学者评价中学、西学时的矛盾心态,也反映出传统学者面对外来学说时的心理调试。”①这种中国传统学者面对西学的“心理调试”,也正好映射出西学在中国的嬗变过程。赵敦华尤为强调研究西学的“中国人的眼光”,他说:“既然西学是中国人研究的、用中文表达的西方学说,那么不管你愿意不愿意、自觉不自觉,西学研究中都有一个中国人的立场、中国人的眼光的问题:我们强调要用中国人的眼光来研究西学。这里说的‘中国人的眼光’,指的是一种文化自觉意识和理论标准,它决定着我们观察问题的角度、解释模式和表达方式,以及选择素材和审视结论的价值取向。”②在此,笔者就尝试用“中国人的眼光”来阐述清代西学的嬗变过程。以中国士人面对西学的心路历程为线,观照西学在清代的嬗变过程,大致可暂将清代西学的嬗变分为以下三个阶段:实用心态下的西学、危机心态下的西学、启蒙心态下的西学。

一、实用心态下的西学

明万历十年(1582年),意大利耶稣会传教士利玛窦来到中国传教,从此揭开了西学东渐的序幕。第二年,利玛窦与另一传教士罗明坚用汉文印刷了《天主实义》《天主圣教实录》等基督教义,更重要的是翻译了《几何原理》、绘制了《山海舆地全图》等自然科学书籍。至明末,比利时(一说法国)传教士金尼阁将七千部西方书籍带到中国,涉及神学、哲学、科学、艺术等诸多学科,这一下子将一个不同于中国学问的奇异世界呈现于中国人面前。西方传来的先进科技引起了中国士人的浓厚兴趣,并对西方充满了好奇心。利玛窦在其关于中国的书信中多次记到中国士人对西方科技及西方世界的

① 王记录:《西学与钱大昕的经史之学》,黄爱平、黄兴涛主编:《西学与清代文化》,中华书局2008年版,第298页。

② 赵敦华:《关于“西学”的几个理论问题》,《哲学研究》2007年第6期。

好奇心。如记载一位重要的江西官员对钟表与欧洲的好奇与渴望了解：

> 我让他们看了我要送给官员的一份礼物。第二天，那位官员就派人来找我，并对我送给他的礼品感到非常高兴。他还特别仔细端详了我送给他的小沙漏钟表，他从未见过这种东西。那天，这位大人整天都陪着我，让我留在他那里。他向我提了许多关于我们欧洲的各种问题。①

对西方科技持开明态度的李之藻，为明代精通天文历算、数学的著名科学家，也惊诧于西学的“地圆说”：

> 谓海水附地，共作圆形，而周围俱有生齿，颇为创闻可骇。②

明末对西学的好奇延续到了清初，但清初士人对西学的心理调适又进了一步，更为看重西学的实用性。怀着好奇心态的明末士人，如徐光启、李之藻、杨廷筠等一些开明之士，开始接受西学。至于清初，统治者对西学，尤其是自然科学持一种宽容、开明的政治策略，并在现实生活中加以运用。顺治帝大胆任用传教士汤若望观测天文、气象，编制历法等，并让其主持钦天监工作。康熙帝本人对西方的科学技术有着浓厚的兴趣，并拜传教士南怀仁、白晋等为师，努力学习西方科技。康熙帝还在政策上支持西方科技的传播与实际运用，如其使用汤若望等新编的《时宪历》，组织人员绘制全国地图等。康熙四十七年(1708 年)，康熙帝颁发上谕，命各地军队长官、地方官为传教士勘测地况、绘制地图提供一切所需。如果说早期的康熙帝对西方科技的兴趣源于某种好奇与好玩，这时的康熙帝已较为充分地认识到西学重要的实用价值。在康熙帝支持下绘制的《康熙皇舆全览图》，成为了中国

① [意]利玛窦：《利玛窦中国书札》，P.Antonio Sergianni.P.I.M.E.编，芸娸译，宗教文化出版社 2006 年版，第 152 页。

② (明)李之藻：《题万国坤舆图》，转引自葛兆光：《中国思想史》第 2 卷，复旦大学出版社 2001 年版，第 345 页。

第一次运用西学经实地勘测绘制的全国地图，在中国科技史上写下了光辉的一笔。在上层统治者的倡导之下，西学在清初发展较为迅速，形成了西学在中国传播的第一次浪潮。

西学在清初能够成为一股浪潮，绝不是中国士人的好奇心态所能解释的，而是西学与中学相比特别突出的实用价值得到了中国士人较为广泛的认可，甚至包括顺治、康熙等帝王在内。中国士人正是在这种实用心态的驱使之下，掀起了西学在中国传播的浪潮。在现实中，很多士人确实发现西学比传统中学更为实用。如康熙年间发生的新旧历法之争，运用西洋科技的历法确实预测天象更为准确，显示出了明显的优势。事实胜于雄辩。清初很多传统士人都清楚地看到了这一点，于是十分重视西学的实用价值，如黄宗羲、王锡阐、梅文鼎、李颙等人。如黄宗羲倡导西学，在各地讲学的内容中涉及不少西学知识。万经评价其讲学：

> 维时经学、史学以及天文、地理、六书、九章至远西测量推步之学，争各磨砺，奋气怒学，皆卓然有以自见。①

王锡阐盛赞西历在实测方面的精确性：

> 吾谓西历善矣，然以为测候精详，可也；以为深知法意，未可也。循其理而求通，可也；安其误而不辨，不可也。②

理学大师李颙主张读书要“适用”，他在“适用类”书目中列出了《泰西水法》，与《农政全书》《水利全书》《地理险要》并为“经济所关”之书。他评这几部书道：

---

① （清）万经：《寒村七十寿序》，转引自金林祥：《甬上证人书院与清代浙东学派》，董贻安主编：《浙东文化论丛》第2辑，上海古籍出版社2004年版，第56页。

② （清）王锡阐：《晓庵新法原序》，《晓庵新法》，景印文渊阁《四库全书》，第793册，中国台湾商务印书馆1986年版，第453页。

以上数种，咸经济所关，宜一一潜心。然读书易，变通难，赵括能读父书，究竟何补实际？神而明之，存乎其人，识时务者，在于俊杰。夫岂古板书生所能办乎？噫！①

可见，李颙也是主张要学习很“适用”的《泰西水法》等西学的，而且还要求学者在实际中能够变通地灵活运用。

正是因为中国士人以实用心态面对西学，西学才在清初得以广泛传播与实际运用，尤其是在天文、历算、舆地、数学等方面取得了许多重大成就。“地圆说”刚传入中国时，虽然引起了中国士人的惊奇与震撼，但在明末清初已被中国士人接受，纠正了“天圆地方”的传统错误观念。顺治年间，汤若望将《崇祯历书》改为《西洋新法历书》，共计32种103卷，被广泛使用，这“象征着关于‘天’的西洋知识，已经顺利地被中国普遍接受”②。地图也是一种叙述，它体现了绘制者对世界的观念，绝大多数人是通过地图来认识自己的生存空间的。康熙朝绘制的著名的《康熙皇舆全览图》，是经过实地勘测而绘制的，它第一次较为准确地给予了中国人关于“中国”的空间意识，是中西文化交流的一个重要成果。英国科学家李约瑟对此图评价极高：“不但是亚洲当时所有的地图中最好的地图，而且比当时所有的欧洲地图都更好，更精确。”③西方数学也运用于传统数学研究之中，如古希腊欧几里得的《几何原本》。王锡阐在《圜解》中对很多数学概念进行了界定，如平圆、圆周、圆面、圆心、全径、半径、半周、象限、全弧、正弧、全弦、正弦、较弧、较弦等，这些概念的准确界定都受益于《几何原本》。在西学广泛传播的同时，中国本土科学家在天文、历算、舆地、数学等方面亦取得了很多成就，如黄宗羲的《授时历故》《授时历法假如》、顾祖禹的《读史方舆纪要》《舆图要览》、孙兰的《大地山河图说》《古今外国地名考》、王锡阐的《历说》《晓庵新法》、梅文鼎的《勿庵历算全书》等。梁启超评价当时科技的成就说：“我国科学最昌明者，唯天文算法，至清而尤盛。凡治经者多兼通之。其开山之

① （清）李颙：《体用全学》，《二曲集》卷7，陈俊民点校，中华书局1996年版，第54页。
② 葛兆光：《中国思想史》第2卷，复旦大学出版社1986年版，第349页。
③ ［英］李约瑟：《中国科学技术史》第5卷，科学出版社1976年版，第235页。

祖,则宣城梅文鼎也。”①梁启超对梅文鼎评价极高,认为其于清代科技具有开创性意义。他归纳了梅文鼎在清代科技方面的重要意义:“历学脱离占验迷信而超然独立于真正科学基础之上,自利(玛窦)、徐(光启)始启其绪,至定九乃确定”,“知历学非单纯的技术而必须以数学为基础,将明末学者学历之兴味移到学算方面,自定九始”,“因治西算而印证以古籍,知吾国亦有固有之算学,因极力提倡以求学问之独立,黄梨洲首倡此论,定九与彼不谋而合。”②这些成就的取得与西学有着或多或少的直接影响。如王锡阐的《圜解》在坚持传统数学的同时又受到了西方数学的深远影响,梅荣照对此作了准确的评价:“从《圜解》的内容来看,王锡阐有接受西方数学的一面,例如对当时传入的数学公式和数学定理,对数学名词和概念都要进行定义等便是如此;也有坚持传统数学拒绝西方数学的一面。”③其他科技方面亦大致如此。

清初的中国士人以实用心态接受西学、运用西学,但是否所有实用的西学都得以接受与传播呢?事实上并不如此。中国士人接受西学的底线是不危及中国的传统伦理道德与整个社会秩序。康熙帝虽为帝王,但酷爱读书,推崇西学,亦可视为士人之一分子。他曾令法国传教士巴多明翻译法国皮理的名著《人体解剖学》。此书译出后送康熙帝审阅,康熙发现,这本图文并茂的书虽然详细地讲解了人体结构,但却有悖于中国的传统伦理道德,于是,康熙帝下令藏之深宫,不予刊行。中国传统的伦理道德、思想观念及信仰是维系整个社会秩序的重要基础。清初接受的西学虽主要以自然科学为主流,涉及思想意识较少,但其仍然冲击着人们的思想意识。因为“道”与“器”是相互关联、相互依存的,“器”变,“道”亦不得不变。西方的科技被中国士人视为“器”,它实实在在地改变着中国的“道”。如西方的天文就冲击了中国士人的思想意识,葛兆光评价中国天文学支撑的思想意识被西方天文学冲击的巨大影响:“中国的天学本身还支持着一种几千年来人们所

① 梁启超:《清代学术概论》,上海古籍出版社 1998 年版,第 23 页。

② 梁启超:《中国近三百年学术史》,东方出版社 1996 年版,第 409—410 页。

③ 梅荣照:《王锡阐的数学著作——圜解》,梅荣照主编:《明清数学史论文集》,江苏教育出版社 1990 年版,第 111 页。

熟悉的宇宙秩序，一旦它被打破，那么知识、思想与信仰的秩序就会坍塌，人们将不知所措，因为天学不仅是‘器’的学问，而且是‘道’的基础，‘器’如果变，‘道’将不得不变，‘道’若变，‘天’也就将变。”①所以，西洋天文学遭到了部分传统士人的激烈反对。葛兆光分析了西洋天文学遭到反对的必然性：“当西洋天文开始动摇古代中国意识和观念的根本体系时，就有了严厉而激烈的反抗，甚至有了过分而无理的指责。”②不唯天文学，整个西方科技在中国的遭遇都符合这一必然性。在西学的浪潮中，一部分传统士人大力抨击西学也就在情理之中了。如王夫之说利玛窦是“狂呆”，他凭自己若地球为圆形则人当见弧形的直观经验抨击“地圆说”：“玛窦身处大地之中，目力亦与人同，乃倚一远镜之技，死算大地为九万里，使中国有人焉如子瞻、元泽者，会不足以当其一笑，而百年以来，无有能窥其狂騃者，可叹也。”③杨光先亦抨击“地圆说”，说其是对“大清帝国”的“轻贱”。按其思路，若地球为圆形，地球两边的人必然足心相对。杨光先抨击“足心相对”：“我中夏是彼西洋脚底所踹之国，其轻贱我中夏甚矣。”④这些批评固然源于对传统思想观念的维护，但确实也与他们对西学科技的无知有关。对于那些接受西学的士人来说，他们又是如何维护中国的传统思想观念的呢？他们提出了“西学中源论”，把西学知识纳入中国传统的知识体系中，加以重新解释，从而接纳。如黄宗羲认为，西方的矩度、八线、三角源于中国古代的勾股术。全祖望记载其言：

勾股之术，乃周公、商高之遗，而后人失之，使西人得以窃其传。⑤

黄宗羲被学界视为“西学中源论”的首倡者。王锡阐、梅文鼎继之。如阮元《畴人传》引王锡阐之语：

---

① 葛兆光：《中国思想史》第2卷，复旦大学出版社1986年版，第353页。
② 葛兆光：《中国思想史》第2卷，复旦大学出版社1986年版，第353页。
③ （清）王夫之：《思问录外篇》，《船山全书》第12册，岳麓书社1996年版，第460页。
④ （清）杨光先：《孽镜》，《不得已》卷下，陈占山校注，黄山书社2000年版，第60页。
⑤ （清）全祖望撰，朱铸禹汇校集注：《全祖望集汇校集注》，上海古籍出版社2000年版，第222页。

> 今者西历所矜胜者,不过数端,畴人子弟骇于创闻,学士大夫喜其瑰异,互相夸耀,以为古所未有,孰知此数端者,悉具旧法之中,而非彼所独得乎!①

黄宗羲等人提出的“西学中源论”体现了中国士人既要接受西学又要维护传统思想观念的复杂心理。

二、危机心态下的西学

康雍乾时期,被誉为清朝的盛世。其实,在所谓“盛世”的外衣之下,已潜伏着深刻的危机。梁启超指出了乾隆盛世下的政治、经济危机:“乾隆朝为清运转移的最大枢纽。这位十全老人,席祖父之业,做了六十年太平天子,自谓‘德迈三皇,功过五帝’。其实到他晚年,弄得民穷财尽,已种下后来大乱之根。”②孟森则从“士气”“政治学”之衰微看出雍乾之盛隐含的败象:“清一代汉学之极盛,正士气之极衰,士气衰而国运焉能不替。此雍、乾之盛而败象生焉者一也”,“清一代经学大昌,而政治之学尽废,政治学废而世变谁复支持,此雍、乾之盛而败象生焉者二也。”③这种“盛世”下的败象,也许西方人比“只缘身在此山中”的中国人看得更为清晰。如英国人斯当东在乾隆朝来华后对中国文化停滞不前的评价:“从此以后,中国文化即停滞不前,而欧洲文明,无论是技术知识和礼貌,都日新月异。欧洲人来到中国,他们不再像最初欧洲人写的游记上那么羡慕了。”④道咸以来,西方殖民者大规模地入侵,更使清王朝陷入深重的危机之中。

随着西学东渐的进一步延伸,清代的中国士人已较为普遍地感受到危机感。张之洞的危机心态可为典型。他说:

---

① (清)阮元:《王锡阐下》,《畴人传》卷35,商务印书馆1935年版,第438页。

② 梁启超:《中国近三百年学术史》,东方出版社1996年版,第30页。

③ 孟森:《清史讲义》,中华书局2006年版,第305—306页。

④ [英]斯当东:《英使谒见乾隆纪实》,叶笃义译,商务印书馆1963年版,第489—490页。

> 吾闻欲救今日之世变者，其说有三：一曰保国家，一曰保圣教，一曰保华种，夫三事一贯而已矣。保国、保教、保种合为一心，是谓同心，保种必先保教，保教必先保国。种何以存？有智则存，智者教之谓也。教何以行？有力则行，力者兵之谓也。故国不威则教不循，国不盛则种不等。①

清代中国士人面对西学的心理危机主要表现在三个方面。其一，对传统思想观念的巨大冲击。如世界地图对“率土之滨，莫非王土”的大中华观念的冲击。当明末利玛窦第一次把世界地图呈现于中国士人面前，中国士人简直不能接受中国只是“万国”之一而已的现实，连利玛窦本人也担心中国在地图上那么小而遭到皇帝的斥责。至于清代，中国士人已认同中国确实只是“万国”之一，中国既不是世界的唯一，也不是文明中心的唯一。康熙帝下令实地勘测绘制全国地图，已从侧面表明了其对世界空间的重新认识。再如“日心地动说”对日升日落的“地静说”“中原说”观念的冲击。乾隆二十五年（1760 年），法国传教士蒋友仁绘制了《增补坤舆全图》，大力宣扬哥白尼的“日心地动说”，还对之作了通俗易懂的翻译，并献给了乾隆帝。但乾隆帝并未推广，经过三十多年，钱大昕对之作了修订，改名为《地球图说》，刊印发行。阮元批评“日心地动说”：“然其为说至上下易位，动静颠倒，离经畔道，不可为训，固未有若是甚焉者也。”②显然，阮元之所以批评“日心地动说”，就在于其说冲击了中国传统观念而“离经畔道”了。其二，科技差距越拉越大带来的心理恐惧。康熙帝之后，雍正帝严禁传教，驱逐传教士，乾隆帝继续雍正帝的禁教政策。西学东渐之路受到了严重的阻碍。也许，雍、乾二帝已意识到了西学对国家安全的威胁。于是，采用了闭关自锁的政策，使中国微微开启的对外比较开放的大门被关闭了。本来就已落后的中国科技受闭关自锁政策的影响，在发展过程中，与西方的差距越拉越大。英国人马戛尔尼在乾隆朝看到清代的科技发展已十分缓慢，远不如西

① （清）张之洞：《同心第一》，《劝学篇・内篇》，上海书店 2002 年版，第 4 页。

② （清）阮元：《蒋友仁》，《畴人传》卷 46，商务印书馆 1935 年版，第 610 页。

方科技，认为其重要原因之一就在于统治者的不重视：“吾闻康熙大帝御极之日亦颇重科学，一时西洋教士来华当差者为数甚多，乃至大帝宾天而后，后嗣竟不能克继其大志。虽当差洋人并未辞退，而政府对于彼辈初不重视，几有全不理会之态，此殆以当时士所研究者初无成绩之可言，或即有成绩亦不切实用，遂致中国政府不复以科学为人生所急，而对于西洋物质上之进步亦以此一概抹杀。”①清朝的部分士人已开始清醒地认识到了西方科技的先进，也勇敢地承认这一点。如江永说：“西法算太阴有二三均加减，实胜中法一大端也。”②钱大昕也说西学在“术”方面胜于中法：“西土之术，固有胜于中法者，习其术，可也；习其术而为所愚弄，不可也。”③更多的清代士人不愿承认中国技术落后的现实，如阮元、江藩等，这正是西学大大先进于中学所带来的心理恐惧所致。其三，西方文明直接入侵带来的心理震撼。西方人看到中国科技落后，军事薄弱的现实之后，早已流露出觊觎中国的野心。早在乾隆时期，马戛尔尼就说：“然以余观之，此种宽衣大袖之兵队，既未受过军事教育，而所用军器又不过刀、枪、弓、矢之属，一旦不幸，洋兵长驱而来，此辈果能抵抗与否？尚属一不易置答之疑问也。”④当时的一名外国人还说过一段名言：“中华帝国只是一艘破烂不堪的旧船，只是幸运地有了几位谨慎的船长才使它在近150年期间没有沉没。它那巨大的躯壳使周围的邻国见了害怕。假如来了个无能之辈掌舵，那船上的纪律与安全就都完了。”⑤不用说，这名外国人的眼光是十分敏锐的。中国那些对西方比较了解的传统士人也同样意识到中国因科技落后、国力衰弱所面临的潜在危机，如林则徐、魏源等人。林则徐受命钦差大臣，督办广州事务时，他采取了修

---

① ［英］马戛尔尼：《乾隆英使觐见记》（插图本），刘半农译，李广生整理，百花文艺出版社2010年版，第198页。

② （清）江永：《论太阴迟疾》，《数学》卷1，景印文渊阁《四库全书》第796册，台湾商务印书馆1986年版，第623页。

③ （清）钱大昕：《潜研堂文集·与戴东原书》，《潜研堂集》，吕友仁标校，上海古籍出版社1989年版，第597页。

④ ［英］马戛尔尼：《乾隆英使觐见记》（插图本），刘半农译，李广生整理，百花文艺出版社2010年版，第206页。

⑤ ［法］阿兰·佩雷菲特：《停滞的帝国——两个世界的撞击》，王国卿等译，生活·读书·新知三联书店1993年版，第523页。

筑炮台、制定海防策略等一系列的海防措施，以此巩固海防预防西方列强从海上进攻。尽管如此，西方列强于道光二十年(1840 年)还是凭借先进的科技，用坚船利炮打开了中国封闭的大门。时隔半个多世纪之后，这名外国人的预言不幸被证实了。

意识到西学所带来的危机的中国传统士人以什么样的心态来对待西学呢？概言之，主要有三种：

第一，溯源心态。溯源，是考据学者最为擅长的治学方法之一。对于西学，他们同样以溯源之法探讨之。那么，西学之源在哪里呢？中国传统士人在中国的古籍中找到了答案，西学之源在中学，于是，他们提出了“西学中源论”。“西学中源论”的最早提出者为黄宗羲，方以智、王锡阐等继之。后来的康熙帝也主张“西学中源论”，梅文鼎接着大力阐释“西学中源论”，使“西学中源论”迅速盛行开来。至于乾嘉时期，“西学中源论”臻于顶峰，成为中国士人对待西学的主流观点。而此时，正是考据学最为盛行之际，“西学中源论”之所以达到高潮，无疑，乾嘉时期的考据学家起到了至关重要的作用。他们运用自己擅长的考据方法，以丰富的材料与严谨的逻辑推理来证明“西学中源论”的正确性。乾嘉学派的大儒阮元尤为宣扬“西学中源论”。阮元在反驳“西人之学，非中土之所能及”的观点时说：

> 然元尝博观史志，综览天文算术家言，而知新法亦集古今之长而为之，非彼中人所能独创也。如地为圆体，则《曾子十篇》中已言之；太阳高卑，与《考灵曜》地有四游之说合；蒙气有差，即姜岌地有游气之论；诸曜异天，即郄萌不附天体之说。凡此之等，安知非出于中国，如借根方之本为东来法乎？①

《畴人传》作为科学史著作，始终贯穿着阮元的“西学中源”观点。他在《凡例》中已明言之：

① (清)阮元：《汤若望传》，《畴人传》卷 45，商务印书馆 1935 年版，第 589 页。

西法实窃取于中国，前人论之已详。地圆之说，本乎曾子；九重之论，见于《楚辞》。凡彼所谓至精极妙者，皆如借根方之本为东来法。①

戴震亦主张“西学中源论”，如他认为中土之勾股即西法之三角：

中土测天用“句股”，今西人易名“三角、八线”，其“三角”即“句股”，“八线”即“缀术”。然而“三角”之法穷，必以“句股”御之，用知“句股”者，法之尽备，名之至当也。②

“西学中源论”在中国士人面对西学的危机心态中成为士人接受西学的主流思想。《四库全书总目》可代表清代主流的学术思想，它对西学的态度可为典型之论。如评价意大利人艾儒略《西学凡》：

所述皆其国建学育才之法。凡分六科：所谓勒铎理加者，文科也；斐录所费亚者，理科也；默第济纳者，医科也；勒义斯者，法科也；加诺搦斯者，教科也；陡禄日亚者，道科也。其教授各有次第，大抵从文入理，而理为之纲。文科如中国之小学，理科则如中国之大学，医科、法科、教科者，皆其事业，道科则在彼法中所谓尽性致命之极也。其致力亦以格物穷理为本，以明体达用为功，与儒学次序略似。特所格之物皆器数之末，而所穷之理又支离神怪而不可诘，是所以为异学耳。③

四库馆臣称西学为“器”，视之为“异学”，并将其分科比之于中国的“小学”“大学”“儒学”等。对于中国本土的先进科技，更是视之为西学之源。如《周髀算经提要》中多次举实证证明《周髀算经》乃西学之一源：

① （清）阮元：《畴人传凡例》，《畴人传》，商务印书馆1935年版，第4页。

② （清）戴震：《文集・与是仲明论学书》，《戴震集》，汤志钧校点，上海古籍出版社1980年版，第183页。

③ （清）永瑢等：《四库全书总目》卷125，中华书局1965年版，第1080页。

> 李之藻以西法制浑盖通宪，展昼短规使大于赤道规，一同《周髀》之展外衡使大于中衡，其《新法历书》述第谷以前西法，三百六十五日四分日之一，每四岁之小余成一日，亦即《周髀》所谓三百六十五日者三，三百六十六日者一也。西法出于《周髀》，此皆显证。①

当“西学中源论”成为接受西学的主流思想时，亦有部分比较公正、清醒的中国士人并不附和此说，如江永、赵翼等。江永还因为守用西法而遭受当时学界围攻，以至于其书《梅翼》竟无人与之作序。如钱熙祚批评其“专用西法”：“国朝历算之学，唯宣城梅氏实能融贯中西，而用其所长。江氏生当其后，意在与梅争胜，参稽古测，专用西法。”②江永及其学说在当时“西学中源论”盛行的背景下遭到了学界的耻笑，而实际上江永是当时少有的能正确面对西学，具有独立学术精神的学者。徐道彬高度评价江永：“事实上，江永敏于学术而拙于政治，其学问开明而实在，不在梅文鼎、戴震之下，而受到的评价竟然不及杨光先，其中深意，耐人寻味。”③

“西学中源论”在今天看来，其学术理路显然是错误的。然而，像阮元、戴震等学术大家都提倡“西学中源论”，并于乾嘉时期臻于顶峰，必与当时的社会历史环境紧密相关。在中国科技非常落后的情况下，中国士人普遍具有危机心态，于是，力图在理论上寻求一种民族自信。“西学中源论”刚好契合了中国士人面对西学的危机心理，这正是“西学中源论”盛行的深层原因之一。可以说，“西学中源论”在乾嘉时期达到顶峰，也正是处于危机心态下的中国士人寻求民族自信的一种反映。江晓原分析说：“‘西学中源’在士大夫中受到广泛欢迎，以至流传二百余年之久，还有一个原因。当年此说的提倡者曾希望以此来提高民族自尊心，增强民族自信心。中国的封建统治者向来以‘天朝上国’自居，醉心于‘声教远被’、‘万国来朝’，清

① （清）永瑢等：《四库全书总目》卷106，中华书局1965年版，第892页。

② （清）钱熙祚：《数学·数学跋》，转引自徐道彬：《论江永与西学》，《史学集刊》2012年第1期。

③ 徐道彬：《论江永与西学》，《史学集刊》2012年第1期。

人也不例外。"[1]当然,"西学中源论"的负面影响是很大的。它首先阻碍了西方科技在中国的进一步传播,使本来就业已落后的中国科技缺乏外来先进营养的补给,致使中国科技越来越落后。它还将科技的实践精神导向古代科技文献的勾稽、索引,使西学逐渐弱化为传统经学、小学的附庸,异化了科学的本质精神。

第二,自强心态。鸦片战争失败之后,迫使中国闭关自守的大门被打开,也使更多的中国士人认识到西方先进的科技与精良的军事装备的厉害。在铁的事实面前,中国士人不得不承认自己技不如人的无情现实。如薛福成谈到西人火器、轮船的厉害时说:

> 西人所恃,其长有二:一则火器猛利也,一则轮船飞驶也。我之将士,闻是二者,辄有谈虎色变之惧。数十年来,瞠目束手,甘受强敌之侵陵,而不能御。[2]

虽然"西学中源论"使中国士人维持着在科技方面的民族自信,但在西方文明的进一步渗透之中,最终归于幻灭。强国图存的民族危机摆在了中国士人的面前,寻求民族出路成为中国士人首要思考的问题。于是,自强心态成为中国士人的主流心态,"自强"一词也成为当时最重要的关键词,频繁地出现于当时士人的言论之中。如曾国藩谈中国的"自强"之路:

> 外国技术之精为中国所未逮,如与(当为"舆")图算法、步天测海,制造机器等事,无一不与造船练兵相表里。……精通其法,仿效其意,使西人擅长之事,中国皆能究知,然后可以徐图自强。[3]

---

① 江晓原:《试论"西学中源"说》,《自然科学史研究》1988年第2期。

② (清)薛福成:《庸盦文外编·上曾侯相书》,《庸盦全集》,华文书局1971年版,第245页。

③ (清)曾国藩:《曾文正公奏稿·调陈兰彬江南差遣片》,(清)李瀚章编撰:《曾文正公全集》第4册,中国书店2011年版,第170—171页。

“自强”乃中国被西方列强入侵后的当务之急，这几乎已成当时中国士人的共识。究竟如何自强？对于这一重要问题，中国士人走上了艰苦的探索之路。在探索之路上，中国士人找到的自强之路就是向西方学习。具体学习什么内容呢？中国士人首先意识到要学习西方先进的技术。技术在中国传统文化中被称为“格致”之学，属于“器”的层面，即使西方先进技术已显示出无比威力，但在中国士人眼中也只是“器”而已。如郑观应说：

> 西人之所骛格致诸门之学，如一切汽学、光学、化学、数学、重学、天学、地学、电学，而皆不能无所依据，器者是也。①

先进技术虽然为“器”、为“末”，但其实实在在的威力促使中国士人主张深入学习西方之“格致”之学。魏源、林则徐等人很早就认识到学习西方科技的重要性。魏源提出了“师夷长技以制夷”的重要观点：

> 何以异于昔人海图之书？曰：彼皆以中土人谭西洋，此则以西洋人谭西洋也。
>
> 是书何以作？曰：为以夷攻夷而作，为以夷款夷而作，为师夷长技以制夷而作。②

林则徐在禁烟之后，就意识到英国因鸦片贸易的断绝必然开进兵船，以武力相威胁。为了“制夷”，林则徐在给道光的奏折中就提出了利用广东海关税来仿制当时西方枪炮、舰船的建议：

> 广东利在通商。自道光元年，至今粤海关，已征银三千余万两。收其利者，必须预防其害。若前此以关税十分之一，制炮造船，则制夷已

① （清）郑观应：《盛世危言·道器》，夏东元编：《郑观应集》上册，上海人民出版社 1982 年版，第 243 页。

② （清）魏源：《海国图志原叙》，《魏源全集》第 4 册，岳麓书社 2011 年版，第 2 页。

可裕如，何至尚形棘手？①

林则徐是很有先见之明的，他主张要把西人的长技学过来，变为中国之长技，以达到“以敌攻敌”的目的。李鸿章、张之洞、薛福成等洋务派则更加系统提出学习西方科技的观点，力倡学习西方的先进“器物”。如薛福成强调要主动学习西方的先进“器物”：

> 盖中国所尚者道为重，而西人所精者器为多。然道之中未尝无器，器之至者，亦通乎道。设令炎帝轩辕复生乎今世，其不能不从事于舟车枪炮机器者，自然之势也。今之议者，动引古圣，啜糟粕而去精华，务空谈而忘实践，失之弥远。欲求驭外之术，唯有力图自治，修明前圣制度，勿使有名无实，而于外人所长，亦勿设藩篱以自隘。斯乃道器兼备，不难合四海为一家。②

张之洞也主张学习西方的先进“器物”。如他谈效仿西方建立水师：

> 水师之别有二：曰管轮、曰驾驶。管轮主轮机测量，驾驶主枪炮攻战。先教之于学堂，大率五年，复教之于练船，游历各国海口，习风涛，测海道，观战事，大率三年，其事较陆军为尤精。③

洋务派学习西方，主要限于科技方面，不能触及中国传统的伦理道德与社会秩序。如张之洞力倡学习西学，但其“体”仍为传统伦理。他在《劝学篇·明纲》中的“五伦”之论：

---

① （清）林则徐：《密陈夷务不能歇手片》，《林文忠公政书》，中国书店1991年版，第199页。

② （清）薛福成：《庸盦文编·代李伯相答彭孝廉书》，《庸盦全集》，华文书局1971年版，第75页。

③ （清）张之洞：《兵法第十》，《劝学篇·外篇》，上海书店2002年版，第63页。

五伦之要，百行之原，相传数千年更无异义，圣人所以为圣人，中国所以为中国，实在于此。故知君臣之纲，则民权之说不可行也；知父子之纲，则父子同罪、免丧废祀之说不可行也；知夫妇之纲，则男女平权之说不可行也。①

洋务派多为朝廷重臣，他们凭借手中的权力把“师夷长技”落在了实处，在军事、铁路、矿山、教育等方面促进了中国的发展。如王先明、张海荣评价张之洞的“中体西用”论对中国的积极影响：“张之洞的‘中体西用’论虽然并不完善，却已达到了当时朝廷开明官僚所能达到的最高水平，很大程度上纠正了盲目排外的民族险隘心理，并以官方认可的形式承认了西学的重要性，对于国人的思想解放与社会进步，有不可抹煞之功。”②

在西学东渐的进程中，尤其是甲午战争中效仿西方建立的水师仍然被打败之后，更有一部分富有远见的中国士人认识到仅靠先进技术自强是不够的，还必须做到中西会通与改良社会体制。中学与西学之异，论及较多。如郑观应虽认为西学源于中学，然二者已有很大差异。他说：

古人名物，象数之学，流徙而入于泰西，其工艺之精遂，远非中国所及。盖我务其本，彼逐其末；我晰其精，彼得其粗；我穷事物之理，彼研万物之质。③

仅仅认识到中西之异是不够的，还要做到中西会通，才能自强。如康有为说：

臣窃维中国人才衰弱之由，皆缘中西两学不能会通之故。故由科

① (清)张之洞:《明纲第三》,《劝学篇·内篇》,上海书店2002年版,第12页。

② 王先明、张海荣:《晚清“中体西用”论的再思考》,黄爱平、黄兴涛主编:《西学与清代文化》,中华书局2008年版,第56页。

③ (清)郑观应:《富国一》,《增订盛世危言新编》卷1,《续修四库全书》第953册,上海古籍出版社2002年版,第242页。

举出身者,于西学辄无所闻知;由学堂出身者,于中学亦茫然不解。夫中学体也,西学用也;无体不立,无用不行,二者相需,缺一不可。今世之学者,非偏于此即偏于彼,徒相水火,难成通才。推原其故,殆颇由取士之法歧而二之也。臣以为未有不通经史而可以言经济者,亦未有不达时务而可谓之正学者。教之之法既无偏畸,则取之之方当无异致。似宜将正科与经济岁科合并为一,皆试策论,论则试经义,附以掌故;策则试时务,兼及专门。泯中西之界限,化新旧之门户,庶体用并举,人多通才。①

关于体制改良问题,具有洋务思想的冯桂芬认识到了此问题的重要性。冯桂芬早已看到清王朝由于体制原因导致的严重腐败,建议改革时政。他在《校邠庐抗议》中提出了很多关于改革时政的政治主张,如以“才德”选取人才、淘汰冗员、高薪养廉、免回避的官员任职等。其中的《采西学议》则主张借鉴西方的教育模式改革中国的教育方法,略微涉及体制问题。冯桂芬的思想影响了洋务派,同时又为资产阶级改良派导夫先路。后来的康有为、梁启超等人则反对传统伦理观念,倡导民主、民权,希望建立资本主义政治制度。如康有为在阐释孔子学说中宣扬“民权”思想,反对君主专制:

然今中国圆颅方趾者四万万,其执民权者二十余朝,问人归往孔子乎?抑归往嬴政、杨广乎?既天下义理、制度皆从孔子,天下执经、释菜、俎豆、莘莘皆不归往嬴政、杨广,而归往大成之殿、阙里之堂,共尊孔子。孔子有归往之实,即有王之实,有王之实而有王之名,乃其固然。②

梁启超认为康有为的所谓“改制”,实则具有“一种政治革命、社会改造

① (清)康有为:《请将经济岁举归并正科并饬各省生童岁科试迅即遵旨改试策论折》,姜义华编校:《康有为全集》第4集,中国人民大学出版社2007年版,第306页。

② (清)康有为:《孔子改制考》卷8,姜义华编校:《康有为全集》第3集,中国人民大学出版社2007年版,第101页。

的意味"①,这正是中国士人探寻的国家自强之一路。

比较有意思的是,当中国士人探寻自强之路时,西方人也在为中国寻找出路,也希望中国效仿西方模式富强起来。如传教士李佳白、英国使节讴格讷等积极为中国自强建言献策。葛兆光以中国变法为例分析中国士人与西方人希望中国自强、富强的不同心态:"中国人讲变法,心里先有一个民族自强以与外国相颉颃的意思,而西洋人则在推行普遍主义的西洋道路,也希望中国加入全球政治与经济后在规则内游戏,所以他们希望中国的变法中,以兴铁路为第一,以练兵为次,'中国须参用西员,兼设西学科'。"②这是一个值得进一步探讨的问题。

第三,拒绝心态。葛兆光认为,具有悠久历史文化的文明对待异类文明的冲击往往有两种反应:"一是采取普遍主义的态度,欢迎这些似乎不容置疑的知识、思想与技术,使自己融入世界,一是采取特殊主义的姿态,拒绝这些会瓦解和动摇固有知识、思想与信仰的东西,激起激烈的民族主义和保守主义。"③当然了,这两种态度也并非泾渭分明,非此即彼的,二者有时相互交融,如洋务派对待西学的态度。在对待西学的问题上,一部分中国士人视西学为异端,为洪水猛兽,统统加以排斥,欲拒之于国门之外。如杨光先视西学为"左道之学":

> 总之,西洋之学,左道之学也。其所著之书,所行之事,靡不悖理叛道。世尽以其为远人也而忽之,又以其器具之精巧也而昵之。④

不接受,是接受的一种特殊方式。拒绝西学,亦可视为中国士人接受西学的另一种心态。

以拒绝心态对待西学,几乎伴随着西学东渐的整个历史过程。明末清

① 梁启超:《清代学术概论》,上海古籍出版社1998年版,第79页。

② 葛兆光:《中国思想史》第2卷,复旦大学出版社1986年版,第534—535页。

③ 葛兆光:《中国思想史》第2卷,复旦大学出版社1986年版,第546页。

④ (清)杨光先:《正国体呈稿》,《不得已》卷上,陈占山校注,黄山书社2000年版,第38页。

初，西方的传教士大规模带来西方文明的时候，就遭到一部分中国士人的强烈抵制，如刘宗周、王夫之、杨光先等人，其中的杨光先可为代表。杨光先极为仇视西学，他称天主教为“邪教”，大力批判西洋新历。如他猛烈抨击汤若望所造《时宪历》：

今书上传“依西洋新法”五字，是暗窃正朔之权以予西洋，而明谓大清奉西洋之正朔也，其罪岂止无将已乎？①

他认为，西方人传播西学有着不可告人的狼子野心：

天主教人之狼子野心，谋夺人国，是其天性。今呼朋引类，外集广澳，内官帝掖，不可无蜂虿之防。②

为了防止西人的狼子野心，他甚至提出了非常极端的抵制西学的主张：

宁可使中夏无好历法，不可使中夏有西洋人。无好历法不过如汉家不知合朔之法，日食多在晦日，而犹享四百年之国祚；有西洋人吾惧其挥金以收拾我天下之人心，如厝火于积薪之下，而祸发之无日也，况其交食甚舛乎？③

杨光先本人对西学知之甚少，他对西学的反驳当然不得要领。梁启超对之评价甚低：“有杨光先者，专著书难西术，名《不得已》书，然不解数理，弇陋强辩，徒争意气，非学者也。”④梁氏之评可谓准确。

① （清）杨光先：《正国体呈稿》，《不得已》卷上，陈占山校注，黄山书社2000年版，第36页。

② （清）杨光先：《正国体呈稿》，《不得已》卷上，陈占山校注，黄山书社2000年版，第38页。

③ （清）杨光先：《日食天象验》，《不得已》卷下，陈占山校注，黄山书社2000年版，第79页。

④ 梁启超：《中国近三百年学术史》，东方出版社1996年版，第184页。

这种排斥西学的文化态度一直绵延于整个清代。乾嘉时期，由于“西学中源论”的盛行，中国的传统士人似乎在西学的强势面前找到了传统文化的自信，抵制西学没前期那么激烈了，但他们仍然严守夷夏之大防，不允许西学凌驾于中学之上。如钱大昕虽精于西学，却十分维护传统文化。他对杨光先的评价即代表了乾嘉学派维护中学的鲜明态度：“杨君于步算并非专家，又无有力助之者，故终为彼所绌。然其诋耶稣异教，禁人传习，不可谓无功于名教矣。”①至于晚清，在洋务派、维新派大力宣扬学习西学的先进技术、政治体制的时候，反对西学的声音再次高涨，倭仁、张盛藻、徐桐、贺瑞麟等可为代表。如张盛藻在关于同文馆的奏折上说：

> 臣愚以为朝廷命官必用科甲正途者，为其读孔、孟之书，学尧、舜之道，明体达用，规模宏远也，何必令其习为机巧，专明制造轮船、洋枪之理乎？若以自强而论，则朝廷之强莫如整纪纲，明政刑，严赏罚，求贤养民，练兵筹饷诸大端。②

不久，倭仁在奏折中支持张盛藻，反对按照西学模式办学的同文馆。更有甚者，贺瑞麟发誓不用“洋货”以抵制西方文明。他的弟子曾回忆说：

> 愚生言近来多售洋货，夺我中国财源，今零用物件俱渐为改变，未知胡底，实堪痛恨。某因严戒家中，誓不用一洋物。虽力未及于人，请自一家始。言之慷慨激烈奋发。③

贺瑞麟虽然全面排斥西方文明，但其捍卫民族尊严的精神实为可嘉。

中国士人为什么要拒绝西学呢？其原因是很复杂的。也许，我们从清

① (清)钱大昕:《不得已题记》,《不得已》附录一,黄山书社2000年版,第195页。

② 《同治六年正月二十九日掌山东道监察御史张盛藻倭仁折》,《中国近代史资料丛刊·洋务运动》(二),上海人民出版社1961年版,第29页。

③ (清)贺瑞麟:《清麓遗语》卷1,转引自张昭军:《清代理学史》下卷,广东教育出版社2007年版,第456页。

政府实行闭关自锁的原因中可以得到一些启示。何瑜、柳岳武从西方人眼中的中国归纳出三大原因:"'康乾盛世'下的中国,由于地大物博和小农经济的内敛性,致使整个国家缺乏对外交流开放的内动力","中国悠久的历史文化积蓄了中华民族极强的优越感,是中国人闭关自守的一个重要因素","清朝统治者对西方人的疑惧心理"①。由此推之,中国士人拒绝西学的原因有四:一是由中国地大物博、物产丰富的特点而滋生的"天朝"自大意识。如乾隆帝拒绝西方使节要求通商的理由就是中国很富饶,能够自给自足,不需要与西方国家互通有无。二是以农耕文化为基础的小农经济,这具有内敛性,缺乏对外交流的主动性。三是悠久的文化所形成的传统文化的优越感,对异类文明嗤之以鼻。如中国士人称西学为"器"、为"末"。四是对西学冲击中国传统文明的恐惧。当然,还有一重要原因是那些盲目排外的中国士人往往对西学知之甚少或一知半解,如杨光先、倭仁等。

在西学东渐的历史大浪潮中,全然拒绝西学显然是不可能做到的。西学在很多方面超过中学已是不争的事实。面对这无情的现实,维护传统文化尊严的中国士人不得不感到尴尬而发出无奈之叹。如阮元叹惜:

使必曰西学非中土所能及,则我大清亿万年颁朔之法,必当问之于欧逻巴乎?此必不然也!精算之士,当知所自立矣。②

在中学落后于西学的现实面前,拒绝西学显然也是错误的。试想一下,如果真的完全拒绝西学,这必然导致中学越来越落后,最终被世界所抛弃。拒绝西学虽说出于维护传统文化之意,但其负面影响不可小觑。王先明、张海荣指出拒绝西学的文化排外主义的可怕思想根源与表现情态:"文化排外主义作为文化保守主义的支流一直存在到清末,还一度拥有大多数人的支持,其思想根源就是对自身文化的盲目自信与对外界文化的全然无知;固然有爱国情结在内,却以一种全盘排外的畸形情态表露出来,'为其社会数

① 何瑜、柳岳武:《18世纪西人眼中的"康乾盛世"》,黄爱平、黄兴涛主编:《西学与清代文化》,中华书局2008年版,第47页。

② (清)阮元:《汤若望传》,《畴人传》卷45,商务印书馆1935年版,第589页。

千年思想义理所困,而不能自拔’。”①对待西学的正确态度,在此借鲁迅的一句话来表达,那就是:“我们要运用脑髓,放出眼光,自己来拿!”②

三、启蒙心态下的西学

“启蒙”是源自西方的一个思想概念。康德阐释“启蒙”内涵:

> 启蒙运动就是人类自己脱离自己所加之于自己的不成熟状态。不成熟状态就是不经别人的引导,就对运用自己的理智无能为力。当其原因不在于缺乏理智,而在于不经别人的引导就缺乏勇气与决心去加以运用时,那么这种不成熟状态就是自己所加之于自己的了。Sapere aude! 要有勇气运用自己的理智! 这就是启蒙运动的口号。③

这段话虽不是直接给“启蒙”下定义,但其基本内涵成为阐释“启蒙”的重要基础。如曹孟勤对欧洲启蒙运动内涵的概括:“发生在欧洲的启蒙运动是一场人的解放运动。它反对神权、神性,宣扬人权、人性;反对蒙昧主义和神秘主义,提倡理性和科学;反对禁欲主义和来世主义,重视世俗生活;反对封建专制,颂扬自由和平等。”④中国的启蒙思潮产生于处于特殊历史时期的清朝,鸦片战争之后的清朝内忧外患,各种矛盾交织在一起,启蒙的内涵则更为复杂。陈国庆对晚清启蒙思潮内涵的界定具有代表性。他说:

> 晚清中国社会出现的启蒙思潮的内涵,广义地讲,包括反抗外国资本主义侵略、挽救民族危机、维护国家主权和领土完整、富国强兵、独立

① 王先明、张海荣:《晚清“中体西用”论的再思考》,黄爱平、黄兴涛主编:《西学与清代文化》,中华书局2008年版,第59页。

② 鲁迅:《拿来主义》,《且介亭杂文》,人民文学出版社1973年版,第29页。

③ [德]康德:《答复这个问题:“什么是启蒙运动?”》,《历史理性批判文集》,何兆武译,商务印书馆1990年版,第22页。

④ 曹孟勤:《启蒙之后的启蒙》,《求是学刊》2003年第2期。

> 自主的爱国主义思潮；反对满族贵族的腐朽统治、恢复汉族政权的民族主义思潮和反对封建主义的民主思潮。狭义地讲，启蒙思潮仅仅包括上述最后一个方面的内容，即反对封建和迷信，提倡民主和科学，宣扬资本主义政体形式和自由、平等、博爱的民主思潮。①

在陈国庆看来，中国的启蒙思潮主要有三个方面：反帝的爱国主义思潮；反满的民主思潮；宣扬资本主义政体形式和自由、平等、博爱的民主思潮。由于西方的启蒙思想中并不存在反帝反异族的内容，笔者又是在讨论西学在清代的嬗变，故在此暂使用清代启蒙思想的狭义内涵为宜，即宣扬资本主义政体形式和资本主义的民主思潮，而实际上中国启蒙思潮的狭义内涵中也一定程度地渗透着其广义内涵，三者之间并非截然分开的。又因为思想与文化及文学的联系比与政体的联系要紧密得多，笔者于此重点论述宣扬自由、平等、博爱的资本主义民主思想的启蒙。中国士人在启蒙心态下接受西学，在西学东渐的路上又上升到了一个新的高度。

严格来说，中国士人在启蒙心态下接受西学，仍是在探寻中国自强之路上的继续前行，但其因为突破了自强之路上关于“器”的浅层次认识，而深入到了关于“道”的深层次认识，上升到了关于中国国民的思想启蒙的高度，对中国社会的近代化产生了极为深远的影响，因此有必要对之作较为深入的探讨。

甲午战争中，中国军队再次被打败，一部分富有远见的中国士人认识到那些“师夷”的“长技”并不能“制夷”，也不能实现强国之梦，他们不能不重新思考自强之路“路在何方”的问题。他们重新审视了西方富强而中国贫弱的现实，仔细探寻造成这种格局的深层原因，终于发现：国家的富强与贫弱与“民”有着非常密切的关系。如严复认为西方与中国军事力量强弱的差异正在于“民”之不同：

> 是故西洋之言治者曰：“国者，斯民之公产也，王侯将相者，通国之

① 陈国庆：《晚清新学史论》，三秦出版社 2003 年版，第 30 页。

公仆隶也。”而中国之尊王者曰：“天子富有四海，臣妾亿兆。”臣妾者，其文之故训犹奴虏也。夫如是则西洋之民，其尊且贵也，过于王侯将相，而我中国之民，其卑且贱，皆奴产子也。设有战斗之事，彼其民为公产公利自为斗也，而中国则奴为其主斗耳。夫驱奴虏以斗贵人，固何所往而不败。①

薛福成担任公使时比较了解西方，也在探寻西方富强的原因。他在日记中引述了一位出使随员所论的西方富强的五大原因：

有一出使随员论西国富强之原，登之报章云：西国制治之要，约有五大端：一曰通民气。……二曰保民生。……三曰牖民衷。……四曰养民耻。……五日阜民财。……②

薛福成显然同意该出使随员的分析，并在最后说：

有此五端，知西国所以坐致富强者，全在养民教民上用功。而世之侈谈西法者，仅曰精制造、利军火、广船械，抑末矣！③

薛福成认识到“民”对于国家富强的重要性，其卓见显然超过了同时代的那些仅意识到学习西方技术的“西法者”。

西方富强之原在于重“民”，反过来的另外一层意思就是：中国的贫弱正在于轻“民”，缺乏“养民教民”。那么，如何“养民教民”呢？如何使中国的国民达到西方国民的水平呢？中国士人从西学中探寻到了一些思路，提出了一些富有思想启蒙的建议。如对民权的积极倡导。光绪二十五年

① （清）严复：《辟韩》，王栻主编：《严复集》，中华书局1986年版，第36页。

② （清）薛福成：《出使日记续刻·十四日记》，《庸盦全集》，华文书局1971年版，第1305页。

③ （清）薛福成：《出使日记续刻·十四日记》，《庸盦全集》，华文书局1971年版，第1306页。

(1899 年),香港的何启、胡礼垣针对张之洞的《劝学篇》,联合撰写了《劝学篇书后》,对张之洞的"中体西用"论进行了全面的批判,并明确倡导民权:

> 以大经大法之至正至中者而论,则权者乃天之所为,非人之所立也。天既赋人以性命,则必畀以顾此性命之权。天既备人以百物,则必与以保其身家之权。……讨曰天讨,伐曰天伐,秩曰天秩,位曰天位,一切之权,皆本于天。然天不自为也,以其权付之于民,而天视自民视,天听自民听,天聪自民聪,天明自民明,加以民之所欲,天必从之。是天下之权,唯民是主。①

梁启超也同样张扬民权,强调"民"有权对于国家兴亡的重要性。他说:

> 地者积人而成,国者积权而立,故全权之国强,缺权之国殃,无权之国亡。何谓全权?国人各行其固有之权;何谓缺权?国人有有权者,有不能令自有其权者;何谓无权?不知权之所在也。②

在启蒙思想者的力倡之下,源自西学的民权意识逐渐传播开来,几乎成为当时的时代之音。如当时《湘报》上的文章中称:"凡朝野上下,焦虑忧思,为救时之策者,必曰兴民权,为兴权之法者,必曰开民智。"③又如积极开启民智。启蒙思想者认为,民权为国家富强的重要基础,但开启民智则是民之"有权"的重要前提。民智不开,民权无从获取。洋务派代表张之洞很早就意识到开启民智的重要性。他说:

---

① (清)何启、胡礼垣:《新政真诠 · 劝学篇书后》(节选),陆学艺、王处辉主编:《中国社会思想史资料选辑》(晚清卷),广西人民出版社 2007 年版,第 99—100 页。

② (清)梁启超:《论中国积弱由于防弊》,《饮冰室合集 · 文集》之一,中华书局 1989 年版,第 99 页。

③ 《衡州士绅开设俚语报馆禀并批》,《湘报》第 141 号,1898 年 8 月 30 日。

是故智以救亡，学以益智，士以导农工商兵。士不智，农工商兵不得而智也。政治之学不讲，工艺之学不得而行也。大抵国之智者，势虽弱，敌不能灭其国；民之智者，国虽危，人不能残其种。印度属于英，浩罕、哈萨克属于俄，阿非利加分属于英、法、德，皆以愚而亡。美国先从于英，以智而自立。古巴属于西班牙，以不尽愚而复振。求智之法如何？一曰去妄，二曰去苟。固陋虚骄，妄之门也；侥幸怠惰，苟之根也。二蔽不除，甘为牛马土芥而已矣。①

从张之洞"求智之法"来看，主要在于去除骄妄而学习西学，去除懒惰而勤奋，学习西学也以西方科技为主，并未论及思想的启蒙。后来的严复、梁启超等人主张的"益智"则重在思想启蒙，比张之洞的认识更深了一层。严复论开启民智时说：

第由是而观之，则及今而图自强，非标本并治焉，固不可也。……至于其本，则亦于民智、民力、民德三者加之意而已。……然则三者又以民智为最急也。是故富强者，不外利民之政也，而必自民之能自利始；能自利自能自由始；能自由自能自治始，能自治者，必其能恕，能用絜矩之道者也。②

严复将自治、自由、自利等思想观念与开启民智紧密结合起来，起到了重要的思想启蒙作用。梁启超大力提倡开启民智，对民智问题思考得很深入。如其论述民智与民权、国权之重要关系：

今之策中国者，必曰兴民权，兴民权斯固然矣，然民权非可以旦夕而成也。权者生于智者也，有一分之智，即有一分之权；有六七分之智，即有六七分之权；有十分之智，即有十分之权。是故国即亡矣，苟国人

① (清)张之洞：《益智第一》，《劝学篇·外篇》，上海书店2002年版，第36页。
② (清)严复：《原强》，王栻主编：《严复集》，中华书局1986年版，第14页。

之智,与灭我之国之人相等,则彼虽灭吾国,而不能灭吾权,阿尔兰之见并于英人是也。今英伦人应享利益,阿尔兰人无不均沾也。……其智全塞者,则其权全亡,非洲之黑人,美洲之红人,南洋之棕人是也。此数种者,只见其为奴为隶,为牛为马,日澌月削,数十年后,种类灭绝于天壤耳,更无可以自立之时矣。……是故权之与智相倚者也,昔之欲抑民权,必以塞民智为第一义;今日欲伸民权,必以广民智为第一义。①

梁启超对民智关乎民权、国权之重要性论述深刻。正因为梁启超认识到民智对于国家富强的重要,他积极致力于开启民智的启蒙活动中。在理论上,他提出了较为系统的“新民说”。他首先阐述“新民”的重要,认为“新民为今日中国第一急务”。接着对“新民”进行界定:

新民云者,非欲吾民尽弃其旧以从人也。新之义有二:一曰:淬厉其所本有而新之;二曰:采补其所本无而新之。二者缺一,时乃无功。先哲之立教也,不外因材而笃与变化气质之两途,斯即吾淬厉所固有采补所本无之说也。一人如是,众民亦然。②

梁启超“新民”之意在于保持自己国民独具的特质基础上,摒弃那些国民性劣根,从西方吸收先进性的国民性格。其“新民说”主体内容则是论述如何“新”民,如从公德、国家思想、权利思想、自由、自治、进步、自尊、民气等方面以“新”国民,广泛涉及了资本主义民主思想的诸多方面。梁启超的“新民说”可视为对中国国民性改造的急迫呼唤,对社会产生了深远影响。在实践上,梁启超于光绪二十八年(1902年)在日本横滨创办《新民丛报》,自己担任主笔,大力宣扬“新民说”。在该刊的《本报告白》中,梁启超及其同人宣布了办刊宗旨:

① (清)梁启超:《论湖南应办之事》,《饮冰室合集·文集》之三,中华书局1989年版,第41页。

② (清)梁启超:《新民说》,《饮冰室合集·专集》之四,中华书局1989年版,第5页。

本报取《大学》新民之义，以为欲维新吾国，当先维新吾民。中国所以不振，由于国民公德缺乏，智慧不开，故本报专对此病而药治之。①

梁启超还特以“中国之新民”为笔名，撰写了大量关于思想启蒙的政论文章，推动了中国的思想启蒙。

中国士人以启蒙心态接受西学，西学中的资本主义民主思想被思想启蒙者大量借用，以资本主义民主思想“新”深受封建意识禁锢的中国国民，如自由、平等、自治、民权、公民、博爱等观念。这些资本主义民主思想成为中国士人启蒙国民的核心利器。如梁启超畅论“自由”：

“不自由毋宁死。”斯语也，实十八九两世纪中，欧美诸国民所以立国之本原也。自由之义，适用于今日之中国乎？曰：自由者，天下之公理，人生之要具，无往而不适用者也。虽然，有真自由，有伪自由，有全自由，有偏自由，有文明之自由，有野蛮之自由。今日“自由云”“自由云”之语，已渐成青年辈之口头禅矣。新民子曰：我国民如欲永享完全文明真自由之福也不可不先知自由之为物果何如矣。请论自由。②

梁启超大力宣扬自由，誉之为“自由之花”“自由之神”，并大量列举世界史上为自由而斗争的例子证明“自由”为推动历史前进的原动力，以此启蒙中国国民摆脱奴性，为自由而奋争。再如康有为对平等观念的倡导：

此条犹可考旧制男女平等，自后世尊阳抑阴，乃广备妾媵以繁子姓。泰西一男一女，犹中国古法也。③

康有为主张男女平等，以资本主义的平等思想冲击了中国根深蒂固的

① 《本报告白》，《新民丛报》第1号，1902年。

② （清）梁启超：《新民说》，《饮冰室合集·专集》之四，中华书局1989年版，第40页。

③ （清）康有为：《孔子改制考》卷9，姜义华编校：《康有为全集》第3集，中国人民大学出版社2007年版，第121页。

男尊女卑的传统观念,启蒙了民众的平等意识。其他如严复、谭嗣同等也对自由、平等、民权等资本主义民主思想进行了阐释与宣扬。这些思想启蒙者所作的努力,提升了中国国民思想的民主启蒙,促进了中国思想的近代化进程。

当然了,以西方资本主义民主思想启蒙中国国民的运动的发展也不是一帆风顺的。启蒙思潮虽说形成了当时的时代之思潮,但由于极大地冲击传统的思想观念与纲常伦理,从而引起了那些保守士人的强烈不满,并极力抵制。其代表人物有张之洞、朱一新、文悌、叶德辉等。他们攻击启蒙思想的方法就是极力夸大启蒙思想的危害。如张之洞认为"民权之说,无一益而有百害",倡导民权,必将导致国家动乱,外敌入侵,最后直至亡国:

> 使民权之说一倡,愚民必喜,乱民必作,纪纲不行,大乱四起,倡此议者,岂得独安独活?且必将劫掠市镇,焚毁教堂,吾恐外洋各国必藉保护为名,兵船、陆军深入占踞,全局拱手而届之他人,是民权之说,因敌人所愿闻者矣。①

又如朱一新无限夸大民主学说的危害,认为如果民主盛行,必将导致名分不分、天下大乱、弱肉强食的混乱局面:

> 夫民主者,徒便于乱民之藉口,而非真能以安其国者也。名分之不正,议论之曰嚣,君不得以治其臣,臣不得以治其民。势之所穷,乃尊法律,吏以法律为师,而人怀操、莽之志,各私权利,各逞机械,势必出于弱肉强食而后已。呜呼!圣人履霜坚冰之戒,用意至深远也。②

历史的车轮总是向前的。无论保守者如何反对启蒙思想,都无法阻止顺应历史潮流的启蒙思想的传播及对中国国民与社会所产生的深刻影响。

---

① (清)张之洞:《正权第六》,《劝学篇·内篇》,上海书店2002年版,第20页。

② (清)朱一新:《无邪堂答问》卷4,《丛书集成续编》第93册,上海书店1994年版,第1172页。

还需注意的是，国民的思想启蒙是被动的，并非如康德所言的“自己摆脱”，即国民启蒙的自发性，对于封建思想浓厚的中国国民来说，更是如此。高玉、朱利民阐述了国民启蒙的被动性：“康德关于启蒙的定义决定了启蒙的过程是自发性的，事实远非如此。西方启蒙运动过程中，伏尔泰、卢梭、狄德罗、孟德斯鸠等都不遗余力地向大众灌输理性、灌输启蒙思想，这就说明被启蒙者的启蒙不是自发性的，而是被动的。他们对公民社会的启蒙就是一种人为的行为，被启蒙者大多数情况下都是被动的。中国的启蒙运动也一样，在关于启蒙的自发性上不具备天然的条件，因为，‘五四’启蒙本身就是受到西方启蒙思潮的影响而产生的，无论是从中国启蒙运动的整体还是从个体的启蒙来说，都不具备自发性的特点。相反，中国的启蒙运动带有很大的被动性。”①“五四”启蒙如此，清代受西学影响的启蒙也同样如此。从被启蒙者的被动性这个意义上看，像严复、康有为、梁启超等人积极、主动地倡导启蒙，宣扬启蒙，对于中国逐步走上自强之路，是一件何等重要、何等有意义的事情。

客观地说，清代在西学东渐过程中所掀起的思想启蒙，本身也存在一些不成熟之处。笔者以为大体有四：其一，机械性。把西方的资本主义民主思想较为生硬运用于中国思想问题的分析，如严复对进化论的使用，就有泛化的倾向。其二，附会性。将西方的资本主义民主思想附会于中国的传统文化。如康有为的《孔子改制考》《论语注》《大同书》。钱穆评康有为《大同书》之“平等博爱”时说：“平等博爱，此西说也，而扬高凿深之，乃不仅附会之于墨翟，并牵率之于释迦。”②其三，理想化。清代的思想启蒙者所提出的启蒙主张及实践，理想化色彩较浓，如康有为的“大同理想”、梁启超的“新民”主张，一定程度地忽视了中国社会与国民的现实状况。其四，相悖性。一些启蒙思想者提出的启蒙理论本身内部也存在着相悖之处。如谭嗣同《仁学》中论“杀名为恶”，梁启超评之曰：“此等论调，近于诡辩矣，然其怀疑

---

① 高玉、朱利民：《两浙启蒙思潮与中国近现代文学》，中国社会科学出版社2012年版，第192页。

② 钱穆：《中国近三百年学术史》，商务印书馆1997年版，第738页。

之精神，解放之勇气，正可察见。"①此等不成熟之处，当属思想启蒙过程中不可避免的必然存在。尽管如此，这场清代西学东渐过程中的思想启蒙所起到的积极意义是很重大的。汪林茂如此评价清代启蒙思想的重大意义："从20世纪初中国开展的文化启蒙运动中至少可以看到这两点：一是启蒙运动的本身即可说明，作为运动主体的中国知识阶层的观念已经实现更新。而且启蒙运动的进行，反过来又推动了知识阶层更进一步的近代文化自觉。二是随着启蒙运动的深入开展，文化自觉的范围正渐渐地从启蒙运动的主体向客体扩展。它集中地体现为这一趋势：旧的意义世界在加速崩裂，新的意义世界已开始构建。"②历史证明：清代的这场思想启蒙运动在中国迈向近代化、迈向富强之路上起到了至关重要的促进作用。

随着西学东渐的深入，在中西方文化不可避免(也无需避免)大碰撞的背景下，西学已逐渐融入了中国学术乃至中国文化之中。西学的成果并不应该只为西方人所独有，它应该成为人类社会共同拥有的财富。正如赵敦华所说的中西各自发现的"价值"都不是独占的，而是具有世界意义。所以，我们必须要有这样一种认识：西学不是西方人的学问，而是中国学术的有机组成部分。赵敦华尤为强调这一点，对此作了深入而精彩的分析，具有很强的说服力。他说："如果说西学是指中国人研究的西方学说，那么西学就是用中文写作和表达的学问，这是我把西学归为中国现代学术的一个主要理由。研究西学的'中国人'不属于种族或国籍的范畴，而属于文化的范畴。海德格尔说，语言是存在之家。如果这里的'存在'指人的文化认同，那么这句话确实说出了一个真理：在人文学科领域，一个人用什么语言表达，他就属于那个文化。一个人身在国外，即使加入了外国籍，只要他在用中文思想、写作、表达，他就仍然属于文化中国。关键不在研究的对象，而在研究所使用的语言。以中国为对象的西文研究是属于西方学术的汉学，而以西方为对象的中文研究则是属于中国学术的西学。"③请原谅笔者再次引

① 梁启超：《清代学术概论》，上海古籍出版社1998年版，第93页。
② 汪林茂：《晚清文化史》，人民出版社2005年版，第408页。
③ 赵敦华：《关于"西学"的几个理论问题》，《哲学研究》2007年第6期。

用赵敦华的观点，因为这是一个非常重要的理论问题。后来的事实证明：西学确实已融入了中国学术与文化之中。今天我们所谈论的“自治”“民主”“法治”“公正”等价值观念已深入民心，几乎令人想不起这些价值观曾经是源自西学的。电、汽车、电脑、手机等现代工具，最早的发现者或创造者均为西方人，谁又会因为这些东西是西学而加以拒绝呢？即使最保守的人也是不会且无法拒绝的。因为这些西学成果已完全融入了中国人的生活与文化之中，并已成为了我们生活的一部分。试想一下，如果拒绝了这些东西，我们的生活会陷入一个什么样的状态？清代的西学也同此理，正在逐渐改变着中国人的政治观、思想观、价值观等，逐渐地融入了中国学术及文化之中。黄爱平、黄兴涛说：“在一定意义上甚至可以说，一部清史，就是一部中西碰撞冲突、交流互动的历史。”①所以，可以这样讲，清代西学既深远地影响了清代文化，同时又在逐渐融入清代文化。

第二节　西学语境下的清代之小说评点

西学虽然早在清初就掀起了一股学术浪潮，但那时的中国士人主要以实用心态接受西学，仅在天文、历算等自然科学领域发展迅速。西学东渐对中国科技的影响较为迅速、明显，而对中国文化的影响则显得相对滞后。作为中国文学批评的小说评点所受西学之影响也同样显得滞后。在道光之前，清代的小说评点基本上还是采用传统评点模式，很少受到西学的影响。而在道光之后，小说评点则受到了西学很深的影响。谭帆对道光之后的小说评点作了总的概括：“道光以后，小说评点逐步进入尾声了。这百来年的小说评点又呈另一番景象：一方面，传统意义上的小说评点余波不绝，尤其是清中叶以来的《聊斋》、《红楼梦》和《儒林外史》吸引着大量的文人评点家，小说评点尤其是文人评点仍颇为兴旺。另一方面，大约在十九世纪末，

① 黄爱平、黄兴涛：《序言》，黄爱平、黄兴涛主编：《西学与清代文化》，中华书局 2008 年版，第 1 页。

随着中西方思想文化的交汇，一些思想激进的小说家和小说理论家也大量采用评点这一旧的形式来表现他们的政治理想和现实感慨，这种‘旧瓶装新酒’的现象在晚清着实热闹了一番，并随着新兴的报纸杂志在社会上流播广远。”①谭帆所言19世纪末以来在中西文化交汇中产生的小说评点，实乃中国小说评点的新景象，其“新”之处就在于此时的小说评点主要将小说置于西学的文化语境中加以评点，从而形成与传统小说评点迥异的评点风格。故而，只有深入探析西学语境下的清代之小说评点，才能全面、准确地把握整个清代的小说评点的风貌。

一、以西学观念观照中国小说

中国古代小说发展到晚清，受西方文化影响，小说文体发生了新变。在浸染西学的梁启超、夏曾佑、狄葆贤等人的倡导之下，晚清掀起了轰轰烈烈的“小说界革命”，诞生了一批主要刊载于《新小说》《绣像小说》等小说期刊的“新小说”。这些“新小说”在小说观念、题材选择、叙事模式、艺术表现、传播方式等方面，与传统小说相比，都呈现出迥然不同的风格。阿英指出：“杂志《新小说》《绣像小说》，所刊载作品，几无不与社会有关。”②当然，除了内容，叙事模式、传播方式等方面亦有重大变化。随着小说本身发生新变，晚清的小说评点也发生了重要变化。贺根民把晚清的小说评点总结为三个方面：“检讨晚清小说评点的发展趋势，约有三端：一是运用传统章法，对传统小说进行重复评点，这主要见于《红楼梦》《金瓶梅》和《儒林外史》等经典名著；二是自标新法，对小说经典作当下社会解读，像燕南尚生评点《水浒传》、梦生评点《金瓶梅》等；三是对自创小说的新法新评，梁启超开其端绪，效颦者时不乏人，其中又以吴趼人、李伯元等职业小说家尤著。”③以西学观念观照中国小说的评点主要集中于贺根民所言的第二端、第三端小说评点，具体而言，即两类：一是以西学观念评点传统小说；二是以西学观念

① 谭帆：《中国小说评点研究》，华东师范大学出版社2001年版，第32—33页。

② 阿英：《晚清小说史》，人民文学出版社1980年版，第5页。

③ 贺根民：《巅峰之失：小说评点衰落的学理分析》，《学术论坛》2006年第7期。

评点“新小说”。

第一类：以西学观念评点传统小说。道光之后，传统小说的评点分为两条线发展。一条是沿着李卓吾、金圣叹开创了小说评点之路前行，如黄小田的《儒林外史》评点、文龙的《金瓶梅》评点；另一条则是受西学影响而产生的以西学观念评点传统小说的新路。第二条评点传统小说的路子在当时产生了巨大的社会影响，也更为受人关注。随着西学东渐的逐步深入，西学的思想观念越来越引起中国士人的重视，并渗入文化层面。小说评点也自觉不自觉地以西学观念观照传统小说，赋予传统小说以西学观念的当下解读。可为代表的是燕南尚生的《新评水浒传》。如燕南尚生认为《水浒传》之价值主要在于其具有“平权”“自由”等思想：

> 噫！《水浒传》果无可取乎？平权、自由，非欧洲方绽之花，世界竞相采取者乎？卢梭、孟德斯鸠、拿破仑、华盛顿、克林威尔、西乡隆盛、黄宗羲、查嗣庭，非海内外之大政治家思想家乎？而施耐庵者，无师承、无依赖，独能发绝妙政治学于诸贤圣豪杰之先。恐人之不易知也，撰为通俗之小说，而谓果无可取乎？①

燕南尚生还认为《水浒传》的创作目的在于表达创建“民主共和政体”国家的设想：

> 《水浒传》者，痛政府之恶横腐败，欲组成一民主共和政体，于是撰为此书。②

在对水浒人物命名的释义方面，更是以西学观念阐释之。如关于宋江之名的阐释：

① (清)燕南尚生:《叙》,《〈新评水浒传〉三题》,阿英编:《晚清文学丛钞》(小说戏曲研究卷),中华书局1960年版,第125页。

② (清)燕南尚生:《新或问》,《〈新评水浒传〉三题》,阿英编:《晚清文学丛钞》(小说戏曲研究卷),中华书局1960年版,第131页。

> 宋是宋朝的宋，江是江山的江。公是私的对头，明是暗的反面。纪宋朝的事偏要拿宋江作主人公，可见耐庵不是急进派一流人物。不过要破除私见，发明公理，从黑暗地狱里救出百姓来，教人们在文明世界上，立一个立宪君主国，也就心满意足了。①

虽然燕南尚生关于《水浒传》的评点显得十分牵强附会，偏离《水浒传》本身很远，但在西学浸染中国社会的大背景下，这种评点方式却非常盛行。除了评点，在晚清盛行的“小说话”中，这种评价传统小说的思维方式也同样处处存在。如梦生在《小说丛话》中评价《金瓶梅》：“第十回写武松充配孟州，由西门入京浸润所致，见西门之恶始著也，见民贼在上，使奸恶小人得志，鱼肉人民，若此类者不可胜道也。”②

以西学观念评点传统小说的评点者受西学影响甚深，往往在评点中充满了政治热情，艺术分析的评点则不足，甚至舍弃文本而作现实政治的自我观点的阐发。这种关于传统小说的充满政治热情的评价方式，引起了一些头脑比较冷静、能客观认识传统小说的文人的不满。如吴趼人批评以今人思想评价古人小说的评价方式：

> 轻议古人固非是，动辄牵引古人之理想，以阑入今日之理想，亦非是也。吾于今人之论小说，每一见之。如《水浒传》，志盗之书也。而今人每每称其提倡平等主义，吾恐施耐庵当日，断断不能作此理想。不过彼叙此一百八人，聚义梁山泊，恰似一平等社会之现状耳。③

从小说评点本身来讲，吴趼人的批评意见是正确的，这可以一定程度地让那种充满政治色彩的小说评点更为客观一些。

---

① （清）燕南尚生：《命名释义》，《〈新评水浒传〉三题》，阿英编：《晚清文学丛钞》（小说戏曲研究卷），中华书局1960年版，第135页。

② （清）梦生：《小说丛话》，黄霖编：《金瓶梅资料汇编》，中华书局1987年版，第340页。

③ （清）吴趼人：《说小说·杂说》，《我佛山人文集》第8卷，花城出版社1989年版，第69页。

第二类：以西学观念评点“新小说”。在“小说界革命”运动中诞生的“新小说”，其本身的地位就是一种“化民”的政治工具。小说为政治工具的观念也是受到了西学影响才产生的。提倡小说革命的文人正是从小说对西方政治运动所产生的巨大作用中得到启发，从而产生这种观念的。如《本馆编印绣像小说缘起》①中说：

> 欧美化民，多由小说；抟桑崛起，推波助澜。其从事于此者，率皆名公巨卿，魁儒硕彦，察天下之大势，洞人类之赜理，潜推往古，豫揣将来，然后抒一己之见，著而为书，以醒齐民之耳目。②

正是在这种小说观念下，小说地位被提高了，其社会功能也得到重视，甚至被夸大。如梁启超倡导小说革命的纲领性文章《论小说与群治之关系》中说：

> 欲新一国之民，不可不新一国之小说。故欲新道德必新小说，欲新宗教必新小说，欲新政治必新小说，欲新风俗必新小说，欲新学艺必新小说，乃至欲新人心，欲新人格，必新小说。何以故？小说有不可思议之力支配人道故。③

由于过分注重小说的政治功能，“新小说”的艺术成就并不高。梁启超自评《新中国未来记》说：“似说部非说部，似稗史非稗史，似论著非论著。”④

“新小说”的评点主要以西学观念观照小说，与“新小说”本身一样，其评点不重艺术评点，而重政治、文化等西学观念的阐发，一般附着在小说文

① 本书将清代小说期刊的“缘起”“发刊词”等均视为小说评点，因为可以将整本小说期刊视为小说集，“缘起”“发刊词”之类则可视为“总序”。

② 商务印书馆主人：《本馆编印绣像小说缘起》，《绣像小说》第1号，1903年。

③ （清）梁启超：《论小说与群治之关系》，《新小说》第1年第1号，1902年。

④ （清）梁启超：《新中国未来记·绪言》，《新小说》第1年第1号，1902年。

本上刊发于新兴杂志，也是抨击时政、唤醒民众、改良社会的政治工具，因此，可将之视为“新小说”的一种延续。这种延续可从三个方面来理解：其一，这些“新小说”有相当数量的作品为未完稿，评点则恰好一定程度地补充了小说内容。如刊于《新小说》的梁启超《新中国未来记》、刊于《绣像小说》的李伯元《活地狱》、东亚编辑局铅印的海天独啸子《女娲石》等，均为未完稿，其相关评点不同程度地补充了其内容。其二，“新小说”的评点基本上以自评为主，这些自评可视为小说创作的延续。如《新中国未来记》第二回中有“黄毅伯组织宪政党”的情节，但内容十分空泛，其评点中则大谈“政党”：

> 将来中国必须有此三党，此不可避者也。美国今两大政党，即其一主张中央集权，其一主张联邦分权也。各国之社会党则主张个人幸福者也。①

这些评点起到了很好地延续小说创作的作用。其三，“新小说”本身内容主要就是以阐发政治等观念为主，并不看重小说质素，其人物形象较为苍白、故事情节较为混乱、结构体制较为散漫，评点也同样是阐发观念，从小说作者的创作目的这个意义上讲，评点正好进一步补充了小说内容中的不尽之处。如《中国兴亡梦·自叙》言改造中国、改造世界的政治观点：

> 吾恨不能炻弹贯南北极毁灭地球一泄种种不平，又惜无风马云车飞渡别一星球吸新空气，以洗所沾染之龌蹉习惯而恣吾乐也。②

综观“新小说”评点，无论形式还是内容，都具有浓厚的西学色彩，政治性、时代性都很强。

以西学观念评点小说，虽然充满了政治性、功利性，且夸大了小说功能，

① （清）梁启超：《新中国未来记》（第2回评点），《新小说》第1年第1号，1902年。
② （清）侠民：《中国兴亡梦·自叙》，《新新小说》第1年第1号，1904年。

但在小说的审美性认识方面却有了很大的理论提升。如摩西在《小说林发刊辞》中批评了那种过于拔高小说的倾向：

> 昔之视小说也太轻，而今视小说又太重也。昔之于小说也，博弈视之，俳优视之，甚且酖毒视之，妖孽视之，言不齿于缙绅，名不列于四部；私衷酷好，而阅必背人，下笔误征，则群加嗤鄙；…今也反是：出一小说，必自尸国民进化之功，评一小说，必大倡谣俗改良之旨。①

他认为小说的实质在于审美功能。他说：

> 小说者，文学之倾于美的方面之一种也。宝钗罗带，非高蹈之口吻；碧云黄花，岂后乐之襟期？微论小说，文学之有高格可循者，一属于审美之情操，尚不暇求真际而择法语也。②

摩西以西方美学观念观照小说，大大地提升了近代的小说理论高度。以西学观念评点小说虽说有失，但在思想启蒙与小说审美性的理论提升方面，是值得肯定的。

二、西学话语充盈小说评点

随着西学的东渐，在中西文化的碰撞中，中国文化走向了近代化，中国近代化的文化体系正在逐步形成、成熟。正如汪林茂的评价："在启蒙运动的作用下，中国人的近代知识体系得以确立，新的意义世界正在构建，一个世俗化的具有本民族特征的近代文化体系正日趋建构成形并趋于完善。"③这个日趋完善的近代文化体系也包括近代文化的话语体系。从某种意义上讲，中国近代文化的话语体系的重要基础之一就是西学话语。西学话语在

① （清）摩西：《小说林发刊辞》，《小说林》第1期，1907年。
② （清）摩西：《小说林发刊辞》，《小说林》第1期，1907年。
③ 汪林茂：《晚清文化史》，人民出版社2005年版，第314—315页。

当时来讲，是一种“新话语”。在西学的浪潮中，这种“新话语”迅速普及，并渗透于当时中国的政治、经济、文化等各个领域，想要拒绝使用“新话语”几乎是不可能的。请看清朝大臣达寿的奏折：“自十八世纪以来，欧洲人士竞谈新学，所谓权利、自由、独立、平等诸说，次第而兴。当时之君固亦视同妖言，斥为邪说。其后大势所趋，终难箝塞矣。”①清朝大臣的奏折中尚且使用如此多的“新话语”，更不要说那些宣扬西学的学者言论与时尚的报刊了。这套西学的“新话语”也同样成为了晚清的小说评点的常用话语，在评点中俯拾皆是，广泛散布于小说期刊“发刊辞”、“缘起”、序跋、回评等之中。仅举“发刊辞”一段话语为例：

> 何以言之？文化日进，思潮日高，群知小说之效果，捷于演说报章，不视为遣情之具，而视为开通民智之津梁，涵养民德之要素，故政治也、科学也、实业也、写情也、侦探也，分门别派，实为新小说之创例，此其所以绝有价值也。况言论自由，为东西文明之通例，仁者见仁，智者见智，亦在夏先哲之名言，苟知此例，则愿作小说者，不论作何种小说，愿阅小说者，亦不论阅何种小说，无不可也。同人有见于此，于是有《新世界小说》之作。②

此段中典型的西学话语就有“民智”“民德”“科学”“侦探”“自由”等术语。可以说，西学话语已成为了晚清的小说评点的话语内核，若抽去这个内核，晚清的小说评点便失去其本身质素了。

晚清的小说评点中的西学话语较为繁复，笔者在此不能也无须一一加以论述，只摘取典型性强、使用频率高、影响甚大之一二简论之，以此“一斑”而窥“全豹”。

西学话语之一：“进化”。英国生物学家达尔文在《物种起源》一书中提出了生物进化论学说，彻底反驳了那些唯心主义的神造论，产生了巨大影

---

① 《考察宪政大臣达寿奏考察日本宪政情形折》，故宫博物院明清档案室编：《清末筹备立宪档案史料》，中华书局 1979 年版，第 27—28 页。

② 《新世界小说社报发刊辞》，《新世界小说社报》第 1 期，1906 年。

响,并从生物学科延伸至其他学科。进化论在中国的传播主要得力于严复翻译的赫胥黎的名著《天演论》。严复采取意译方式,宣扬赫胥黎的进化思想。赫胥黎言“进化”曰:“天行无过,任物竞天择之事,则世将自至于太平。其道在人人自由,而无强以损己为群之公职,立为应有权利之说,以饰其自营为己之深私。”①严复为近代启蒙思想家,尤为推崇西学,意欲借西学以开启民智。他在《译例言》中说:“原书多论希腊以来学派,凡所标举,皆当时名硕,流风绪论,泰西二千年之人心民智系焉,讲西学者所不可不知也。”②自严复此译作一出,轰动知识界,进化思想迅速传播开来,“物竞天择,适者生存”成为了当时最时髦的话语之一。进化思想亦波及小说评点。进化思想并非点缀于小说评点之中,而是小说评点的重要理论基础。《〈国闻报〉附印说部缘起》以进化论为理论支撑,认为人类文明的发展就是一个不断进化的过程。如在谈到西方文明时说:“至于路得之改教,倍根之叛古,歌白尼之明地学,奈端之详力理,达尔文之考生物,皆开辟鸿蒙,流益后世,视拿破仑、华盛顿为更进一解矣。盖血气之世界,已变为脑气之世界矣,所谓天衍自然之运也。”③在人类文明进化的基础上,论述小说的重要性,大力提高小说的地位:

夫说部之兴,其入人之深、行世之远,几几出于经史之上,而天下之人心风俗,遂不免为说部之所持。④

披发生从进化论出发,阐释中国古代小说的发展史:

中国小说之发达与剧曲同,皆循天演之轨线,由浑而之画,由质而

① [英]赫胥黎:《天演论》,(清)严复译,商务印书馆 1981 年版,第 93 页。

② (清)严复:《译例言》,[英]赫胥黎:《天演论》,(清)严复译,商务印书馆 1981 年版,第 12 页。

③ (清)严复、夏曾佑:《〈国闻报〉附印说部缘起》,阿英编:《晚清文学丛钞》(小说戏曲研究卷),中华书局 1960 年版,第 6 页。

④ (清)严复、夏曾佑:《〈国闻报〉附印说部缘起》,阿英编:《晚清文学丛钞》(小说戏曲研究卷),中华书局 1960 年版,第 12 页。

之文，由简单而之复杂。……中古时斯风未畅，所谓小说，大抵笔记、札记之类耳。魏、晋间，虽有传体，而寥落如晨星。迨李唐有天下，长篇小说始盛行于时，读汉以下诸史艺文志可睹也。赵宋诸帝，多嗜稗官家言，官府倡之于上，士庶和之于下，于是传记之体稍微，章回之体肇兴。草创权舆，规模已备。①

除了以进化论为理论的小说评点外，散见于各小说中的进化论评点更是繁多。当然，亦有一些进化论评点并非恰当之论。更有走向极端者，竟用进化思想评点与进化毫不相关的小说人物或情节。如燕南尚生对《水浒传》中人物“史进”的释义：

史进：史是史记的意思，进是进化的意思。……应名是信史，其实直成了独夫民贼的喜怒录、百官的溜餂工拙成绩表，臭屎不如，那儿还去找史呢？施耐庵说，谁许我这说儿实行，力持公是公非的主义，不准用压制的手段，大行改革，铸成一个宪政国家，中国的历史，自然就进于文明了。所以一大部书，挑帘子的就是史进。②

西学话语之二：“民智”。在近代中国积贫积弱的现实面前，一部分放眼世界的中国知识分子意识到：民智不开乃国家贫弱的重要原因之一，如严复、薛福成等人。如何开启民智？在小说社会功能被夸大的观念之下，小说自然成为开启民智的重要手段之一。晚清小说期刊如雨后春笋般地发展起来，刊载小说成为一时之风，正与开启民智的编辑宗旨有着密切关系。小说期刊的“发刊辞”“缘起”等是期刊编辑的宗旨所在，其中最核心的编辑思想就是开启民智。如《〈小说七日报〉发刊辞》中言：

① （清）披发生：《〈红泪影〉序》，阿英编：《晚清文学丛钞》（小说戏曲研究卷），中华书局1960年版，第302页。

② （清）燕南尚生：《命名释义》，《〈新评水浒传〉三题》，阿英编：《晚清文学丛钞》（小说戏曲研究卷），中华书局1960年版，第134页。

值物竞之剧烈，虑炎裔之就衰，民智未开，斯文有责。明通之士，于是或著或译，作为小说，以收启迪愚氓之效，非谓嬉笑怒骂，信口雌黄，藉以拾牙余之慧，以垄断之利已也。①

除了小说评点外，“小说话”亦重视小说开启民智之功能。邱炜萲在《客云庐小说话》中专写一篇“小说话”《小说与民智关系》，论述小说如何开启民智，他谈到开启民智的要领时说：

故谋开凡民智慧，比转移士夫观听，须加什佰力量。其要领一在多译浅白读本，以资各州县城乡小馆塾，一在多译政治小说，以引彼农工商贩新思想，如东瀛柴四郎氏（前任农商部侍郎）矢野文雄氏（前任出使中国大臣）近著《佳人奇遇》《经国美谈》两小说之类，皆于政治界上新思想极有关涉，而词意尤浅白易晓。②

西学话语之三：“民权”。兴民权是国家走向富强的重要基础之一，开启民智的一个重要内容就是要让国民意识到自己应有的权利。严复、康有为、梁启超、何启、胡礼垣等思想先进的知识分子皆大力倡导民权。如梁启超说：

今之策中国者，必曰兴民权，兴民权斯固然矣，然民权非可以旦夕而成也。权者生于智者也，有一分之智，即有一分之权；有六七分之智，即有六七分之权；有十分之智，即有十分之权。③

民权观念亦渗透于晚清的小说评点。燕南尚生的《水浒传》最为典型。

① 《〈小说七日报〉发刊辞》，阿英编：《晚清文学丛钞》（小说戏曲研究卷），中华书局1960年版，第172页。

② （清）邱炜萲：《客云庐小说话》，阿英编：《晚清文学丛钞》（小说戏曲研究卷），中华书局1960年版，第411页。

③ （清）梁启超：《论湖南应办之事》，《饮冰室合集·文集》之三，中华书局1989年版，第41页。

他猛烈地抨击了封建专制制度以及这种制度所导致的中国国民的奴性。专制制度与国民奴性是兴民权的最大障碍，也是必须兴民权的重要理由。梁启超批评专制下的国民奴性：

> 支那之大患，由国家视其民为奴隶，积之既久，民之自视亦如奴隶焉。彼奴隶者苟抗颜而干预主人之家事，主人必艴然而怒，非摈斥则谴责耳。故奴隶于主人之事，罕有关心者，非其性然也，势使之然也。支那之人视国事若于己无与焉，虽经国耻历国难，而漠然不以动其心者，非其性然也，势使然也。①

梁启超的论述非常深刻。燕南尚生也借评点《水浒传》与批评金圣叹而抨击专制制度与奴性：

> 金人瑞者，奴隶根性太深之人也。而又小有才焉。负一时之人望，且好弄文墨，阅书籍。……《水浒》为卓荦不群之作，使不批之，恐贻笑大方，于是乎批《水浒传》。虽然，《水浒传》者，专制政体下所谓犯上作乱大逆不道者也，于是乎以文法批之。然犹恐专制政府，大兴文字狱，罪其赞成宋江也，于是乎痛诋宋江，以粉饰专制政府之耳目，批评《水浒》，以钓赞成《水浒》之美名，其计亦良得，其心亦良苦矣。②

燕南尚生认为《水浒传》为一部倡导民权之书，评价其曰：

> 纯重民权，发挥公理，而且表扬最早，极易动人之学说。③

---

① 梁启超：《附录一·改革起源》，《戊戌政变记》卷7，台海出版社1964年版，第259页。

② （清）燕南尚生：《命名释义》，《〈新评水浒传〉三题》，阿英编：《晚清文学丛钞》（小说戏曲研究卷），中华书局1960年版，第128页。

③ （清）燕南尚生：《叙》，《〈新评水浒传〉三题》，阿英编：《晚清文学丛钞》（小说戏曲研究卷），中华书局1960年版，第126页。

值得一提的是，晚清小说评点中的女权得到了张扬。晚清反映妇女问题的小说较多，主要涉及男女平等、女子参政、女子放足等女性权利，较为优秀的小说有颐琐的《黄绣球》、思琦斋的《女子权》、自得斋主人的《中国之女铜像》等。随着妇女问题小说的大量刊印，评点者亦在序跋中张扬女权。如卧虎浪士之《〈女娲石〉叙》说：

今我之小说，对于我国之妇女者有二，对于世界者有二：一、我国妇女富于想象力、富于感化力。一、我国上等社会女权最重。是二者皆于国民有绝大之关系。①

俞佩兰在《〈女狱花〉叙》中叹"创女权"的女界小说创作之难，由此盛赞优秀的《女狱花》：

至于创女权、劝女学者，好比六月之霜，三秋之燕焉。近时之小说，思想可谓有进步矣，然议论多而事实少，不合小说体裁，文人学士鄙之夷之。且讲女权、女学之小说，亦有硕果晨星之叹。甚矣作小说之难也，作女界小说之尤难也。西湖女士王妙如君，以咏絮之才，生花之笔，菩萨之心肠，豪杰之手段，而成此《女狱花》一部，非但思想之新奇，体裁之完备，且殷殷提倡女界革命之事，先从破坏，后归建立。②

晚清的小说评点中的女权倡导得以如此重视，可见民权张扬之一斑。

西学话语充盈晚清的小说评点，实为晚清的小说评点者倡导思想启蒙之势使然，因为很多启蒙思想在传统的文言文中实在难以找到相对应的话语。如梁启超认为文言文不能准确表达"新事物""新意境"，他说："言日增

① (清)卧虎浪士：《〈女娲石〉叙》，阿英编：《晚清文学丛钞》(小说戏曲研究卷)，中华书局1960年版，第190页。

② (清)俞佩兰：《〈女狱花〉叙》，阿英编：《晚清文学丛钞》(小说戏曲研究卷)，中华书局1960年版，第191页。

而文不增，或受其新者而不能解，或解矣而不能达，故虽有方新之机，亦不得不窒。”①严复在实践中亦感如此，他用文言文翻译《天演论》，却感到不能准确达意，不能不大量使用西学话语。他说：“新理踵出，名目纷繁，索之中文，渺不可得，即有牵合，终嫌参差。译者遇此，独有自具衡量，即义定名。”②晚清的小说评点中的西学话语亦如此。晚清的小说评点中的西学话语并不仅仅具有语言学上的意义，更具有重要的隐含于语言学背后的文化意义。正如汪林茂评价“新学语”的文化意义所言：“每一个‘新学语’都代表着一个新知识，或是一种新学说、一项新制度、一种新观念，甚至是一个新学科，所以‘新学语’的流行之广、使用之普遍及不能不用的态势，正说明新知识、新观念在急剧膨胀，新文化的阵营在迅速向社会各领域扩张。”③晚清的小说评点大量使用西学话语，也正说明西学话语已深入中国的小说评点，逐步成为了中国小说评点话语不可分割的有机组成部分。

三、西方小说成为评点小说的重要参照

西方小说究竟何时进入中国，已无所稽考。明末西洋传教士金尼阁曾带七千部西方书籍入中国，涉及神学、哲学、科学、文学艺术等诸多学科，其中应该有西方小说。但中国读者真正认识西方小说，却是在清代。阿英考证后说：“译印西洋小说，现在所能考的最早时间，是在乾隆的时候，约当公历 1740 年左右。”④应当说，这正是中国读者重视西方小说的开始。甲午中日战争之后，西方小说应社会改良之需而被大量译介到中国，并逐步被中国的知识分子所熟悉。随之而来的，便产生了一个不可回避的重要问题：西方小说与中国小说相比较，究竟谁优谁劣？当时多数知识分子认为西方小说是优于中国小说的。如梁启超批评中国小说：

① （清）梁启超：《新民说》，《饮冰室合集·专集》之四，中华书局 1989 年版，第 57 页。

② （清）严复：《译例言》，[英]赫胥黎：《天演论》，（清）严复译，商务印书馆 1981 年版，第 12 页。

③ 汪林茂：《晚清文化史》，人民出版社 2005 年版，第 328 页。

④ 阿英：《晚清小说史》，人民文学出版社 1980 年版，第 180 页。

中土小说，虽列之于九流，然自虞初以来，佳制盖鲜。述英雄则规画《水浒》，道男女则步《红楼》，综其大较，不出诲盗诲淫两端，陈陈相因，涂涂递附，故大方之家，每不屑道焉。①

梁启超在批评中国小说之后，则盛赞西方之政治小说：

彼美英德法奥意日本各国政治之日进，则政治小说，为功最高焉。②

知新室主人翻译了法国作家鲍福的《毒蛇圈》，在其评点中亦先批评中国小说：

我国小说体裁，往往先将书中主人翁之姓氏、来历，叙述一番，然后详其事迹于后；或亦有用楔子、引子、词章、言论之属，以为之冠者，盖非如是则无下手处矣。陈陈相因，几于千篇一律，当为读者所共知。③

知新室主人批评中国小说之后，仍赞赏西方小说的优点。少数知识分子能够看到西方小说与中国小说各自的特色，并不作优劣之评判。如觉我说：

我国小说起笔多平铺，结笔多圆满。西国小说，起笔多突兀，结笔多洒脱。④

---

① （清）梁启超：《译印政治小说序》，《饮冰室合集·专集》之三，中华书局1989年版，第34页。

② （清）梁启超：《译印政治小说序》，《饮冰室合集·专集》之三，中华书局1989年版，第35页。

③ （清）知新室主人：《毒蛇圈》（第1回评点），[法]鲍福原注，（清）知新室主人译：《毒蛇圈》，《新小说》第8号，1903年。

④ （清）觉我：《电冠》（第25章之《觉我赘语》），《小说林》第8期，1907年。

亦有少数人认为中国小说优于西方小说的。如侠人在比较中西小说之后，得出结论："吾祖国之文学，在五洲万国中，亦真可以自豪也。"①但总体来讲，西方小说优于中国小说的观点占上风，得到了相当程度的认可。所以，以西方小说为重要参照评点小说也就成为晚清的小说评点者的一种必然选择了。以西方小说为参照评点小说可以从两个角度来理解。

第一个角度：以西方小说为重要参照评点中国小说。在小说评点者的潜意识中，西方小说被认定为优秀之作，将中国小说与西方小说并列，从而赞赏中国小说。如东海觉我之《小说林缘起》：

> 试睹吴用之智（《水浒》）、铁丐之真（《野叟曝言》）、数奇若韦痴珠（《花月痕》）、弄权若曹阿瞒（《三国志》）、冤狱若风波亭（《岳传》）、神通游戏如孙行者（《西游记》）、济颠僧（《济公传》）、阐事烛理若福尔摩斯、马丁休脱（《侦探案》），足令人快乐，令人轻蔑，令人苦痛尊敬，种种感情，莫不对于小说而得之。②

天僇生之盛赞《水浒传》，亦以西方小说为标准：

> 使耐庵而生于欧美也，则其人之著作，当与柏拉图、巴枯宁、托尔斯泰、迭盖司诸氏相抗衡。观其平等级，均财产，则社会主义之小说也；其复仇怨，贼污吏，则虚无党之小说也；其一切组织，无不完备，则政治小说也。③

这段评语虽出自专论，但颇能代表当时评价中国小说的西学思维方式。

晚清的小说评点对小说功能的特别重视，也是来自于西方小说对于西方社会的巨大影响而受到的启发。如《〈国闻报〉附印说部缘起》中言：

① （清）侠人：《小说丛话》，阿英编：《晚清文学丛钞》（小说戏曲研究卷），中华书局1960年版，第329—330页。

② （清）东海觉我：《小说林缘起》，《小说林》第1期，1907年。

③ （清）天僇生：《中国三大家小说论赞》，《月月小说》第2年第2期（原14号），1908年。

本馆同志，知其若此，且闻欧、美、东瀛，其开化之时，往往得小说之助，是以不惮辛勤，广为采辑，附纸分送，或译诸大瀛之外，或扶其孤本之微。文章事实，万有不同，不能预拟，而本原之地，宗旨所存，则在乎使民开化。自以为亦愚公之一畚，精卫之一石也。①

第二个角度：对西方小说本身的高度评价。总体赞扬西方小说的，如兰言译述的《旅顺落难记》回评言：

读外国小说，其眼光所特宜注射者，有两端：一、洞察其国俗之隐情；一、深知其民力之程度，此皆读政治学术书所不能及者也。②

对西方小说中的单篇作品高度赞颂的评点更是不计其数。晚清的翻译小说尤其繁多，其序跋多有赞言。如林纾为英国作家哈葛德《钟乳髑髅》所作之《序》：

哈氏之长有二，一言情，一探险。探险多叙斐州，必有千百岁离奇不经之人物，语近《齐谐》，然亦足以新人之耳目。③

又如知新室主人对法国小说《毒蛇圈》的欣赏：

此篇为法国小说巨子鲍福所著。乃其起笔处即就父母问答之词，凭空落墨，恍如奇峰突兀，从天外飞来；又如燃放花炮，火星乱起。然细察之，皆有条理，自非能手，不敢出此。虽然，此亦欧西小说家之常态

---

① （清）严复、夏曾佑：《〈国闻报〉附印说部缘起》，阿英编：《晚清文学丛钞》（小说戏曲研究卷），中华书局1960年版，第12页。

② （清）兰言：《旅顺落难记》（第1回回评），［英］阿伦著，兰言译述：《旅顺落难记》，《新新小说》第2年第7号，1905年。

③ （清）林纾：《〈钟乳髑髅〉序》，阿英编：《晚清文学丛钞》（小说戏曲研究卷），中华书局1960年版，第261页。

耳。爰照译之，以介绍于吾国小说界中，幸弗以不健全讥之。①

以西方小说为重要参照评点小说，反映了当时西方小说的长处与巨大的社会功能被中国小说界所特别重视的小说风气。如老棣谈小说风气之变："迩来，风气渐变。观各国诸名小说，如美国之《英雄救世》、英国之《航海述奇》、法国之《殖民娠喻》、日本之《佳人奇遇》、德国之《宗教趣谭》，皆藉小说以振国民之灵魂。"②这种小说风气直接导致了晚清翻译小说的大盛。晚清的翻译小说究竟有多少，实无法统计。先从数量上看。仅据顾燮光《小说经眼录》记载，共计 26 部，主要有法国佛林玛丽安之《世界末日记》、荷兰达爱斯克洛提斯之《梦游之二十一世纪》、法国焦奴士威尔士之《环游月球》等③；林纾翻译的西方小说最夥，其译作虽多译于辛亥革命之后，但民国之前的翻译小说亦不少，阿英据《涵芬楼新书分类总目》统计，计有 50 种左右。④ 再从比例上看。从翻译的角度可分为翻译小说与著作小说。觉我据光绪三十三年（1907 年）印行之小说统计，说：

综上年所印行者计之，则著作者十不得一二，翻译者十常居八九。⑤

据阿英统计的翻译小说所占比较为三分之二：

如果有人问，晚清的小说，究竟是创作占多数，还是翻译占多数，大概只要约略了解当时状况的人，总会回答："翻译多于创作。"就各方面

① （清）知新室主人：《毒蛇圈》（第 1 回评点），[法]鲍福原注，（清）知新室主人译：《毒蛇圈》，《新小说》第 8 号，1903 年。

② （清）老棣：《文风之变迁与小说将来之位置》，《中外小说林》第 6 期，1907 年。

③ 顾燮光：《小说经眼录》，阿英编：《晚清文学丛钞》（小说戏曲研究卷），中华书局 1960 年版，第 532—539 页。

④ 阿英：《晚清小说史》，人民文学出版社 1980 年版，第 182 页。

⑤ （清）觉我：《余之小说观》，《小说林》第 9 期，1908 年。

统计，翻译书的数量，总有全数量的三分之二，虽然其间真优秀的并不多。①

无论觉我统计的十之八九，还是阿英统计的三分之二，其比例均很高，可见，当时的翻译小说确实是大大盛于著作小说的。翻译小说在数量上占据了绝对优势，但其质量又如何呢？正如阿英所言："真优秀的并不多。"原因究竟何在？笔者以为，部分翻译者的外语水平偏低、部分小说翻译使用文言文以及多以政治化倾向偏浓的西方小说为翻译对象等原因影响了翻译小说的质量。这是一个值得深入思考的问题。

四、关于西学语境下清代的小说评点之思考

龚书铎对近八十年的近代文化作了一个总的评价："这八十年的变化，在中国文化发展史上正处于承前启后的地位。对前而言，它继承和发展了传统文化，又改变了长期以来（至少明代以来）封建主义文化腐朽、凝固、呆滞、沉闷的局面，建立了进步的、开放的、丰富多样的、活泼的新文化。对后而言，它为五四新文化运动，为以后新文化的发展，准备了条件，打下了基础。尽管这时期的新文化还不成熟，没有完整的体系，甚至是幼稚的、粗糙的，但是没有它，也不会出现五四新文化运动，不会有后来的新文化，也难以建设今天的社会主义文化。"②具体而微，西学语境下的清代的小说评点，作为近代文化之组成部分之一，也必然具有近代文化的整体特征。关于西学语境下的清代之小说评点，有三个方面的问题需要正视与思考：

其一，积极一面。从总体上看，西学语境下的清代之小说评点推动了小说评点本身以及以评点为核心的小说理论向前发展。关于小说评点本身，西学语境促进了中国小说评点的近代化转型。在西学话语渗入小说评点之前，中国小说评点主要有：以字法、句法、章法等为主的技法评点，以是否僭

---

① 阿英：《晚清小说史》，人民文学出版社1980年版，第180页。

② 龚书铎：《近代文化漫论》，《北京师范大学学报》（社会科学版）1985年第5期。

越、忠孝、仁义、礼智等为主的儒家正统思想评点，以补史、劝诫、资考证等为主的小说功能评点等；而西学语境下的小说评点则改变了这些传统评点模式：以科学、公德等西学话语评点代替了技法评点，以自由、平等、民权等资本主义民主思想评点代替了儒家正统思想评点，以开启民智的小说观念评点代替了补史等小说功能评点等。总之，西学语境下的清代之小说评点全面地走向了近代化。关于近代小说评点的近代化问题，论者甚多。但笔者认为，关于小说评点的近代化论述中还有一个重要问题被众多论者所忽略，那就是清代的小说评点者的“世界意识”。随着西方小说传入中国，在译介西方小说的同时，产生了大量关于西方小说的评点。这些关于西方小说的评点，也是小说评点近代化的一个重要表现，不应该被忽略。关于以评点为核心的小说理论，西学语境促进了中国小说理论的进一步发展。在内容方面，西方的一些文学观念开始渗入中国小说理论，如西方的美学思想、小说观念；在形式方面，小说评点开始倾向于专题化，如期刊报纸的“缘起”、小说期刊的“发刊辞”及某些序跋。程华平关于小说理论批评文体形式近代化的分析很深刻，其观点也正说明了中国小说理论的进一步发展。他说：“中国古代小说理论批评的文体形式，从近代开始逐步向逻辑化和理论化方向演进。在传统评点类文体形式日益式微的同时，包括序跋在内的专题论文脱离了对具体作家、作品作理论批评的模式，开始从理论的高度阐发小说创作中的诸多问题，体现出自觉向西方近现代学术研究范式靠拢的努力；在批评语言运用上，打破文言束缚、提倡浅近通俗、引进外来语汇等已成为理论批评家们的自觉行为；借鉴和学习‘欧西文思’、重视表述条理性，也使得近代小说理论批评文体更具逻辑性、客观性等特点。中国小说理论批评文体形式的近代变革对开创中国现代小说理论批评具有不可忽视的意义与价值。”①程华平所提到的逻辑化、理论化、专题化不正是中国小说理论进一步发展的表现吗？值得注意的一个现象是，中国小说理论的进一步发展并没有推动小说评点这种体现中国小说理论的传统模式走得更远，反而导致了小说评点的式微。谭帆对其式微原因作了分析：“就内部因素来看，晚清

① 程华平：《中国小说理论批评文体形式的近代变革》，《学术月刊》2009年第10期。

的小说评点的草率和鄙陋是小说评点逐步失去读者的一个重要原因,而报刊小说带有'补白'性的所谓'评点'则使小说评点沦为可有可无的角色。而从外部原因来看,晚清以来,小说渐由传统的边缘文体逐步跃为文学的中心,也使得小说研究方式突破了原来的格局。"①可见,无论是内部原因还是外部原因,小说评点的式微都与西学语境脱不了干系。换句话说,西学语境促使小说评点这种文体批评形式式微了,并逐步淡出历史舞台。

其二,消极一面。西学语境下的清代之小说评点虽然促进了小说评点的近代化和小说理论的进一步发展,但其并不太成熟。正如陈洪对晚清小说理论的评价:"杂糅中西,既有创新感,又显得幼稚、粗糙。……对于多数人来讲,'西学'只是时髦的口头禅,文章中的'泰西'、'电气'、'吸力'不过是影响剿袭之谈。而同时,传统的小说理论'章法'、'句法'之类往往掺杂其间,给人西服配大褂的感觉。"②概言之,西学语境下清代的小说评点之不成熟的表现主要有三端:一端:用西学话语硬性套入中国小说。二端:夸大小说功能。小说确实具有重要功能,这在社会实际生活中也得到了证实,但西学语境下的清代之小说评点过于夸大了小说功能。如《月月小说序》中说:

> 吾人丁此道德沦亡之时会,亦思所以挽此浇风耶?则当自小说始。③

该序言甚至说小说具有"助记忆力之能力"④的特殊功效。三端:忽视艺术分析。在西学语境之下,小说评点中的艺术分析被忽视了。在相当一部分评点者眼里,小说评点沦为政治思想的传声筒,成为了政治宣传、思想启蒙的工具。如梁启超的《新中国未来记》评点、《译印政治小说序》、燕南尚生的《水浒传》评点等几乎不涉及小说的艺术分析。对于西学语境下的清代

① 谭帆:《中国小说评点研究》,华东师范大学出版社 2001 年版,第 43 页。

② 陈洪:《中国小说理论史》,天津教育出版社 2005 年版,第 307 页。

③ (清)无名氏:《月月小说序》,《月月小说》第 1 年第 1 号,1906 年。

④ (清)无名氏:《月月小说序》,《月月小说》第 1 年第 1 号,1906 年。

之小说评点所存在的问题，时人已有所察觉，并对之提出了批评。如吴趼人批评以“平等主义”等西学话语评点《水浒传》：“《水浒传》，志盗之书也。而今人每每称其提倡平等主义，吾恐施耐庵当日，断断不能作此理想。”①觉我亦批评夸大小说功能的评点倾向：

> 今近译籍稗贩，所谓风俗改良，国民进化，咸唯小说是赖，又不免誉之失当。余为平心论之，则小说固不足生社会，而唯有社会始成小说者也。②

客观地说，吴趼人、觉我等人的批评意见无疑是正确的，这可以一定程度地纠正西学语境下小说评点所出现的一些偏差。

其三，西学语境下的清代之小说评点仍为中国的文学批评，是中西文化交流的结果，并未异化为西方的文学批评。西学本身并非指西方人的学问，而是指中国人眼中的西方学问，在西学语境下产生的清代之小说评点当然为中国的文学批评。判定是否为中国文学批评的最重要元素就是评点语言。语言是民族文化最重要的表征。瑞士语言学家索绪尔说：“在民族统一体的问题上，我们首先应该过问的就是语言。语言的证据比其他任何证据都更加重要。”③赵敦华也说：“在人文学科领域，一个人用什么语言表达，他就属于那个文化。一个人身在国外，即使加入了外国籍，只要他在用中文思想、写作、表达，他就仍然属于文化中国。”④西学语境下的清代之小说评点所使用的语言几乎全是中文，极少掺杂西文于其间，而且几乎都是用文言文写作，固守着传统的语言表达方式。甚至其中还有人完全坚守古文家法，排斥西学词汇，林纾即为一例。林纾积极翻译与评点西方小说，但其使用的语言却为传统古文。随举一例：

---

① （清）吴趼人：《说小说·杂说》，《我佛山人文集》第8卷，花城出版社1989年版，第69页。

② （清）觉我：《余之小说观》，《小说林》第9期，1908年。

③ ［瑞士］费尔迪南·德·索绪尔：《普通语言学教程》，高名凯译，商务印书馆1980年版，第312页。

④ 赵敦华：《关于“西学”的几个理论问题》，《哲学研究》2007年第6期。

> 葡萄不见食于羊，其终必为酒。山羊即不仇葡萄，亦断不能自免于为牲。欧人之视我中国，其羊耶？其葡萄耶？吾同胞当极力免为此二物，奈何尚以私怨相仇复耶？①

林纾还反对西学“新词汇”进入古文，并认为即使是“新词汇”，亦多有所源。他说：“所苦英俊之士，为报馆文字所误，而时时复搀入东人之新名词。新名词何尝无出处？如‘请愿’二字，出《汉书》；‘顽固’二字，出《南史》；‘进步’二字，出《陆象山文集》，其余有出处者尚多。”②我们再看评点对象。作为西学语境下的清代之小说评点的小说对象主要有三大类：传统小说、晚清小说与西方小说。西学语境下评点的传统小说主要有：《红楼梦》《水浒传》《金瓶梅》《聊斋志异》等，晚清小说主要有梁启超《新中国未来记》、侠民《中国兴亡梦》等。这两类小说都是中国小说，但其评点存在着大量的西学话语，“以西律中”倾向严重。贺根民说：“梁启超对传统小说的斥责、燕南尚生假《水浒传》的评点做立宪的献礼、徐念慈对经典传统的维护，均或多或少变相地参照西方文化这个坐标。”③第三类的西方小说很多，如法国小仲马之《巴黎茶花女遗事》、美国斯托夫人之《黑奴吁天录》等。以西方文化标准评点西方小说自然合情合理。但奇怪的是，反过来也出现了“以中律西”的评点。如蠡勺居士以“广见闻、资考证”观念评点英国小说《昕夕闲谈》：

> 因逐节翻译之，成为华字小说，书名《昕夕闲谈》，陆续附刊，其所以广中土之见闻，所以记欧洲之风俗，犹其浅焉者也。诸君子之阅是书者，尚勿等诸寻常之平话、无益之小说也可。④

---

① （清）林纾：《伊索寓言》评点，阿英编：《晚清文学丛钞》（小说戏曲研究卷），中华书局1960年版，第201页。

② （清）林纾：《〈古文辞类纂选本〉序》，钱谷融主编：《林琴南书话》，浙江人民出版社1999年版，第147页。

③ 贺根民：《中国小说观念的近代化进程》，齐鲁书社2010年版，第295页。

④ （清）蠡勺居士：《〈昕夕闲谈〉小叙》，阿英编：《晚清文学丛钞》（小说戏曲研究卷），中华书局1960年版，第196页。

无论是"以西律中"还是"以中律西"的评点，均为中国的文学批评。如果将西学语境下的清代之小说评点视为向西方文学批评的转化，显然是不符合清代的小说评点的客观实际的。

西学语境下的清代之小说评点，对于小说评点本身而言，既促进了小说评点的近代化，又造成了小说评点的式微；对于小说批评而言，既继承、发展了中国传统的小说批评，同时又开启了后来的具有现代学术范式的小说批评，在中国小说批评史上处于承前启后的地位。某些西学语境下的清代之小说评点已具备了现代小说研究专题论文的雏形，如《〈新世界小说社报〉发刊辞》，在引论中先阐述了小说"绝有价值之可言"的观点，接下来，从"小说与世界心理之关系"与"小说与世界历史风俗之关系"两方面加以论述。粗具现代学术范式的清代的小说评点，其逻辑性、系统性明显加强，这正显示了小说评点向现代研究范式的小说论文过渡的痕迹。从某种意义上讲，如果没有西学语境下的清代之小说评点，也就没有我们现在的小说论文。

第三节　晚清的小说评点与思想启蒙

"启蒙"一词，与"西学"一词一样，也是一个重要的历史概念。从词源学来看，中西方均有对"启蒙"之义的阐释。姜异新对之作了详细的分析："在欧洲，所有的主要语种中，'启蒙'这一词汇都与光有关。法语Lumieres，德语Aufklärung，英语Enlightenment，意大利语Illuministi。它们的意思都是用光来照亮世界。在英文中，词根lighten作为动词的一般意义就是'使……明亮'，而'enlighten'则意味着人通过开导而摆脱无知、偏见与迷信。Lumieres在18世纪的讨论中经常出现，它既指一种思想主张，又指那些正在阐发这一思想的人，意味着每个人都有权拥有光明"，"在汉语的语境中，启蒙的内涵是什么呢？甲骨文的'启'字是会意字，像一个人用手开门的样子，表示打开、开门，引申表示思想上的开导这一抽象意义。蒙，本义指大的女萝草，又叫菟丝，是会意字，意为饲养豕（猪）时，为防止它逃跑，用巾覆盖其眼睛。现'蒙'的本义为覆盖的意思。又因为受到遮盖就会看不清事理，缺少见识，因此引申为无知”①。在近代西学传入之前，“启蒙”一词早已存在于汉语之中。《汉语大词典》对之所作的解释可清晰地看出这一点，其释“启蒙”（亦作“啓蒙”）之义有二：一是“开导愚昧，使人明白事理。汉应劭《风俗通义·皇霸·六国》：‘每辄挫衂，亦足以祛蔽启蒙矣。’清刘献廷《广阳杂记》卷三：‘嗟乎，物理幽玄，人知浅眇，安得一切智人出兴于世，作大归依，为我启蒙发覆耶！’”二是“使初学者得到最基本的、入门的知识。元刘埙《隐居通译·论悟二》：‘及既得师启蒙，便能读书认字。’”②。在这里，我们要讨论的并非词源学意义上的“启蒙”，而是思想意义上的“启蒙”，是一个具有特定含义的概念。作为思想意义上的“启蒙”，一般与思想运动联系在一起，称之为启蒙运动。在西方，是指发生在17、18世纪欧洲的一场反封建、反教会的资产阶级思想文化解放运动；而在中国，主要有三次，姜异新概括为：“作为一项巨大的社会工程，中国式启蒙自近代戊戌维新，到五四新文化运动，再到新时期思想解放和80年代新启蒙，在知识精英对大众进行现代性总动员思路的引领下，逐步构成了不断被遏制又相对完整的运功形态，可以称之为三次启蒙运动。”③即学界常称的戊戌维新、“五四”“80年代新启蒙”。晚清的思想启蒙主要是指戊戌维新前后的思想启蒙，其在思想方面的主要内涵是以自由、平等、博爱等资本主义民主思想反对专制、迷信、愚昧的封建主义思想。晚清的小说评点正是在这场轰轰烈烈的启蒙运动中产生的，深深地打上了思想启蒙的烙印，这也成为其区别于以前小说评点的显著质素。深入分析晚清的小说评点与思想启蒙之关系，是把握此段小说评点的关键所在。

一、思想启蒙：晚清的小说评点之主旋律

作为古代小说主要批评形式的小说评点，发展到晚清，在西学的影响

① 姜异新：《互为方法的启蒙与文学：以20世纪中国文学史上的三次启蒙高潮为例》，中国社会科学出版社2010年版，第1页。

② 罗竹风主编：《汉语大词典》第3卷，汉语大词典出版社1989年版，第397页。

③ 姜异新：《互为方法的启蒙与文学：以20世纪中国文学史上的三次启蒙高潮为例》，中国社会科学出版社2010年版，第4页。

下，发生了非常重要的变化。谭帆对之作了总概括："道光以后，小说评点逐步进入尾声了。这百来年的小说评点又呈另一番景象：一方面，传统意义上的小说评点余波不绝，尤其是清中叶以来的《聊斋》、《红楼梦》和《儒林外史》吸引着大量的文人评点家，小说评点尤其是文人评点仍颇为兴旺。另一方面，大约在十九世纪末，随着中西方思想文化的交汇，一些思想激进的小说家和小说理论家也大量采用评点这一旧的形式来表现他们的政治理想和现实感慨，这种'旧瓶装新酒'的现象在晚清着实热闹了一番，并随着新兴的报纸杂志在社会上流播广远。"①虽然以文法为主的传统小说评点仍很兴旺，关于《聊斋志异》《红楼梦》《儒林外史》等名著的传统评点仍大受评点者青睐，也出现了如冯镇峦、但明伦、哈斯宝、黄小田等优秀评点家，但实难以与之前的金圣叹、毛氏父子、张竹坡、脂砚斋等评点大家相并肩，走下坡路的趋势十分明显。而在中西思想文化交汇中产生的"旧瓶装新酒"的评点与在新兴的报刊出现的评点则呈上升趋势，以不可阻挡之势成为了晚清的小说评点的主流。无论在数量上，还是社会影响力上，毋庸置疑，"新"评点当之无愧地占据了晚清小说评点的舞台中心。这类"新"评点并不注重艺术分析，而是以阐发近代的政治思想为主。要阐发近代的政治思想，在当时中国的文化环境中，思想启蒙则显得尤为重要，于是，思想启蒙便成为了晚清的小说评点者评点小说的首要任务，进而成为晚清的小说评点的主旋律。正如陈洪对晚清小说理论（小说评点为小说理论之重要部分）的评价："鼓吹改革、解放思想的政治题材、社会题材是热门中的热门，小说的社会功效——如开启民智，改良种性，改造社会，改革教育，推进政治革新等等——也是最引人注目的论题。"②

思想启蒙为晚清的小说评点的主旋律，主要表现有：

其一，力倡小说开启民智之功能。

晚清学人尤为重视小说的社会功能，甚至夸大到足以"救国"的地步。如天僇生说："吾以为吾侪今日不欲救国也则已，今日诚欲救国，不可不自

① 谭帆：《中国小说评点研究》，华东师范大学出版社2001年版，第32—33页。

② 陈洪：《中国小说理论史》，天津教育出版社2005年版，第306页。

小说始，不可不自改良小说始。”①晚清的小说评点功利色彩极浓，特重小说的社会功能，尤对小说开启民智的功能至为强调。刊载小说的期刊报纸最为鲜明。如《〈绣像小说〉缘起》中说：

> 欧美化民，多由小说；抟桑崛起，推波助澜。其从事于此者，率皆名公巨卿，魁儒硕彦，察天下之大势，洞人类之颐理，潜推往古，豫揣将来，然后抒一己之见，著而为书，以醒齐民之耳目。②

《瀛寰琐纪》作为我国最早的纯文艺期刊，其《叙》中说：

> 尊闻阁主人慨然有远志焉，思穷薄海内外、寰宇上下惊奇骇怪之谈，沈博绝丽之作，或可以助测星度地之方，或可以参济世安民之务，或可以益致知格物之神，或可以开弄月吟风之趣。博搜广采，冀成钜观。③

尊闻阁主人所言之“济世安民之务”，在当时来讲，也包括开启民智之务。《〈国闻报〉附印说部缘起》、《〈小说七日报〉发刊辞》等评点中亦有开启民智的明确阐述，兹不赘述。开启民智，已成为当时刊载小说的期刊报纸的最核心宗旨。

除期刊报纸的“缘起”“发刊辞”之类外，在其他小说评点中同样有大量开启民智的相关评点。如自在山民在《文明小史》第三回的回评中云：

> 柳知府叫书启老夫子撰四六文告示，刑名师爷说没有人懂，代拟了一个六言告示，缮好发贴。今舍深文奥义，而以小说开化人，即是此意。④

---

① (清)天僇生：《论小说与改良社会之关系》，《月月小说》第1年第9号，1907年。

② 商务印书馆主人：《本馆编印绣像小说缘起》，《绣像小说》第1号，1903年。

③ (清)尊闻阁主人：《瀛寰琐纪叙》，陈大康：《中国近代小说史料——〈申报〉小说史料编年(一)》，《文学遗产》(网络版)2014年第1期。

④ (清)自在山民：《文明小史》(第3回评语)，魏绍昌编：《李伯元研究资料》，上海古籍出版社1980年版，第151页。

蠡勺居士评点英国小说《昕夕闲谈》也说：

> 予则谓小说者，……斯则又古人启发良心，惩创逸志之微旨，且又为明于庶物、察于人伦之大助也。……则其感人也必易，而其入人也必深矣。谁谓小说为小道哉！①

其二，盛赞政治小说、社会小说等。

中国古代“小说”的概念并不明确，内涵也模糊不清，以至于关于小说的分类也较为混乱。唐代刘知几将小说视为“史流之杂著”，分之为十大类：“一曰偏纪，二曰小录，三曰逸事，四曰琐言，五曰郡书，六曰家史，七曰别传，八曰杂记，九曰地理书，十曰都邑簿。”②明代胡应麟则将小说视为子书之支流，部分又视为经史之支流，他将小说分为六类：“小说家一类，又自分数种。一曰志怪，《搜神》《述异》《宣室》《酉阳》之类是也；一曰传奇，《飞燕》《太真》《崔莺》《霍玉》之类是也；一曰杂录，《世说》《语林》《琐言》《因话》之类是也；一曰丛谈，《容斋》《梦溪》《东谷》《道山》之类是也；一曰辨订，《鼠璞》《鸡肋》《资暇》《辨疑》之类是也；一曰箴规，《家训》《世范》《劝善》《省心》之类是也。”③至于清代，四库馆臣坚持传统观念，又将小说归纳为三类：“迹其流别，凡有三派：其一叙述杂事，其一记录异闻，其一缀缉琐语也。”④以上分类显然并不符合近代意义上的小说观念。西学传入之后，近代意义上的小说观念才开始形成，按照题材对小说进行分类成为最常用的一种分类方法。《月月小说发刊辞》篇末列有十二类小说：历史小说、哲学小说、理想小说、社会小说、侦探小说、侠情小说、国民小说、写情小说、滑稽小说、军事小说、传奇小说（篇末第十一类原阙，当系排版时脱落，或最后

---

① （清）蠡勺居士：《〈昕夕闲谈〉小叙》，阿英编：《晚清文学丛钞》（小说戏曲研究卷），中华书局1960年版，第195页。

② （唐）刘知几：《杂述》，（清）浦起龙释：《史通通释》卷10，上海古籍出版社1978年版，第273页。

③ （明）胡应麟：《九流绪论下》，《少室山房笔丛》卷29，中华书局上海编辑所1958年版，第374页。

④ （清）永瑢等：《四库全书总目》卷140，中华书局1965年版，第1182页。

《丛说》等为第十二类)。[①] 此分类主要按照题材而分的,虽有交叉,但当为当时参照西学学科体系较为全面的小说分类。不过,遗憾的是,当时极为盛行的"政治小说""伦理小说"等并未列于此分类中,这说明当时的小说分类较为自由,也是不严谨的。在这些小说类别中,最受晚清小说评点者推崇的是政治小说与社会小说,此两类小说正是晚清的小说评点者借之以思想启蒙的重要载体。梁启超最为推崇政治小说,专作《译印政治小说序》为之张目。刊载于《新民丛报》的《中国唯一之文学报〈新小说〉》一文对政治小说作了界定:"政治小说者,著者欲借以吐露其所怀抱之政治思想也。其立论皆以中国为主,事实全由于幻想。"[②]梁启超认为,在开启民智、促进社会进步方面,政治小说功劳最大。他说:

彼美英德法奥意日本各国政治之日进,则政治小说,为功最高焉。英名士某君曰:小说为国民之魂。岂不然哉! 岂不然哉![③]

邱炜萲亦提倡多译政治小说,并对小说功能作了一个简单的排序:"一种小说,即有一种之宗旨,能与政体民志息息相通。次则开学智,祛弊俗,又次亦不失为记实历,洽旧闻,而毋为虚憍浮伪之习,附会不经之谈可必也。"[④]与"政体民志"相关的政治功能位居首位。"政治小说"之谓在当时无疑是对小说的一种至高的赞赏。燕南尚生在《新评水浒传》封面上直接标以"祖国第一政治小说"字样,既是对《水浒传》的高度评价,也是招徕读者注意的一种广告方式。除评点之外的"小说话"评论,亦常以"政治小说"赞赏古代的优秀小说。如侠人称赞《红楼梦》:"吾国之小说,莫奇于《红楼梦》,可谓之政治小说,可谓之伦理小说,可谓之社会小说,可谓之哲学小

---

① (清)陆绍明:《月月小说发刊辞》,《月月小说》第1年第3号,1906年。

② (清)新小说报社:《中国唯一之文学报〈新小说〉》,《新民丛报》第14号,1902年。

③ (清)梁启超:《译印政治小说序》,《饮冰室合集·专集》之三,中华书局1989年版,第35页。

④ (清)邱炜萲:《客云庐小说话》,阿英编:《晚清文学丛钞》(小说戏曲研究卷),中华书局1960年版,第412页。

说，道德小说。……而世之人，顾群然曰：'淫书、淫书。'呜呼！戴绿眼镜者，所见物一切皆绿，戴黄眼镜者，所见物一切皆黄；一切物果绿乎哉？果黄乎哉？《红楼梦》非淫书，读者适自成为淫人而已。"①社会小说亦为晚清的小说评点者借之以思想启蒙的重要载体。何谓"社会小说"？晚清的小说评点者对之作了界定。陆绍明释之为："政由于习，理由于性，事有准的，人有百行。或尚于智，或崇于德，或贵于学，或尊于力。作社会小说第四。"②燕南尚生释之为："述政界之贪酷，差役之恶横，人心之叵测，世途之险阻，则社会小说也。"③从二者的解释来看，社会小说与政治小说并无明显的界限，都与政治内容息息相关，从某种程度上讲，也可视为政治小说。晚清的小说评点者重视社会小说，实乃思想启蒙之需要。《水浒传》同样被燕南尚生誉为社会小说，因为小说中描写了一个民主共和的"独立国"：

> 《水浒传》者，痛政府之恶横腐败，欲组成一民主共和政体，于是撰为此书。迨至梁山泊无人敢犯，分班执事，则已成完全无缺之独立国矣。④

平子的"小说丛话"虽非评点，但其以"社会小说"评价《金瓶梅》，深得肯綮，指出了《金瓶梅》在表现社会生活方面的重要贡献。他说："《金瓶梅》一书，作者抱无穷冤抑，无限深痛，而又处黑暗之时代，无可与言，无从发泄，不得已藉小说以鸣之。其描写当时之社会情状，略见一斑。……且其中短简小曲，往往隽韵绝伦，有非宋词元曲所能及者。又可征当时小人女子之情状，人心思想之程度，是真正社会小说，不得以淫书目之。"⑤社会小说对黑

---

① （清）侠人：《小说丛话》，阿英编：《晚清文学丛钞》（小说戏曲研究卷），中华书局1960年版，第324—327页。

② （清）陆绍明：《月月小说发刊辞》，《月月小说》第1年第3号，1906年。

③ （清）燕南尚生：《叙》，《〈新评水浒传〉三题》，阿英编：《晚清文学丛钞》（小说戏曲研究卷），中华书局1960年版，第126页。

④ （清）燕南尚生：《新或问》，《〈新评水浒传〉三题》，阿英编：《晚清文学丛钞》（小说戏曲研究卷），中华书局1960年版，第131页。

⑤ （清）平子：《小说丛话》，阿英编：《晚清文学丛钞》（小说戏曲研究卷），中华书局1960年版，第315页。

暗现实的真实反映,也是思想启蒙的一个方面。

其三,反映黑暗现实,抨击专制制度。

"'敢于'使用自己的理智就是启蒙"①。思想启蒙的核心是开启民智,开启民智的前提在于国民的愚昧,而导致国民愚昧的根源则在于黑暗的现实及封建专制统治。龚书铎认为:"科学与民主是近代文化的核心内容。"②科学与民主虽是五四新文化运动才明确提出来的口号,但在近代文化中已然存在了。科学与民主也同样是近代思想启蒙的核心内容。科学与民主是思想启蒙者所力倡的,而它的反面——愚昧与专制则是思想启蒙者所极力批判的。晚清的小说评点者在小说评点中大力揭露黑暗的现实社会,抨击时弊,抨击封建专制制度,正是针对导致愚昧与专制的根源所作的社会批判,其目的仍在于思想启蒙。

综观晚清小说的整体风貌,反映黑暗社会现实的小说占据绝对主流,相当一部分小说可以称之为"时事小说"。晚清大部分小说是以直接反映晚清现实生活为创作旨归的,如反映反迷信运动的小说有壮者《扫迷帚》、嘿生《玉佛缘》、吴趼人《瞎骗奇闻》等;反映妇女解放问题的小说有颐琐《黄绣球》、思琦斋《女子权》等;反映晚清官僚生活的小说有李伯元《官场现形记》《活地狱》、黄小配《宦海升沉录》等;反映立宪运动的小说有梁启超《新中国未来记》、佚名《宪之魂》、吴趼人《立宪万岁》等;反映庚子事变的小说有忧患余生《邻女语》、吴趼人《恨海》《新石头记》等。阿英概括了晚清小说的四大突出特征:"晚清的小说,遂有了几个特征。第一,充分反映了当时社会政治情况,广泛地从各方面刻画出社会每一个角度。第二,当时作家,意识地以小说作为了武器,不断对政府和一切社会恶现象抨击。……第三,是大家既知清室不可与图治,提倡维新爱国,因此也有许多人,利用小说形式,从事新思想新学识贯输,作启蒙运动。把高深学理,深入浅出,用少许结构,以对话叙述方式出之,唯由于技术贫乏,成功的也寥寥无几。第四,是两性

① 杨和平:《陈乐民考察"启蒙"的识见与思路》,《西华师范大学学报》(哲学社会科学版)2018年第2期。

② 龚书铎主编:《中国近代文化概论》,中华书局1997年版,第13页。

私生活描写的小说，在此时期不为社会所重，甚至出版商人，也不肯印行。"①阿英的概括十分准确。由于"时事小说具有某些实录的性质，它的史学价值也由此而产生"②，晚清小说可谓是晚清社会腐败的一面镜子，真实地照出了晚清的那些魑魅魍魉。晚清小说本身就是借小说以批判现实，进行启蒙运动的，其评点又多为自评或请朋友所评，这些评点自然延续了批判黑暗现实一路，并借之以达到思想启蒙的评点旨意。如茂苑惜秋生在《糊涂世界·序》中对朝野文人的批判：

> 上者为朝，则所谓贤士大夫，皆专其心于饮食男女之中，肆其志于肥甘轻暖之内，舍此二者，一物不知。若后乘之载刍灵，若当场之弄木偶。下者为野，不为鹿豕，即为豚鱼。与谈兴废，犹考钟鼓以享爰居；与论治乱，犹取仁义以教禽兽。观于其上如彼，观于其下如此，谓之为老大之国，野蛮之乡，自是定评，实非过论。③

刘鹗在小说评点中批判黑暗现实以思想启蒙的论述更为明显。刘鹗在《老残游记》的自评中说：

> 举世皆病，又举世皆睡，真正无下手处，摇串铃先醒其睡。无论何等病症，非先醒其睡无治法。具菩萨婆心，得异人口诀，铃而日串，则盼望同志相助，心苦情切。④

刘鹗评点中的"摇串铃"以"醒其睡"，十分明显地表达了思想启蒙的评点旨意。

---

① 阿英：《晚清小说史》，人民文学出版社1980年版，第4—5页。

② 陈大康：《明代小说史》，上海文艺出版社2000年版，第649页。

③ （清）茂苑惜秋生：《序》，（清）茧叟（吴趼人）：《糊涂世界》，阿英编：《晚清文学丛钞·小说二卷》上册，中华书局1960年版，第1页。

④ （清）刘鹗：《老残游记》（第1回自评），刘德隆等编：《刘鹗及老残游记资料》，四川人民出版社1985年版，第74页。

中国经历封建社会的时间长，封建专制制度与专制观念根深蒂固，这导致国民的民主意识十分淡薄，近代思想启蒙的任务尤为迫切而艰难。抨击专制制度，破除专制观念，成为思想启蒙者进行思想启蒙的重中之重。对专制的抨击，也是最为猛烈的。如黄人在写于1904—1907年的《中国文学史》中猛烈抨击明代的专制制度：

> 专制之毒，未有剧于明者也。君主威福，过于上帝。诸臣虽身登三事列清要，而以奴隶畜之，盗贼待之，夷僇髡钳，唯意所施。故明之大夫未有不受刑辱者，君子尤多于小人，非臆说也。试观有明卿相之受诛，不数倍阉寺嬖幸乎？而士夫则乙科以上，对于编氓，皆得而鱼肉之。大僚之对于下吏，亦皆得其生死荣辱。重重压力，成此弱肉强食世界。故小说人物，每假一巨阀，遘谗罹祸，骈首夷族，其裔流为奴厮，或潜草泽，至一日得志，乃杀尽其仇家以报。且以啸聚暗杀为忠义，淫奔贿迁为佳话，盖怨毒之甚而出此也。①

晚清的小说评点者中的燕南尚生、谈虎客（韩孔广）等对专制制度及其严重危害的抨击不遗余力，最为激烈。燕南尚生皆评点《水浒传》抨击专制制度：

> 《水浒》为卓荦不群之作，使不批之，恐贻笑大方，于是乎批《水浒传》。虽然，《水浒传》者，专制政体下所谓犯上作乱大逆不道者也，于是乎以文法批之。然犹恐专制政府，大兴文字狱，罪其赞成宋江也，于是乎痛诋宋江，以粉饰专制政府之耳目，批评《水浒》，以钓赞成《水浒》之美名，其计亦良得，其心亦良苦矣。②

---

① （清）黄人：《中国文学史·明人章回小说》，转引自黄霖：《中国文学批评通史》（近代卷），上海古籍出版社1996年版，第614页。

② （清）燕南尚生：《命名释义》，《〈新评水浒传〉三题》，阿英编：《晚清文学丛钞》（小说戏曲研究卷），中华书局1960年版，第128页。

谈虎客则认为专制政体是一切腐败混乱事情之总根源，严重束缚了国民的思想：

天下种种腐败混乱事情，没有一件不是从专制政体生出来。譬如身上被绳子捆了几十度，这专制政体就是根总绳，要把他割断，则其余不解自去；若留著他，便解一百天还解不脱哩。①

封建专制制度存在时间长，影响深远。专制制度不仅存在于政体之中，还存在于家庭之中。对于家庭中的专制，晚清的小说评点者也进行了猛烈的批判。如吴趼人在《二十年目睹之怪现状》第二回的回评中说：

家庭专制，行之既久，以强权施之于子弟者，或有之矣，自无秩序之自由说出；父子骨肉之间不睦者，盖亦有之矣，不图于此更见以阴险骗诈之术，施之于家庭骨肉间者，真是咄咄怪事！吾谓茫茫大地，无可容身，此其一也。②

在《二十年目睹之怪现状》第二十六回的回评中继续阐述家庭专制的严重恶果：

琐琐叙家庭事，似甚无谓，然细玩之，实共和专制两大影子。共和之果良，专制之果恶，均于隐约间毕露。不知作者是否此意，吾愿读者以我之眼光读之。③

无论是国家政体的专制还是家庭专制，均会使国民的奴性日益严重

① （清）谈虎客：《东欧女豪杰》（第2回批语），（清）羽衣女士：《东欧女豪杰》，《新小说》第1年第2号，1902年。

② （清）吴趼人：《二十年目睹之怪现状》（第2回评语），魏绍昌编：《吴趼人研究资料》，上海古籍出版社1980年版，第46页。

③ （清）吴趼人：《二十年目睹之怪现状》（第26回评语），魏绍昌编：《吴趼人研究资料》，上海古籍出版社1980年版，第53页。

化，这种奴性劣根是思想启蒙最难以根除的。故晚清的小说评点者对专制的猛烈抨击，抓住了思想启蒙的关键所在，大大促进了国民民主意识的加强。

二、思想启蒙成为晚清的小说评点主旋律之成因

首先，启蒙的时代思潮是思想启蒙成为晚清的小说评点主旋律的最根本原因。

道光以降，随着西方列强对中国侵略的加深，越来越多的开明知识分子意识到中国所处的危机，积极探寻自强之路。“自 1861 年开始，‘自强’一词在奏折、谕旨和士大夫的文章中经常出现。这表现出人们认识到需要一种新的政策，以应对中国在世界上的地位所发生的史无前例的变化”①。这种新的政策最先表现为对西方先进技术的寻求。进入 19 世纪 90 年代之后，中国知识分子学习西方向纵深发展，其主要注意力转向西方的政治体制、宗教思想及各种学说。此时，“士绅文人日益接受西方的知识和价值标准，这使西方思想从中国文化的外围向其中心渗透。这种渗透引起了西方思想和本国思想倾向的大融合，最后产生了 19 世纪 90 年代中期思想的风云激荡。当然，这种激荡之势只有从普遍要求改变现状的迫切愿望的背景中才能理解，而这种愿望都是由帝国主义不断增长的侵略所激起的”②。这个时期的知识分子在寻求自强的路上，从西方技术的学习转向对国民的思想启蒙，这正是晚清思想风云激荡的核心体现。

思想启蒙成为晚清的时代思潮，打上深深西学烙印的启蒙话语体系业已形成。汪林茂总结道：“在 20 世纪初年的中国，启蒙主义者们根据时代和社会的需要，从西学中提炼、从现实社会的要求中归纳出了这样一组观

① ［美］费正清、刘广京编：《剑桥中国晚清史》上卷，中国社会科学出版社 1985 年版，第 479 页。

② ［美］费正清、刘广京编：《剑桥中国晚清史》下卷，中国社会科学出版社 1985 年版，第 274 页。

念,并组成一整个体系:民族主义——祖国主义——国民主义,作为根本观念,主导着20世纪初年汹涌奔腾的文化潮流,和那个时代色彩斑斓的观念世界。"①由"民族"到"国家",再到"国民",作为启蒙思潮的根本观念,也建构了思想启蒙的话语体系。中国的思想启蒙是在民族危机的背景下诞生的,与西方思想启蒙相比,具有浓厚的民族主义特色。"民族""保种""救亡"等启蒙话语可谓代表。如一位满族御史在《御史贵秀奏化除满汉畛域办法六条折》中云:

> 虽然,此犹有满汉之界存矣,时至今日,竟言合群保种矣,中国之厉害满与汉共焉者也。夫同舟共济,吴越尚且一家,况满汉共戴一君主,共为此国民,衣服同制,文字同形,言语同声,所异者不过满人有旗分无省分,汉人有省分无旗分耳。②

梁启超更是为民族主义摇旗呐喊:

> 民族主义者何?各地同种族同言语同宗教同习俗之人,相视如同胞,务独立自治,组织完备之政府,以谋公益而御他族是也。③

与"国家"相关的典型启蒙话语主要有:"国家""祖国""独立""立宪""维新"等。在几千年的封建专制统治下,中国人仅有朝廷观念而无明确的国家观念。晚清的思想启蒙者较为清晰地阐释了近代意义上的国家观念。以梁启超《宪政浅说》中的国家观念最为明晰:

> 第一,国家须有一定之土地,……谓之领土;第二,国家须有人民,……徒以同栖息于一地域故,厉害相共,而自然结合,谓之国民;第

① 汪林茂:《晚清文化史》,人民出版社2005年版,第343—344页。

② 《御史贵秀奏化除满汉畛域办法六条折》,故宫博物院明清档案部汇编:《清末筹备立宪档案史料》,中华书局1979年版,第922页。

③ (清)梁启超:《新民说》,《饮冰室合集·专集》之四,中华书局1989年版,第4页。

三，国家须有权力，……谓之统治权。①

梁启超对“国家”概念的阐释，借鉴了19世纪末西方流行的国家学说。梁启超等启蒙主义者给当时迷惘的中国人较好地解决了对国家的认识问题，并指明了国家建设的方向：建立一个独立、富强、民主的民族国家。

“国民”作为思想启蒙的核心，与其相关的启蒙话语更为繁复，典型话语主要有：“国民”“新民”“民智”“民权”“自由”“平等”“民主”等。如梁启超提出的“新民说”，就是要培养具有公德、国家思想、自由等民主特征的“新”国民。梁启超的“新民说”是对改造中国国民性的急迫呼唤。又如铁厓通过分析欧洲历史，得出“国民实为国家之主体”的重要思想：

> 由是观之，则欧洲历史相传，国民实为国家之主体，以总握国家之权。匪特对于国内政治法律，一切由己主持，即对于他国之国际交涉，罔不以国民为最高之机关，以自行办理。其所委以直接办理者，无非国民中之一人，即全权在握，而当任满之时，仍当还其权于国民，非可久假而不归也。②

这些关于“民族”“国家”“国民”的各个话语构成了晚清启蒙话语的一个逻辑体系，相互之间是紧密关联而又渗透的，断不可将之截然分开。

启蒙思潮作为晚清主流的文化思潮，几乎遍及晚清社会科学的各个领域，尤以政治、教育、新闻传播、文学等领域为突出。在政治方面，康有为、梁启超等的维新学说，邹容、陈天华等的革命学说，都积极宣扬思想启蒙；在教育方面，兴办学堂、编辑启蒙教材，鼓励人人识字，开启民智。如当时湖南、安徽、直隶等地创办的“半日学堂”，高步瀛、陈宝泉编的《国民必读》，均推行国民教育，旨在开启民智；在新闻传播方面，大量创办近代报刊，如《教育

---

① （清）梁启超：《宪政浅说》，《饮冰室合集·文集》之二十三，中华书局1989年版，第33页。

② （清）铁厓（雷昭性）：《中国立宪之观察与欧洲国会之根据》，张枬、王忍之编：《辛亥革命前十年间时论选集》第3卷，三联书店1977年版，第703页。

杂志》《大公报》《新民丛报》《清议报》《浙江潮》等,均注重思想启蒙;在文学方面,近代文学整体上重视思想启蒙意义。近代文学的主要特征之一就是:"文学的题材和内容空前扩大,反帝爱国和思想启蒙成为此时期进步文学的基本主题。"①如黄遵宪的诗歌、梁启超的《新中国未来记》、陈天华的《狮子吼》、震旦女士的《自由结婚》等作品中均蕴含了作者思想启蒙的创作主旨。作为晚清文化之一小部分的小说评点,自然不能免于启蒙思潮的挟裹,启蒙话语也大量运用于晚清的小说评点之中,俯拾即是。任举两例如下:

> 我国今日之国民,方为幼稚时代,则我国今日之国女,亦不得不为诞生时代,诞生之,阿保之,壮大之而成立之,则又女教育家、小说家操其能事也。②
>
> 国家行新政,则上改服色条陈,国家信国民,则上招抚拳匪的折子,如此因时制宜,揣摩迎合,而犹不得法,诿之于命,夫复何言!③

其次,晚清的小说评点者本身为启蒙思想家或深受启蒙思想影响,这是思想启蒙成为晚清的小说评点主旋律的重要原因。

从晚清的小说评点者的身份考察,相当一部分人并非纯粹的文学评论者,而是以启蒙思想者的身份从事小说评点的。他们特别看重小说的社会功能,主张利用小说对民众进行思想启蒙,开启民智。梁启超、严复、夏曾佑、黄摩西等人均为著名启蒙思想家,同时又是晚清的小说评点的重要人物。如严复被视为中国早期的思想家,虞和平评价严复说:"严复不仅是中国近代杰出的思想家、教育家、翻译家,而且是中国早期现代化的启蒙思想家。"其启蒙思想至少具有三点意义:"揭示科学与民主的要义;提倡人的现

---

① 程翔章、邱铸昌编著:《中国近代文学》,华中师范大学出版社 2003 年版,第 15 页。

② (清)卧虎浪士:《〈女娲石〉叙》,阿英编:《晚清文学丛钞》(小说戏曲研究卷),中华书局 1960 年版,第 190 页。

③ (清)自在山民:《文明小史》(第 24 回评语),魏绍昌编:《李伯元研究资料》,上海古籍出版社 1980 年版,第 163 页。

代化;呼吁资本主义化的经济伦理。"①严复与夏曾佑合写的《〈国闻报〉馆附印说部缘起》,是晚清的小说评点的一篇重要文章,较为全面地阐述了维新派的小说理论,可视为近代的第一篇小说专论。严复在小说评点与小说理论方面的贡献很大,具有近代小说理论的开创意义。姚春树评价曰:"无论从理论倡导还是翻译实践来看,严复都对当时的《小说界革命》作出自己的贡献,他热诚倡导开启民智、移风易俗、改良社会、提高国民素质的'说部'文学,即民间通俗叙事文学,并将它们的社会功能和审美特质提到经史之上,这在当年是非常大胆非常先进的文学观念。"②梁启超、严复等人的主要身份是启蒙思想家,从这个意义上讲,他们的小说评点实质上是其启蒙思想的进一步延伸。如梁启超提出了系统的"新民说",其《译印政治小说序》则大力推崇政治小说,宣扬政治小说的"新民"作用,指出"小说为国民之魂"③,旨在借用小说以"新"国民之灵魂。其专论《论小说与群治之关系》,作为"小说革命"的宣言书,更是直接将"新民"理论运用于小说理论,提出"今日欲改良群治,必自小说界革命始,欲新民,必自新小说始"④的重要观点。又如严复接受了进化论,翻译了《天演论》,把进化论引进中国并大力宣扬之。他与夏曾佑合写的《〈国闻报〉馆附印说部缘起》的理论依据便是进化论。在这篇长文评点中,从人类文明的不断发展、不断进化的角度阐述了小说的重要性,小说亦有不断变革之必要,小说变革的本原在于人类的"公性情":

> 凡为人类。无论亚洲、欧洲、美洲、非洲之地,石刀、铜刀、铁刀之期,支那、蒙古、西米底、丢度尼之种,求其本原之地,莫不有一公性情焉。此公性情者,原出于天,流为种智。儒、墨、佛、耶、回之教,凭此

---

① 虞和平:《严复与中国早期现代化的思想启蒙》,《福建师范大学学报》(哲学社会科学版)2004年第2期。

② 姚春树:《理论倡导与译介实践——严复与晚清"小说界革命"新探》,《福建师范大学学报》(哲学社会科学版)2010年第5期。

③ (清)梁启超:《译印政治小说序》,《饮冰室合集·专集》之三,中华书局1989年版,第35页。

④ (清)梁启超:《论小说与群治之关系》,《新小说》第1年第1号,1902年。

而出兴，君主、民主、君民并主之政，由此而建立。故政与教者，并公性情之所生，而非能生公性情也。何谓公性情？一曰英雄，一曰男女。①

严复、夏曾佑提出的小说变革观念，虽然带有浓厚的人性论色彩，但对近代小说及小说理论的思想启蒙意义起到了非常重要的促进作用。

作为启蒙思想者的评点者固然是晚清的小说评点的一支重要力量，也有一部分评点者并非思想启蒙者，其中不乏职业小说家，但他们亦深受启蒙思想的影响。他们与启蒙思想者交往甚密，互通声气，必然受启蒙思想影响。如顾颉刚转述李伯元的内侄婿赵某所叙曰：（李伯元）"在沪昌言革命，与戊戌政党康梁诸公亦素通声气"②。他们还积极参与思想启蒙运动，尤其致力于当时担当思想启蒙重任的报刊。如李伯元在上海办了《指南报》《游戏报》《繁华报》，其中的《游戏报》为上海"小报"中最早的一种，影响甚大。其办报的目的则在于接近民众，启蒙民众。据李锡奇先生回忆李伯元与其父商讨生计的情景时说："那时伯元三十岁光景，他向我父亲谈起打算到上海去办报，并想从游戏入手，以便于接近民众。伯元料理好妹子淑方的婚事后就到上海办报去了。去上海前他一家曾在我家的女厅里住过一个时期。"③吴趼人亦与梁启超合作编《新小说》，积极为报刊撰稿，其作品多发表于当时的日报、《新小说》《月月小说》《指南报》等，主要有小说、小品文等，其目的仍为借报刊以启蒙民众。李伯元、吴趼人等职业小说家受到了启蒙思想的影响，又处于思想启蒙的时代大潮之中，其小说自然赋有开启民众的启蒙意义。如包天笑评价李伯元的《官场现形记》说："既为一种谴责小说，即使夸张一点，也无妨碍。这时维新空气已遍播国中，官场的腐化，也是应当口诛笔伐的，《官场现形记》一书，也

① （清）严复、夏曾佑：《〈国闻报〉附印说部缘起》，阿英编：《晚清文学丛钞》（小说戏曲研究卷），中华书局1960年版，第2页。

② 顾颉刚：《〈官场现形记〉之作者》，魏绍昌编：《李伯元研究资料》，上海古籍出版社1980年版，第17页。

③ 澄碧：《小说家李伯元》，魏绍昌编：《李伯元研究资料》，上海古籍出版社1980年版，第40页。

就乘时崛起了。”[①]晚清的小说评点者亦同处于启蒙大潮中，又受到了启蒙思想影响，其评点自然带有浓厚的启蒙色彩。如刘鹗在《老残游记》第六回自评中提倡“言论自由”：

> 鸟雀饥寒，犹无虞害之心，读之令人酸鼻。至闻鸦噪，以为有言论自由之乐，以此骄人，是加一倍写法。此回为毓贤传之总结。[②]

最后，知识分子固有的救世精神，为思想启蒙成为晚清的小说评点主旋律的深层原因。

中国传统知识分子从诞生之日起就具有救世精神，其精神内核中便具有积极入世、关注现实、以天下为己任的精神质素。曾子说：“士不可以不弘毅，任重而道远。仁以为己任，不亦重乎？死而后已，不亦远乎？”[③]那个时代的知识分子将推行仁政视为己任，愿为天下人担道义。孔子编撰《春秋》也是为了救“礼崩乐坏”之世。孟子高度评价孔子撰《春秋》的重大意义：“世衰道微，邪说暴行有作，臣弑君者有之，子弑父者有之。孔子惧，作《春秋》，《春秋》，天子之事也；是故孔子曰：‘知我者，其唯《春秋》乎？罪我者，其唯《春秋》乎？’”[④]孔子一生救世，其儒家政治主张虽不见用，但至死也没有放弃。晚年时期，他置身于教育，“乃删《诗》、《书》，定礼乐，赞易象，修《春秋》，以授弟子”[⑤]，便是希望通过培养宰辅人才来继续宣扬和实现自己的政治理想。所以，余英时指出儒学之用的最终目的并不在于修德与治学，而在于“泽民”。他说：“儒学之用绝不专在少数知识分子‘成德’和‘成学’。一方面，其最终目的是要‘措之天下，润泽斯民’。这便是所谓‘经世’

---

① 包天笑：《李伯元》，魏绍昌编：《李伯元研究资料》，上海古籍出版社1980年版，第28页。

② （清）刘鹗：《老残游记》（第6回自评），刘德隆等编：《刘鹗及老残游记资料》，四川人民出版社1985年版，第76页。

③ （清）阮元校刻：《论语注疏》，《十三经注疏》，中华书局1980年版，第2487页。

④ （清）焦循：《孟子正义》，沈文倬点校，中华书局1987年版，第452页。

⑤ 蔡元培：《中国伦理学史》，东方出版社1996年版，第10页。

和‘经世致用’。”①作为知识分子的晚清的小说评点者，正处于民族危机、社会转型、矛盾突出的时代大变革之中，面对当时风雨飘摇而欲坠的中国，其救世精神更容易被最大程度地激发出来。事实上也如此。

晚清的小说评点者（相当一部分也是小说作者）热衷于关注现实，议论时事，抨击社会之弊，对国家命运与前途特别担忧。孙玉声记载吴趼人纵论天下事，情绪激昂：（吴趼人）“性嗜酒，每于酒后论天下事，慷慨激昂，不可一世”②。他将自己所见闻的现实社会之弊，名之为“怪现状”，其代表小说《二十年目睹之怪现状》，实为二十年以来的社会现实的真实写照。郑振铎评价该小说：“在《二十年目睹之怪现状》中，不仅暴露了封建官僚的黑暗，同时也暴露了商人和官僚资产阶级的腐败。”③《二十年目睹之怪现状》的素材主要来自于作者亲闻和当时报刊上所载的时事故事。包天笑记载了《二十年目睹之怪现状》的素材来源：当有人问吴趼人小说材料的来源时，“吴趼人笑着，给我瞧一本手钞册子，很像日记一般，里面钞写的，都是每次听得友人们所谈的怪怪奇奇的故事。也有从笔记上钞下来的，也有从报纸上剪下来的，杂乱无章的成了一巨册。他笑说：‘所谓目睹者，都是从这里来的呀。’我说：‘这些材料，将如何整理法呢？’吴先生道：‘就是在这一点上，要用一个贯穿之法，大概写社会小说的，都是如此的吧。’”④李伯元也同样关注时事，为破败之时局而心伤。冷泉亭长记李伯元：“南亭盖今之伤心人也，闻其倾吐，无一非疚心时事之言，莫由宣泄，不得已著为小说，慷慨激昂，排奡一世。”⑤他们关注时局，尤其对危机中的中国而深深忧患。刘鹗在《老残游记》第一回中描写了一只处于“洪波巨浪之中，好不危险”的大帆

① 余英时：《文史传统与文化重建》，生活·读书·新知三联书店 2004 年版，第 212 页。

② （清）周桂笙等：《同辈回忆录》，魏绍昌编：《吴趼人研究资料》，上海古籍出版社 1980 年版，第 26 页。

③ 郑振铎：《清朝末年的小说》，《郑振铎古典文学论文集》，上海古籍出版社 1984 年版，第 483 页。

④ （清）周桂笙等：《同辈回忆录》，魏绍昌编：《吴趼人研究资料》，上海古籍出版社 1980 年版，第 30 页。

⑤ （清）冷泉亭长：《后官场现形记序》，丁锡根编著：《中国历代小说序跋集》，人民文学出版社 1996 年版，第 1731 页。

船。他详细描写这只大船：

> 三人用远镜凝神细看，原来船身长有二十二四丈，原是只很大的船。船主坐在舵楼之上，楼下四人专管转舵的事。前后六枝桅杆，挂若六扇旧帆，又有两枝新桅，挂着一扇簇新的帆，一扇半新不旧的帆，算来这船便有八枝桅了。船身吃载很重，想那舱里一定装的各项货物。船面上坐的人口，男男女女，不计其数，却无篷窗等件遮盖风日，同那天津到北京火车的三等客位一样，面上有北风吹着，身上有浪花溅着，又湿又寒，又饥又怕。看这船上的人都有民不聊生的气象。那八扇帆下，备有两人专营绳脚的事。船头及船帮上有许多的人，仿佛水手的打扮。这船虽有二十三四丈长，却是破坏的地方不少：东边有一块，约有三丈长短，已经破坏，浪花直灌进去；那旁，仍在东边，又有一块，约长一丈，水波亦渐渐侵入；其余的地方，无一处没有伤痕。那八个管帆的却是认真的在那里管，只是各人管各人的帆，仿佛在八只船上似的，彼此不相关照。那水手只管在那坐船的男男女女队里乱窜，不知所做何事。用远镜仔细看去，方知道他在那里搜他们男男女女所带的干粮，并剥那些人身上穿的衣服。（刘鹗《老残游记》第一回）

这里描写的大帆船不正是比喻当时千疮百孔、民不聊生、危机四伏的中国吗？胡适对这只大帆船比喻当时中国的寓意作了详细解读："四个转舵的是军机大臣，六枝旧桅是旧有的六部，两枝新桅是新设的两部。……二十三四丈便是二十三四个行省与藩属。东边那三丈便是东三省；还有那东边一丈便是山东。"①刘鹗对国家的感情深沉，自述其《老残游记》乃为身世、家国、社会、种教之哭泣：

> 吾人生今之时，有身世之感情，有国家之感情，有社会之感情，有种

① 胡适：《胡适文存三集·〈老残游记〉序》，季羡林主编：《胡适全集》第3卷，安徽教育出版社2003年版，第572页。

> 教之感情。其感情愈深者，其哭泣愈痛：此洪都百炼生所以有《老残游记》之作也。棋局已残，吾人将老，欲不哭泣也得乎？吾知海内千芳，人间万艳，必有与吾同哭同悲者焉！①

正因为晚清的小说评点者有着对国家的深厚感情，面对当时危机中的破败中国，都力图尽力拯救之。鲁迅认为清末谴责小说之盛的原因正在于内忧外患的中国现实所激起的有识之士的救世之心："光绪庚子（一九〇〇）后，谴责小说之出特盛。盖嘉庆以来，虽屡平内乱（白莲教，太平天国，捻，回），亦屡挫于外敌（英，法，日本），细民暗昧，尚啜茗听平逆武功，有识者则已翻然思改革，凭敌忾之心，呼维新与爱国，而于'富强'尤致意焉。戊戌变政既不成，越二年即庚子岁而有义和团之变，群乃知政府不足与图治，顿有掊击之意矣。"②晚清的小说评点者注重思想启蒙未尝不是如此。刘鹗虽推崇洋务，讲究科学救国，但其思想激进，支持维新，匡世之心甚强。刘鹗在其日记中记载："朝廷变法维新，元旦暖而有风，春气风行天下之象也。与方药雨畅谈，意见相合者多。"③严薇青亦评价青年时期的刘鹗："在淮安时，结交了不少有志气、有专长的'井里少年'，相约一旦国家有事，大家一齐出来做一番有益于国计民生的事业，因而被人看做是'不守绳墨'的年轻人。"④李伯元则是希望利用报刊唤醒民众以救世。李锡奇记李伯元："伯元愤于满清政治腐败，戊戌变法未成，甲午惨败之后，国家瓜分之祸迫在眉睫，并大声疾呼，不能促使全国上下觉悟，而欲唤起民众，须以报纸为宣传利器。"⑤

晚清的小说评点者的救世情怀充盈于评点话语的字里行间，读来令人

---

① （清）刘鹗：《〈老残游记〉自序》，刘德隆等编：《刘鹗及老残游记资料》，四川人民出版社1985年版，第73页。

② 鲁迅：《中国小说史略》，人民文学出版社1973年版，第252页。

③ （清）刘鹗：《刘鹗日记·壬寅日记》，刘德隆等编：《刘鹗及老残游记资料》，四川人民出版社1985年版，第143页。

④ 严薇青：《〈老残游记〉的作者刘鹗》，刘德隆等编：《刘鹗及老残游记资料》，四川人民出版社1985年版，第305页。

⑤ 李锡奇：《李伯元生平事迹大略·附记》，魏绍昌编：《李伯元研究资料》，上海古籍出版社1980年版，第37页。

悲愤、心酸、心痛，其对危机家国的浓浓真情让人感动不已。如吴趼人在《近十年之怪现状自叙》中特别点明对现实社会的“谲谏”之意：

> 然而愤世嫉俗之念，积而愈深，即砭愚订顽之心，久而弥切，始学为嬉笑怒骂之文，窃自侪于谲谏之列。①

他还在评点中指出自己的小说仅为救世提出了自己的见解，希望更多的有识之士为救世建言献策。他说：

> 以仆之眼，观于今日之社会，诚岌岌可危，固非急图恢复我固有人道德，不足以维持之，非徒言输入文明，即可以改良革新者也。意见所及，因以小说体，一畅言之。虽然，此特仆一人之见解耳。一人之见，必不能免于偏，海内小说家，亦有关心社会，而所见与仆不同者乎？盖亦各出其见解，演为稗官，而相与讨论社会之状况乎？著者附识。②

刘鹗、自在山民等亦在小说评点中饱含救世情怀。如刘鹗《老残游记》第一回自评曰：

> “原来这里的英雄，只管自己敛钱叫别人流血的。”为今日造时世的英雄写一小照，更唤醒许多痴汉，不必替人枉送头颅。③

自在山民在《文明小史》第五十五回回评中评秦凤梧时说：

> 此回写实社会上之恶现状，非曾经沧海者不能道其只字。吾见如

---

① （清）吴趼人：《近十年之怪现状自叙》，丁锡根编著：《中国历代小说序跋集》，人民文学出版社1996年版，第1733页。

② （清）吴趼人：《上海游骖录自跋》，丁锡根编著：《中国历代小说序跋集》，人民文学出版社1996年版，第1735页。

③ （清）刘鹗：《老残游记》（第1回自评），刘德隆等编：《刘鹗及老残游记资料》，四川人民出版社1985年版，第74页。

秦凤梧者多矣，安能一一唤醒之哉！①

晚清的小说评点者渗透于小说评点中浓浓的救世情怀，使晚清的小说评点增添了深厚的历史使命感。同时，由于当时国家贫弱、政治腐败，他们的很多救世主张并不能得以实现，他们为此痛心疾首，甚至以泪书写，这又使晚清的小说评点增添了一种历史悲壮感。

晚清的小说评点以思想启蒙为主旋律，是在西学的巨大影响下形成的小说评点格局。晚清的小说评点中有关思想启蒙的观念、思维方式、价值取向及话语系统，无不深深地打上了西学的学术烙印。但中学的影响也不容忽视，如中国知识分子传统的关注现实、注重实务的经世致用之学同样促进了思想启蒙的发展。反过来，思想启蒙者又扩大了经世致用的范围。梁启超说："所谓'经世致用'之一学派，其根本观念，传自孔孟，历代多倡道之，而清代之启蒙派晚出派，益扩张其范围。"②可以说，晚清的小说评点以思想启蒙为主旋律是中西文化碰撞、交融的产物。平心而论，晚清的小说评点中的思想启蒙是近代启蒙思潮中的一支小小的支流的支流。近代启蒙思潮的主流是思想运动、政治运动，宣扬思想启蒙的小说也是作为思想与政治运动的工具而存在的，更何况是附着于小说之上的评点呢？但是，正是无数像以思想启蒙为主旋律的小说评点这样的小小支流的支流，才汇成了近代思想启蒙的大潮。缺少了小说评点这支流之支流，也许并不影响近代思想启蒙大潮的方向与动能，但是，至少这大潮是不完整的了。小说评点这支流之支流，在近代思想启蒙的大潮中，它强有力地奔腾着，奔向独立、富强、民主的浩瀚大海。

---

① （清）自在山民：《文明小史》（第55回评语），魏绍昌编：《李伯元研究资料》，上海古籍出版社1980年版，第176页。

② 梁启超：《清代学术概论》，上海古籍出版社1998年版，第106页。

余　论

回顾前文，主要从清代的经世致用之学、理学、考据学、西学等重要学术思潮对清代的小说评点所产生的深远影响作了系统而有益的探讨。在重学术的整个清代文化的大潮中，小说评点无疑是一支支流之支流，但在这种文化大潮的挟裹之下，小说评点也在发生着变化。清代学术的学术思维方式、治学方法、学术道德及价值取向均深深地影响了小说评点的评点模式、道德评判、审美倾向等诸多方面，甚至影响到小说评点本身的兴衰。可以说，这种影响是全面的、深层次的。笔者研究“清代学术思潮与小说评点”这一课题，历时四年，虽说有所收获，但亦有些许思考，在此不吐不快，权作余论，与学界同仁共斟酌。

思考之一：如何拓展小说评点研究？

自20世纪80年代以来，古代小说评点逐渐受到了学界的关注，成为古代文学理论研究的一个重点，更是古代小说研究的一个新的学术增长点。纵观30余年的古代小说评点研究，大致可以划分为三个阶段：第一，古代小说评点本的搜集与整理阶段。这个阶段的成果集中于20世纪80年代、90年代初期，体现了对小说评点的重视。搜集性的代表性成果无疑为《古本小说集成》《古本小说丛刊》《明清善本小说丛刊初编》等；整理性的代表性成果当为陈曦钟等辑校《水浒传》（会评本）、《三国演义》（会评本）、李汉秋辑校《儒林外史》（会校会评本）、王汝梅等校点《张竹坡批评第一奇书金瓶梅》、冯其庸主编《脂砚斋重评石头记》（汇校本）等，80年代之前的唯有出版于20世纪60年代张友鹤辑校的《聊斋志异》（会评会注会校本）。第二，古代小说评点的文学理论研究。这个阶段的成果集中于20世纪80年代末、90年代，体现了对小说理论的重视。主要成果有王先霈等《明清小说理论批评史》、陈谦豫《中国小说理论批评史》、方正耀《中国小说批评史略》（后修订为《中国古典小说理论史》）、陈洪《中国小说理论史》（安徽文艺出版社 1992 年初版）等，王汝梅与张羽合著的《中国小说理论史》稍晚于 2001 年出版，这些小说理论著作集中阐述了李贽、金圣叹、毛氏父子、张竹坡、脂砚斋等评点大家的小说评点所蕴含的小说理论，深入探讨了典型形象、小说文法、小说情理、虚实关系等重要小说理论问题。第三，小说评点的本体研究。这个阶段的成果集中于本世纪，体现了对小说评点独立性的重视。代表性成果主要有谭帆《中国小说评点研究》、刘继保《红楼梦评点研究》、张世君《明清小说评点叙事概念研究》、陈心浩《明清小说评点范畴研究》（博士论文）、石麟《中国古代小说评点派研究》等。这些研究突破了小说评点对文学理论的依附，体现了小说评点注重评点本身的本体性研究，凸显了小说评点研究的独立性。小说评点研究发展至现在，已取得了很多重要成果，但也到了一个瓶颈期。如何突破这个瓶颈，便是当时小说评点研究的重任。窃以为，小说评点的外围研究当为突破这个瓶颈的有效选择。因为以前的小说评点研究，无论是依附于文学理论还是独立于文学理论以外的本体研究，均只关注了小说评点本身，极少关注小说评点的外围因素，而这些外围因素却深深影响着小说评点的发展。清代学术思潮便是这样的重要外围因素之一。笔者选择这一角度切入小说评点研究，正是意欲对小说评点研究有所突破。除此之外，明清时代的文化观念、政治体制等外围因素也必将影响着小说评点，这是笔者需要进一步思考的问题。

思考之二：如何突破小说评点的个案研究格局？

小说评点的个案研究一直是小说评点研究的重点，也取得了突出的成绩。个案研究可以分为专书评点研究与专人评点研究。就目前研究成果来看，专书评点研究主要集中于名著，如“四大名著”、《金瓶梅》、《聊斋志异》、《儒林外史》等，其中《红楼梦》的评点研究最为系统，如刘继保的《红楼梦评点研究》，其他名著的评点研究也得到了相当程度的重视，而非名著的小说评点则关注不够，仅有少量论文对之进行了探讨，如张小芳的《野叟曝言》评点研究①、向芃的《女仙外史》评点研究②。专人评点研究主要集中于小说评点大家，如金圣叹、脂砚斋、张竹坡、毛氏父子等，成就最高的成果当为金圣叹、脂砚斋评点研究，孙中旺编著的《金圣叹研究资料汇编》搜集了有关金圣叹的重要资料，吴子林的《经典再生产：金圣叹小说评点的文化透视》对金圣叹小说评点作了文化意义上的阐释，脂砚斋小说评点研究更早、更成熟，早在20世纪80年代，孙逊的《红楼梦脂评初探》就对脂砚斋评点作了较为系统的研究，而非评点大家的小说评点则明显关注不够，也是仅有少量论文探讨之，如张庆善关于黄小田的《红楼梦》评点研究③，傅承洲关于冯梦龙的《太平广记钞》评点研究。④ 如何突破小说评点个案研究的格局？窃以为，有必要暂时“悬置”名著与评点大家，将目光转向更为广阔的小说领域，那些非名著、非评点大家仍然值得我们寓目与研究。笔者在研究中阅读了大量的小说评点，发现很多评点并未得到学界的重视，很有必要专门加以研究。专书评点研究方面，如《隋唐演义》的评点、《花月痕》的评点；专人评点研究方面，如张书绅关于《西游记》的评点、邹弢关于《青楼梦》的评点。在以后的研究中，笔者有意对这些个案进行专门研究。另外，目前的小说评点研究的评点本主要来自于《古本小说集成》《古本小说丛刊》《明清善本小说丛刊初编》及小说评点的整理本，还可以更为广泛地搜集这些评点本之外的散落于各图书馆及民间的小说评点本。这是一场极为艰辛的学术寻踪之旅，更需要学界同仁在古籍中努力地披沙拣金了。

思考之三：如何理解清代学术思潮的嬗变性？

清代是一个公认的重学术的时期，学术风气甚为浓厚。为了更清晰阐述清代学术的发展历程，总免不了要对之进行分期。梁启超依据佛教“生、住、异、灭”的发展观，把一切思潮都分为“启蒙期”“全盛期”“蜕分期”“衰

① 张小芳：《〈野叟曝言〉评点研究》，《明清小说研究》2010年第2期。

② 向芃：《〈女仙外史〉评点探微》，《明清小说研究》2010年第4期。

③ 张庆善：《一位鲜为人知的〈红楼梦〉评点家——黄小田〈新增批评绣像红楼梦〉评点初探》，《红楼梦学刊》1990年第4期。

④ 傅承洲：《冯梦龙〈太平广记钞〉的删订与评点》，《南京师大学报》（社会科学版）2012年第6期。

落期”四期①,当然也包括清代学术。陈祖武则将清代学术分为三个阶段:“清初学术”“清中叶学术”“晚清学术”②。无论是梁启超还是陈祖武,他们在对清代学术进行分期时,都暗含了清代学术思潮的嬗变性。如何理解这种嬗变性,是我们考察清代学术思潮的一个不可回避的重要问题。窃以为,关于清代学术思潮的嬗变,可从两个层面来理解:第一,整个清代学术思潮呈现出嬗变性的特点。从整个清代学术思潮的发展来看,基本可看出主流学术思潮的嬗变过程,那就是“经世致用之学——理学——考据学——西学”的相递嬗变。第二,清代的每一种学术思潮又各自呈现出自身嬗变性的特点。如经世致用之学,较为明显地体现出在易代背景下、实学影响下、考据学盛行背景下、西学影响下的不同特点,呈现出其嬗变过程,理学、考据学、西学亦有其自身的嬗变性。必须指出的是,清代学术思潮的嬗变又是十分复杂的,因为各种学术思潮实际上是并存的,虽然某个时期某一种学术思潮居于主流,但其他学术仍然在发展,同时,各种学术思潮又是相互交融的,并不存在泾渭分明的学术界限,即使是激烈的“汉宋之争”,也不能抹去汉学与宋学实际交融的学术现实。形成这种学术思潮嬗变复杂性的原因是很多的,窃以为有两点原因较为突出:其一,学术思潮本身是一种复杂的文化现象。每一种学术思潮都是在某种文化背景下存在的,它的产生、发展、衰落、复兴是一个漫长的动态过程。在这个动态过程中,一种学术思潮必然要受到其他学术思潮的影响,反过来,这种学术思潮也必将影响其他学术思潮。任何一种学术思潮都不可能封闭地自我发展,清代的学术思潮也不例外。其二,每一个从事学术研究卓有成就的个体不可能只局限于某一种学术研究,其学术思想也不是单一的。纵观清代的学术大家,没有一个学者是只局限于某一种学术研究的。如顾炎武,既积极倡导经世致用之学,又努力致力于考据学。又如曾国藩,既治理学,同时又推崇经世致用之学。反过来,也可以这样说,如果一个学者的学术思想单一,只局限于某一种学术的研究,是不可能成为学术大家的。而清代学术大家辈出,正好证明了清代学

① 梁启超:《清代学术概论》,上海古籍出版社1998年版,第2页。

② 陈祖武:《漫谈清代学术》,《光明日报》2005年2月22日。

术研究个体的学术思想是包容的,学术视野是开阔的,研究领域是涉及多种学术的。如果不能正确理解清代学术思潮的嬗变性,在论述清代学术思潮对小说评点的影响时,必然失之偏颇。

上述思考不免浅陋,但愿引起学界同仁的共鸣,以期突破小说评点研究的现有思维模式与格局,推动小说评点研究向纵深发展。

主要参考文献

一、清代的主要小说评点本

1.(明)吴承恩:《西游记》(清·张书绅评点本),黄山书社1992年版。

2.[英]阿伦著,兰言译述:《旅顺落难记》,《新新小说》,1905—1907年。

3.(清)艾衲居士编著:《豆棚闲话》,人民文学出版社1984年版。

4.[法]鲍福原注,(清)知新室主人译:《毒蛇圈》,《新小说》,1903—1905年。

5.(清)蔡元放:《东周列国志》,吴志达点校,湖北人民出版社1996年版。

6.(清)蔡元放修订,(明)冯梦龙改编:《东周列国志》,上海古籍出版社2012年版。

7.(清)曹去晶:《姑妄言》,许辛点校,中国文联出版公司1999年版。

8.(清)曹雪芹:《脂砚斋甲戌抄阅再评石头记》,上海古籍出版社1985年版。

9.(清)曹雪芹、高鹗:《红楼梦》(清·黄小田评点本),李汉秋、陆林辑校,黄山书社1989年版。

10.(清)褚人获:《隋唐演义》,上海古籍出版社1981年版。

11.(清)崔象川:《白圭志》,春风文艺出版社1985年版。

12.(清)觉我:《电冠》,《小说林》,1907年。

13.(清)花溪逸士:《岭南逸史》,中天等校点,百花文艺出版社1995年版。

14.(清)纪昀:《阅微草堂笔记》,上海古籍出版社1980年版。

15.(清)茧叟(吴趼人):《糊涂世界》,阿英编:《晚清文学丛钞·小说二卷》,中华书局 1960 年版。

16.(清)梁启超:《新中国未来记》,《新小说》,1902—1903 年。

17.(清)陆士谔:《新上海》,上海古籍出版社 1997 年版。

18.(清)吕熊:《女仙外史》,百花文艺出版社 1985 年版。

19.(清)苏庵主人编次:《绣屏缘》,金久太点校,《〈明清艳情小说〉丛书》第 1 辑,长江文艺出版社 1993 年版。

20.(清)随缘下士编辑:《林兰香》,春风文艺出版社 1985 年版。

21.(清)天花才子编辑:《快心编》,朱眉叔校点,春风文艺出版社 1985 年版。

22.(清)我佛山人:《两晋演义》,《月月小说》,1906—1907 年。

23.(清)西周生辑著:《醒世姻缘传》,齐鲁书社 1980 年版。

24.(清)夏敬渠:《野叟曝言》,吉林文史出版社 1994 年版。

25.(清)侠民:《中国兴亡梦》,《新新小说》,1904—1905 年。

26.(清)解鉴:《益智录》,人民文学出版社 1999 年版。

27.(清)佚名:《平山冷燕》,冯伟民校点,人民文学出版社 1983 年版。

28.(清)羽衣女士:《东欧女豪杰》,《新小说》,1902—1903 年。

29.(清)张潮辑:《虞初新志》,文学古籍刊行社 1954 年版。

30. 安平秋等编:《古本小说集成》,上海古籍出版社影印本 1990—1994 年版。

31. 陈曦钟等辑校:《三国演义》(会评本),北京大学出版社 1986 年版。

32. 陈曦钟等辑校:《水浒传》(会评本),北京大学出版社 1981 年版。

33. 政治大学古典小说研究中心主编:《明清善本小说丛刊初编》,天一出版社 1985 年版。

34. 李汉秋辑校:《儒林外史》(汇校汇评本),上海古籍出版社 2010 年版。

35. 刘世德、陈庆浩、石昌渝主编:《古本小说丛刊》,中华书局影印本 1987—1991 年版。

36. 王汝梅等校点:《张竹坡批评第一奇书金瓶梅》,齐鲁书社 1987 年版。

37. 张友鹤辑校:《聊斋志异》(会校会注会评本),上海古籍出版社1986年版。

38. 周光培等校:《笔记小说大观》,江苏广陵古籍刻印社1983—1984年版。

二、古籍(按作者年代排列)

1. (春秋)墨子撰,吴毓江校注:《墨子校注》,孙启治点校,中华书局1993年版。

2. (战国)左丘明(存疑):《国语》,上海古籍出版社1978年版。

3. (汉)董仲舒撰,苏舆义证:《春秋繁露义证》,中华书局1992年版。

4. (汉)桓宽撰,王利器校注:《盐铁论校注》,中华书局1992年版。

5. (汉)司马迁:《史记》,中华书局1959年版。

6. (汉)班固:《汉书》,中华书局1962年版。

7. (汉)许慎:《说文解字》,中华书局1963年版。

8. (晋)陈寿:《三国志》,(宋)裴松之注,中华书局1959年版。

9. (南朝宋)范晔:《后汉书》,中华书局1965年版。

10. (南朝梁)刘勰著,范文澜注:《文心雕龙注》,人民文学出版社1958年版。

11. (唐)韩愈撰,马其昶校注:《韩昌黎文集校注》,马茂元整理,上海古籍出版社1986年版。

12. (唐)李延寿:《南史》,中华书局1975年版。

13. (唐)刘知几撰,(清)浦起龙释:《史通通释》,上海古籍出版社1978年版。

14. (后晋)刘昫等:《旧唐书》,中华书局1975年版。

15. (宋)陈振孙:《直斋书录解题》,徐小蛮等点校,上海古籍出版社1987年版。

16. (宋)黎靖德编:《朱子语类》,王星贤点校,中华书局1986年版。

17. (宋)陆九渊:《陆九渊集》,中华书局1980年版。

18. (宋)谢枋得:《文章轨范》,中州古籍出版社(依1936年北新书局本影印)1991 年版。

19.(宋)郑樵:《通志》,中华书局 1987 年版。

20.(金)王若虚:《滹南遗老集》,中华书局 1985 年版。

21.(明)冯梦龙编:《古今小说》,人民文学出版社 1958 年版。

22.(明)胡应麟:《少室山房笔丛》,中华书局上海编辑所 1958 年版。

23.(明)李贽:《藏书》,中华书局 1959 年版。

24.(明)李贽:《焚书》,中华书局 1975 年版。

25.(明)宋濂等:《元史》,中华书局 1976 年版。

26.(明)王守仁:《王阳明全集》,上海古籍出版社 2011 年版。

27.(明)徐师曾:《文体明辨序说》,人民文学出版社 1962 年版。

28.(明)杨慎:《升庵集》,上海古籍出版社 1993 年版。

29.(明)叶向高:《苍霞余草》,明万历刻本。

30.(清)陈康祺:《郎潜纪闻二笔》,中华书局 1984 年版。

31.(清)程瑶田:《考工创物小记》,《皇清经解》卷 70(原卷 536—539),第 2 函,光绪十七年《皇清经解》缩本石印本。

32.(清)戴名世:《戴名世集》,王树民编校,中华书局 1986 年版。

33.(清)戴望:《颜氏学记》,刘公纯标点,中华书局 1958 年版。

34.(清)戴震:《戴震集》,汤志钧校点,上海古籍出版社 1980 年版。

35.(清)段玉裁:《说文解字注》,上海古籍出版社 1981 年版。

36.(清)法式善:《陶庐杂录》,中华书局 1959 年版。

37.(清)方苞:《方苞集》,刘季高校点,上海古籍出版社 1983 年版。

38.(清)方东树:《汉学商兑》,王云五主编:《万有文库》第 2 集,上海商务印书馆 1937 年版。

39.(清)冯辰、刘调赞:《李塨年谱》,中华书局 1988 年版。

40.(清)冯桂芬:《校邠庐抗议》,上海书店 2002 年版。

41.(清)龚自珍:《龚自珍全集》,上海人民出版社 1975 年版。

42.(清)顾炎武:《顾亭林诗文集》,中华书局 1959 年版。

43.(清)顾炎武著,(清)黄汝成集释:《日知录集释》,上海古籍出版社 1985 年版。

44.（清）郭庆藩撰：《庄子集释》，王孝鱼点校，中华书局 1961 年版。

45.（清）何桂珍：《何桂珍文集》，刘怀忠、何磊主编，云南人民出版社 2001 年版。

46.（清）何絜：《晴江阁集》，清康熙刻增修本。

47.（清）洪亮吉：《洪亮吉集》，刘德权点校，中华书局 2001 年版。

48.（清）黄宗羲：《黄宗羲全集》（增订版），浙江古籍出版社 2005 年版。

49.（清）江藩纂，漆永祥笺释：《汉学师承记笺释》，上海古籍出版社 2006 年版。

50.（清）焦循：《孟子正义》，沈文倬点校，中华书局 1987 年版。

51.（清）康有为：《大同书》，华夏出版社 2002 年版。

52.（清）康有为：《康有为全集》，姜义华编校，中国人民大学出版社 2007 年版。

53.（清）李斗：《扬州画舫录》，中华书局 1960 年版。

54.（清）李塨：《李塨文集》，邓子平等点校，河北人民出版社 2011 年版。

55.（清）李瀚章编撰：《曾文正公全集》，中国书店 2011 年版。

56.（清）李颙：《二曲集》，陈俊民点校，中华书局 1996 年版。

57.（清）梁绍壬：《两般秋雨盦随笔》，上海古籍出版社 1982 年版。

58.（清）廖燕：《二十七松堂文集》，屠友祥校注，上海远东出版社 1999 年版。

59.（清）林则徐：《林文忠公政书》，中国书店 1991 年版。

60.（清）凌廷堪：《校礼堂文集》，王文锦点校，中华书局 1998 年版。

61.（清）刘廷玑：《在园杂志》，张守谦点校，中华书局 2005 年版。

62.（清）刘熙载：《艺概》，上海古籍出版社 1978 年版。

63.（清）吕留良：《四书讲义》，清康熙天盖楼刻本。

64.（清）皮锡瑞：《经学历史》，周予同注释，中华书局 1959 年版。

65.（清）钱大昕：《廿二史考异》，方诗铭、周殿杰校点，上海古籍出版社 2004 年版。

66.（清）钱大昕：《潜研堂集》，吕友仁标校，上海古籍出版社 1989

年版。

67.（清）钱大昕:《十驾斋养新录》,杨勇军整理,上海书店2011年版。

68.（清）全祖望撰,朱铸禹汇校集注:《全祖望集汇校集注》,上海古籍出版社2000年版。

69.（清）阮元:《畴人传》,商务印书馆1935年版。

70.（清）阮元:《揅经室集》,邓经元点校,中华书局1993年版。

71.（清）阮元校刻:《十三经注疏》,中华书局1980年版。

72.（清）苏舆编:《翼教丛编》,上海书店2002年版。

73.（清）孙奇逢:《夏峰先生集》,朱茂汉点校,中华书局2004年版。

74.（清）孙诒让:《墨子间诂》,中华书局2001年版。

75.（清）谭嗣同:《谭嗣同全集》(增订本),蔡尚思等编,中华书局1981年版。

76.（清）唐鉴:《清学案小识》,世界书局1936年版。

77.（清）唐甄:《潜书》,吴泽民编校,中华书局1955年版。

78.（清）王夫之:《船山全书》,岳麓书社1996年版。

79.（清）王鸣盛:《十七史商榷》,商务印书馆1937年版。

80.（清）王念孙:《广雅疏证》,钟宇讯点校,中华书局1983年版。

81.（清）王先谦注:《庄子集解》,上海书店1987年版。

82.（清）魏源:《海国图志》,陈华等点校注释,岳麓书社1998年版。

83.（清）魏源:《魏源全集》,岳麓书社2011年版。

84.（清）吴趼人:《我佛山人文集》,花城出版社1989年版。

85.（清）吴廷栋:《拙修集》,清同治十年六安求我斋刊本。

86.（清）吴之振刻:《瀛奎律髓》,清康熙五十二年吴之振刻本。

87.（清）徐世昌等编纂:《清儒学案》,沈芝盈等点校,中华书局2008年版。

88.（清）薛福成:《庸盦全集》,华文书局1971年版。

89.（清）严复:《严复集》,王栻主编,中华书局1986年版。

90.（清）阎若璩:《尚书古文疏证》,黄怀信等校点,上海古籍出版社2010年版。

91.（清）颜元:《颜元集》,王星贤等点校,中华书局 1987 年版。

92.（清）杨光先:《不得已》,陈占山校注,黄山书社 2000 年版。

93.（清）姚鼐:《惜抱轩诗文集》,刘季高标点,上海古籍出版社 1992 年版。

94.（清）永瑢、纪昀等纂修:《四库全书》,景印文渊阁《四库全书》,台湾商务印书馆 1986 年版。

95.（清）永瑢等撰:《四库全书总目》,中华书局 1965 年版。

96.（清）俞樾:《茶香室丛钞》,贞凡等点校,中华书局 1995 年版。

97.（清）袁枚:《袁枚全集》,王英志主编,江苏古籍出版社 1993 年版。

98.（清）章炳麟:《訄书》,古典文学出版社 1958 年版。

99.（清）章炳麟:《章太炎的白话文》,辽宁教育出版社 2003 年版。

100.（清）张惠言:《茗柯文编》,黄立新校点,上海古籍出版社 1984 年版。

101.（清）张亮采:《中国风俗史》,东方出版社 1996 年版。

102.（清）章梫纂:《康熙政要》,华文书局 1969 年版。

103.（清）章学诚:《文史通义》,刘公纯标点,北京古籍出版社 1956 年版。

104.（清）章学诚:《章学诚遗书》,文物出版社 1985 年版。

105.（清）张之洞:《劝学篇》,上海书店 2002 年版。

106.（清）昭梿:《啸亭杂录》,中华书局 1980 年版。

107.（清）赵翼:《陔余丛考》,中华书局 1963 年版。

108.（清）赵翼:《廿二史札记》,中国书店 1987 年版。

109.（清）郑观应:《郑观应集》,夏东元编,上海人民出版社 1982 年版。

110.（清）朱彭寿:《安乐康平室随笔》,何双生整理,中华书局 1982 年版。

111.（清）朱之瑜:《朱舜水集》,朱谦之整理,中华书局 1981 年版。

112.（清）邹汉勋:《邹叔子遗书七种》,岳麓书社 2011 年版。

113.《丛书集成初编》,中华书局 1985 年版。

114.《丛书集成续编》,上海书店 1994 年版。

115.《近代中国史料丛刊》,文海出版社 1973 年版。

116.《近代中国史料丛刊续编》,文海出版社 1974 年版。

117.《清实录》,中华书局 1986 年版。

118.《续修四库全书》,上海古籍出版社 2002 年版。

119.《中国近代史资料丛刊》,上海人民出版社 1961 年版。

三、论著、编著书目

1.《中国地方志集成·上海府县志辑·民国南汇县续志》,上海书店 1991 年版。

2.[法]阿兰·佩雷菲特:《停滞的帝国——两个世界的撞击》,王国卿等译,生活·读书·新知三联书店 1993 年版。

3. 阿英编:《晚清文学丛钞》(小说戏曲研究卷),中华书局 1960 年版。

4. 阿英:《晚清小说史》,人民文学出版社 1980 年版。

5. 白寿彝:《史学概论》,宁夏人民出版社 1983 年版。

6. 蔡元培:《中国伦理学史》,东方出版社 1996 年版。

7. 陈伯海:《唐诗学引论》,知识出版社 1988 年版。

8. 陈大康:《明代小说史》,上海文艺出版社 2000 年版。

9. 陈登原编:《国史旧闻》第 3 分册,中华书局 1980 年版。

10. 陈国庆:《晚清新学史论》,三秦出版社 2003 年版。

11. 陈洪:《中国小说理论史》(修订本),天津教育出版社 2005 年版。

12. 陈美林、李忠明:《中国古代小说的主题与叙事结构》,安徽文艺出版社 2000 年版。

13. 陈其泰、李廷勇:《中国学术通史》(清代卷),人民出版社 2004 年版。

14. 陈正宏、谈蓓芳:《中国禁书简史》,学林出版社 2004 年版。

15. 陈柱:《中国散文史》,东方出版社 1996 年版。

16. 程翔章、邱铸昌编著:《中国近代文学》,华中师范大学出版社 2003 年版。

17. 存萃学社编集:《顾炎武学术思想研究汇编》,大东图书公司 1980

年版。

18. 丁锡根编著:《中国历代小说序跋集》,人民文学出版社 1996 年版。

19. 董贻安主编:《浙东文化论丛》第 2 辑,上海古籍出版社 2004 年版。

20. 范文澜:《范文澜集》,中国社会科学出版社 2001 年版。

21. 方正耀:《中国古典小说理论史》(修订版),华东师范大学出版社 2005 年版。

22. [美]费正清、刘广京编:《剑桥中国晚清史》,中国社会科学出版社 1985 年版。

23. [瑞士]费尔迪南·德·索绪尔:《普通语言学教程》,高名凯译,商务印书馆 1980 年版。

24. 高令印、陈其芳:《福建朱子学》,福建人民出版社 1986 年版。

25. 高玉、朱利民:《两浙启蒙思潮与中国近现代文学》,中国社会科学出版社 2012 年版。

26. 葛兆光:《中国思想史》,复旦大学出版社 1986 年版。

27. 龚书铎主编:《中国近代文化概论》,中华书局 1997 年版。

28. 故宫博物院明清档案室汇编:《清末筹备立宪档案史料》,中华书局 1979 年版。

29. 郭康松:《清代考据学研究》,崇文书局 2001 年版。

30. 郭绍虞:《中国文学批评史》,上海古籍出版社 1979 年版。

31. 郭豫适:《红楼研究小史稿》,上海文艺出版社 1980 年版。

32. 郭豫适编:《红楼梦研究文选》,华东师范大学出版社 1988 年版。

33. 贺根民:《中国小说观念的近代化过程》,齐鲁书社 2010 年版。

34. [英]赫胥黎:《天演论》,(清)严复译,商务印书馆 1981 年版。

35. 洪治纲主编:《顾颉刚经典文存》,上海大学出版社 2003 年版。

36. 洪治纲主编:《章太炎经典文存》,上海大学出版社 2003 年版。

37. 侯百朋编:《〈琵琶记〉资料汇编》,书目文献出版社 1989 年版。

38. 胡适:《胡适古典文学研究论集》,上海古籍出版社 1988 年版。

39. 胡适:《胡适全集》,季羡林主编,安徽教育出版社 2003 年版。

40. 胡益民、李汉秋:《清代小说》(修订版),安徽教育出版社 2009

年版。

41. 黄爱平、黄兴涛主编:《西学与清代文化》,中华书局 2008 年版。

42. 黄钧:《古典新论》,中国文联出版社 2008 年版。

43. 黄侃:《文心雕龙札记》,吴方点校,中国人民大学出版社 2004 年版。

44. 黄霖:《中国文学批评通史》(近代卷),上海古籍出版社 1996 年版。

45. 黄霖、韩同文选注:《中国历代小说论著选》,江西人民出版社 1982 年版。

46. 黄霖编:《金瓶梅资料汇编》,中华书局 1987 年版。

47. 江苏省社会科学院明清小说研究中心编:《中国通俗小说总目提要》,中国文联出版社 1990 年版。

48. 蒋瑞藻:《小说枝谈》,古典文学出版社 1958 年版。

49. 蒋瑞藻编:《小说考证》,上海古籍出版社 1984 年版。

50. 姜异新:《互为方法的启蒙与文学:以 20 世纪中国文学史上的三次启蒙高潮为例》,中国社会科学出版社 2010 年版。

51. [德]康德:《历史理性批判文集》,何兆武译,商务印书馆 1990 年版。

52. 蓝棣之:《现代文学经典:症候式分析》,清华大学出版社 1998 年版。

53. 李帆:《清代理学史》中册,广东教育出版社 2007 年版。

54. 李剑国、陈洪主编:《中国小说通史》,高等教育出版社 2007 年版。

55. [意]利玛窦:《利玛窦中国书札》,P. Antonio Sergianni. P. I. M. E. 编,芸娸译,宗教文化出版社 2006 年版。

56. [英]李约瑟:《中国科学技术史》第 5 卷,科学出版社 1976 年版。

57. 梁启超:《清代学术概论》,上海古籍出版社 1998 年版。

58. 梁启超:《戊戌政变记》,台海出版社 1964 年版。

59. 梁启超:《饮冰室合集》,中华书局 1989 年版。

60. 梁启超:《中国近三百年学术史》,东方出版社 1996 年版。

61. 林岗:《明清之际小说评点学之研究》,北京大学出版社 1999 年版。

62. 林庆彰:《明代考据学研究》,台湾学生书局1983年版。

63. 刘德隆等编:《刘鹗及老残游记资料》,四川人民出版社1985年版。

64. 刘辉:《金瓶梅成书与版本研究》,辽宁人民出版社1986年版。

65. 刘继保:《红楼梦评点研究》,北京图书馆出版社2007年版。

66. 陆学艺、王处辉主编:《中国社会思想史资料选辑》(晚清卷),广西人民出版社2007年版。

67. 鲁迅:《且介亭杂文》,人民文学出版社1973年版。

68. 鲁迅:《且介亭杂文末编》,人民文学出版社1973年版。

69. 鲁迅:《中国小说史略》,人民文学出版社1973年版。

70. 陆宗达:《训诂浅谈》,北京出版社1964年版。

71. 罗竹风主编:《汉语大词典》第3卷,汉语大词典出版社1989年版。

72. 罗竹风主编:《汉语大词典》第11卷,汉语大词典出版社1993年版。

73. 马积高:《清代学术思潮的变迁与文学》,湖南出版社1996年版。

74. [英]马戛尔尼:《乾隆英使觐见记》(插图本),刘半农译,李广生整理,百花文艺出版社2010年版。

75. 马瑞芳:《从〈聊斋志异〉到〈红楼梦〉》,山东教育出版社2004年版。

76. 梅荣照主编:《明清数学史论文集》,江苏教育出版社1990年版。

77. 孟森:《清史讲义》,中华书局2006年版。

78. 牛贵琥:《古代小说与诗词》,山西人民出版社2005年版。

79. 欧阳代发:《话本小说史》,武汉出版社1994年版。

80. 启功、张中行、金克木:《说八股》,中华书局2000年版。

81. 钱谷融主编:《林琴南书话》,浙江人民出版社1999年版。

82. 钱穆:《中国近三百年学术史》,商务印书馆1997年版。

83. 钱穆:《中国学术思想史论丛》第8卷,安徽教育出版社2004年版。

84. 钱锺书:《管锥编》,中华书局1979年版。

85. 沈伯俊:《三国演义新探》,四川人民出版社2002年版。

86. 石昌渝:《中国小说源流论》,北京三联书店1994年版。

87. 石昌渝主编:《古代小说总目》,山西教育出版社2004年版。

88. 史革新:《清代理学史》上卷,广东教育出版社2007年版。

89. 石麟:《中国古代小说评点派研究》,中国社会科学出版社 2011 年版。

90. 史松、林铁钧编:《清史编年》第 2 卷,中国人民大学出版社 2000 年版。

91. [英]斯当东:《英使谒见乾隆纪实》,叶笃义译,商务印书馆 1963 年版。

92. 孙楷第:《中国通俗小说书目》,人民文学出版社 1982 年版。

93. 孙琴安:《中国评点文学史》,上海社会科学出版社 1999 年版。

94. 孙逊:《红楼梦脂评初探》,上海古籍出版社 1981 年版。

95. 谭帆:《中国小说评点研究》,华东师范大学出版社 2001 年版。

96. 王国维:《王国维全集》,谢维扬等主编,浙江教育出版社、广东教育出版社 2010 年版。

97. 王利器辑录:《元明清三代禁毁小说戏曲史料》(增订本),上海古籍出版社 1981 年版。

98. 汪林茂:《晚清文化史》,人民出版社 2005 年版。

99. 王水照编:《历代文话》,复旦大学出版社 2007 年版。

100. 汪涌豪:《范畴论》,复旦大学出版社 1999 年版。

101. 王运熙、顾易生主编:《中国文学批评史》,上海古籍出版社 1985 年版。

102. 魏绍昌编:《李伯元研究资料》,上海古籍出版社 1980 年版。

103. 魏绍昌编:《吴趼人研究资料》,上海古籍出版社 1980 年版。

104. 吴成:《社会思潮研究》,河南人民出版社 2007 年版。

105. 吴承学:《中国古代文体学研究》,人民出版社 2011 年版。

106. 吴敢:《张竹坡与〈金瓶梅〉》,百花文艺出版社 1987 年版。

107. 邬国平、王镇远:《清代文学批评史》,上海古籍出版社 1995 年版。

108. 吴晗辑:《朝鲜李朝实录中的中国史料》第 11 册,中华书局 1980 年版。

109. 吴克歧:《忏玉楼丛书提要》,北京图书馆出版社 2002 年版。

110. 谢国桢编著:《明清笔记谈丛》,上海古籍出版社 1981 年版。

111. 徐复观:《中国知识分子精神》,华东师范大学出版社 2004 年版。

112. 徐洪兴:《思想的转型——理学发生过程研究》,上海人民出版社 1996 年版。

113. 徐一士:《一士类稿》,中华书局 2007 年版。

114. 徐宗泽:《明清间耶稣会士译著提要》,中华书局 1989 年版。

115. 杨镜如主编:《紫阳书院志(1713—1904)》,苏州大学出版社 2006 年版。

116. 叶德辉:《书林清话》,中华书局 1957 年版。

117. 叶朗:《中国小说美学》,北京大学出版社 1982 年版。

118. 余嘉锡:《余嘉锡说文献学》,上海古籍出版社 2001 年版。

119. 余英时:《论戴震与章学诚》,生活·读书·新知三联书店 2000 年版。

120. 余英时:《士与中国文化》,上海人民出版社 2003 年版。

121. 余英时:《文史传统与文化重建》,北京三联书店 2004 年版。

122. 袁行霈:《中国诗歌艺术研究》,北京大学出版社 1987 年版。

123. 袁行霈总主编,黄霖、袁世硕、孙静主编:《中国文学史》(第 2 版),第 4 卷,高等教育出版社 1999 年版。

124. 曾祖荫等选注:《中国历代小说序跋选注》,长江文艺出版社 1982 年版。

125. 张俊:《清代小说史》,浙江古籍出版社 1997 年版。

126. 章培恒、骆玉明主编:《中国文学史》,复旦大学出版社 2005 年版。

127. 章培恒、王靖宇主编:《中国文学评点研究论集》,上海古籍出版社 2002 年版。

128. 张稔穰:《中国古代小说艺术教程》,山东教育出版社 1991 年版。

129. 张少康、刘三富:《中国文学理论批评发展史》(下),北京大学出版社 1995 年版。

130. 张世君:《明清小说评点叙事概念研究》,中国社会科学出版社 2007 年版。

131. 张舜徽:《清人笔记条辨》,中华书局 1986 年版。

132. 张舜徽:《清儒学记》,华中师范大学出版社 2005 年版。

133. 张舜徽:《讱庵学术讲论集》,华中师范大学出版社 2008 年版。

134. 张枬、王忍之编:《辛亥革命前十年间时论选集》第 3 卷,三联书店 1977 年版。

135. 张昭军:《清代理学史》下卷,广东教育出版社 2007 年版。

136. 赵尔巽等:《清史稿》,中华书局 1977 年版。

137. 赵永纪主编:《清代学术辞典》,学苑出版社 2005 年版。

138. 赵园:《明清之际士大夫研究》,北京大学出版社 1999 年版。

139. 赵之恒等主编:《大清十朝圣训》,北京燕山出版社 1998 年版。

140. 郑振铎:《插图本中国文学史》,人民文学出版社 1957 年版。

141. 郑振铎:《西諦书话》,生活·读书·新知三联书店 1983 年版。

142. 郑振铎:《郑振铎古典文学论文集》,上海古籍出版社 1984 年版。

143. 郑振铎:《郑振铎集》,中国社会科学出版社 2004 年版。

144. 中国第一历史档案馆编:《清代档案史料·纂修四库全书档案》,上海古籍出版社 1997 年版。

145. 周汝昌、周伏苓:《红楼梦与中华文化》,工人出版社 1989 年版。

146. 周振甫、冯其庸等:《作家写作技巧漫谈》,人民文学出版社 1986 年版。

147. 朱诚如主编:《清朝通史》(康熙朝分卷),紫禁城出版社 2003 年版。

148. 朱世英等:《中国散文学通论》,安徽教育出版社 1995 年版。

149. 朱一玄、刘毓忱编:《三国演义资料汇编》,百花文艺出版社 1983 年版。

150. 朱一玄编:《红楼梦资料汇编》,南开大学出版社 1985 年版。

151. 朱一玄编:《明清小说资料选编》,齐鲁书社 1990 年版。

152. 朱一玄编校:《红楼梦脂评校录》,齐鲁书社 1986 年版。

四、单篇文章(按发表先后排列)

1.《衡州士绅开设俚语报馆禀并批》,《湘报》第 141 号,1898 年 8 月

30日。

2.《本报告白》,《新民丛报》第1号,1902年。

3.(清)梁启超:《论小说与群治之关系》,《新小说》第1年第1号,1902年。

4.(清)新小说报社:《中国唯一之文学报〈新小说〉》,《新民丛报》第14号,1902年。

5.商务印书馆主人:《本馆编印绣像小说缘起》,《绣像小说》第1号,1903年。

6.(清)邓实:《古学复兴论》,《国粹学报》第1年第9号,1905年。

7.《新世界小说社报发刊辞》,《新世界小说社报》第1期,1906年。

8.(清)吴趼人:《历史小说总序》,《月月小说》第1年第1号,1906年。

9.(清)无名氏:《月月小说序》,《月月小说》第1年第1号,1906年。

10.(清)陆绍明:《月月小说发刊辞》,《月月小说》第1年第3号,1906年。

11.(清)章绛(章太炎):《论语言文字之学》,《国粹学报》第2年第12号,1906年。

12.(清)东海觉我:《小说林缘起》,《小说林》第1期,1907年。

13.(清)摩西:《小说林发刊辞》,《小说林》第1期,1907年。

14.(清)老棣:《文风之变迁与小说将来之位置》,《中外小说林》第6期,1907年。

15.(清)天僇生:《论小说与改良社会之关系》,《月月小说》第1年第9号,1907年。

16.(清)天僇生:《中国三大家小说论赞》,《月月小说》第2年第2期(原14号),1908年。

17.(清)觉我:《余之小说观》,《小说林》第9期,1908年。

18.周作人:《人的文学》,《新青年》第5卷第6号,1918年。

19.黄保真:《中国古代文学和文学理论研究中的现实主义问题质疑》,《文学论集》第3辑,中国人民大学出版社1980年版。

20.黄保真:《中国古代文学和文学理论研究中的现实主义问题质疑

（之二）》，《古典文学理论研究丛刊》第 4 辑，上海古籍出版社 1981 年版。

21. 刘敬圻：《〈三国演义〉嘉靖本和毛本校读札记》，《求是学刊》1981 年第 1—2 期。

22. 熊笃：《关于毛宗岗对〈三国演义〉的批改》，《重庆师范大学学报》（哲学社会科学版）1983 年第 1 期。

23. 王俊义：《清代的乾嘉学派》，《文史知识》1983 年第 3 期。

24. 蔡国梁：《从清人的评点看〈儒林外史〉的用笔》，《上海师范大学学报》（哲学社会科学版）1984 年第 1 期。

25. 郭瑞：《对中国古典小说理论的开掘——评叶朗的〈中国小说美学〉》，《读书》1984 年第 6 期。

26. 白盾：《说中国小说评点样式》，《中国古代小说理论研究》，华中工学院出版社 1985 年版。

27. 王汝梅：《张竹坡在小说理论上的贡献》，《明清小说论丛》第 3 辑，春风文艺出版社 1985 年版。

28. 周书文：《毛宗岗论〈三国演义〉人物性格塑造的辨证精神》，载《三国演义学刊（一）》，四川省社会科学院出版社 1985 年版。

29. 杨国荣：《清代朴学方法发微》，《华东师范大学学报》（哲社版）1985 年第 4 期。

30. 龚书铎：《近代文化漫论》，《北京师范大学学报》（社会科学版）1985 年第 5 期。

31. 沈伯俊：《追踪晋宋，颉颃〈聊斋〉——论〈阅微草堂笔记〉》，《明清小说研究》第 4 辑，中国文联出版公司 1986 年版。

32. 黄中模：《论毛宗岗评改〈三国演义〉的主要思想意义——毛本〈三国〉是"维护清王朝的正统地位"辨》，《明清小说研究》1986 年第 1 期。

33. 孙逊：《中国小说批评的独特方式——古典小说评点略述》，《文史知识》1986 年第 2 期。

34. 杜贵晨：《毛宗岗对中国古代小说理论的贡献——兼论中国古代小说理论的真正形成》，《殷都学刊》1986 年第 3 期。

35. 陈洪：《〈三国〉毛批考辨二则》，《明清小说研究》1986 年第 4 期。

36. 周伟民:《毛宗岗论〈三国演义〉的结构和情节》,《华中师范大学学报》(哲学社会科学版)1987 年第 2 期。

37. 江晓原:《试论“西学中源”说》,《自然科学史研究》1988 年第 2 期。

38. 曹海东:《阎若璩〈尚书古文疏证〉名称之误》,《古籍整理研究学刊》1989 年第 1 期。

39. 张庆善:《一位鲜为人知的〈红楼梦〉评点家——黄小田〈新增批评绣像红楼梦〉评点初探》,《红楼梦学刊》1990 年第 4 期。

40. 顾青:《评〈古本小说丛刊〉》,《文学评论》1991 年第 1 期。

41. 喻大华:《论 19 世纪中国史学界边疆史地研究的热潮》,《辽宁师范大学学报》(社科版)1991 年第 2 期。

42. 沈伯俊:《论毛本〈三国演义〉》,《海南大学学报》(社会科学版)1991 年第 3 期。

43. 陈洪:《〈聊斋〉评论的双璧——冯镇峦、但明伦评点衡估》,《蒲松龄研究》1994 年第 4 期。

44. 蔡一鹏:《论张竹坡评点〈金瓶梅〉的道德理性思维方式》,《文学遗产》1994 年第 5 期。

45. 吴承学:《评点之兴——文学评点的形成和南宋的诗文评点》,《文学评论》1995 年第 1 期。

46. 赵馥:《但明伦小说鉴赏体系之研究》,《辽宁大学学报》(哲学社会科学版)1995 年第 3 期。

47. 罗德荣:《张竹坡写实理论的美学贡献》,《天津社会科学》1995 年第 6 期。

48. 崔晓西:《张竹坡在〈金瓶梅〉评点中的“情理”范畴及其在小说批评史上的地位》,《浙江师大学报》(社会科学版)1996 年第 3 期。

49. 谭帆:《论〈儒林外史〉评点的源流与价值》,《社会科学战线》1996 年第 6 期。

50. 盛伟:《清代诸家批点〈聊斋志异〉述评》,《南开大学学报》1997 年第 1 期。

51. 管锡华:《古代标点符号发展史论纲》,《古汉语研究》1997 年第

2 期。

52. 陆林:《宋元明清家训禁毁小说戏曲史料辑补》,《明清小说研究》1997 年第 2 期。

53. 霍现俊:《金瓶梅:一部准文人小说》,《天津外国语学院学报》1999 年第 3 期。

54. 陈果安:《张竹坡对典型理论的贡献》,《南华大学学报》(社会科学版)2000 年第 1 期。

55. 汪庆元、陈光迪:《方评〈聊斋志异〉评语辑录》,《蒲松龄研究》2000 年第 1 期。

56. 陈果安:《东方丑学:张竹坡审丑理论初探》,《中国文学研究》2000 年第 2 期。

57. 汪庆元、陈光迪:《方评〈聊斋志异〉评语辑录(续)》,《蒲松龄研究》2000 年第 2 期。

58. 石麟:《清代前中期小说批评刍议》,《明清小说研究》2001 年第 4 期。

59. 王长友:《林钝翁生平考》,《明清小说研究》2001 年第 4 期。

60. 董小玉:《中国古代小说评点研究的拓展》,《文艺研究》2001 年第 6 期。

61. 王平:《评张竹坡的叙事理论》,《社会科学辑刊》2002 年第 4 期。

62. 张蕊青:《才学小说炫学方式及其文化根源》,《苏州大学学报》(哲学社会科学版)2002 年第 4 期。

63. 曹孟勤:《启蒙之后的启蒙》,《求是学刊》2003 年第 2 期。

64. 孙钦善:《清代考据学的分期与派别》,《中国文化研究》2004 年春之卷。

65. 张淑红:《〈汉学商兑〉与清中叶的汉、宋之争》,《南开学报》(哲学社会科学版)2004 年第 1 期。

66. 吴承学、李光摩:《八股四题》,《文学遗产》2004 年第 2 期。

67. 虞和平:《严复与中国早期现代化的思想启蒙》,《福建师范大学学报》(哲学社会科学版)2004 年第 2 期。

68. 孔定芳:《清初的经世致用思潮与明遗民的诉求》,《人文杂志》2004年第5期。

69. 王记录、李艳:《汉学、宋学与清代史学》,《山西师大学报》(社会科学版)2005年第1期。

70. 陈祖武:《漫谈清代学术》,《光明日报》2005年2月22日。

71. 刘晓军:《二十世纪张竹坡评点〈金瓶梅〉研究述评》,《中国文学研究》2005年第4期。

72. 钟锡南:《八股论文与金圣叹文学评点》,《中国文学研究》2005年第4期。

73. 王宏斌:《关于"经世致用"思潮的几点质疑》,《史学月刊》2005年第7期。

74. 高小康:《重新审视小说评点的审美阅读意义》,《学术研究》2005年第10期。

75. 李洲良:《春秋笔法的内涵外延与本质特征》,《文学评论》2006年第1期。

76. 谭帆:《漫谈古代小说理论批评研究之"缺失"》,《文学遗产》2006年第1期。

77. 郑军:《"道咸以降之学新"新论——试析道咸年间经世致用思潮由传统向现代的转型》,《鲁东大学学报》(哲学社会科学版)2006年第4期。

78. 贺根民:《巅峰之失:小说评点衰落的学理分析》,《学术论坛》2006年第7期。

79. 黄洽:《自出手眼,别开天地——清人〈聊斋志异〉评点述说》,《鲁东大学学报》(哲学社会科学版)2007年第1期。

80. 吴承学:《〈四库全书〉与评点之学》,《文学评论》2007年第1期。

81. 蒋玉斌:《〈聊斋志异〉评点与清代学风——以冯评、但评为中心》,《宁夏大学学报》(人文社会科学版)2007年第3期。

82. 张稔穰:《冯镇峦〈聊斋志异〉评点的理论建树》,《蒲松龄研究》2007年第3期。

83. 杨绪敏:《明清两朝考据学之比较研究》,《史学集刊》2007年第

5 期。

84. 喻大华:《清朝的“士不知耻”》,《光明日报》2007 年 6 月 11 日。

85. 运丽君:《从清人评点看〈儒林外史〉谋篇的艺术特点》,《阴山学刊》2007 年第 6 期。

86. 赵敦华:《关于“西学”的几个理论问题》,《哲学研究》2007 年第 6 期。

87. 罗军凤:《方苞的古文“义法”与科举世风》,《文学遗产》2008 年第 2 期。

88. 石麟:《古代小说评点家论叙事之“埋伏照应”》,《湖北师范学院学报》(哲学社会科学版)2008 年第 3 期。

89. 杨广敏、张学艳:《近三十年〈聊斋志异〉评点研究综述》,《蒲松龄研究》2009 年第 4 期。

90. 王书才:《〈四库全书总目〉与评点学关系新论》,《宁夏社会科学》2009 年第 5 期。

91. 程华平:《中国小说理论批评文体形式的近代变革》,《学术月刊》2009 年第 10 期。

92. 张小芳:《〈野叟曝言〉评点研究》,《明清小说研究》2010 年第 2 期。

93. 姜胜:《论张文虎〈儒林外史〉评点的朴学倾向》,《滁州学院学报》2010 年第 3 期。

94. 李正宇:《敦煌古代的标点符号》,《寻根》2010 年第 3 期。

95. 向芃:《〈女仙外史〉评点探微》,《明清小说研究》2010 年第 4 期。

96. 姚春树:《理论倡导与译介实践——严复与晚清“小说界革命”新探》,《福建师范大学学报》(哲学社会科学版)2010 年第 5 期。

97. 徐道彬:《论江永与西学》,《史学集刊》2012 年第 1 期。

98. 祁志祥:《明清小说评点的艺术真实论》,《社会科学辑刊》2012 年第 5 期。

99. 傅承洲:《冯梦龙〈太平广记钞〉的删订与评点》,《南京师大学报》(社会科学版)2012 年第 6 期。

100. 陈大康:《中国近代小说史料——小说史料编年(一)》,《文学遗产》(网络版)2014年第1期。

101. 杨和平:《陈乐民考察"启蒙"的识见与思路》,《西华师范大学学报》(哲学社会科学版)2018年第2期。

五、博士学位论文

1. 董玉洪:《中国文言小说评点研究》,华东师范大学博士学位论文,2005年。

2. 张金梅:《〈春秋〉笔法与中国文论》,四川大学博士学位论文,2007年。

3. 陈心浩:《明清小说评点范畴研究》,河北大学博士学位论文,2010年。

后　　记

窗外的风景飞驰而过，宛如时光倏忽，眨眼间已历数载，凝聚着多年心血的《清代学术思潮与小说评点》终于完成并即将付梓。随着列车的前行，关于古代小说及拙著的点滴记忆遂被唤起。

我对古代小说的迷恋源于小学的小人书。那时每到周末或寒暑假，便喜欢跑到县城里的小人书书摊里，坐在小凳子上看古代小说改编的小人书。每一小本收费两分钱，即使兜里零花钱不多，也愿意花一角钱左右看上几本。偶尔也用不多的零花钱买几本自己特别心仪的古代小说小人书，看完后，再和其他同学交换着看。那时还喜欢玩一种游戏，就是把破损非常严重的古代小说小人书中的带有刀枪剑戟的武将人物剪下来，在书桌上轻轻吹气，仿佛骑马奔驰，相互攻伐。在快乐的小学阶段，通看了《三国演义》《水浒传》《西游记》《隋唐演义》《杨家将》《说岳传》《三侠五义》《红楼梦》《聊斋志异》等全套小人书。中学时代，则如痴如醉地阅读了很多古代小说的原著。古代小说中的金戈铁马、英雄侠义、缠绵爱情等，常常让我沉醉其中。

2005 年 9 月，我考入四川大学文学与新闻学院攻读博士学位，师从沈伯俊、谢谦两位先生研究古代小说。此时的我以古代小说研究为专攻，过去那种看古代小说小人书和阅读古代小说原著的感觉又浮现在脑海里，想着能为古代小说研究做点事情，便感到一丝欣慰。博士论文以“清代的《聊斋志异》衍生作品研究”为题，在博士论文中必然要论述《聊斋志异》的经典化问题，其中《聊斋志异》评点在《聊斋志异》经典化过程中起到了重要作用。随着对《聊斋志异》评点的进一步研究，发现《聊斋志异》评点与清代学术思潮有着非常紧密的关系，后来将这一思考整理成《〈聊斋志异〉评点与清代学风》一文，发表在《宁夏大学学报》(2007 年第 3 期)。当时就有进一步的思考：清代的小说评点整体上是否与学术思潮关系密切呢？工作之后，我有了更多的时间深入思考这个问题。基于前期的思考，便以“清代学术思潮的嬗变与小说评点研究”为题，尝试申报国家社科基金项目。承蒙诸位评审专家抬爱，幸获入选。这本谫陋之作，即是该项目的结项成果。

拙著在撰写过程中，得到了诸多师友的无私帮助。河南师范大学文学院的周相录教授、赵黎波教授、张富春教授对拙著的整体研究思路，以及主要观点的提炼，均提出了建设性意见；西华师范大学文学院的周晓琳教授、郑海涛教授对最后成文的书稿提出了非常中肯的修改意见。他们的帮助，让拙著增辉甚多。

特别鸣谢人民出版社的姜冬红女士，她仔细审读了书稿，并对之作了精准的修改。

此书的部分章节，先后在《明清小说研究》《兰州学刊》《贵州师范大学学报》等刊物发表，感谢这些学术期刊对拙著的垂青。

本书的出版，得到了西华师范大学文学院、社科处、学科建设办公室的大力支持，并获得西华师范大学学科建设专项资金资助。

我的家人给予了大力支持。

纸短情长，千言万语凝成一句话：感谢你们！

是为后记。

蒋玉斌

甲辰冬月十八日

责任编辑：姜冬红

图书在版编目(CIP)数据

清代学术思潮与小说评点 / 蒋玉斌著. -- 北京 ：
人民出版社，2025. 1. -- ISBN 978－7－01－026900－9

Ⅰ. B249；I207. 41

中国国家版本馆 CIP 数据核字第 2024CT4745 号

清代学术思潮与小说评点

QINGDAI XUESHU SICHAO YU XIAOSHUO PINGDIAN

蒋玉斌　著

人民出版社 出版发行
（100706　北京市东城区隆福寺街 99 号）

北京建宏印刷有限公司印刷　新华书店经销

2025 年 1 月第 1 版　2025 年 1 月北京第 1 次印刷
开本：710 毫米×1000 毫米 1/16　印张：29
字数：431 千字

ISBN 978－7－01－026900－9　定价：140.00 元

邮购地址 100706　北京市东城区隆福寺街 99 号
人民东方图书销售中心　电话 （010）65250042　65289539

图书在版编目（CIP）数据